Hartmut Böcher, Roland Koch

Medienkompetenz

in sozialpädagogischen Lernfeldern

2. Auflage

Bestellnummer 1666

Bildungsverlag EINS – Stam

Die in diesem Werk aufgeführten Internetadressen sind auf dem Stand der Drucklegung. Die ständige Aktualität der Adressen kann von Seiten des Verlages nicht gewährleistet werden. Darüber hinaus übernehmen Verlag und Autoren keine Verantwortung für die Inhalte dieser Seiten.

www.bildungsverlag1.de

Gehlen, Kieser und Stam sind unter dem Dach des Bildungsverlages EINS zusammengeführt.

Bildungsverlag EINS
Sieglarer Straße 2, 53842 Troisdorf

ISBN 3-8237-**1666**-2

Inhaltsverzeichnis

5

9 Mit dem Computer lernen   212

10 Zeitgemäß vor Medien schützen   245

Infolge der PISA-Studie (**P**rogramme for **I**nternational **S**tudent **A**ssessment), in der sich die Ergebnisse deutscher Schülerinnen[1] im internationalen Vergleich als wenig überzeugend erwiesen haben, wurde klar, dass nachhaltige Veränderungen auf das gesamte Bildungssystem zukommen werden. Schnell fiel der Blick auf die Elementarerziehung in der Bundesrepublik Deutschland und auf den Stellenwert, den die Förderung der Selbstbildungsprozesse im Elementarbereich hat bzw. in Zukunft haben soll.

„Das Kind als Entwerfer und Gestalter seines Weltbildes in der Auseinandersetzung mit der Kultur, die es umgibt, braucht ein angemessenes Verständnis und einen sozialen Rückhalt in der Gesellschaft, eine umfassend veränderte Orientierung des pädagogischen Handelns, dementsprechend eingerichtete Institutionen, sowie Erzieherinnen und Erzieher, die um die Bedeutung dieser Aufgabe wissen, dementsprechend ausgebildet und auch bezahlt werden. Wenn Kinder schon ein Kapital sein sollen, dann sollten wir alles daran setzen, dieses Kapital von Anfang an so zu fördern, dass es sich kreativ entwickeln kann, denn im Erhalt und in der Förderung von Eigenständigkeit und Kreativität liegt die einzige Möglichkeit, die wir haben, Kinder auf Aufgaben vorzubereiten, die weder sie selbst noch wir voraussehen können." (Schäfer, 2002, S. 12)

Zur Bewältigung dieser Aufgaben gehören sowohl die professionelle mediale Gestaltung der Lernumgebungen der Kinder in den sozialpädagogischen Einrichtungen als auch die Vorbereitung auf einen human- und sozialverträglichen Umgang mit Medien durch Erzieherinnen sowie Kinder und Jugendliche.

Dieses Buch richtet sich an Unterrichtende und Studierende in der Ausbildung von Erzieherinnen. Es soll die Selbstbildungsprozesse der Studierenden im Blick auf eine kritisch-konstruktive Auseinandersetzung mit ihren und fremden Medienwelten begleiten und Anstöße geben. Es soll Zugang zu medialen Techniken ermöglichen und Fragen aufwerfen. Es soll vor allem auf eine kompetente und professionelle medienpädagogische Arbeit mit Kindern und Jugendlichen – und mit sich selbst vorbereiten.

Diesem Buch liegt eine lernfelddidaktische und ganzheitliche Konzeption zugrunde. Es geht davon aus, dass sich Lernen am nachhaltigsten an der selbstständigen Lösung konkreter beruflicher Aufgaben vollzieht. In den Kapiteln dieses Buches wird zunächst eine medienpädagogisch relevante Situation (Lernsituation) beschrieben, die es zu lösen gilt und deren Brauchbarkeit anschließend kritisch zu überprüfen ist. Darüber hinaus werden erweiternde Hintergrundfragen, Impulse und Übungen sowie Arbeitsmaterialien angeboten. Die Übungen können u. a. der Sensibilisierung oder der Einübung medienpädagogisch bedeutsamer Handlungsweisen dienen. Die Arbeitsmaterialien und die auf der CD und im Buch angeführten Internet-Adressen sind „Werkzeug" für die Lösung der sich aus den Lernsituationen ergebenden beruflichen Aufgaben. Dem ganzheitlichen pädagogischen Grundverständnis dieses Buches entsprechend wird auch auf Querbezüge zu anderen Bereichen der Sozialpädagogik hingewiesen.

 Die dem Buch beigefügte CD soll unter anderem die Erstellung von Folien und Arbeits- sowie Informationsblättern erleichtern. Ihr Aufbau folgt den Kapiteln des Buches. Im Buch wird durch das nebenstehende Symbol auf die CD verwiesen.

---

[1] *Aus Gründen der Lesbarkeit wird im Text nur die weibliche Berufsbezeichnung benutzt. Selbstverständlich sind immer gleichzeitig auch alle Erzieher angesprochen.*

Handlungsfelder – Lern- felder – Lernsituationen

Informationen für Lehrerinnen, Lehrer und Studierende

Erschrecken Sie nicht, wenn am Anfang dieses Buch, in dem es u. a. um den Umgang mit modernen Medien geht, auf einen Pädagogen und Theologen verwiesen wird, der im Jahre 1592 in Ostmähren geboren wurde und 1670 in Amsterdam starb: Johan Amos Comenius.

Comenius forderte, dass Unterricht ein harmonischer Gesamtprozess der Weltaneignung sein solle. Anschauung, sprachliche Darstellung und praktische Erprobung und Übung sollen im Unterricht miteinander verwoben sein.

Damit ist bereits viel von dem angedeutet, was man heute unter handlungsorientiertem Unterricht versteht, ein Unterricht,

- der ganzheitlich ist und die Phänomene der Welt nicht in Fächer (Schubladen?) aufteilt,
- der gedankliche Durchdringung, Analyse und Reflexion der Phänomene der Welt ermöglicht (gedankliche Durchdringung kann nur auf der Basis einer sprachlichen Auseinandersetzung geschehen),
- in dem Erkenntnisse handelnd erworben und eingeübt werden können.

Dieses Buch soll eine Grundlage für einen solchen Unterricht sein können. Deshalb enthält jede der zehn Einheiten (Lernsituationen) dieses Buches drei Teile:

- eine berufliche Aufgabe,
- Hintergrundfragen, Impulse, Übungen und
- Arbeitsmaterialien.

Hinweis

Die beruflichen Aufgaben sind komplex formuliert und müssen der besonderen Situation der jeweiligen Ausbildungsstätte entsprechend konkretisiert werden. Die Eingrenzung der Aufgaben muss also vor Ort vorgenommen werden. Dies gilt auch für die Festlegung auf anzustrebende Unterrichtsziele bzw. zu erweiternde oder zu entwickelnde Kompetenzen der Schülerinnen.

Die beruflichen Aufgaben sind nicht an Unterrichtsfächern (z. B. Medienpädagogik), sondern am Berufsbild orientiert und ganzheitlich, d. h., es wird nicht möglich sein, diese Aufgaben ausschließlich medienpädagogisch zu bewältigen. Viele andere Perspektiven werden erforderlich sein – z. B. pädagogische, psychologische, soziologische, rechtliche, methodische oder didaktische Sichtweisen.

10 Die **Hintergrundfragen, Impulse und Übungen** dienen dazu, bestimmte Einzelphänomene aus dem Bereich der Medienpädagogik erlebbar zu machen. Dies kann hilfreich sein, um die medienpädagogische bzw. -erzieherische Perspektive zu vertiefen.

Die **Arbeitsmaterialien** sind Werkzeug für die Bearbeitung der beruflichen Aufgaben. Je nach Lösungsansatz und -strategie können bzw. müssen diese Arbeitsmaterialien durch Literatur- und Internetrecherchen bzw. durch Zusammenarbeit mit Vertreterinnen der Praxis und anderer Institutionen erweitert werden.

Diesem Buch liegt eine lernfelddidaktische Konzeption zugrunde. Die Grundbausteine der lernfelddidaktischen Konzeption sind:

Handlungsfelder
Handlungsfelder umfassen berufstypische Handlungssituationen, die auf ihre Bedeutung für den Beruf, auf ihre Zukunftsbedeutung und auf ihre Exemplarität (ihre Beispielhaftigkeit) hin untersucht worden sind. Eine solche Handlungssituation für eine Erzieherin besteht beispielsweise in der Organisation des täglichen Gruppenfrühstücks. Sie ist Bestandteil der größeren Aufgabe, die in der Organisation des Gruppenalltags besteht, die wiederum Teil der jahreszeitlichen Organisation der Gruppe ist. Handlungsfelder sind also umfassende Aufgabenkomplexe von bedeutsamen Handlungssituationen.

Lernfelder
In den jeweiligen Praktika besteht zwar die Möglichkeit, die Aufgaben beruflicher Handlungssituationen unmittelbar zu lösen und geeignete Lösungsstrategien einzuüben. Es ist jedoch nicht möglich, diese Handlungssituationen „eins zu eins" in die Fachschule oder Fachakademie für Sozialpädagogik zu „holen". Aus diesem Grund ist es erforderlich, dass die beruflichen Handlungsfelder so aufbereitet werden, dass den Schülerinnen in den Ausbildungsstätten geeignete Situationen zum Lernen angeboten werden können. Der allgemeinere Schritt dazu ist in vielen Bundesländern bereits in den Richtlinien getan worden: Sie enthalten eine (didaktische) Aufarbeitung der Handlungsfelder in Lernfelder.

Lernsituationen
Das Lernen in einem Lernfeld geschieht durch die Lösung oder Bewältigung konkreter ausgewählter, praxisrelevanter beruflicher Aufgaben. Diese Aufgaben legt die jeweilige Ausbildungsstätte entsprechend ihrer örtlichen und personellen Gegebenheiten selbst fest. Dazu ist es erforderlich, den Schülerinnen neben der beruflichen Aufgabe selbst auch Möglichkeiten zur selbsttätigen, selbstverantwortlichen und selbstständigen Lösung anzubieten. Das Gesamt von beruflicher Aufgabenstellung und der dazu vorbereiteten Lernumgebung ist die Lernsituation.

Lernsituationen sind die konkreten unterrichtlichen Elemente einer an Lernfeldern orientierten Ausbildung; in ihrem Mittelpunkt stehen die **konkreten, didaktisch aufbereiteten, beruflichen Aufgaben.**

„Didaktisch aufbereitet" heißt:

1. Die Aufgabe muss Element eines Lernfeldes sein, das in der Regel in den jeweiligen Richtlinien beschrieben ist.

2. Die mit der Lösung der Aufgabe zu erwerbenden Lerninhalte müssen auf ihre Exemplarität, Gegenwarts- und Zukunftsbedeutung hin überprüft sein.

3. Die „Beruflichkeit" der Aufgabe muss für die Studierenden unmittelbar – d. h. ohne abstrakt-theoretische Hinweise auf ihre Wichtigkeit – erkennbar sein.

4. Die Aufgabe muss in einem zeitlich und räumlich überschaubaren Rahmen von den Schülerinnen gelöst werden können.

5. Die Aufgabe muss so gestellt sein, dass die Studierenden sie unmittelbar verstehen und ihre Exemplarität, Gegenwarts- und Zukunftsbedeutung erkennen können.

6. Die Aufgabe muss so gestellt sein, dass die Studierenden die Schwierigkeiten bzw. Hindernisse, die sich für die Lösung ergeben, möglichst selbstständig erkennen bzw. erarbeiten können.

7. Die Aufgabe muss offen sein, d. h., sie muss verschiedene Lösungsstrategien und Lösungen ermöglichen.

8. Die Studierenden müssen die Viabilität (Brauchbarkeit) der verschiedenen Lösungen überprüfen können.

9. Mit dem Lösungs- und Überprüfungsprozess muss eine (berufliche) Kompetenzerweiterung bzw. eine Kompetenzerwerbung möglich und konkret formulierbar sein.

10. Die Studierenden müssen die beruflichen Kompetenzen, deren Erwerb bzw. Erweiterung durch die Lösung der beruflichen Aufgabe ermöglicht wird, erkennen und erleben können.

11. Die Aufgabe muss den Studierenden in einer methodisch und didaktisch vorbereiteten Lernumgebung gestellt werden, d. h., sie erhalten das Material (Werkzeug), das für die Lösung erforderlich ist, bzw. die Möglichkeit, sich erforderliches Material selbst zu suchen oder zu konstruieren.

12. Arbeitsmaterialien oder Quellen, die die Studierenden nicht selbstständig finden können, müssen von den Unterrichtenden bereitgestellt werden.

Der „Weg" vom beruflichen Handlungsfeld zur Lernsituation lässt sich grafisch wie folgt darstellen:

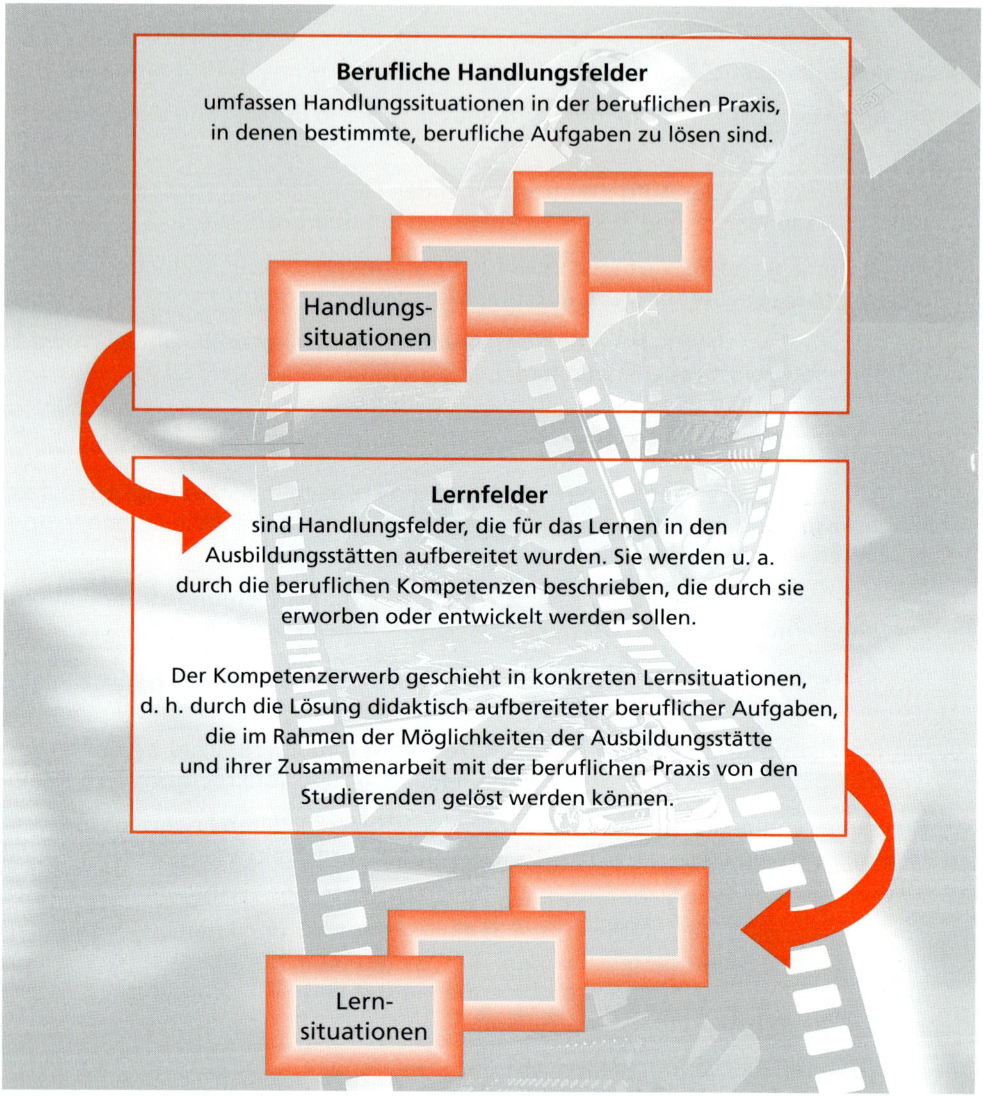

12

Berufliche Handlungsfelder
umfassen Handlungssituationen in der beruflichen Praxis,
in denen bestimmte, berufliche Aufgaben zu lösen sind.

Handlungs-
situationen

Lernfelder
sind Handlungsfelder, die für das Lernen in den
Ausbildungsstätten aufbereitet wurden. Sie werden u. a.
durch die beruflichen Kompetenzen beschrieben, die durch sie
erworben oder entwickelt werden sollen.

Der Kompetenzerwerb geschieht in konkreten Lernsituationen,
d. h. durch die Lösung didaktisch aufbereiteter beruflicher Aufgaben,
die im Rahmen der Möglichkeiten der Ausbildungsstätte
und ihrer Zusammenarbeit mit der beruflichen Praxis von den
Studierenden gelöst werden können.

Lern-
situationen

Vollständige Handlung
Die Struktur, d. h. der methodische und didaktische Aufbau der Lernsituationen, ist in der Regel bestimmt durch die Phasen einer vollständigen Handlung. Von einer vollständigen Handlung spricht man u. a. dann, wenn Studierende die Möglichkeit haben, berufliche Aufgaben zu bewältigen, indem sie mit einer beruflichen Aufgabe/einem beruflichen Problem konfrontiert werden und dann

1. diese Aufgabe selbstständig erfassen, untersuchen und feststellen können, welche Schwierigkeiten einer (einfachen) Lösung im Wege stehen, welches Lösungsmaterial zur Verfügung steht und was gegebenenfalls fehlt;

2. darauf aufbauend eine klare, aufgabenbezogene Zielentscheidung und -formulie-
rung entwickeln;

3. einen möglichst konkreten Arbeitsplan entwickeln, indem sie auch Teilziele und „Teil-
etappen" klären und die notwendigen Entscheidungen fällen. Dazu gehören auch
eine weitergehende Klärung möglicher Informationsquellen, Absprachen über die
kommenden Arbeitsschritte, über die Verteilung von Aufgaben und Verantwortung,
über das methodische Vorgehen und über den zeitlichen Rahmen;

4. ihren Arbeitsplan ausführen;

5. ihre Arbeitsergebnisse dokumentieren und präsentieren;

6. ihre Arbeitsergebnisse auf ihre Brauchbarkeit hin überprüfen und bewerten;

7. gegebenenfalls eine erneute, brauchbarere Lösung nach dem gleichen Vorgehen entwickeln.

Erst relativ wenige Studierende kennen einen Unterricht, der dem entspricht. Deshalb
ist es wichtig, dass diese Art des Lernens eingeübt und immer wieder neu mit Lehrerinnen, Lehrern und Schülerinnen reflektiert, bewertet und weiterentwickelt wird. Es werden dabei hohe Anforderungen an Selbstverantwortung, Selbstdisziplin, Engagement
und Bereitschaft, sich einzulassen, gestellt. Gelingt diese Arbeit, wird sie zu nachhalti-
geren Lernergebnissen führen.

Der „Weg" vom beruflichen Handlungsfeld zu einer konkreten Lernsituation lässt sich
an folgendem Beispiel verdeutlichen:

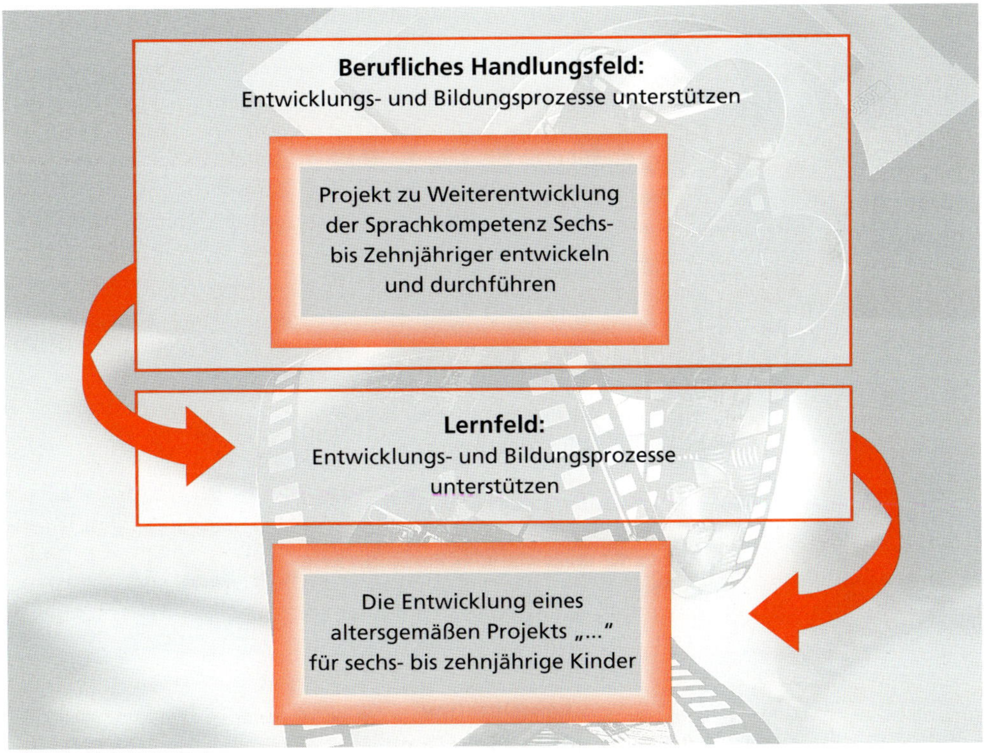

Berufliches Handlungsfeld:
Entwicklungs- und Bildungsprozesse unterstützen

Projekt zu Weiterentwicklung
der Sprachkompetenz Sechs-
bis Zehnjähriger entwickeln
und durchführen

Lernfeld:
Entwicklungs- und Bildungsprozesse
unterstützen

Die Entwicklung eines
altersgemäßen Projekts „..."
für sechs- bis zehnjährige Kinder

14

Die Arbeit innerhalb einer Lernsituation auf der Grundlage einer vollständigen Handlung umfasst folgende Schritte:

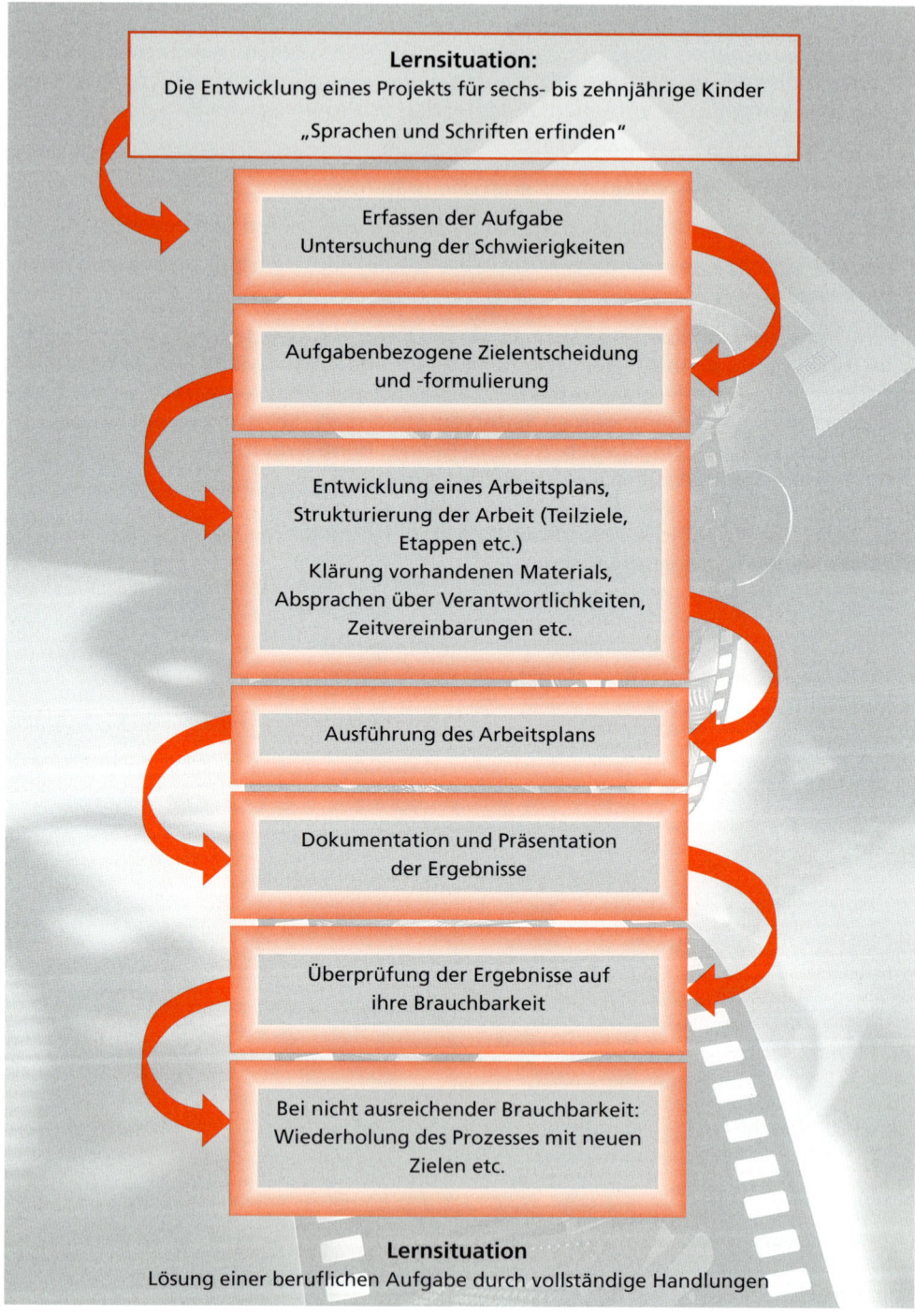

Um Missverständnissen vorzubeugen, seien zum Schluss noch einige wichtige Hinweise gegeben:

1. Erfolgreiches Lernen in einer Lernsituation durch die Lösung einer beruflichen Aufgabe ist nur dann erreichbar, wenn fachliche und sachliche Informationen genutzt und Sach-, Sozial- und Fachkompetenz tatsächlich erweitert werden können. So würde beispielsweise ein Verzicht auf Wissenserweiterung auf der Seite der Schülerinnen dazu führen, dass die Lösung der beruflichen Aufgabe auf laienhaftem Niveau verbliebe und eine Professionalisierung nicht möglich wäre.

2. Die erfolgreiche Arbeit in einer Lernsituation beinhaltet auch die Weiterentwicklung oder den Erwerb grundlegender, berufsunabhängiger Kompetenzen. Im Folgenden seien nur einige aufgeführt, wie beispielsweise die Fähigkeit und Bereitschaft
   - für die eigene Leistung Verantwortung zu übernehmen,
   - die eigenen Stärken und Grenzen zu erkennen und die Stärken zu nutzen,
   - sich selbst zu achten und die eigenen Leistungen wertzuschätzen,
   - sich auf andere einzulassen und diese als Mitarbeiterin zu achten,
   - aktiv zuzuhören,
   - Konflikte konstruktiv zu bewältigen und Meinungsverschiedenheiten konstruktiv zu verhandeln
   - Ziele auch über Widerstände hinweg zu verfolgen,
   - das eigene Wissen zu erweitern, Informationen einzuholen,
   - sich auf Fachgespräche einzulassen und sich konstruktiv mit Fachleuten auseinander zu setzen,
   - wahrzunehmen, wo andere Hilfe benötigen, die man selbst geben könnte,
   - eigenes Handeln schriftlich zu planen und Handlungsprozesse und -ergebnisse zu dokumentieren,
   - Arbeitszeiten wirksam und brauchbar einzuteilen etc.

Bei der Arbeit in Lernsituationen ist auf die Entwicklung solcher Fähigkeiten und Bereitschaften zu achten. Es ist erforderlich, dass sich ein die Arbeit begleitender, stärkenorientierter Dialog darüber zwischen den Schülerinnen und den Unterrichtenden entwickelt.

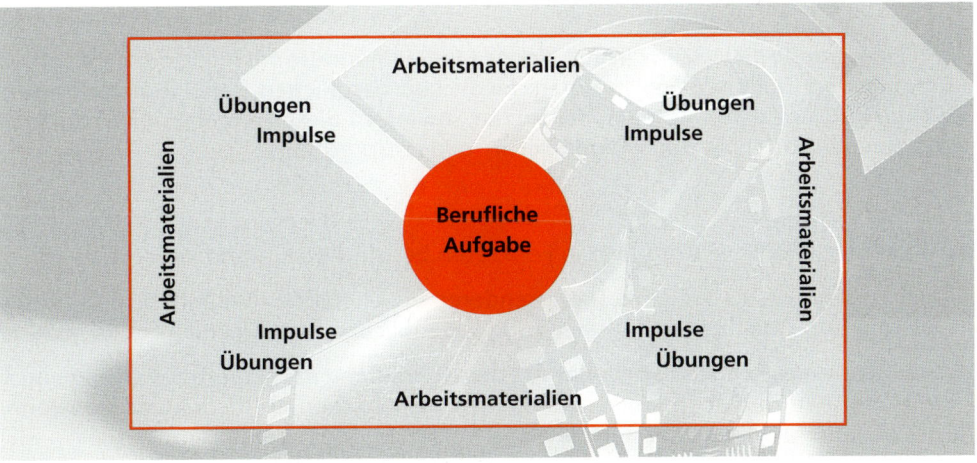

2 Die eigene Medien-biografie erkennen

In diesem Lernfeld werden Sie Ihre Medienbiografie neu kennen lernen, kritisch betrachten und Ihre Einstellungen zu medienerzieherischen Aufgaben in unterschiedlichen beruflichen Handlungsfeldern von Erzieherinnen überprüfen.

> *Eine Medienbiografie ist die Beschreibung des Lebenslaufes eines Menschen unter dem Einfluss von alten und neuen Medien.*

Sie beschreibt insbesondere

- die Erfahrungen, die eine Person mit Medien gesammelt hat,
- die Einstellungen und Werthaltungen, die sie Medien gegenüber einnimmt,
- die Gewohnheiten, die sie bei der Nutzung von Medien entwickelt hat,
- die Fähigkeiten und Fertigkeiten, die sich daraus für den Umgang mit Medien ergeben haben,
- die Fähigkeit, die unterschiedlichen Medien sowohl im Hinblick auf ihre technische Handhabbarkeit als auch in Bezug auf ihre unterschiedlichen Inhalte kritisch zu beurteilen und
- die Auswirkungen, die all dies auf alle Lebens- und Erlebensbereiche hat.

Weiter werden Sie Ihr Wissen um Ihre eigene Medienbiografie mit medienerzieherischen Aufgaben von Erzieherinnen in unterschiedlichen beruflichen Handlungsfeldern vergleichen und sich damit auseinander setzen, inwiefern diese Aufgaben Ihren eigenen Vorstellungen von Ihrer zukünftigen Berufsrolle entsprechen.

„Auseinandersetzen" soll hier heißen:

1. Medienerzieherische Aufgaben in konkreten beruflichen Situationen erkennen.
2. Diese Aufgaben als Teil einer umfassenderen erzieherischen Verantwortung für die Bildung und Erziehung von Kindern und Jugendlichen annehmen.
3. Den Zusammenhang zwischen der Art der Übernahme dieser Verantwortung einerseits und den im Lebenslauf entstandenen persönlichen Mediennutzungsgewohnheiten und -fähigkeiten andererseits wahrnehmen und reflektieren.

4. Den möglichen Einfluss von persönlichen Einstellungen und Werthaltungen gegenüber unterschiedlichen Medien auf das eigene medienerzieherische Handeln kritisch überdenken.

5. Die Fähigkeit und Bereitschaft entwickeln, eigene Mediennutzungsgewohnheiten gegebenenfalls zu verändern und die Fähigkeiten im praktischen Umgang mit Medien zu erweitern.

Die Auseinandersetzung mit der eigenen Biografie ist in der Praxis wichtig, um das eigene erzieherische Handeln – besonders in kritischen Situationen – überdenken, verstehen und – so weit nötig – verbessern zu können.

2.1 Die Lernsituation: Medien und ich

„Computer in die Gruppenräume – das findet bei uns bestimmt nicht statt."

Sie nehmen als Praktikantin an einer Teambesprechung in einer Kindertagesstätte teil. Teilnehmerinnen sind neben Ihnen selbst die Leiterin der Einrichtung, zwei Gruppenleiterinnen, eine Kinderpflegerin und die für den Träger der Einrichtung zuständige Fachberaterin. Sie hören bei dem folgenden Gespräch zu:

Fachberaterin: „Im Zusammenhang mit der internationalen Untersuchung der Leistungen 15-jähriger Schüler (PISA) ist bei einer Fortbildungsveranstaltung deutlich geworden, dass Kindertagesstätten verstärkt Wert auf Bildung – insbesondere auf Sprachförderung – legen sollen. Auch alle ausländischen Kinder müssen die deutsche Sprache beherrschen, wenn sie in die Schule kommen. Möglich ist das nur mit einer gezielten individuellen Förderung aller Kinder." Die Fachberaterin bezieht sich dabei immer wieder auf eine einschlägige dpa-Meldung.

Es fällt Ihnen auf, dass die teilnehmenden Erzieherinnen eher ungehalten reagieren und deutlich auf ihre manchmal unzumutbare tägliche Belastung hinweisen. Der Leiterin scheint der Kragen zu platzen, als die Fachberaterin – vorsichtig zwar, aber doch deutlich – darum bittet, dass das Team in diesem Zusammenhang die vorhandenen Kinderbücher überprüft und über den pädagogisch verantwortbaren, erzieherischen Einsatz neuer Medien in der Einrichtung nachdenkt.

Sie hören dann Sätze wie:

– „Computer in den Gruppenräumen – das wird bei uns bestimmt nicht stattfinden!"

– „Viele Kinder hängen schon bei sich zu Hause viel zu lange vor der Kiste."

– „Wie kann man Kinder vom Fernseher fernhalten, wenn sie sogar schon im Kindergarten vor der Glotze hocken."

– „Das macht doch nur noch süchtiger."

Aber auch:

– „Warum sollen die Kinder nicht schon früh lernen, mit dem Computer umzugehen!"

– „Bücher hat man vor ein paar hundert Jahren genauso abgelehnt, wie das heute viele mit neuen Medien tun."

– „Viele Computer-Spiele sind auch nicht schlimmer als ‚Mensch-Ärgere-Dich-Nicht' oder diese langweiligen Puzzles."

Die Fachberaterin wird zusehends unsicherer und beendet diesen Tagesordnungspunkt mit der Bitte, das Gespräch nur als Gedankenanstoß zu verstehen.

Erläuterung zum Text: „dpa" ist die Abkürzung für die Deutsche Presseagentur. Die Deutsche Presse-Agentur GmbH ist die führende deutsche Nachrichtenagentur und eine der großen in der Welt. Ihre Korrespondenten berichten in Wort, Bild, Grafik, Video und Ton rund um die Uhr aus aller Welt. Das Angebot wird abgerundet durch Produkte und Dienstleistungen vielfältiger Tochterunternehmen. Darüber hinaus ist dpa an verschiedenen Firmen aus dem Medienbereich beteiligt.

Die berufliche Aufgabe:

Sie erkennen an diesem Beispiel, dass Sie in der beruflichen Praxis vielerlei medienpädagogische Entscheidungen fällen müssen. Häufig werden diese Entscheidungen auf der Grundlage der bisherigen Lebenserfahrungen, Einstellungen und Werthaltungen in Bezug auf Medien getroffen.

Deshalb ist es erforderlich, dies alles aufzuhellen, sich bewusst zu machen und im Hinblick auf die eigene Verantwortung als Medienerzieherin kritisch zu überprüfen und gegebenenfalls zu korrigieren.

Da sich Ihre Lebenserfahrungen, Einstellungen und Werthaltungen auch in Ihrem zukünftigen Leben ändern werden und gegebenenfalls ändern müssen, wird diese berufliche Aufgabe immer wieder neu auf sie zukommen und gelöst werden müssen.

2.2 Im medienpädagogischen Lernfeld handeln

2.2.1 Hintergrundfragen, Impulse und Übungen

1. Übung   **Wo stehe ich?**

1. Kreuzen Sie an, wo Sie Ihre eigenen Einstellungen zur Frage „Computer in den Gruppenräumen" einordnen:

Computer gehören auch in die Gruppenräume von Kindertagesstätten, wenn die Kinder entsprechend pädagogisch begleitet werden.								
– 4	– 3	– 2	– 1	0	+ 1	+ 2	+ 3	+ 4

- „– 4" bedeutet, dass sie völlig dagegen sind, dass Kinder bereits im Kindergarten oder in der Kindertagesstätte mit Computern vertraut gemacht werden sollten.
- „+ 4" bedeutet, dass Sie dies befürworten.
- Zwischen „– 4" und „+ 4" könnten Sie sich auf einer Zwischenposition eintragen. Wichtig ist, dass Sie Ihre persönliche Zuordnung sehr konkret – sowohl gefühlsmäßig als auch von der Sache her – zu begründen versuchen.

2. Vergleichen Sie Ihre Zuordnung mit denen der anderen Mitglieder Ihrer Klasse oder Arbeitsgruppe.

2. Übung   **Meine persönlichen Einstellungen**

1. Überprüfen Sie nun Ihre persönlichen Einstellungen zu unterschiedlichen Medien. Erstellen Sie sich mehrere Einschätzskalen nach dem folgenden Muster. Begründen Sie Ihre Zuordnung.

Medium (z. B. Bilderbücher, Einschätzskala, Punkt 3 – s. u.)	– 1	– 2	– 3	– 4	0	+ 1	+ 2	+ 3	+ 4
Begründung meiner Zuordnung									
Sachinformationen aus Fachliteratur und Internet									

- „Wenig – keine – nicht – selten" erhalten je nach Ausprägungsgrad die Werte – 4 bis – 1.
- Eine mittlere Ausprägung erhält den Wert 0.
- „Viele – häufig – sehr ausgeprägt – völlig" erhalten je nach Ausprägungsgrad die Werte + 1 bis + 4.

Wichtig bei dieser Übung ist eine gemeinsame Auswertung in der Klasse oder Gruppe. So können Sie z. B. feststellen, ob in Ihrer Gruppe eine große Streuung der Einschätzungen besteht oder ob es viele – im Zusammenhang mit Ihrer Berufswahl stehende – Gemeinsamkeiten gibt.

Beispiel

20

Bilderbücher Ich finde, Bilderbücher sind keine/eine große Hilfe bei der Unterstützung der Selbstbildungsprozesse von Kindern.	– 4	– 3	– 2	– 1	0	+ 1	+ 2	+ 3	+ 4
								X	
Begründung meiner Zuordnung	Bilderbücher regen die Fantasie von Kindern an, sie fördern die Wahrnehmungsfähigkeit im Hinblick auf Farb- und Formunterscheidungen, sie können für die Sprach- und Denkförderung hilfreich sein und Sprach- und Denkanlässe schaffen etc.								
Sachinformationen aus Fachliteratur und Internet	...								

2. Füllen Sie nun für die im Folgenden aufgeführten Medien die Einschätzskalen unter den jeweils aufgeführten Gesichtspunkten aus:

Bilderbücher

1. Ich habe mich als Kind wenig/sehr für Bilderbücher interessiert.

2. Meine Eltern haben mir wenige/viele Bilderbücher gekauft.

3. Ich finde, Bilderbücher sind keine/eine große Hilfe bei der Unterstützung der Selbstbildungsprozesse von Kindern.

4. Ich kenne keine/viele Kriterien für die Auswahl von Bilderbüchern für Kinder in Kindertagesstätten.

Märchenbücher

1. Ich habe mich als Kind wenig/sehr für Märchenbücher interessiert.

2. Ich finde, Märchenbücher verursachen bei Kindern keine/große Ängste.

3. Meine Eltern haben mir wenig/viele Märchenbücher gekauft.

4. Ich finde, Märchenbücher sind keine/eine große Hilfe bei der Unterstützung der Selbstbildungsprozesse von Kindern.

5. Ich kenne keine/viele Kriterien für die Auswahl von Märchenbüchern für Kinder in Kindertagesstätten.

Moderne Kinderliteratur

1. Ich habe mich als Kind wenig/sehr für moderne Kinderliteratur interessiert.

2. Meine Eltern haben mir wenige/viele Bücher aus der modernen Kinderliteratur gekauft.

3. Ich finde, Bücher aus der modernen Kinderliteratur sind keine/eine große Hilfe bei der Unterstützung der Selbstbildungsprozesse von Kindern.

4. Ich kenne keine/viele Kriterien für die Auswahl von Büchern aus der modernen Kinderliteratur für Kinder in Kindertagesstätten.

Jugendliteratur

1. Ich habe mich als Jugendlicher wenig/sehr für Bücher aus der Jugendliteratur interessiert.

2. Meine Eltern haben mir wenige/viele Bücher aus der Jugendliteratur gekauft.

3. Ich habe mir wenige/viele Bücher aus der Jugendliteratur gekauft.

4. Ich finde, Bücher aus der Jugendliteratur sind keine/eine große Hilfe bei der Unterstützung der Selbstbildungsprozesse von Jugendlichen.

5. Ich kann „gute" Jugendliteratur nicht/sehr gut von „schlechter" Jugendliteratur unterscheiden.

6. Ich kenne keine/viele Kriterien für die Auswahl von Büchern aus der modernen Kinderliteratur für die Arbeit mit älteren Kindern oder Jugendlichen.

Zeitungen

1. Ich lese nicht/ganz regelmäßig eine Tageszeitung.

2. Ich lese nicht/ganz regelmäßig eine Wochenzeitung.

3. Ich halte das Lesen von Tages- und Wochenzeitungen für unwichtig/sehr wichtig im Hinblick auf die Entwicklung meiner eigenen Bildung.

4. Ich finde Tageszeitungen selten/oft zu schwer zum Lesen.

5. Ich kenne keine/viele Qualitätskriterien für Zeitungen.

Zeitschriften

1. Ich lese nicht/ganz regelmäßig eine Zeitschrift.

2. Ich halte das Lesen von Zeitschriften für unwichtig/sehr wichtig im Hinblick auf die Entwicklung meiner eigenen Bildung.

3. Ich finde Zeitschriften oft/selten zu schwer zum Lesen.

4. Ich kenne keine/viele Kriterien für die Einschätzung der „Qualität" von Zeitschriften.

Hörkassetten

1. Ich habe mich als Kind wenig/sehr für Hörkassetten interessiert.

2. Meine Eltern haben mir wenige/viele Hörkassetten gekauft.

3. Ich finde, Hörkassetten sind keine/eine große Hilfe bei der Unterstützung der Selbst-bildungsprozesse von Kindern.

4. Ich kenne keine/viele Kriterien für die Auswahl von Hörkassetten für Kinder in Kin-dertagesstätten.

5. Ich höre ungern/gerne Kassettenhörspiele für Erwachsene.

6. Ich kenne keine/sehr viele Hörspielkassetten für Erwachsene.

Walkman

1. Ich nutze nie/sehr häufig einen Walkman.

2. Ich bin sehr dafür/dagegen, dass Kinder im Kindergartenalter einen eigenen Walk-man besitzen.

3. Ich bin sehr dagegen/sehr dafür, dass Kinder einen eigenen Walkman in die Kinder-tagesstätte mitbringen.

MP3-Player

1. Ich nutze nie/sehr häufig einen MP3-Player.

Falls ich einen MP3-Player besitze:

2. Ich lade mir nie/häufig Audiodateien aus dem Internet herunter.

3. Ich tausche nie/häufig MP3-Dateien im Internet oder mit anderen Mitteln.

DVD-Player

1. Ich nutze nie/häufig einen DVD-Player.

Falls Sie im Besitz eines DVD-Players sind:

2. Ich habe keine/viele eigene Filme auf DVD.

3. Ich leihe mir nie/häufig DVD-Filme in Videotheken.

4. Ich verfüge über keine/über viele Kriterien, um Filme zu analysieren und zu beurtei-len.

5. Ich kenne keine/viele Kriterien für den Einsatz von Filmen in sozialpädagogischen Ein-richtungen.

Falls Sie im Besitz eines DVD-Rekorders sind:

6. Ich lade mir nie/häufig Filme aus dem Internet herunter und kopiere sie auf DVD.

7. Ich kann digitale Filme noch nicht/bereits sehr gut auf dem Computer bearbeiten.

Digitale Film-Kamera

1. Ich nutze nie/häufig eine digitale Film-Kamera.

Falls Sie im Besitz einer digitalen Kamera sind:

2. Ich filme selten/häufig mit meiner digitalen Kamera.

3. Ich beherrsche kaum/viele Techniken der Bildgestaltung mit der digitalen Film-Kamera.

4. Ich beherrsche kaum/viele Techniken der Bildbearbeitung eigener digitaler Filme auf dem PC.

Digitale Foto-Kamera

1. Ich nutze nie/häufig eine digitale Kamera.

Falls Sie im Besitz einer digitalen Kamera sind:

2. Ich fotografiere selten/häufig mit meiner digitalen Kamera.

3. Ich beherrsche kaum/viele Techniken der Bildgestaltung mit der digitalen Kamera.

4. Ich beherrsche kaum/viele Techniken der Bildbearbeitung digitaler Fotos auf dem PC.

5. Ich drucke keine/viele eigene Bilder auf dem eigenen Drucker aus.

Videorekorder

1. Ich nutze nie/häufig einen Videorekorder.

Falls Sie im Besitz eines Videorekorders sind:

2. Ich habe keine/viele eigene Filme auf Videokassette.

3. Ich leihe mir nie/häufig Video-Filme in Videotheken.

4. Ich verfüge über keine/über viele Kriterien, um Filme zu analysieren und zu beurteilen.

5. Ich kenne keine/viele Kriterien für den Einsatz von Filmen in sozialpädagogischen Einrichtungen.

Analoge Film-Kamera

1. Ich nutze nie/häufig eine analoge Film-Kamera.

Falls Sie im Besitz einer analogen Film-Kamera sind:

2. Ich filme selten/häufig mit meiner Film-Kamera.

3. Ich beherrsche kaum/viele Techniken der Bildgestaltung mit der analogen Film-Kamera.

4. Ich archiviere nie/regelmäßig meine Filme.

Analoge Foto-Kamera

1. Ich nutze nie/häufig eine analoge Kamera.

Falls Sie im Besitz einer analogen Kamera sind:

2. Ich fotografiere selten/häufig mit meiner analogen Kamera.

3. Ich beherrsche kaum/viele Techniken der Bildgestaltung mit der analogen Kamera.

4. Ich archiviere nie/regelmäßig meine Fotos.

Fernseher

1. Ich habe als Kind wenig/häufig ferngesehen.

2. Ich wähle Sendungen, die ich sehe, nie/häufig nach bestimmten Kriterien aus.

3. Ich stelle den Fernsehapparat nie/immer aus, wenn der Film, den ich ursprünglich sehen wollte, zu Ende ist.

4. Ich sehe nie/häufig fern, um die Zeit totzuschlagen.

5. Ich verfüge über keine/viele Kriterien, um die Qualität von Fernsehfilmen einzuschätzen.

6. Der Fernsehapparat läuft bei mir nie/häufig auch dann, wenn ich gar nicht zuschaue.

7. Es gibt keine/viele „Serien", die ich nicht vermissen möchte.

8. Es kommt nie/sehr oft vor, dass ich eine Serie, die ich gerne sehe, verpasse, weil ich lieber etwas anderes tue.

Handy – falls Sie im Besitz eines Handys sind:

1. Ich telefoniere selten/häufig mit meinem Handy.

2. Ich verschicke wenig/viele SMS mit meinem Handy.

3. Ich verschicke keine/viele Fotos mit meinem Handy.

4. Ich finde ein Handy nicht/sehr wichtig für die Aufrechterhaltung wichtiger Freundschaften.

5. Ich bin nicht/durchaus bereit, Schulden mit meinem Handy zu machen.

6. Ich schalte mein Handy nie/immer aus, wenn ich auf einem „normalen" Telefon zu erreichen bin.

7. Ich telefoniere als Beifahrer nie/oft mit dem Handy.

8. Ich kenne die möglichen Gefahren der Handy-Nutzung nicht/sehr gut.

9. In meiner Familie hat außer mir keiner/jeder ein Handy.

10. Ich möchte nicht/unbedingt ein Handy haben, mit dem man im Internet surfen kann.

Computer – falls Sie im Besitz eines Computers sind:

1. Ich nutze meinen PC/mein Notebook selten/häufig.

2. Ich spiele auf dem PC/Notebook selten/häufig.

3. Ich spiele nie/häufig mit anderen zusammen am PC/Notebook.

4. Ich kenne keine/viele unterschiedliche Spiele.

5. Ich benutze den PC/das Notebook selten/häufig für meine Arbeit.

6. Ich benötige viel/kaum Hilfen, wenn ich mein Textverarbeitungsprogramm benutze/surfe selten/häufig im Internet. (– 4 ist nicht öfters als einmal pro Woche insgesamt ein bis zwei Stunden; + 4 ist täglich mehr als eine Stunde.)

7. Ich „chatte" selten/häufig im Internet (– 4 ist nicht öfters als einmal pro Woche insgesamt ein bis zwei Stunden; + 4 ist täglich mehr als eine Stunde).

8. Ich nutze das Internet selten/häufig als Informationsquelle für meine Arbeit (– 4 ist nicht öfters als einmal pro Woche insgesamt ein bis zwei Stunden; + 4 ist täglich mehr als eine Stunde).

9. Mich stört das „Computerverhalten" anderer Familienmitglieder selten/häufig.

Falls Sie nicht im Besitz eines Computers sind:

10. Ich nutze den PC/das Notebook von anderen Personen selten/häufig.

11. Ich spiele auf dem PC/Notebook anderer selten/häufig.

12. Ich spiele nie/häufig mit anderen zusammen an deren PC/Notebook.

13. Ich kenne keine/viele unterschiedliche Spiele.

14. Ich benutze den PC/das Notebook selten/häufig für meine Arbeit.

15. Ich benötige viel/kaum Hilfen, wenn ich mein Textverarbeitungsprogramm benutze/surfe selten/häufig im Internet. (– 4 ist nicht öfters als einmal pro Woche insgesamt ein bis zwei Stunden; + 4 ist täglich mehr als eine Stunde.)

16. Ich „chatte" selten/häufig im Internet (– 4 ist nicht öfters als einmal pro Woche insgesamt ein bis zwei Stunden; + 4 ist täglich mehr als eine Stunde).

17. Ich nutze das Internet selten/häufig als Informationsquelle für meine Arbeit (– 4 ist nicht öfters als einmal pro Woche insgesamt ein bis zwei Stunden; + 4 ist täglich mehr als eine Stunde).

18. Mich stört das „Computerverhalten" anderer Familienmitglieder selten/häufig.

3. Übung **Was Medien mit mir machen ...**

Untersuchen Sie: Welche Medien haben Ihre Ängste, Befürchtungen und Hoffnungen, aber auch Ihre Einstellungen, Werthaltung oder Ihre Verhaltensgewohnheiten nachhaltig beeinflusst? Erstellen Sie sich eine solche Tabelle und tragen Sie Ihre Ergebnisse ein.

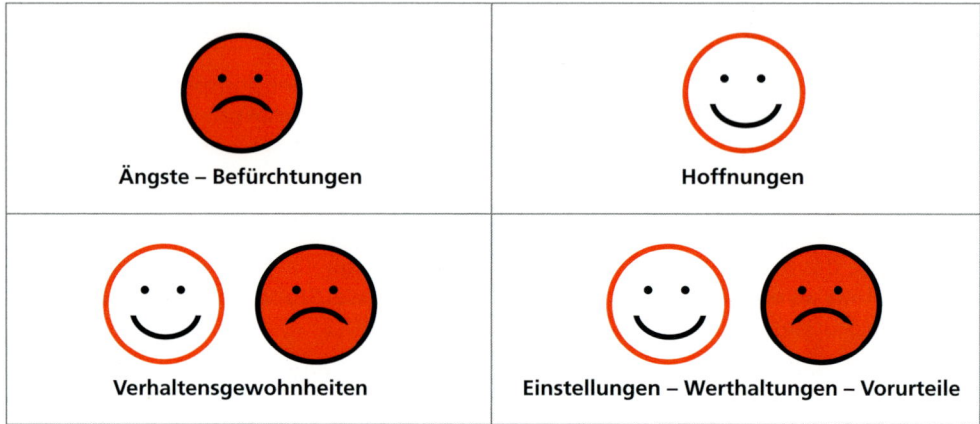

Ängste – Befürchtungen	Hoffnungen
Verhaltensgewohnheiten	Einstellungen – Werthaltungen – Vorurteile

4. Übung **Wo mein Verhalten mit meinen Einstellungen übereinstimmt**

Erstellen Sie sich eine solche Tabelle und überprüfen Sie die „Stimmigkeit" Ihres Verhaltens.

Aspekt	Meine Beurteilung	Mein Verhalten	Übereinstimmung ankreuzen	
			ja	nein
Beispiel *Ich sehe beim Abendessen fern ...*	*Ich lehne das ab.*	*Es kommt häufig vor, dass ich beim Abendessen fernsehe*		X

5. Übung   „Meine" gute Medienerzieherin

Was ist für mich eine gute Medienerzieherin?
Zeichnen Sie einem großen Plakat die Umrisse einer Erzieherin. Beschriften Sie „Ihre"
Erzieherin anschließend mit den Eigenschaften, die Sie bei einer guten Medienerziehe-
rin für wichtig halten.

Beziehen Sie dabei sowohl fachliche, medienbezogene Fähigkeiten, Fertigkeiten und
Kenntnisse als auch pädagogische Kompetenzen, Werthaltungen und Emotionen in Ihre
Überlegungen ein.

6. Übung   Familie in Medien

Ziel der Übung ist es,

- ein Bild von der Mediennutzungsstruktur der eigenen Familie zu gewinnen und

- zu reflektieren, welche Bedeutung das „Medienverhalten" der anderen Familienmitglieder auf Sie selbst gehabt haben könnte.

Durchführung

1. Erstellen Sie ein Bild, auf dem Sie Ihre Familienmitglieder symbolisch als dasjenige
   Medium zeichnen, das von ihnen zu Hause am häufigsten und am liebsten genutzt
   wird. Je größer Sie das Symbol zeichnen, desto bedeutsamer ist das jeweilige Medium
   für das entsprechende Familienmitglied.

2. Erstellen Sie ein zweites Bild, auf dem Sie die verschiedenen Medien zeichnen, die für
   Sie selbst bedeutsam waren. Das wichtigste Medium zeichnen Sie am größten, das
   unwichtigste am kleinsten.

3. Zeichnen Sie einen roten Kreis um die Medien, deren Einfluss auf das Familienleben
   von Ihnen für eher negativ gehalten wird, und einen grünen Kreis, wenn Sie die Wirkungen für eher positiv halten.

4. Zeichnen Sie einen schwarzen Kreis um die Medien, deren Einfluss auf Sie selbst von
   Ihnen für eher negativ gehalten wird, und einen blauen Kreis, wenn Sie die Wirkungen für eher positiv halten.

Auswertung

1. Tauschen Sie sich in der Gruppe über Ihre Zeichnungen aus.

2. An was denken Sie, wenn Sie die Bilder anderer sehen?

3. Leiten Sie mögliche Konsequenzen für Ihre heutigen Einstellungen zur Bedeutung
   von Medien in der pädagogischen Arbeit mit Kindern und Jugendlichen ab.

4. Was würden Sie gerne ändern – und warum?

7. Übung — Mein „Beziehungsnetz"

Die Frage, welchen Einfluss das Verhalten anderer Menschen – also auch auf die Einstellungen zu Medien und auf das eigene Mediennutzungsverhalten – hat, ist wesentlich von der Bedeutung abhängig, die diese Personen für jemanden haben. Diese Übung soll daher klären, welche Personen zu verschiedenen Zeitpunkten der Kindheit wichtig waren, welche näher und welche entfernt waren. Sie ist dem Buch „Auf meinen Spuren" von Gudjons, Pieper und Wagener (1999, S. 94 f.) entnommen.

Durchführung
„Die Teilnehmer/innen legen ein DIN-A4-Blatt im Querformat hin und zeichnen drei große Kreise nebeneinander. Im Zentrum notieren sie jeweils ‚Ich'. Die Kreise stellen das Beziehungsfeld im Alter von vier Jahren, acht Jahren und zwölf Jahren dar. (Es können auch andere Alter gewählt werden, wie zwölf,16, 20.)

In mehr oder weniger großer Entfernung vom ‚Ich' trägt jede die zu dem jeweiligen Zeitpunkt wichtigen Personen spontan, ohne lange zu überlegen, ein. Außerdem notiert jede neben der Person mit „+" oder „—" welches Gefühl sie jetzt im Augenblick der Erinnerung mit der Stellung dieser Person verbindet.

Wer war ‚nährend' nah, wer war erdrückend nah?
Wer war zu weit weg, wessen Distanz war angenehm?
(Zeit: 10 Min.)

Variante
Die Teilnehmerinnen einigen sich auf eine Person, z. B. die Mutter, und tragen im Kreis ein, wie nah oder entfernt sie war, wenn sie z. B. wütend oder traurig war, sich freute, ängstlich, zärtlich, beschäftigt, nicht da usw. (Die Moderatorin gibt die Stichwörter kurz vor.) (Zeit: 5 Min.)

Auswertung
Kleingruppengespräch zu folgenden Fragen:

- Wie hat sich das Beziehungsfeld verändert? Wie kam es dazu? Wer fiel weg, wer kam dazu, wie war das?

- Was hat mir gefehlt, was hätte ich mir gewünscht?

- Wer war gut und „nährend"? Wer war „giftig", einengend?

- Zum Thema Nähe und Distanz: Wann ist Nähe bzw. Distanz gut, hilfreich, förderlich, wann ist sie einengend, frustrierend, behindernd?

- Wie geht es mir in meinem heutigen Beziehungsfeld mit Nähe und Distanz?

- Wie beweglich bin ich?

- Kann ich kommen und gehen, verschmelzen und mich abgrenzen, kann ich für mich das richtige Maß an Nähe und Distanz jeweils herstellen?

Zur Variante

- Wenn ich an die gewählte Person denke und meine eigenen Reaktionen mit ihr vergleiche, muss auch ich mich innerlich distanzieren, wenn ich z. B. wütend bin? Oder muss auch ich, wenn ich traurig bin, dem/der anderen zu nahe sein?

- Wie geht es mir, wenn meine Partner wütend sind?

Material
Papier und Stift.

8. Übung   Welcher Medientyp ich bin

1. Fassen Sie Ihre Überlegungen mithilfe der folgenden Analyse zusammen. Welcher Medientyp sind Sie?

Haben Sie ...	ja	nein	Haben Sie ...	ja	nein
eine eher positive Grundhaltung gegenüber Medien bzw. neuen Medien?			Haben Sie eine eher ablehnende oder skeptische Grundhaltung gegenüber Medien bzw. neuen Medien?		
Ich war schon früh als kleines Kind im Kino. Auch heute noch fasziniert mich dieses Medium. Die neuesten Kinohits sind für mich ein Muss.			Ich habe wenig Interesse an Medien, zumindest was die elektronischen Medien anbelangt.		
Zwei bis drei Fernsehgeräte in einer Familie sind durchaus sinnvoll, damit alle von den Angeboten profitieren können.			Ich lese außerordentlich gern, da bleibt mir wenig Zeit fürs Fernsehen.		
Ich halte einen Videorekorder für ein sinnvolles Medium, damit ich mein eigenes Programm zusammenstellen kann oder zeitlich versetzt fernsehen kann.			Ich bin erschrocken darüber, was jetzt alles im Fernsehen zu sehen ist: Gewalt, Action, Porno und ständig Werbung.		
			Wir hatten zu Hause nur einen Fernseher und haben nur drei oder vier Sender empfangen können. Das reichte mir.		
Durch den PC habe ich mehr Zeit für mich oder für andere gewonnen, da mir dieses Gerät die Arbeit erleichtert.			Einen Videorekorder zu programmieren schaffe ich nie.		

29

Haben Sie ...	ja	nein	Haben Sie ...	ja	nein
Wir hatten früher zu Hause viele elektronische Medien, wie Fernseher, Radio, Tonbandgerät.			Ich halte Fernsehen für schädlich für die kindliche Entwicklung – meine Kinder werden nur wenig zu sehen bekommen.		
In unserer Familie wurde früher und wird auch heute viel gelesen. Bücher haben heute für mich immer noch eine zentrale Bedeutung.			Von allen neuen Medien begeistert mich höchstens ein CD-Player oder vielleicht ein Walkman.		
Ich habe immer ein starkes Interesse an neuen Medien gehabt.			Ich weiß nicht so recht, was ich von diesem ganzen Gerede über neue Medien halten soll. Wer profitiert denn davon, doch höchstens die Geschäftsleute.		
Wenn in unserer Familie ein neues Gerät angeschafft wurde, habe ich am selben Tag die Bedienungsanleitungen studiert. Einen Videorekorder zu programmieren, damit hatte ich noch nie Probleme.			Mir macht die Zukunft etwas Angst, wenn ich überlege, dass wir dann alle nur noch vor dem Fernseher oder dem PC sitzen und irgendwelche Knöpfe betätigen.		
Ich denke, dass die neuen Medien einen großen Fortschritt für die gesamte Menschheit darstellen: mehr Information, Meinungsvielfalt und unbegrenzte Kommunikation.			Kinder sollten überhaupt nicht mit dem Computer in Berührung kommen, sie sollten lieber ihre Umwelt und Natur erfahren und herumtoben.		
Ich wünsche mir, dass auch meine Kinder schnell mit neuen Medien wie Computer und interaktivem Fernsehen selbstverständlich umgehen können.					
Summe			**Summe**		

2. Werten Sie die Tabelle aus und ergänzen Sie gegebenenfalls diesen Fragenkatalog. Interpretieren Sie das Ergebnis, indem Sie die Anzahl Ihrer Zustimmungen addieren und sich einem Medientyp zuordnen.

9. Übung   **Weitere Anregungen**

a) Klären Sie,

- was Teambesprechungen in sozialpädagogischen Einrichtungen sind,
- wer sie einberuft,
- wie eine Tagesordnung formuliert wird und wer sie erstellt und
- wie sie ablaufen.

b) Fachberaterinnen für sozialpädagogische Einrichtungen

- Wer sind ihre Auftraggeber?
- Welche Rolle spielen sie, welche Befugnisse haben sie?

c) Die PISA-Studie

- Was wurde untersucht?
- Welche Zusammenhänge werden zwischen den Ergebnissen der PISA-Studie und der erzieherischen Arbeit in Kindertagesstätten gesehen?

d) Im Zusammenhang mit der PISA-Studie wird deutlich, dass in der Erziehung von Kindern und Jugendlichen wieder mehr Gewicht auf die Bildung gelegt werden sollte.

- Klären Sie, was Bildung ist und welchen Stellenwert sie für die Entwicklung von Kindern und Jugendlichen hat.
- Klären Sie die soziale und gesellschaftliche Bedeutung der Bildung.
- Klären Sie, welche politischen Institutionen für soziale und erzieherische Fragen zuständig sind.

2.2.2 Arbeitsmaterialien

Mediennutzer greifen in der Regel auf das Medium bzw. auf das Medienangebot bevorzugt zurück, das am ehesten ihren eigenen Wahrnehmungstendenzen und ihren Vorerfahrungen entspricht. So gibt es Menschen, für die optische Wahrnehmungen bedeutsamer sind und schneller und einfacher zustande kommen, während bei anderen die akustische Wahrnehmung dominanter ist. In diesem Sinne ist die Vorliebe für die Nutzung bestimmter Medienangebote auch Beschreibungsmerkmal der Persönlichkeit eines Menschen.

Solche Persönlichkeitsmerkmale lassen sich dementsprechend auch aus der inhaltlichen Bevorzugung bestimmter Fernsehsendungen ableiten. So haben viele Sendungen ein ganz bestimmtes Publikum. Unterhaltungssendungen sprechen andere Menschen an als Politmagazine wie „Monitor". Arztserien werden andere Menschen vor den Bildschirm locken als der „Weltspiegel". Die Tatsache, dass bestimmte Zuschauergruppen auf ganz bestimmte Sendungen „anspringen", machen sich insbesondere die privaten Programmgestalter zunutze und platzieren zielgruppenorientierte Werbeblöcke um diese Sendungen herum (siehe hierzu auch das Kapitel 3). „Typische" Hausfrauen bevorzugen andere Fernsehsendungen als „typische" Intellektuelle; Männer einer bestimmten Bevölkerungsschicht und eines bestimmten Alters haben andere Sehgewohnheiten als junge Mädchen im Alter zwischen 14 und 17 Jahren. Die Fernsehsender versuchen, diesen Bedingungen mit einer Zielgruppenkonzeption Rechnung zu tragen – d. h., hohe Einschaltquoten zu erreichen.

Der einzelne Zuschauer nutzt ein bestimmtes Medienangebot umfassend, teilweise oder gar nicht aufgrund seiner eigenen Biografie und speziell seiner eigenen Medienbiografie. Das Medienangebot muss mit seinen im Verlauf der Biografie entstandenen Wahrnehmungs- und Erkennungsmustern übereinstimmen, die Sprache muss sinnhaft verstanden werden und Vertrautes muss vorkommen.

> *Unter Wahrnehmungs- und Erkennungsmustern versteht man die im Laufe der Erziehung entwickelte typische Art und Weise, in der ein Mensch seine Welt wahrnimmt und versteht.*

Beispiel
Wenn sechs sehr unterschiedliche Personen – beispielsweise ein 17-jähriger Auszubildender, ein 45-jähriger Pfarrer, eine 23-jährige Psychologie-Studentin, ein 28-jähriger arbeitsloser Hilfsarbeiter, eine 40-jährige Hausfrau und Mutter von vier Kindern oder eine 28-jährige Erzieherin – sich denselben Film anschauen – z. B. „Rocky" mit Sylvester Stallone in der Hauptrolle –, würde jeder entsprechend seinem Vorwissen, seiner Bedürfnisstruktur und seiner Medienerfahrung andere Dinge im Film wahrnehmen. Und nicht nur dies: Auch dieselben Filminhalte werden durchaus verschieden gesehen und verstanden. Jeder einzelne Darsteller, die Botschaft des Films werden mehr oder minder unterschiedlich bewertet. Die einen fühlen sich unterhalten, die anderen gelangweilt und wieder andere Zuschauer sind stark betroffen.

Jeder Mensch kann nur erkennen, was er bereits kennt.

Beispiel
Wer selbst aktiv Videofilme dreht, dem fallen Kameraeinstellungen und Schnitte bei Spielfilmen ins Auge; wer die Regeln des Fußballsports kennt, kann Fußballübertragungen verfolgen und die Entscheidungen der Spieler und Schiedsrichter wahrnehmen und verstehen; wer schon einmal etwas über bestimmte Baustile wie Barock, Gotik oder Renaissance erfahren hat, nimmt bei einer Dokumentation über eine historische Stadt viele dieser Sehenswürdigkeiten wahr – andere bemerken sie überhaupt nicht.

Die Reaktionen eines Mediennutzers (Rezipienten) auf einen Medieninhalt und die Art seiner Darstellung hängen also von einer großen Zahl von Einflüssen ab: Da spielt das Lebensalter ebenso eine Rolle wie der soziale Status, die Kulturzugehörigkeit, die Intelligenz, die Bildung und die Ausbildung usw. (vgl. Scheffler, 1991, S. 65 f.).

2.2.2.1 Medienbiografie und Mediennutzungsverhalten

Medienbiografien sind nur ein Teilaspekt der Lebensgeschichte eines Menschen. Sie können nicht losgelöst von ihr betrachtet werden. Medienbiografien geben Aufschluss über die Medienerfahrungen, die der Mensch während seiner bisherigen Sozialisation erworben hat. Genau wie das tägliche Tun und Handeln eines Menschen aus seiner Lebensgeschichte heraus verstanden und erklärt werden können, so geben auch die Medienbiografien Aufschluss über das Mediennutzungsverhaltungen und über seine Medienpräferenzen. Medienerfahrungen, die über Jahre erworben werden, prägen den Umgang mit Medien. Positive Medienerfahrungen bewirken in der Regel einen aktiveren Umgang mit Medien als negative.

2.2.2.2 Medienbiografie einer Jugendlichen

Ilwa – Freunde sind wichtiger als Fernsehen

Mein Name ist Ilwa, ich bin 17 Jahre alt und wohne in Herford, ganz in der Nähe des Stadtzentrums. Die Hauptschule, die ich besuche, liegt auch ganz in der Nähe. Meine Eltern haben ein großes Haus, worin mein 16-jähriger Bruder und ich eine mehr oder weniger abgetrennte Wohnung haben. Also, ich möchte da nicht so schnell ausziehen. Mein Zimmer ist einfach wahnsinnig groß, bestimmt so groß wie bei vielen Leuten das Wohnzimmer. Wir wohnen noch nicht sehr lange in Herford. Insgesamt sind wir dreimal umgezogen. Wir wohnten zwar immer hier in der Umgebung, aber trotzdem musste ich zweimal die Schule wechseln. Das war nicht besonders angenehm, weil ich mich jedes Mal in einer neuen Klasse erst zurechtfinden musste. Die Leute kannten sich alle schon, und ich bin immer mitten im Schuljahr dazugekommen. Das war schlimm – aber ich habe es überlebt und

eigentlich ziemlich schnell Kontakt zu anderen Leuten bekommen. Meine Eltern sind beide berufstätig, mein Vater ist leitender Angestellter und meine Mutter ist Nährbodenköchin. Sie untersucht Lebensmittel und Shampoos auf ihre Inhaltsstoffe oder ihre Gesundheitsschädlichkeit. Da meine Eltern berufstätig sind, müssen mein Bruder und ich entsprechend mehr mithelfen. Wenn ich nachmittags aus der Schule komme, muss ich erst einmal den Haushalt machen. Das teile ich mir mit meinem Bruder, also Saubermachen, Spülen und Staubsaugen. Früher hat mittags meist eine Nachbarin für uns gesorgt und abends haben wir dann warm gegessen. Diese Tradition haben wir bis heute beibehalten. [...]

Fernsehen

Nachmittags sehe ich ab und zu Fernsehen oder Video. Früher, als ich so zwischen acht und 14 Jahre alt war, habe ich einen enormen Fernsehkonsum gehabt. Da habe ich schon nachmittags vor dem Fernseher gesessen und mich abends noch zu meinen Eltern gesetzt. Also echt viel, mindestens fünf Stunden am Tag. Die erste Zeit nach den Umzügen bin ich ja auch viel alleine gewesen, trotz einiger Freundschaften mit Nachbarn oder Schulkameraden, die sich mit der Zeit entwickelt haben. Meine Eltern haben sich damals nicht über meinen Fernsehkonsum geäußert. Das machen sie auch heute nicht. Wenn ich nachmittags schaue, wissen sie es ja auch nicht, weil meine Mutter meist erst gegen fünf Uhr zu Hause ist. Sie hat nie groß nachgefragt, bekommt es aber auch nicht so mit, da wir oben inzwischen – wegen des Computers – einen eigenen Fernseher haben. Inzwischen finde ich es nicht mehr so schlimm, wenn man abends zusammen Fernsehen sieht. Aber wenn man das jeden Tag macht, geht es mir doch auf den Keks. Ich finde

es schlimm, wenn man sich nicht anders beschäftigen kann, als nur Fernsehen zu gucken. Den Eindruck habe ich z. B. bei meinem Vater. Wenn ich später mal Kinder habe, will ich auf jeden Fall nicht, dass sie so viel fernsehen wie mein Vater. Sie sollen sich selber beschäftigen können – und wenn es mit Bauklötzen ist. Aus eigener Erfahrung weiß ich, wie wichtig es ist, dass man sich selber beschäftigen kann. Früher habe ich ja selber nicht gewusst, was ich machen soll. Ich habe damals ja nur ferngesehen, um die Zeit irgendwie totzuschlagen. Es kam so gut wie nie vor, dass ich mir im Fernsehen etwas aus Interesse angeschaut habe. Ich hätte ja eigentlich genauso gut ein Buch zum Lesen nehmen können – vielleicht war ich einfach zu bequem. Ich weiß es nicht. Heute sehe ich auf jeden Fall höchstens nachmittags mal Fernsehen, so ein bisschen Unterhaltung. Oder ich sehe mir Videos an, aber nur, um gute Filme zu sehen, z. B. die, die ich im Kino nicht gesehen habe oder auch aufgezeichnete Filme aus dem Fernsehen. [...]

Computer

Mein Bruder hat seit zwei oder drei Jahren einen Computer. Er wollte ihn unbedingt haben, und da die Lehrer die Anschaffung unterstützten, weil sie meinten, dass man das für den Beruf heute immer gebrauchen könnte, haben sich meine Eltern durchgerungen, einen zu kaufen. Er hat ihn zu Weihnachten bekommen und dann habe ich mich da auch drangesetzt. Ich habe ihn von Anfang an gut gefunden, weil ich ihn auch für meine Zwecke nutzen kann. Ich nutze ihn ja nicht, um irgendein doofes Spiel zu spielen, sondern um meine Hausaufgaben daran zu machen oder um für eine Arbeit zu üben. Am Anfang hatten wir einen kleinen Computer ohne Kassetten- oder Diskettenlaufwerk. Das brachte aber reichlich wenig, weil
(Baacke, 1990, S. 95 ff.)

wir erst die Programme schreiben mussten. Für Einsteiger war das ziemlich kompliziert. Mein Bruder hat viel geübt und versucht, einiges am Computer herauszubekommen. Inzwischen schreibt er richtige Programme, weniger für die Schule, sondern eher so Spielprogramme, was wirklich ziemlich schwierig ist und mich echt umgehauen hat. Toll finde ich am Computer, dass ich das, was ich weiß und an den Computer weitergeben kann, auch sehe. Wie ich es hineinschreibe, wie er was umrechnet, wie er Grafiken darstellen kann. Ich meine, das muss ja vorher auch jemand gemacht und hergestellt haben, also das fand ich toll. Vor allem, was man mit solchen Befehlen erreichen kann.

2.2.2.3 Fernsehnutzung

Aus dem Leben?

Fernsehen und Radio sind vor der Zeitung die Medien, mit denen die Menschen am selbstverständlichsten umgehen. In Bezug auf das Fernsehen gibt es in Qualität und Quantität unterschiedlichste Medienerfahrungen. Die meisten Zuschauer kennen die Handlungsmuster der verschiedenen Fernsehangebote gut. Schon nach wenigen Minuten kommen viele Zuschauer zu einem Urteil über die Qualität eines Films. Als Konsument gängiger, am Massengeschmack orientierter Fernsehserien durchschaut man im Vorhinein die weitere Abfolge der Handlungen, die Dramaturgie der Serie, man erahnt das weitere Schicksal der Serienhelden. Kurzum: Das Fernsehen verlangt nicht mehr die Aufmerksamkeit des Zuschauers, wie noch etwa vor zehn bis 15 Jahren. Fernsehen wird immer mehr zu einer Sekundärtätigkeit – d. h. zu einer Tätigkeit „nebenbei".

> *„Es wird auf Untersuchungen verwiesen, die zeigen, dass die Bundesbürger selbstständig und recht ‚frei' mit dem Fernsehangebot umgehen: Sie sitzen nicht die ganze Zeit aufmerksam und ‚gebannt' vor dem Fernseher, sondern es kommt recht häufig vor, dass sie während des Fernsehens schlafen, oder sie erledigen alle erdenklichen persönlichen oder Haushaltstätigkeiten neben dem Fernsehen."*
>
> (Neumann-Braun, 1991, S. 65)

Vieles deutet darauf hin, dass die Medienkonsumenten den heutigen Massenmedien nicht mehr schonungslos ausgeliefert sind, das Denkmodell des „hypnotisierten Kaninchens vor der Schlange" (des Zuschauers vor dem Fernsehapparat) hat offenbar ausgedient. Medienkonsumenten integrieren Medien in ihr alltägliches Erleben und Handeln entsprechend ihren Alltagsroutinen und Bedürfnissen. Heute fragt man in der Medienforschung nicht mehr danach, wie passiv Medienkonsumenten auf die Medienstimuli reagieren. Viel wichtiger ist inzwischen die Frage geworden, wie die Konsumenten mit den Medien umgehen. (vgl. Merten, 1991, S. 62)

2.2.2.4 Mediennutzung 2002–2004

Fernsehnutzung

„Nimmt man die durchschnittliche Anzahl empfangbarer Sender zum Maßstab, so wie sie von der AGF/GfK Fernsehforschung ausgewiesen wird, konnte Ende 2004 zwischen 47 verschiedenen Fernsehsendern ausgewählt werden – im Januar lag dieser Wert noch bei 41 Sendern. Allerdings ist dieser Anstieg weniger auf eine veränderte Angebotssituation zurückzuführen. Neue, frei empfangbare deutschsprachige Sender hat es jedenfalls kaum gegeben. Ausschlaggebend war vielmehr die Entwicklung auf dem Gebiet der Sendetechnik und der Verbreitungswege: Immer mehr Haushalte empfangen ihr Fernsehsignal auf digitalem Wege und können auf diese Weise aus dem bestehenden Angebot mehr Programme auswählen. Waren Ende 2001 2,04 Millionen Haushalte mit einem Digitalreceiver ausgestattet, ist deren Zahl um 350 000 Haushalte im Jahr 2002 und um weitere 810 000 bis zum Ende des Jahres 2003 auf 3,20 Millionen Haushalte gestiegen, was einem Anteil von rund 10 Prozent aller Haushalte entspricht. Im Jahr 2004 verlief diese Entwicklung noch etwas dynamischer: Inzwischen haben 5,27 Millionen Haushalte einen digitalen Kabel-, Satelliten- oder Antennenanschluss, und ihr Anteil an allen Haushalten beträgt nun 16 Prozent. In den bisherigen Jahren waren für diese Entwicklung vor allem die Satellitenhaushalte verantwortlich. Auch im Jahr 2004 wurde hier am häufigsten auf einen digitalen Empfang umgestellt bzw. eine neue digitale Empfangsanlage erworben. Neu ist allerdings, dass eine fast ebenso große Zahl an Haushalten sich im letzten Jahr für den digitalen terrestrischen Empfang (DVB-T) entschieden hat. Nachdem in Berlin und in großen Teilen Brandenburgs bereits 2003 das analoge terrestrische Signal abgeschaltet wurde, und 2004 in Teilen Norddeutschlands, Nordrhein-Westfalens und im Rhein-Main-Gebiet die Pilotphasen begannen, haben inzwischen 870 000 Haushalte vollständig auf den digitalen Empfang per Antenne umgestellt. Da in diesem Jahr in drei weiteren Gebieten DVB-T eingeführt wird, ist mit einer weiteren Zunahme dieser Empfangsart zu rechnen. Unabhängig von der Empfangsart oder dem Empfangsweg lässt sich anhand der GfK-Nutzungsdaten feststellen, dass das Interesse am Fernsehen weiter zugenommen hat, denn:

... Im Jahr 2004 wurde mehr ferngesehen als jemals zuvor

An einem Durchschnittstag des vergangenen Jahres hat jeder Bundesbürger dreieinhalb Stunden mit dem Fernsehen verbracht, das sind sieben Minuten mehr als noch im Jahr zuvor. Dieser Mehrkonsum stammt (…) fast ausschließlich von den erwachsenen Zuschauern: Kinder hingegen saßen 2004 nicht länger vor den Fernsehgeräten als bisher. Bundesweit wurde für diese Altersgruppe erneut eine tägliche Sehdauer von 93 Minuten gemessen. Dieser Durchschnittswert wird allerdings von zwei gegensätzlichen Entwicklungen in Ost- und Westdeutschland überlagert: Während die Fernsehnutzung der Kinder in Westdeutschland geringfügig um eine Minute zunahm, ging sie bei den Kindern in den neuen Bundesländern um sieben Minuten zurück. Dennoch sehen ostdeutsche Kinder insgesamt noch immer 20 Minuten länger fern als die westdeutschen.
Dies gilt im Übrigen auch für alle anderen Altersgruppen: Nach wie vor wird in Ostdeutschland mehr ferngesehen als in Westdeutschland – an einem Durchschnittstag liegt der Mehrkonsum bei 35 Minuten. Mit einer Dreiviertelstunde ist die Differenz bei den 40- bis 49-jährigen Zuschauern am deutlichsten, wohingegen sich die 20- bis 29-Jährigen in Ost und West mit einer Differenz von nur 13 Minuten am ähnlichsten sind (…). Vor diesem Hintergrund überrascht es auch nicht, dass die ostdeutschen Zuschauer stärker zur Erhöhung des bundesweiten Fernsehkonsums beigetragen haben als die westdeutschen. Während in Westdeutschland eine um sechs Minuten längere Sehdauer gemessen wurde, erhöhte sich der Zeitaufwand in Ostdeutschland um insgesamt neun

Minuten. Dass aber in beiden Landesteilen insgesamt mehr ferngesehen wurde, ist nicht allein auf
die (…) Sportereignisse zurückzuführen. Zwar sind
in den von beiden Sportgroßereignissen gepräg-
ten Monaten Juni und August die Sehdauerwerte
im Vergleich zum Vorjahr mit 19 und 13 Minuten
am deutlichsten angestiegen, aber: Vom Oktober
abgesehen wurde auch in allen anderen Monaten
des Jahres 2004 länger ferngesehen. Das Interesse
am Fernsehen ist also insgesamt gestiegen (…).
Eine wesentliche Rolle spielten dabei die Abend-
und Nachmittagsstunden: Das zumindest legen
die GfK-Nutzungsdaten nahe, wenn man die Ein-
schaltkurve für den gesamten Tag ausweist und sie
mit der Vorjahreskurve vergleicht (…). Insgesamt
bleiben zwar die bekannten Nutzungsmuster
erhalten, wonach die Fernsehaktivitäten der

Bundesbürger vom frühen Morgen bis zum Abend
kontinuierlich ansteigen, gegen 21:15 Uhr – mit 44
Prozent der Bevölkerung – ihren höchsten Wert
erreichen und danach vergleichsweise drastisch
zurückgehen. Im Vergleich zu 2003 ist jedoch ein
Mehrkonsum vor allem am Abend zwischen 20:30
und 21:45 Uhr und am Nachmittag zwischen 14:00
und 17:00 Uhr zu erkennen, der im Übrigen auch
bestehen bleibt, wenn man den Zeitraum der Fuß-
ball-EM und der Olympischen Spiele in den Aus-
wertungen statistisch unterdrückt. Der abendliche
Zuwachs ist in erster Linie auf die Programmerfol-
ge des ZDF zurückzuführen. Nachmittags war es
vor allem der Sender SAT.1, der mit einer Reihe von
Gerichts- und Krimiserien nicht nur mehr Zuschauer erreichte, sondern dieses Angebot auch auf den
Samstagnachmittag erweiterte."

(Zubayr/Gerhard, 2005, S. 94–104)

Internetnutzung

Die Zahl der Internetnutzer in Deutschland ist in
den letzten fünf Jahren um den Faktor 7 gestiegen.
Waren 1997 nur 6,5 Prozent oder hochgerechnet
4,1 Millionen der bundesdeutschen Erwachsenen
online, nutzten im zweiten Quartal 2002 44,1 Prozent das Internet. Hochgerechnet sind es zurzeit
28,3 Millionen Erwachsene, die surfen, chatten, E-
Mails versenden und empfangen. Das Internet ist
ein Massenmedium, zumindest was die Zahl der
Nutzer anbelangt. Allerdings zeigen die aktuellen
Zuwachsraten auch, dass bei heutigem Technik-
stand eine Vollabdeckung in absehbarer Zeit kaum
zu erwarten ist. Zwei Aspekte sprechen dagegen:
zum einen die abnehmenden Zuwächse, zum
anderen die soziodemografische und psychologi-

sche Struktur der Internetverweigerer. Zunächst zu
den aktuellen Zuwachsraten: Die Steigerungsra-
ten der Internetverbreitung in Deutschland haben
sich in den letzten Jahren erwartungsgemäß deutlich abgeschwächt. Waren bis zum Jahr 2000 jährliche Zuwachsraten zwischen 61 Prozent und 68
Prozent zu verzeichnen, verläuft seit 2000 die
Wachstumskurve degressiv. Von 2000 auf 2001
betrug das Internetwachstum 36 Prozent, im vergangenen Jahr lag der Zuwachs lediglich bei 14
Prozent, von 24,8 Millionen auf 28,3 Millionen
Erwachsene. Schriebe man diese Entwicklung fort,
so läge die Zahl der Internetanwender in Deutschland bis 2005 bei rund 55 Prozent (…).

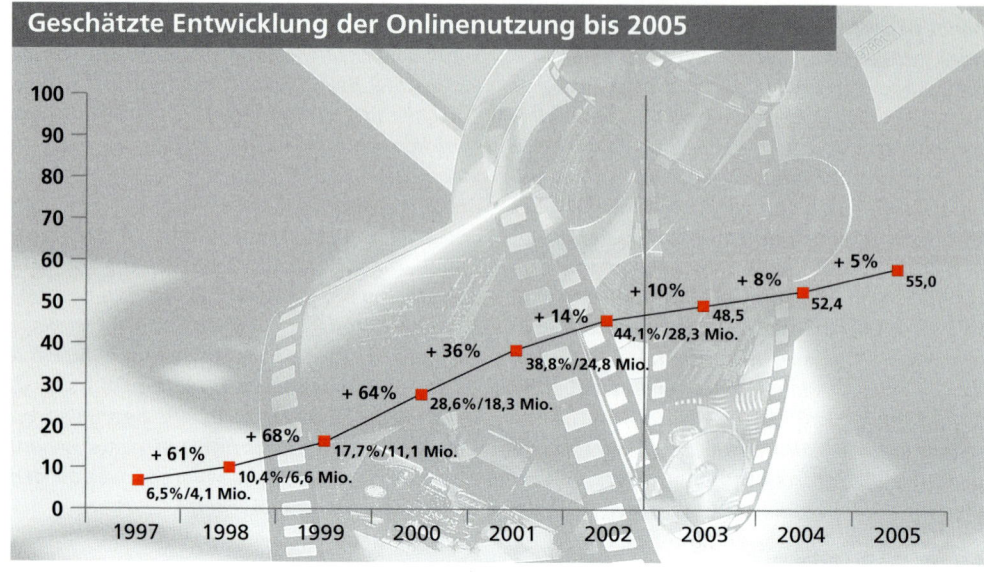

Geschätzte Entwicklung der Onlinenutzung bis 2005

Van Eimeren, u. a., 2002, S. 346–348

2.2.2.5 Jugendmedienstudie JIM 2003

Die Jugendmedienstudie des medienpädagogischen Forschungsverbundes Südwest aus dem Jahr 2003 gibt folgenden Überblick über das Mediennutzungsverhalten. Der medienpädagogische Forschungsverbund Südwest ist eine Kooperation der Landesanstalt für Kommunikation Baden-Württemberg (LFK), der Landeszentrale für private Rundfunkveranstalter Rheinland-Pfalz (LPR) und dem Südwestrundfunk (SWR).

„Jugend, Information, (Multi-)Media – Zur JIM-Studie 2003

Computer und Internet haben ihren Stellenwert im Alltag der Zwölf- bis 19-Jährigen weiter gefestigt. Dies betrifft nicht nur die Nutzung selbst, auch die Verfügbarkeit – womit einerseits die Haushaltsausstattung und andererseits der persönliche Besitz dieser Medien gemeint ist – nimmt weiter zu. Da die Ausstattung der Haushalte mit Computer und Internet mittlerweile auf einem sehr hohen Niveau angekommen ist, sind auf dieser Seite kaum noch größere Zuwachsraten zu erwarten. Spannend bleibt hier eher, mit welcher Dynamik sich der persönliche Medienbesitz der Jugendlichen weiter entwickeln wird.

Auch auf der subjektiven Bedeutungsebene schieben sich Computer und Internet jährlich stärker ins Bewusstsein. Bei der Frage der Unentbehrlichkeit verschiedener Medien kann sich das Fernsehen 2003 bei Jugendlichen nur noch sehr knapp vor dem Computer behaupten, bei männlichen Jugendlichen hat der Computer das Fernsehen bereits deutlich überholt.
Parallel zum Bedeutungszuwachs der Computer gewinnt das Internet. In immer größerem Maße ziehen Jugendliche – und hier vor allem Jungen und junge Männer – das Netz für die Informationsbeschaffung (zu jugendrelevanten Themen)

heran. Betrachtet man schließlich die Funktionen oder Nutzungsanlässe verschiedener Medien, nimmt auch hier das Internet einen immer größeren Stellenwert ein. Hinsichtlich der Multifunktionalität machen Computer und Internet dem Fernsehen ganz offensichtlich immer stärker Konkurrenz.

Es zeigt sich auch, dass der spielerische Aspekt bei der Computer- und Internet-Nutzung immer stärker dem Kommunikationsbedürfnis der Jugendlichen weicht und hierin vielleicht die wichtigste Bedeutung dieser Medien liegt. Nie zuvor hatte eine Generation die Möglichkeit, auf solch vielseitige Art und Weise in sehr kurzer Zeit Informationen auszutauschen – sei es per E-Mail, im Chatroom oder aber auch per SMS mit dem Handy. Und nie zuvor wurden diese Möglichkeiten so massiv genutzt.

Hier liegen natürlich auch Gefahren. Leicht übersteigt das „Kommunikationsbudget" die wirklich vorhandenen eigenen Finanzmittel. Und bedenklich stimmt auch, dass fast die Hälfte der Jugendlichen, die schon einmal einen Chatroom besucht haben, über Belästigungen berichtet.

Bleibt abschließend noch das große Interesse der zwölf- bis 19-Jährigen zu erwähnen, selbst einmal Medienangebote zu gestalten – sei es im Print– oder elektronischen Bereich. Dieses Interesse – zum Teil auch schon die eigene praktische Erfahrung – sollte unterstützt und gefördert werden. Denn wer hier schon selbst einmal aktiv war, wird in aller Regel leichter Medieninformationen und Quellen hinterfragen und bewerten können, der bewegt sich einfacher und (selbst-)sicherer durch den immer dichter werdenden Mediendschungel."

(Medienpädagogischer Forschungsverbund Südwest, JIM-Studie 2003; vgl. auch www.mpfs.de)

39

Ergebnisse der Studie im Überblick

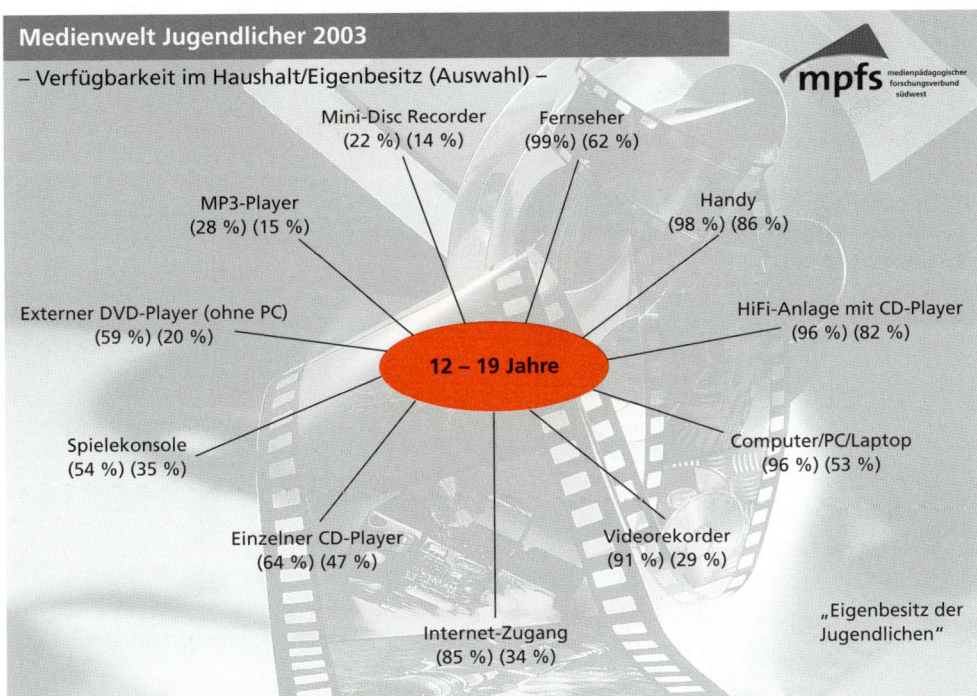

Medienwelt Jugendlicher 2003

– Verfügbarkeit im Haushalt/Eigenbesitz (Auswahl) –

mpfs medienpädagogischer forschungsverbund südwest

Mini-Disc Recorder (22 %) (14 %)

Fernseher (99%) (62 %)

MP3-Player (28 %) (15 %)

Handy (98 %) (86 %)

Externer DVD-Player (ohne PC) (59 %) (20 %)

HiFi-Anlage mit CD-Player (96 %) (82 %)

12 – 19 Jahre

Spielekonsole (54 %) (35 %)

Computer/PC/Laptop (96 %) (53 %)

Einzelner CD-Player (64 %) (47 %)

Videorekorder (91 %) (29 %)

„Eigenbesitz der Jugendlichen"

Internet-Zugang (85 %) (34 %)

Quelle: JIM 2003; Angaben in Prozent

Basis: alle Befragten, n = 1.209

Tätigkeiten täglich/mehrmals pro Woche:

- Freunde treffen (89 %)
- Sport (66 %)
- Ausruhen/Nichtstun (59 %)
- Weniger regelmäßig: Familienunternehmungen, selbst Musik machen, Malen, Bummeln, Parties, Sportveranstaltungen besuchen etc.

Medien-Tätigkeiten täglich/mehrmals pro Woche:

- Fernsehen (93 %)
- Musik-CDs/-Kassetten (89 %)
- Radio (77 %)
- Computer (70 %)
- (Tages-)Zeitung (49 %)
- Zeitschrift (38 %)
- Bücher (39 %)

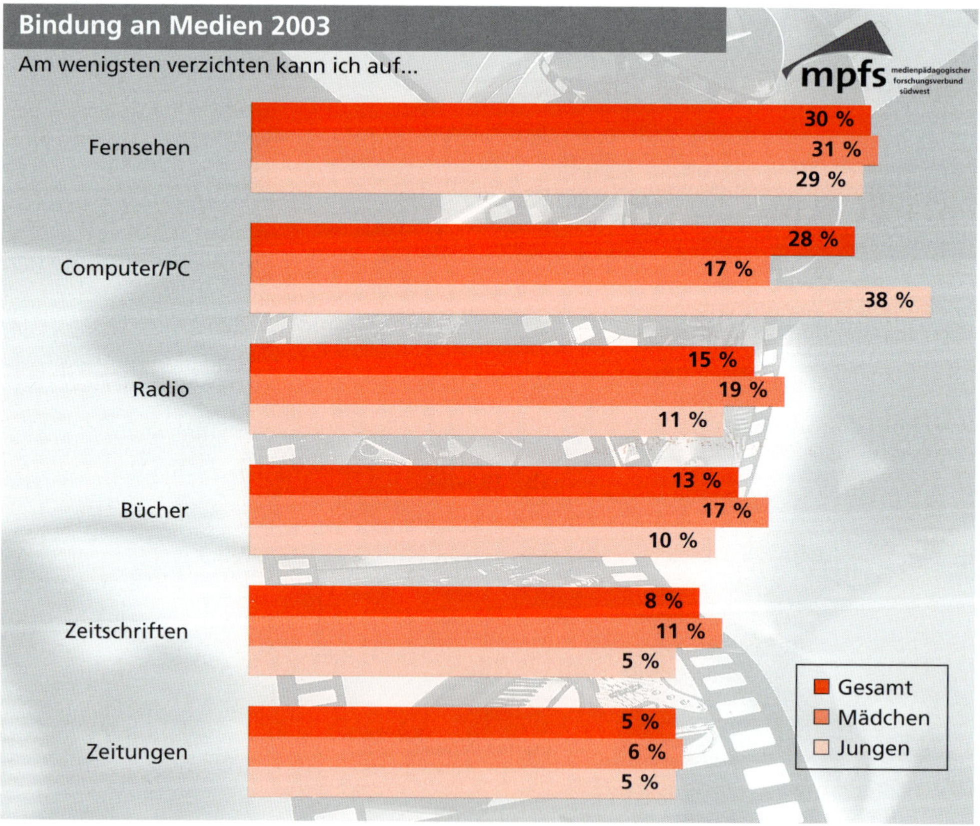

Bindung an Medien 2003

Am wenigsten verzichten kann ich auf...

Fernsehen
- 30 %
- 31 %
- 29 %

Computer/PC
- 28 %
- 17 %
- 38 %

Radio
- 15 %
- 19 %
- 11 %

Bücher
- 13 %
- 17 %
- 10 %

Zeitschriften
- 8 %
- 11 %
- 5 %

Zeitungen
- 5 %
- 6 %
- 5 %

■ Gesamt
■ Mädchen
□ Jungen

Quelle: JIM 2003; Angaben in Prozent   *Basis: alle Befragten, n = 1.209*

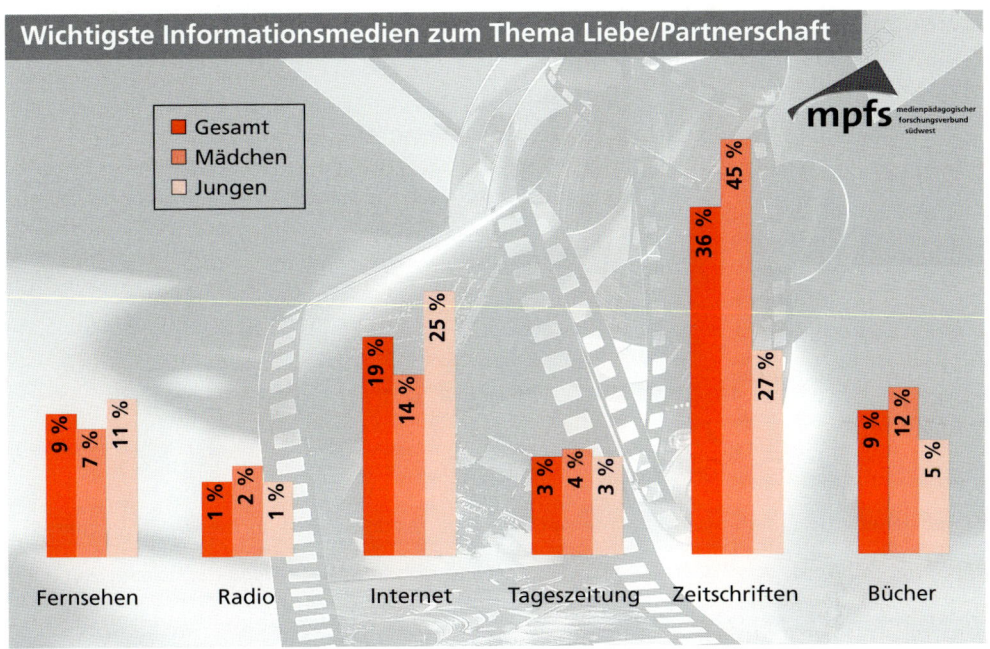

Wichtigste Informationsmedien zum Thema Liebe/Partnerschaft

Legend:
- Gesamt
- Mädchen
- Jungen

Medium	Gesamt	Mädchen	Jungen
Fernsehen	9 %	7 %	11 %
Radio	1 %	2 %	1 %
Internet	19 %	14 %	25 %
Tageszeitung	3 %	4 %	3 %
Zeitschriften	36 %	45 %	27 %
Bücher	9 %	12 %	5 %

Quelle: JIM 2003; Angaben in Prozent   *Basis: Befragte, die sich für Liebe/Partnerschaft interessieren, n = 913*

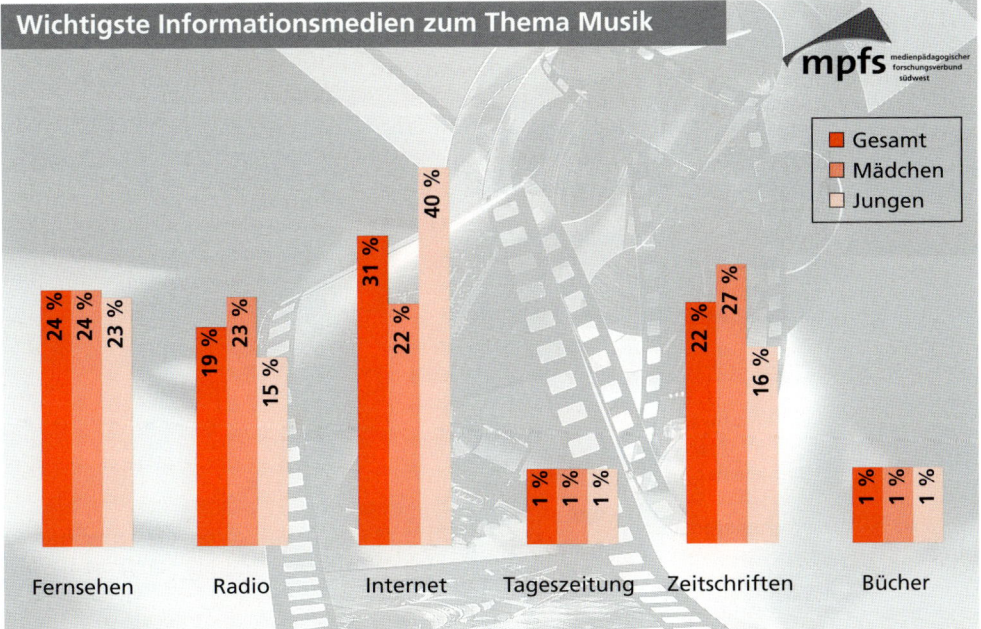

Wichtigste Informationsmedien zum Thema Musik

Legend:
- Gesamt
- Mädchen
- Jungen

Medium	Gesamt	Mädchen	Jungen
Fernsehen	24 %	24 %	23 %
Radio	19 %	23 %	15 %
Internet	31 %	22 %	40 %
Tageszeitung	1 %	1 %	1 %
Zeitschriften	22 %	27 %	16 %
Bücher	1 %	1 %	1 %

Quelle: JIM 2003; Angaben in Prozent   *Basis: Befragte, die sich für Musik interessieren, n = 1039*

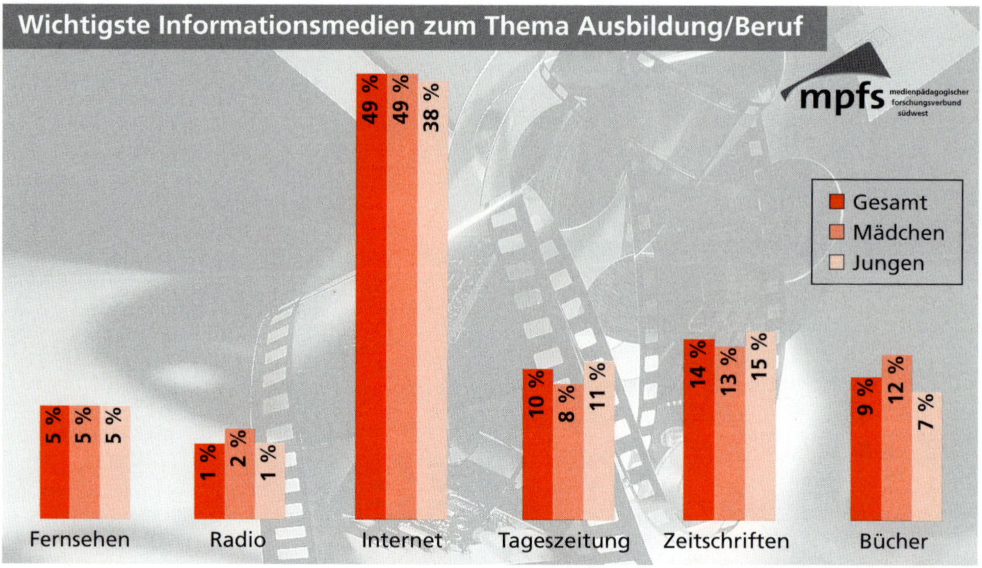

Wichtigste Informationsmedien zum Thema Ausbildung/Beruf

mpfs medienpädagogischer forschungsverbund südwest

- Gesamt
- Mädchen
- Jungen

	Gesamt	Mädchen	Jungen
Fernsehen	5 %	5 %	5 %
Radio	1 %	2 %	1 %
Internet	49 %	49 %	38 %
Tageszeitung	10 %	8 %	11 %
Zeitschriften	14 %	13 %	15 %
Bücher	9 %	12 %	7 %

Quelle: JIM 2003; Angaben in Prozent   *Basis: Befragte, die sich für Ausbildung/Beruf interessieren, n = 871*

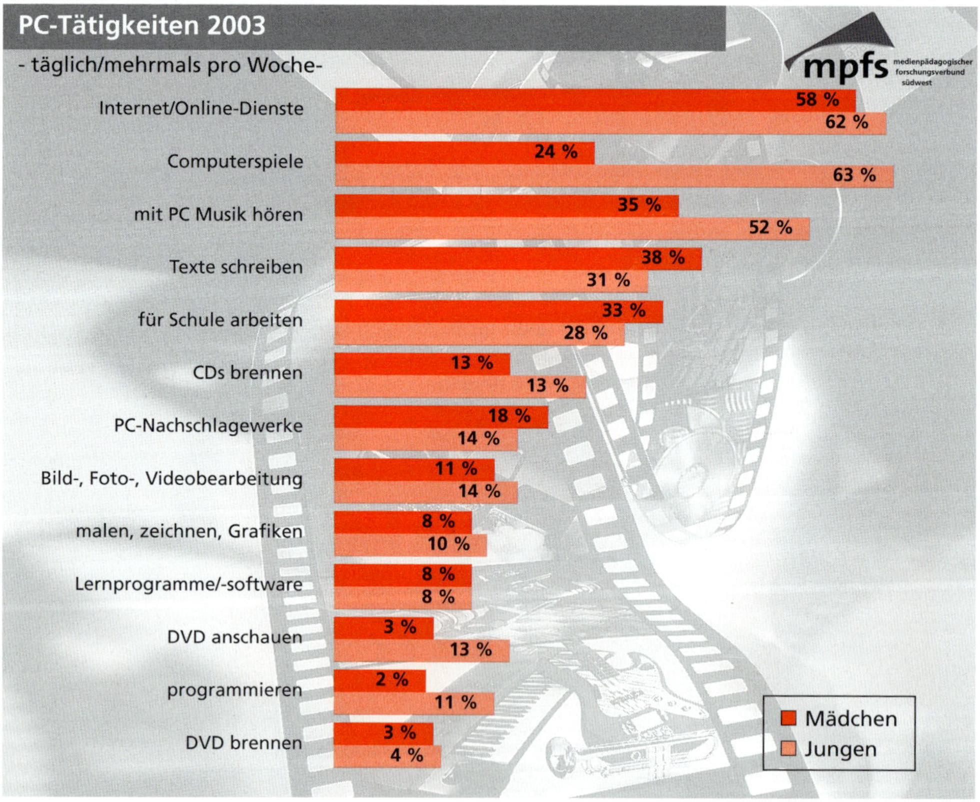

PC-Tätigkeiten 2003

- täglich/mehrmals pro Woche-

mpfs medienpädagogischer forschungsverbund südwest

	Mädchen	Jungen
Internet/Online-Dienste	58 %	62 %
Computerspiele	24 %	63 %
mit PC Musik hören	35 %	52 %
Texte schreiben	38 %	31 %
für Schule arbeiten	33 %	28 %
CDs brennen	13 %	13 %
PC-Nachschlagewerke	18 %	14 %
Bild-, Foto-, Videobearbeitung	11 %	14 %
malen, zeichnen, Grafiken	8 %	10 %
Lernprogramme/-software	8 %	8 %
DVD anschauen	3 %	13 %
programmieren	2 %	11 %
DVD brennen	3 %	4 %

- Mädchen
- Jungen

Quelle: JIM 2003; Angaben in Prozent   *Basis: PC-Nutzer, n = 1.121*

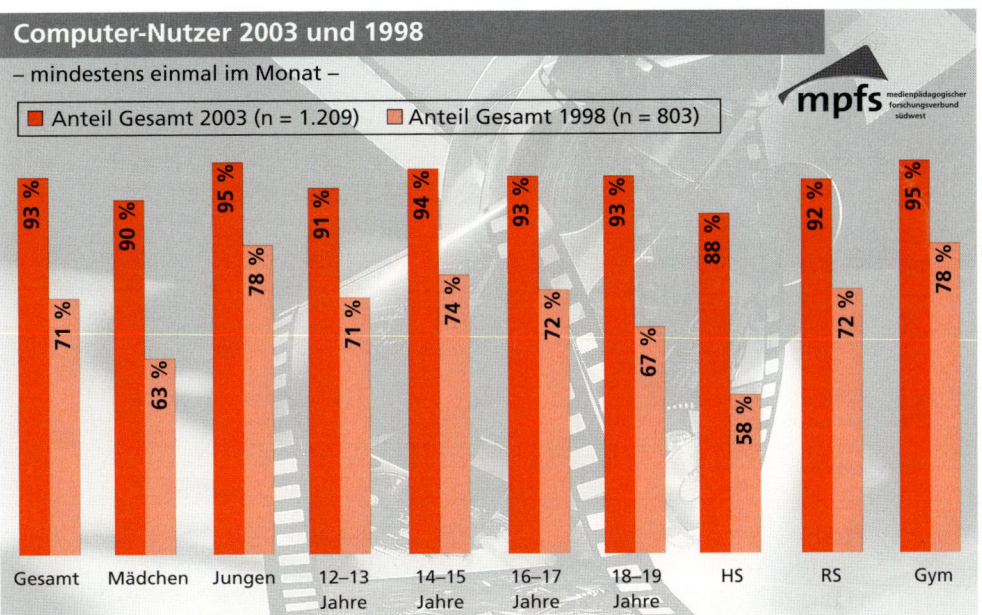

Quelle: JIM 2003; Angaben in Prozent

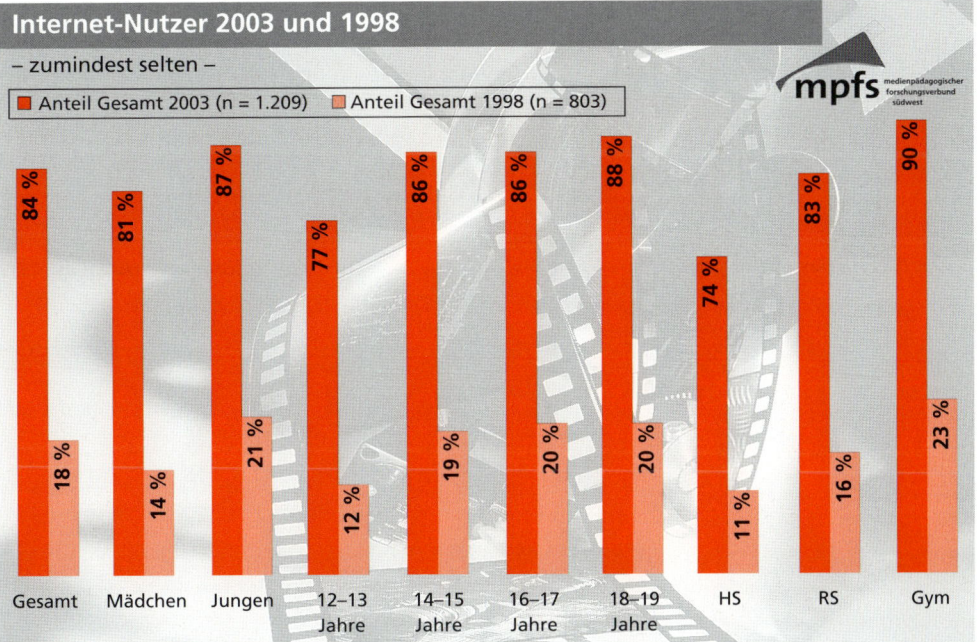

Quelle: JIM 2003; JIM 1998, Angaben in Prozent

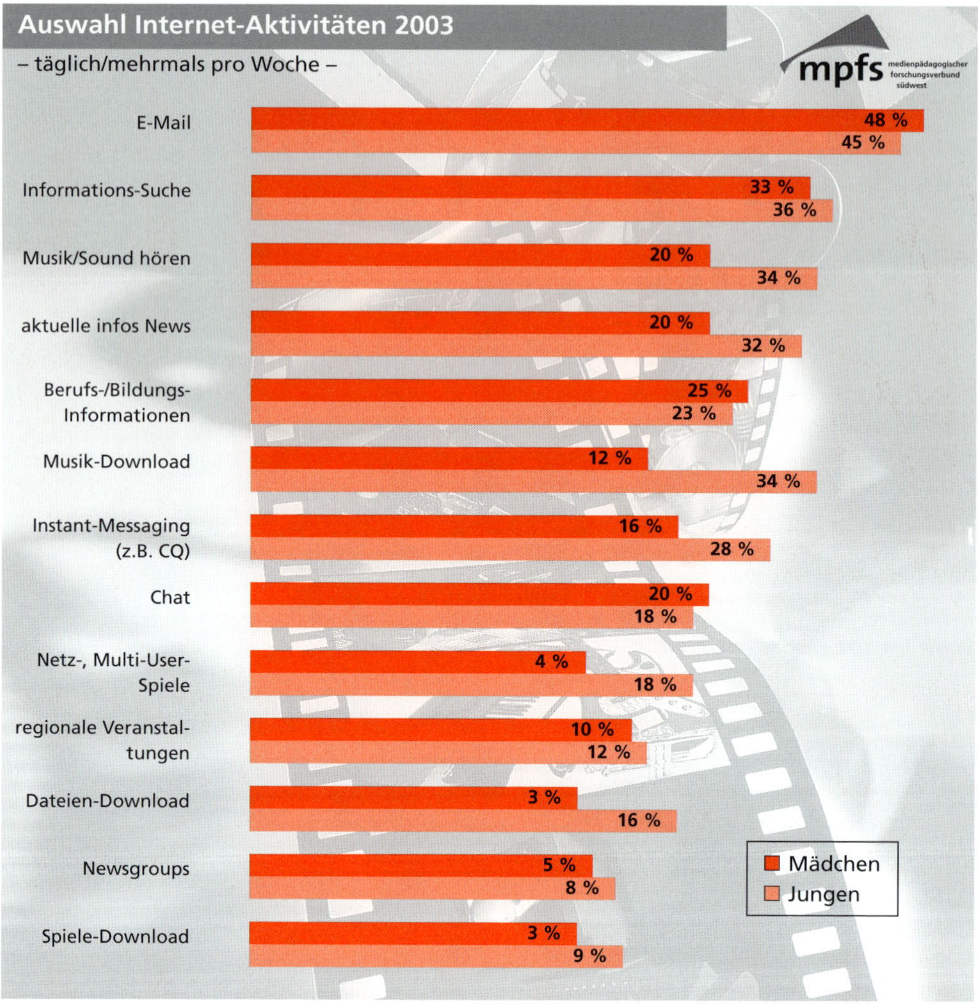

Auswahl Internet-Aktivitäten 2003

– täglich/mehrmals pro Woche –

mpfs medienpädagogischer forschungsverbund südwest

Aktivität	Mädchen	Jungen
E-Mail	48 %	45 %
Informations-Suche	33 %	36 %
Musik/Sound hören	20 %	34 %
aktuelle infos News	20 %	32 %
Berufs-/Bildungs-Informationen	25 %	23 %
Musik-Download	12 %	34 %
Instant-Messaging (z.B. CQ)	16 %	28 %
Chat	20 %	18 %
Netz-, Multi-User-Spiele	4 %	18 %
regionale Veranstaltungen	10 %	12 %
Dateien-Download	3 %	16 %
Newsgroups	5 %	8 %
Spiele-Download	3 %	9 %

■ Mädchen
■ Jungen

Quelle: JIM 2003; Angaben in Prozent   *Basis: Internet-Nutzer, n = 1.317*

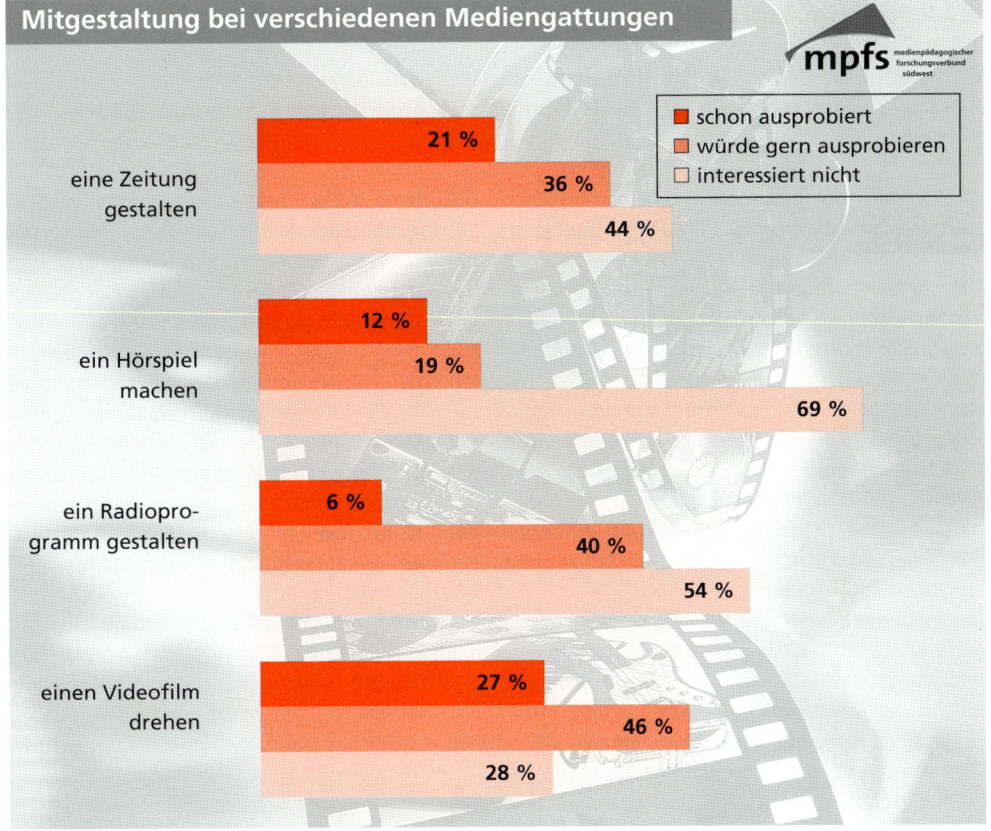

Mitgestaltung bei verschiedenen Mediengattungen

mpfs medienpädagogischer forschungsverbund südwest

- schon ausprobiert
- würde gern ausprobieren
- interessiert nicht

eine Zeitung gestalten
21 %
36 %
44 %

ein Hörspiel machen
12 %
19 %
69 %

ein Radiopro- gramm gestalten
6 %
40 %
54 %

einen Videofilm drehen
27 %
46 %
28 %

Quelle: JIM 2003; Angaben in Prozent　　　　　　　　*Basis: Gesamt: n = 1.209*

Zusammenfassung

- *„Zunehmende Medienausstattung bei Jugend- lichen, vor allem in den Bereichen Handy, Com- puter, Internet.*
- *Fernsehen ist die am häufigsten ausgeübte Medientätigkeit, Computer (und damit auch Internet) holen aber immer weiter auf.*
- *Kommunikation ist das wichtigste Nutzungs- motiv bei Jugendlichen.*

- *Jungen nutzen Computer und Internet weniger zielorientiert, haben breiteres Anwendungsre- pertoire als Mädchen nach dem Motto „Haupt- sache Internet".*
- *Praktische Medienkompetenz ist kaum ausge- prägt, wohl aber ein starkes Interesse vorhan- den – vor allem bei Mädchen!"*

(Medienpädagogischer Forschungsverbund Südwest, JIM-Studie 2003, Pressemitteilung, Red. Südwestfunk)

45

2.2.2.6 Mediennutzung der Zukunft

Das Faunhofer-Institut für Systemtechnik und Innovationsforschung (ISI) hat im Jahr 2002 rund 300 Experten nach der Bedeutung der Medien im Privatleben der Menschen befragt.

„Die Bedeutung von Hörfunk und Fernsehen (derzeit jeweils 40 Prozent des Medienzeitbudgets) wird sich zwar bis zum Jahr 2015 um einige Prozentpunkte verringern, bleibt aber mit 33 Prozent Mediennutzung für den Hörfunk und rund 35 Prozent für das Fernsehen dominant. Der heute mit 14 Prozent Mediennutzung drittwichtigste Bereich der klassischen Printmedien Buch, Zeitung und Zeitschrift wird aber von den neuen computergestützten, elektronischen Medien überholt. Der Anteil der PC-Nutzung und der Nutzung von Online-Diensten versechsfacht sich nach der Studie bis zum Jahr 2015 von heute 3 Prozent auf dann nahezu 18 Prozent.

Der moderaten Erhöhung des Zeitbudgets um 40 Minuten auf dann 7:10 Stunden täglicher Mediennutzung im Jahre 2015 steht mehr als eine Verdoppelung der jährlichen Investitionsausgaben pro Haushalt gegenüber. Ohne Berücksichtigung inflationsbedingter Preissteigerungen ist bis zum Jahr 2015 zusätzlich etwa eine Verdoppelung der monatlichen Medienausgaben von 105 Mark auf dann 220 Mark zu erwarten. Der Zuwachs wird nach Meinung der befragten Experten fast ausschließlich durch den elektronischen Medienmarkt getragen. So verdreifachen sich die monatlichen Ausgaben für die Nutzung elektronischer Medien von heute 53 Mark auf annähernd 160 Mark im Jahr 2015. 40 Prozent aller Haushalte werden dann Geräte zur Nutzung von Online-Diensten besitzen. Dabei werden die Gerätetypen PC und Fernseher künftig weiterhin überwiegend als getrennte Einheiten in den Wohnungen stehen. Das „One-for-all"-Gerät wird sich bis dahin nicht allgemein durchgesetzt haben. Aber für derartige Geräte – wie auch für das Konzept des Netzcomputers – gilt, dass sie im Vergleich zu ihrem heutigen Stellenwert erhebliche Marktanteile von bis zu 20 Prozent erobern werden.

Grundvoraussetzung für die genannten Entwicklungen der neuen Medien ist eine Erhöhung der Akzeptanz: Die Verbesserung der Hard- und Softwaregestaltung ist dabei entscheidend. Ganz oben auf der Anforderungsliste stehen dabei die Verkürzung der Wartezeit bei Abruf von Medienangeboten, die Selbsterklärung der Medienangebote sowie eine schnellere und einfachere Installation der Software.

Bezüglich möglicher Wirkungen des Einsatzes neuer Medien schält sich eine klare Expertenmeinung heraus: Die Fähigkeit des Nutzers zum zielgerichteten Umgang mit Medieninhalten wird wachsen. Problematisch sind neben einer Abnahme der Konzentrations- und Ausdrucksfähigkeit auch zunehmende Defizite in der Schreib- und Lesefähigkeit sowie in der sozialen Kompetenz. Eine verstärkte Tendenz zur Individualisierung geht einher mit einer Abnahme der außerhäuslichen Aktivitäten.

Bei der zukünftigen Netzentwicklung werden sich auf mittlere Sicht unterschiedliche Versorgungswege behaupten. Für den Hörfunk dominiert dabei weiterhin die Haushaltsnachfrage nach der terrestrischen Versorgung und beim Fernsehen die Versorgung über das Kabel (77 bzw. 60 Prozent). Anders die Einschätzung bei der Nutzung von Online-Diensten. Diese werden zwar auch im Jahr 2015 wesentlich über das konventionelle Telekommunikationsnetz in den Haushalt gelangen (21 Prozent), jedoch zunehmend auch über alternative Versorgungswege vom Haushalt nachgefragt werden. Insbesondere werden einem ATM-fähigen Kabelnetz Chancen eingeräumt. Im Jahr 2015 werden nach Einschätzung der Medienfachleute etwa ein Drittel aller Haushalte in Deutschland digitale Rundfunkangebote nutzen."

Zoche, Peter: http://www.isi.fhg.de/iuk/iuk_dateien/medienzukunft.htm (26.04.2005)

ATM ist die Aküzrung für „Asynchronous Transfer Mode". Es ist ein Datenübertragungsverfahren für Hochgeschwindigkeitsnetze.

2.2.3 Querbezüge zu anderen Bereichen der Sozialpädagogik

Die Lernsituation „Medien und ich ..." weist nicht nur Aspekte der Medienerziehung auf. Hier ist eine Vielzahl von Gesichtspunkten und Fragen aus anderen Bereichen der Sozialpädagogik von Bedeutung, die in Zusammenarbeit mit verschiedenen Fachbereichen im Rahmen einer komplexen, fachunabhängigen Lernsituation bearbeitet werden könnten, z. B.:

Didaktik und Methodik der sozialpädagogischen Theorie und Praxis

- Personal in einer Kindertagesstätte
- Praktikanten (Rolle, Aufgaben, Arbeits- und Lernmöglichkeiten)
- Arbeitszeiten und Arbeitsbelastung des Personals in Kindertagesstätten
- Konzepte der Berufsrolle von Erzieherinnen

Erzieherische, pädagogische, psychologische und soziologische Fragen und Probleme

- PISA-Studie – Merkmale, Ergebnisse und Konsequenzen aus der Studie
- Bildung – Inhalte und Prozesse im Elementarbereich
- Fördermöglichkeiten von und für Kinder in Kindertagesstätten
- Konzepte der Berufsrolle von Erzieherinnen

Politische und geschichtliche Fragen

- dpa – Presseagenturen
- Einflussmöglichkeiten von Regierung und Verwaltung auf pädagogische Praxis
- Zuständigkeiten verschiedener politischer Instanzen

Recht und Verwaltung

- Verwaltungsstruktur einer Kindertagesstätte
- Integration von Kindertagesstätten in umfassendere institutionelle Zusammenhänge
- Aufgaben, Pflichten und Rechte der unterschiedlichen Mitarbeiterinnen einer Kindertagesstätte
- Geschäftsordnungen

Deutsche Sprache

- Gestaltung und Formulierung von Protokollen
- Kinder- und Jugendliteratur: Häufige Kinderliteratur in Kindertagesstätten
- Bewertung von Kinderliteratur

Medien

● Medienbiografien

● Mediennutzung

● Auswirkungen der Mediennutzung

● Rolle einer Erzieherin als Medienerzieherin

2.2.4 Links

Die hier aufgeführten Links haben bisher eine Internetpräsenz von mehr als 2 Jahren.

http://www.medienpraktisch.de
> Zeitschrift für Medienpädagogik – eine wichtige Quelle für aktuelle Informationen zu Fragen der Medienpädagogik

http://www.aufenanger.de
> Prof. Dr. Stefan Aufenanger, Arbeitsbereich Medienpädagogik, Fachbereich Erziehungswissenschaft, Universität Hamburg – hier finden Sie aktuelle wissenschaftliche Ergebnisse zur Medienpädagogik

http://www.aufenanger.de/Publikationen/Texte/Medienbiographie.htm
> Prof. Dr. Stefan Aufenanger, Arbeitsbereich Medienpädagogik, Fachbereich Erziehungswissenschaft, Universität Hamburg, Informationen zur Medienbiografie

http://www.familienhandbuch.de/cms/Familienforschung-Jugendmedien.pdf
> Ekkehard Sander, Medien im Jugendalter, Rückblicke von Eltern und ihren heranwachsenden Kindern

http://www.medienobservationen.de/scheffer.html
> Bernd Scheffer – Medien und Gewalt – Wie sollen sich Eltern und Schüler verhalten? Es geht hier vor allem um die Frage des Einflusses von Medien auf die individuelle Lebensplanung.

http://www.medienpaedagogik-online.de/mf/1/00697/
> Medienpädagogik-Online: Dies ist eine informative Seite der Bundeszentrale für politische Bildung zur Medienpädagogik
> Die Anschrift: Bundeszentrale für politische Bildung, Postfach 23 25, 53013 Bonn
> Hier können Sie umfangreiches Material zur Medienerziehung und Medienpädagogik kostenlos erhalten.

http://www.ifak-kindermedien.de/pdf/finkbeiner.pdf
> Anke Finkbeiner,
> „... und wenn man's hört, dann denkt man, man wär mittendrin ...", zur Bedeutung des Hörspiels im Medienalltag von Kindern

http://www.mekonet.de/inhalt/z/z1/z1_kindergarten.htm
> Hier finden Sie ausführliche Literatur- und Link-Angaben zu einer Vielzahl medienpädagogischer Themen

http://www.fachstelle-medien.de
> Fachstelle Medien der Diözese Rottenburg-Stuttgart

http://www.josefstal.de/mac/texte/macbook.htm
> W. Schindler/R. Bader, Menschen am Computer

http://www.mpfs.de/
> Medienpädagogischer Forschungsverband Südwest

http://www.awa-online.de/index.html
> Die Allensbacher Markt- und Werbeträgeranalyse, kurz AWA genannt, ist eine Markt-Media-Studie, eine Mehrthemenumfrage über Konsumgewohnheiten und Mediennutzung. Durchgeführt wird sie seit 44 Jahren vom Institut für Demoskopie Allensbach im Auftrag von heute rund 100 Verlagen und TV-Sendern.

3 Fernsehkinder verstehen

Kinder und Jugendliche zu verstehen heißt, ihre Medienwelten und ihre Medienge-wohnheiten kennen. Aus dieser Perspektive muss eine Erzieherin mit Kindern arbeiten, d. h., sie in ihrer Entwicklung begleiten, Selbstbildungsprozesse unterstützen und Selbst-bewusstsein, Selbstvertrauen und Selbstwertgefühl fördern.

Da sich die Lebensräume von Kindern und Jugendlichen in den vergangenen Jahrzehn-ten rasant verändert haben und Medien einen erheblichen Anteil an diesen Verände-rungen haben, muss eine professionelle Erzieherin immer auch Medienerzieherin sein.

In der folgenden Lernsituation geht es darum, Kinder vor dem Hintergrund ihrer Fern-sehgewohnheiten zu beobachten und zu verstehen.

3.1 Die Lernsituation: Fernsehkinder verstehen

Fernsehkinder sind die Kinder, auf die häufiges Fernsehen einen besonders problematischen Einfluss hat. Es gibt keine feste Regel, aus der man ablesen kann, wie viel Fernsehen für ein Kind schädlich ist und wie viel es schadlos sehen kann. Die Frage nach der Menge ist nur ein Faktor; dazu kommen die Frage nach der Qualität der Sendungen, die gesehen werden, und viele andere Aspekte, wie z. B. das sozial-emotionale Umfeld oder das Bildungsniveau inner-halb dieses Umfeldes. Darüber hinaus kann es von der Persönlichkeit der Kin-der selbst abhängen, welche Fernsehqualität und welche Quantität welche Auswirkungen auf ihr Verhalten und Erleben haben.

Seit Fernsehapparat und Videorekorder in den meisten Haushalten einen hohen Stellenwert einnehmen, wird über die so genannten Fernsehkinder dis-kutiert, debattiert und geklagt. „Das kann man nicht ändern!", sagen die einen, die anderen sind noch immer und immer wieder erfolglos auf der Suche nach pädagogischen „Gegenmaßnahmen".

In sozialpädagogischen und pädagogischen Einrichtungen – von der Kinder-gartentagesstätte bis zur Schule – wird über das Verhalten der Kinder am Montag geklagt. Viele Kinder – so beobachten Erzieherinnen immer wieder – sind montags oft übermüdet, unruhig oder aggressiv. Viele Erzieherinnen sehen das Fernsehen als Verursacher. Niemand kann aber bislang mit Sicherheit sagen, ob Fernsehen und Video tatsächlich für dieses Phänomen des „Montagvormittags" verantwortlich sind. So kann es ja auch die veränderte Familiensituation des Wochenendes sein, an dem die Eltern von morgens bis abends zu Hause sind. Der Tagesrhythmus ist verändert, die sozialen Konstellationen sind andere, vielleicht wird auch so manche Auseinandersetzung zwischen den Erwachsenen und mit den Kindern ausgetragen etc. Es wäre also viel zu einfach, das „Montagsverhalten" von Kindern und Jugendlichen nur dem Medienkonsum zuzuschreiben.

Für Erzieherinnen ist es daher unbedingt hilfreich, wenn sie genaue Indikatoren (Hinweise) an der Hand haben, die ihnen helfen, zuverlässig auf Ursachen für das Verhalten von Kindern und Jugendlichen schließen zu können. Zu möglichen Indikatoren zählt der Medienkonsum, der bei vielen Kindern und Jugendlichen an den Wochenenden intensiver und zeitlich länger ist als in der übrigen Woche. Wenn Erzieherinnen hier über mehr Informationen verfügen, können sie in ihrer Arbeit gezielter für Ausgleich und Hilfe sorgen. Bloßes Klagen über das Verhalten der Kinder oder das Fordern disziplinarischer Gegenmaßnahmen helfen weder den Kindern und Jugendlichen noch deren Eltern und auch den Erzieherinnen nicht.

Die berufliche Aufgabe:

Eine der vorrangigen Aufgaben von Erzieherinnen ist es, Kinder und Jugendliche für den Umgang mit der Vielfalt an Medienangeboten zu stärken und gegebenenfalls auch vor ihnen zu schützen.

Dazu ist es erforderlich,

1. dass Sie Klarheit über mögliche Auswirkungen des Medienkonsums im Kindes- und Jugendalter gewinnen,

2. dass Sie sich ein Bild verschaffen über das Mediennutzungsverhalten von Kindern und Jugendlichen und gegebenenfalls von deren Familien,

3. dass Sie Methoden entwickeln, wie man das Mediennutzungsverhalten **einzelner** Kinder in der Gruppe einer Kindertagesstätte erkennen kann.

Antworten auf diese Fragen sind erforderlich,

1. um das besondere Verhalten und Erleben der Kinder überhaupt verstehen und diesen Kindern empathisch (einfühlsam) begegnen zu können,

2. um den Kindern und Jugendlichen nach den Wochenenden einen aus-gleichenden und empathischen Einstieg in die – möglicherweise fern-sehärmere – „Kindertagesstätten-Woche" anbieten zu können.

Auch in Ihrer zukünftigen beruflichen Praxis müssen Sie sich solche Infor-mationen immer wieder neu verschaffen, da sich die Lebensräume und Medienwelten der Kinder und Jugendlichen fortlaufend verändern und die Erzieherinnen dementsprechend anders darauf reagieren müssen.

– Entwickeln Sie kleinere oder größere Projekte, um Kinder oder Jugendliche auf einen – qualitativ und quantitativ – angemessenen Umgang mit dem Fernsehen vorzubereiten.

– Entwickeln Sie Projekte, die auf einen Ausgleich der mit zu häufigem Fernsehen verbunden Bewegungsarmut abzielen.

– Entwickeln Sie Projekte, die auf einen Ausgleich der passiv-rezeptiven Einstellung abzielen, die sich bei häufigem Fernsehen entwickelt. (Pas-siv-rezeptive Einstellung heißt: Fernsehinhalte aufnehmen, ohne sie zu verarbeiten und ohne sich mit ihnen auseinander zu setzen – „sich berieseln lassen".)

Um diese umfangreiche Aufgabe lösen zu können, wird es erforderlich sein, dass Sie

1. sich für eine bestimmte Zielgruppe entscheiden (z. B. eine Kleingrup-pe oder größere Gruppe, Kinder oder Jugendliche, bei denen exzes-siver Fernsehkonsum wahrscheinlicher oder weniger wahrscheinlich ist, ältere oder jüngere Kinder etc.),

2. zunächst die Aufgabe selbst gründlich analysieren und untersuchen, welche Schwierigkeiten bzw. Hindernisse für ihre Lösung zu über-winden sind. Nicht vergessen: Dokumentation der Arbeitsergebnisse,

3. die berufliche Aufgabe so weit, wie dies erforderlich erscheint, in Teil-aufgaben gliedern,

4. anschließend Ziele für diesen Arbeitsauftrag formulieren; Was wollen Sie erreichen – z. B. pädagogisch, methodisch, didaktisch, an sachlicher Ausstattung etc.

5. alternative Arbeitspläne entwickeln und sich schließlich für eine Vor-gehensweise entscheiden,

6. Ihrem Arbeitsplan entsprechend vorgehen und bereit sind, falls not-wendig, diesen Plan zu verändern,

7. Ihr Arbeitsergebnis (das Produkt) dokumentieren und eine geeignete, verständliche Präsentation erstellen,

8. den Arbeitsprozess auf seine Qualität und das Produkt auf seine Brauchbarkeit hin überprüfen,

9. gegebenenfalls erneut in den Prozess eintreten, um ein brauchbareres Produkt zu erarbeiten,

10. das Projekt während eines Praktikums erproben und anschließend überarbeiten.

3.2 Im medienpädagogischen Lernfeld handeln

3.2.1 Hintergrundfragen, Impulse und Übungen

1. Übung **Erfahrungen professioneller Erzieherinnen**

Nutzen Sie insbesondere Ihre Praktika, um die Erfahrungen professioneller Erzieherinnen zu erkunden. Entwickeln Sie dazu einen Fragebogen, indem Sie die folgenden Aspekte besonders berücksichtigen, und befragen Sie die jeweilige Gruppenleiterin dazu. Sie werden feststellen, dass die Erzieherinnen über einige Kinder mehr, über andere weniger und über manche auch fast keine Informationen haben:

- Beziehungsgestaltung,
- Alltagsorganisation,
- Umgang mit Medien

in den Familien „ihrer" Kinder. Wie wird auf den Umgang mit Medien vorbereitet und wie wird die Nutzung von Medien in den Familien gestaltet?

Ihre Arbeit soll sich nur auf ein bis zwei Kinder konzentrieren, da die spätere Auswertung sonst zu komplex wird. Achten Sie auch auf die Anonymität Ihrer Erhebung. Für die Auswertungsarbeit in Ihrer Großgruppe ist es erforderlich, dass eine vorhergehende Einigung auf einen gemeinsamen Fragebogen erzielt wird. Dazu können in kleineren Teams Vorschläge erarbeitet, im Plenum überprüft und zu einem gemeinsamen Fragebogen verarbeitet werden.

Beispiel

Informationen[1], die für die Zusammenarbeit mit den Kindern in der sozialpädagogischen Einrichtung wichtig sind

		Begründung für die Bedeutung der Information
Zeitdauer, in der die Mutter mit ihrem Kind (ihren Kindern) spielen, sprechen oder etwas unternehmen kann ... ca. 30 Minuten pro Tag		Die Zeitdauer, in der die Mutter gemeinsam mit ihrem Kind oder ihren Kindern aktiv ist, gibt eventuell Hinweise darauf, ob ein Kind zu viel Behütung oder zu wenig Anleitung durch die Mutter erfährt. Auch Rückschlüsse auf die Intensität der Vorbildwirkung sind eventuell möglich, z. B. sieht die Mutter sehr viel fern?

alternativ

		Begründung für die Bedeutung der Information
Gestaltung des Alltags eines Kindes ... (kurze Beschreibung des Ablaufes)		

---

[1] *Informationen, die sich nur auf die Kinder oder die Familie beziehen, ohne für die konkrete Arbeit mit den Kindern bedeutsam zu sein, sollen grundsätzlich nicht erhoben werden. Dabei ist immer zu beachten, dass die Privat- bzw. Intimsphäre der Familie gewahrt und geschützt bleibt.*

alternativ

	Begründung für die Bedeu- tung der Information
In der Familie für die Kinder zugängliche Spielsachen	
Fernsehgewohnheiten am Wochenende	
In der Familie favorisierte Fernsehsender	
Fernsehsendung für Erwachsene, die auch die Kinder regelmäßig sehen ...	

Vorschlag zur Auswertung im Plenum
1. Erstellen Sie einen zahlenmäßigen Überblick über Ihre Erhebung.
2. Werten Sie die Begründungen für die Bedeutung der Informationen aus, indem Sie sie vergleichen und Meinungsunterschiede festhalten.
3. Entwickeln Sie einen Katalog von Merkmalen aus den Bereichen.

2. Übung   Fernsehkinder – Montagskinder

Man kann dem Montagsphänomen auch psychologisch begegnen:

1. Entwickeln Sie Angebote oder Aktivitäten, die geeignet sind, Kindern ein für sie ange-
nehmes, entspannendes und gleichzeitig aktivierendes Einfinden in die Kindertagesstätten-Woche zu ermöglichen.

2. Entwickeln Sie Ideen, wie eine Kindertagesstätte gestaltet sein könnte bzw. müsste, damit die sich Kinder dieser Einrichtung wohl fühlen und leichter mit den Veränderungen zurecht kommen können, die sich aus dem Wechsel vom Wochenende in die „Kindergartenwoche" ergeben.

Beispiel eines Entspannungsraumes
„Der Traumraum ist der Ort der Ruhe, Stille und Entspannung. In Kleingruppen und unter Anleitung können sich hier die Kinder aus der hektischen und unruhigen Alltagswelt zurückziehen und in einer gemütlichen Atmosphäre Ruhe- und Entspannungsübungen genießen" (Kindergarten St. Josef in Geseke, 2005).

55

3. Übung   Zusammenarbeit mit Eltern

Planen Sie einen Elternabend zum Thema „Ist mein Kind ein Fernsehkind?". Beachten Sie dabei u. a.:

- Das Ziel des Elternabends sollte darin bestehen, mehr über die Mediengewohnheiten der Kinder zu erfahren. Dabei gilt es, den Eltern verständlich zu machen, dass eine erfolgreiche Medienerziehung des Kindergartens an den Medienerfahrungen und -erlebnissen der Kinder anknüpfen muss, d. h., dass die Erzieherin nur vor diesem Hintergrund die Kinder der Gruppe und viele andere Aspekte ihres Verhaltens verstehen kann.

- Fachlich-inhaltliche Vorbereitung
  Mögliche allgemeine Sachinformationen finden Sie u. a. in unten aufgeführten Arbeitsmaterialien, Literaturangaben und Internet-Links (Kapitel 3.2.2 bis 3.2.4).

- Organisatorische Vorbereitung – Aspekte können u. a. sein:
  - Welche Räumlichkeiten sind besonders geeignet?
  - Welche terminlichen und zeitlichen Möglichkeiten und Grenzen gibt es?
  - Welche Materialien stehen zur Verfügung (Fotokopierer, Tageslichtprojektor, Flipp-Chart, Beamer oder andere Möglichkeiten der Präsentation)?
  - Ist eine Versorgung mit Getränken und eventuell Gebäck sinnvoll oder störend?

- Methodische Vorbereitung
  - Organisation von Vortragsphasen,
  - Gruppenarbeitsphasen,
  - Plenumsphasen,
  - Kleingruppenangebote,
  - Großgruppenangebote
  - Schaffen von Austauschmöglichkeiten für die Eltern etc.

4. Übung   Verhaltensbeobachtung

Die Verhaltensbeobachtung ist eine wichtige Methode, um Kinder kennen und verstehen zu lernen. Auch um zu erfahren, wie Kinder ihre Medienerlebnisse verarbeiten, ist die Verhaltensbeobachtung eine alltägliche Möglichkeit. Die folgende Beschreibung stammt von den Autorinnen Militzer, Demandewitz und Solbach (1999, S. 145–147):

„Beobachtungen finden täglich statt; viele Male werden Alltagssituationen – mehr oder weniger bewusst – registriert.

Eine Möglichkeit, diese eher unsystematischen Beobachtungen für die Arbeit zu nutzen, ist mit dem Gruppentagebuch oder Logbuch gegeben, in das die Erzieherin ihre spontanen Beobachtungen einträgt, die den Ausgangspunkt für eine Situationsanalyse bilden.

Eine gezielte Beobachtung hat dagegen ihren Platz innerhalb der Situationsanalyse. Sie ist verbunden mit gezielten Fragen, die sich im Rahmen der Analyse entwickeln. Sie kann der Erzieherin helfen, Kinder in ihrer Sichtweise von Welt und mit ihren Ausdrucksmöglichkeiten besser kennen und verstehen zu lernen. Beobachtungen können die Aufmerksamkeit der Erzieherin auch darauf lenken, was Kinder aufgrund der allgemeinen Lebensbedingungen und ihrer spezifischen Lebensgeschichten und familiären Verhältnisse brauchen.

Dabei sollten Äußerungen, Verhaltensweisen, Gefühle von Kindern, Spielverhalten nicht isoliert, sondern im Kontext der Situation gesehen und mögliche Zusammenhänge berücksichtigt werden. Dies setzt ein Innehalten der Erzieherin bei Aktivitäten und Beschäftigungen und ein Sich-Zeit-Nehmen voraus, um zu erfahren, was Kinder in der Einrichtung erleben, ob und wie sie sich in der Einrichtung ,äußern' und mit ihren Sichtweisen einbringen. Beobachtungen können auch deutlich machen, wo Ausdrucksmöglichkeiten und -wünsche von Kindern durch einen starren Tagesablauf, eine bestimmte Raumgestaltung und Materialauswahl oder die persönliche Einstellung zum Kind eingeschränkt oder gar unterdrückt werden.

Solche Beobachtungen haben nicht nur das Ziel, Informationen über ein Kind zu gewinnen, sondern das Kind mit seinen unterschiedlichen Möglichkeiten und Kompetenzen zu entdecken und zu erfahren, dass es ,immer sehr verschiedene Anteile in seiner Person hat und diese unterschiedlich austrägt und ausdrückt.'
Bei der Überlegung, wie Beobachtungen konkret durchgeführt werden können, stellen sich zunächst folgende grundlegenden Fragen:

- Wen, wo, wann, wie lange will ich beobachten?

- Was genau will ich beobachten?

- Warum will ich beobachten?

- Wie kann ich meine Beobachtung vor Kindern, Eltern und mir selbst vertreten?

- Welche Beziehungen bestehen zwischen mir und den Kindern, die ich beobachten will?

- Wie kann ich verhindern, dass Kinder zu ,Objekten' meiner Beobachtung werden?

- Wie kann ich sicherstellen, dass Zusammenhänge und Hintergründe der Beobachtungssituation berücksichtigt werden?

- Wie soll die Beobachtung ablaufen?

- Wer kann mir bei der Beobachtung helfen, mit wem kann ich gemeinsam beobachten, um meine Ergebnisse besprechen zu können?

- Was benötige ich für die Beobachtung?

Das Erschließen von bedeutsamen Situationen innerhalb der Situationsanalyse lenkt den Blick auch auf die familiäre Situation und das Wohnumfeld – als Teil der Lebenssituation von Kindern. Daraus folgt, dass sich Beobachtungen nicht nur auf das Geschehen innerhalb der Tageseinrichtung beschränken können, sondern auch das Umfeld der Einrichtung einbeziehen sollten. So kann die Erzieherin mithilfe einer Umfeldanalyse oder einer Begehung vor Ort mit den Kindern der Gruppe weitere Erkenntnisse gewinnen. Im Rahmen der Umfeldanalyse könnten folgende Fragen Aufschluss über die Lebensbedingungen von Familien geben:

- Wie ist die Infrastruktur im Einzugsbereich/im Stadtteil?

- Wie stellt sich die Wohnsituation im Einzugsbereich der Tageseinrichtung/im Stadt-teil dar? (Einfamilien-, Mehrfamilien-, Hochhäuser; Alt-, Neubaugebiet; Siedlungs-charakter; Industriegebiet; städt./ländlich strukturiert)

- Wie sieht die Familienstruktur im Einzugsbereich/im Stadtteil aus? (Familien mit ein oder mehreren Kindern; Alleinerziehende; Singlehaushalte; jüngere/ältere Menschen; Familien aus anderen Herkunftsländern)

- Welche Einrichtungen gibt es für Kinder im Einzugsbereich /Stadtteil? (Kindergarten; altersgemischte Gruppen – null, vier bis sechs Jahre; Hort; OT; Erziehungsberatung; Spielgruppen)

- Entspricht dieses Angebot dem tatsächlichen Bedarf?

- Wo können sich Kinder außerhalb der Tageseinrichtung in ihrer Freizeit aufhalten?

Eine Begehung des Einzugsbereichs/des Stadtteils mit Kindern und deren anschließen-de Verarbeitung und Auswertung durch Gespräche, Malen, Zeichnen könnten unter fol-genden Aspekten erfolgen:

- Wie sehen und erleben Kinder ihren Stadtteil?

- Was wünschen sie sich?

- Was möchten sie gerne ändern?

Es hat sich als günstig erwiesen, die Beobachtungen in der Gruppe und die Erkenntnisse aus der Umfeldanalyse bzw. aus der Begehung des Einzugsbereiches schriftlich festzu-halten. Bei der Auswertung der verschiedenen Situationen – auf Gruppenebene oder im gesamten Team – gilt es, die beobachteten Situationen bzw. die Erkenntnisse aus dem Umfeld der Kinder zu diskutieren, zu interpretieren und herauszufinden, was Kinder beschäftigt und was sie brauchen. Hierbei wird noch einmal deutlich, wie wichtig und notwendig es ist, genaue Kenntnisse über Situationen zu haben, um eine vorschnelle Bewertung auszuschließen, die unter Umständen auch dazu führen könnte, dass Arbeit und Zeit für eine Planung aufgebracht werden, die nicht das Interesse der Kinder fin-det bzw. dem Wohl der Kinder dient. Gespräche mit Eltern können der Erzieherin hier helfen, Situationen in ihrer Bedeutung für Kinder zu erschließen." (Militzer, Tausend Situationen, 1999, S. 145–147)

Erstellen Sie in Ihrem nächsten Praktikum Beobachtungsprotokolle, in denen Sie die von Militzer u. a. (1999) ausgearbeiteten Beobachtungsanregungen berücksichtigen und die Frage nach dem Beobachtungsgegenstand auf Äußerungen eines Kindes zu Medener-lebnissen im Spiel, in Gesprächen mit anderen Kindern, in Kinderzeichnungen o. a. ein-grenzen.

5. Übung **Emotionen im Spiel verarbeiten**

Es gibt in der Praxis wie in der Literatur eine Fülle von Spielen und Spielangeboten für Kinder, in denen diese die Möglichkeit haben, Erfahrungen und Gefühle wie Angst und Freude, Wut und Aggression auszudrücken und zu verarbeiten. Erstellen Sie eine dafür geeignete Sammlung von Spielen und Spielanregungen. Setzen Sie diese Spiele in der Praxis ein und beobachten und protokollieren Sie das Verhalten bestimmter Kinder bei derartigen Spielen.

6. Übung **Fernseherlebnisse in Kinderbildern**

Lassen Sie eine kleinere Gruppe von Kindern gleichen Alters ihre wichtigsten Fernseherlebnisse des vergangenen Tages (oder der vergangenen Woche) zeichnen. Sprechen Sie anschließend mit ihnen darüber:

- Was war wichtig?

- Was war schön?

- Was war langweilig oder spannend?

- Was hat Angst gemacht? – Wie kann man mit solchen Ängsten umgehen?

- Was war lustig?

- Was war schrecklich?

- Wie kann man den Fernseher ausschalten, wenn man merkt, dass es Angst macht?

3.2.2 Arbeitsmaterialien

3.2.2.1 Veränderte (Medien-)Welten

Erzieherinnen müssen erkennen, dass die Welt fortlaufend vielfältiger und komplizierter wird. Nicht nur die dynamisch wachsende Medienwelt ist dafür verantwortlich. Technische Entwicklungen auch anderer Art verändern Lebensgewohnheiten und Lebensqualität, Kommunikation innerhalb und außerhalb der Familie, die geistigen, emotionalen und körperlichen Anforderungen an Kinder, Jugendliche und Erwachsene.

Ob Geld vom Konto abgehoben wird oder Bus- bzw. Bahnkarten gekauft werden, ob – wie es in einigen Städten bereits geplant und zum Teil auch eingerichtet ist – Pakete und Päckchen aus so genannten Telefontürmen abgeholt werden oder mit Bank- bzw. Kreditkarte bezahlt wird: Vor allem ältere Menschen kommen mit dieser Entwicklung oft nicht gut zurecht. All diesen sich dauernd verändernden Lebensbedingungen sind auch Kinder ausgesetzt. Sie wachsen – im Unterschied zu Erwachsenen – allerdings in diese sich verändernde Welt hinein.

War früher der Informationsradius von Kindern begrenzt auf Familie und Schule und die dort vorhandenen Menschen und Informationsquellen, haben Fernsehen, Internet,

Telefone und Handys oder Foto-Handys die Grenzen dieses Radius aufgehoben: Dörfliche, städtische und nationale Grenzen spielen im täglichen Netz der angebotenen Informationen eine immer geringere Rolle.

Nicht selten kennen sich Kinder und Jugendliche über aktuelle Themen aus der Welt der Medien besser aus als ihre Eltern oder Lehrer. Dies verändert auch das Verhältnis zwischen den Generationen. Es ist in mancher Hinsicht – auch pädagogisch – von Nutzen oder Vorteil, schafft aber auch neue erzieherische Verantwortungen und Herausforderungen.

Erzieherinnen müssen versuchen zu klären, was in der sich verändernden Welt kind- bzw. jugendgerecht ist und was nicht, was die Entwicklungs- und Selbstbildungsprozesse von Kindern und Jugendlichen unterstützt, was hinderlich oder schädlich ist. Welcher und wie viel Medienkonsum ist in diesem Sinne angemessen, was kann die emotionale, geistige (kognitive), soziale und motorische Entwicklung des Kindes positiv beeinflussen und was nicht?

Die Frage, inwieweit Medien mit ihren Botschaften und Inhalten den Menschen beeinflussen, ist von zentraler Bedeutung für die Medienerziehung. Pädagogen und engagierte Eltern haben ein großes Interesse zu erfahren, welche Wirkung denn nun von welchem Medium ausgeht. Ausgestattet mit diesen Kenntnissen oder Erkenntnissen könnten somit alle pädagogisch verantwortlich handelnden Menschen aus dem riesigen Medienreservoir die geeigneten und gezielten Angebote heraussuchen, aber andererseits auch unerwünschte Medienangebote unterdrücken. Ungeachtet der Tatsache, dass hierdurch natürlich eine Art Zensur stattfindet, ist und bleibt dies ein Wunschgedanke. Alle Untersuchungen, die in dieser Richtung durchgeführt wurden, und alle Theorien, die bisher aufgestellt wurden, haben bei aller Unterschiedlichkeit eines gemeinsam, nämlich die Erkenntnis: Es gibt keine klare Wirkung der Medien, aber auch keine eindeutige Wirkungslosigkeit. Anders formuliert, könnte man sagen:

Kein Medium hat eine Wirkung an sich – aber kein Medium bleibt letztlich ohne Wirkung.

Diese Aussage [...] beschreibt ein Problem: Jeder weiß um die Wirkung von Medien (Werbebotschaften der Industrie zeigen Wirkung, Gewaltfilme sind Vorbilder für Nachahmungstäter, ständige

Berichterstattung von Kriegsschauplätzen führt zu Desinteresse und Abstumpfung), aber welcher Film, welche Szene zu ganz bestimmten Gewalthandlungen stimuliert, das kann keiner beantworten. So mag auch niemand vorhersagen, wie viele Folgen sich ein Kind von der bei vielen Eltern und Erziehern gleichermaßen abgelehnten Serie „Power Rangers" angeschaut haben muss, bis es die Gewaltszenen der Serie nachahmt. Welche konkreten Spuren hinterlässt nun ein Horror- und Gewaltvideo, das ein Elfjähriger zusammen mit Freunden in Abwesenheit der Eltern konsumiert? Wie ist seine psychosoziale Befindlichkeit beein-
flusst worden, welche Emotionen sind ausgelöst worden, welche Verhaltensdispositionen wurden stimuliert, welche eher abgeschwächt? Ist es überhaupt möglich, jedem Film, jeder Filmszene, jeder Darstellung in den Medien eine ganz bestimmte und somit universelle Wirkung zuzuordnen? Wohl kaum – was bleibt, ist die Erkenntnis, dass es zwar keine ganz genau definierte Wirkung gibt, aber jedes Medium beim Empfänger der Botschaft eine unbestimmte Wirkung zeigt. Dies wiederum deutet darauf hin, dass die Wirkung eines Mediums vom Wirkungskomplex (Zusammenspiel) zwischen dem Medium und dem Rezipienten abhängt.

61

Quelle: Ministerium für Arbeit, Gesundheit und Soziales des Landes Nordrhein-Westfalen (Hrsg.); 1985, S. 11

3.2.2.2 Fernsehkinder – Was ist das eigentlich?

Es gibt Kinder, die sich seit frühestem Kindesalter – manche fast seit ihrer Geburt – an laufende Fernsehapparate gewöhnt haben. Was auch immer in ihrer Familie geschieht, im Hintergrund oder im Mittelpunkt läuft der Fernseher. Unterschiedlichste Bilder und Szenen wechseln einander pausenlos ab, eine permanente Geräuschkulisse wirkt auf alle ein – ob klein oder groß. Kontinuierliches Sehen eines Films von Anfang bis Ende ist dagegen in vielen Familien selten.

- Sind Kinder, die viel fernsehen, so sehr auf optisches Wahrnehmen festgelegt, dass z. B. die Entwicklung des Denkens oder die Sprachentwicklung negativ beeinflusst werden?

- Wo bleibt die Zeit, die Kinder (und Erwachsene) benötigen, um Lösungen für das zu finden, was sie sehen und was vielleicht zunächst unverständlich ist?

- Werden eigene Emotionen durch ein Überangebot an Fernsehsendungen unterdrückt?

- Ist damit die Ausdifferenzierung der kindlichen Gefühlswelt ebenso beeinträchtigt wie die Entwicklung der emotionalen Intelligenz?

- Wo bleibt die Entwicklung der kindlichen Kreativität, wenn in der Welt der Fernsehangebote das meiste fertig ist, fertig entwickelt und fertig gelöst?

- Was wird aus Kindern, deren sozialen und familiären Interaktionen vom Fernsehen dominiert werden?

Gibt es auf diese Fragen bereits Antworten? Festzustellen ist: Eindeutige wissenschaftliche Antworten gibt es noch nicht. Was in der Literatur überwiegend zu finden ist, sind eher Beruhigungen oder Befürchtungen. Dennoch sind einige Schlüsse zulässig und notwendig. Die verschiedenen Auffassungen und Erkenntnisse, die in den folgenden Kapiteln dargestellt werden, können und sollen dem Überdenken der eigenen Vorstellungen dienen.

3.2.2.3 Fernsehen im Säuglingsalter

Dürfen Babys für eine Weile dabeisitzen, wenn ihre Eltern fernsehen, oder leiden sie unter einer möglichen Reizüberflutung? Gelegentliches Fernsehen ist für Säuglinge nicht grundsätzlich belastend. Eltern müssen aber auf die Signale achten, mit denen ihr Baby ihnen anzeigt, ob ihm die Geräusche und die Lichteffekte auf der Mattscheibe zu viel werden. Sensible Eltern merken, wenn ihr Baby überfordert ist. Meistens wird es quengelig, oder es versucht, sich selbst durch Wegdrehen oder Einschlafen zu schützen. Einem körperlich und geistig gesunden Kind schadet es normalerweise nicht, wenn es sich hin und wieder in einem Raum befindet, in dem der Fernseher läuft. Aber in seinen zunehmend längeren Wachphasen braucht das Baby Eltern, die ihm ihre ungeteilte Aufmerksamkeit schenken. Das geht nicht, wenn sie gleichzeitig fernsehen.
(Charlton, 2005)

3.2.2.4 Medienkonsum und Sprachentwicklung

Grundsätzlich wird die Sprachentwicklung nicht behindert, denn Fernsehen ist genauso ein Sprach- wie ein Bildmedium (die meisten blinden Menschen „sehen" in ihrer Freizeit fern) und das Verstehen von Bildern beruht genauso wie das Verstehen von Sprache auf einer Vielzahl von geistigen Prozessen. Je nach Machart der konsumierten Fernsehsendungen können aber der Wortschatz oder die Ausdrucksfähigkeit der Zuschauer sehr wohl beeinträchtigt werden, denn viele Kindersendungen werden als billige Massenware produziert. Sie bedienen sich einer verarmten Sprache und stellen nur geringste Anforderungen an das Mitdenken des Zuschauers.
(Charlton, 2005)

3.2.2.5 Medienkonsum und Emotionen

Ein besonderes Augenmerk wird im Alltag auf die Möglichkeit eines Zusammenhanges zwischen der emotionalen Entwicklung von Kindern und Jugendlichen und ihrem Medienkonsum gelegt.

Besonders bei jüngeren Kindern (und hier wiederum besonders bei Mädchen) kann die drastische Darstellung von Gewalt Schock- und Angstreaktionen zur Folge haben. Während Kinder z. B. die Verbreitung vorgestellter Bilder aus gelesenen oder erzählten Geschichten (z. B. aus Märchen) selbst steuern und sie damit vor dem Hintergrund einer individuellen „Psycho-Hygiene" verarbeiten können, sind die im Fernsehen häufig detailgenau dargestellten Gewalttaten und Quälereien – übereinstimmend nach allen Untersuchungen – zum Teil (Groebel, 1994, S. 42 f.) noch Wochen später bei den Kindern präsent. Recht gut empirisch belegt ist auch, dass die gefühlsmäßige Ausstattung der Kinder durch Eltern und Familie ein entscheidender Einflussfaktor ist. Jungen und Mädchen, die in einem emotional eher ablehnenden Klima aufgewachsen sind, scheinen empfänglicher für die aggressiven Botschaften vieler Programme zu sein und werden so in ihren Grundgefühlen – Aggression oder Angst – verstärkt.

Der Einfluss von Medien auf die Entwicklung der Aggressionsbereitschaft und emotionalen Destabilität bzw. Stabilität von Menschen wurde besonders häufig untersucht. Hier ist festzustellen, dass weder ein klarer positiver Zusammenhang noch ein eindeutiger negativer Zusammenhang erwiesen ist. Eine Erzieherin kann also das Verhalten eines Kindes nicht pauschal mit der Häufigkeit und auch nicht mit der Qualität der Fernsehnutzung in Verbindung bringen. Gewalt in den Medien bleibt nicht ohne Wirkung auf den, der sie konsumiert.

63

Drei Beispiele stehen stellvertretend für eine Vielzahl ähnlicher Fälle in den letzten 15 Jahren:

Beispiele
1. Ein bayerisches Gericht billigte einem 14-jährigen Jugendlichen, der seine Cousine mit einem Beil attackiert und dabei lebensgefährlich verletzt hatte, bei der Urteilsverkündung mildernde Umstände zu, weil er u. a. aufgrund übermäßigen Gewaltvideokonsums als verhaltensgestört galt.
2. Die spektakuläre Entführung eines Kindes in der Einkaufspassage einer englischen Stadt mit anschließender grausamer Ermordung alarmierte die Öffentlichkeit und schreckte die Fachwelt auf. Die Entführer, selbst noch Kinder, waren durch grausame Videofilme animiert worden.
3. Der Amoklauf in Erfurt, bei dem ein entlassener Schüler 16 Menschen erschoss, wird u. a. auch in einen Zusammenhang mit seinem exzessiven Umgang mit Gewaltspielen auf dem PC gebracht.

Aus diesen Beispielen lassen sich jedoch keine allgemein gültigen Schlüsse ziehen, denn sicher ist nur: Bei jedem können Gewaltdarstellungen anders wirken. Es gibt keine klare Zuordnung, wie viele Leichen ein Kind oder ein Jugendlicher im Film gesehen haben muss, wie oft Kinder brutale Schlägereien im Fernsehen erleben oder Zeuge von heimtückischen TV-Morden werden, bis sie selbst zum Messer greifen oder sonstwie Gewalt anwenden.

Eine eindimensionale Betrachtung der Zusammenhänge ist ebenso falsch wie eine einseitige Schuldzuweisung. Es macht wenig Sinn, einzelne Filme oder Serien, in denen Gewalt gezeigt wird, zu verteufeln. Dieser Denkansatz führt in seiner Konsequenz zu einer Art Zensur, und hier liegt das Problem, denn nicht alle Filme, in denen Gewaltszenen vorkommen, sind schlecht und verurteilenswert. Man denke hier nur an die Vielzahl an Gewaltszenen in Märchen oder in der Kinderliteratur. Wichtig ist deshalb eine gründliche Filmanalyse, die deutlich machen kann, wann es sich um pure Gewalt- und Horrorfilme handelt, vor denen Kinder und Jugendliche zu schützen sind (siehe Kapitel 3.2.2.13).

Gewaltszenen in Film und Fernsehen können nur dann eine negative Wirkung im Sinne erhöhter Gewaltbereitschaft auslösen, wenn beim Konsumenten eine Art Aufnahmebereitschaft dazu vorliegt. Keiner, der Gewalt zutiefst ablehnt, wird sich selbst durch intensivste Gewaltdarstellungen zu irgendwelchen Gewalttaten hinreißen lassen. Dies gilt in erster Linie für Erwachsene. Anders kann dies bei Kindern und Jugendlichen sein, die mitten in schwierigen Entwicklungsprozessen stecken und bei denen das Gefüge der Werte und Normen noch nicht seine eigentliche Stabilität erreicht hat.

Wie kommt es, dass ein und derselbe Gewaltfilm bei jedem Menschen andere Spuren hinterlässt, ihn unterschiedlich emotional anspricht und somit unterschiedliche Wirkungen zeigt? Ein ganzes Bündel von Faktoren ist hierfür verantwortlich:

- die Sozialisation,
- das soziale Umfeld,

- die Persönlichkeitsmerkmale,
- die Phase der Persönlichkeitsentwicklung und
- die momentane psychosoziale Befindlichkeit

müssen berücksichtigt werden.

Beim sozialen Umfeld sind alle Primär- und Sekundärgruppen, die Peer-Groups (Gruppe der Gleichaltrigen), das Elternhaus (insbesondere die Vorbildfunktion der Eltern beim Medienkonsum), die Schule, das Wohnumfeld, die finanzielle Situation der Familie und das Milieu zu berücksichtigen. Erfahrungsgemäß lässt sich sagen: Wer in einem gewaltbetonten und gewaltbereiten Milieu aufwächst, orientiert sich eher an Gewaltanwendungen, die er z. B. in den Medien wahrnimmt.

Persönlichkeitsaspekte und Stimmungslagen wie Sensibilität, Empathie (Einfühlungsvermögen), Wahrnehmungsfähigkeit, Solidarität, Hass, Zorn, Wut, Frustrationen und Aggressionen verstärken oder verhindern die Übernahmebereitschaft der medialen Gewalt. Das Bedürfnis nach Nervenkitzel und die Lust auf Angsterlebnisse ohne drastische Folgen verführen viele Kinder und Jugendliche zum Konsum eigentlich nicht geeigneter und altersunangemessener Filme.

3.2.2.6 Körperliche Auswirkungen

Je häufiger Kinder und Jugendliche (sicherlich auch Erwachsene) fernsehen, desto schwächer ist die Intensität (Stärke), mit der sie auf die Emotionen aktivierenden Inhalte reagieren. Emotional reagieren Fernsehzuschauer generell in Szenen, die als bedrohlich wahrgenommen werden. Dabei ist die Subjektivität der Wahrnehmung ein wichtiger Faktor. Was das eine Kind als bedrohlich wahrnimmt, wird von dem anderen ganz anders aufgenommen. Dieser Wahrnehmungsprozess verläuft in der Regel nur dann bewusst, wenn die Bedrohung ein relativ hohes Ausmaß annimmt.

Für Erzieherinnen ist es bedeutsam zu wissen, dass „Vielseher" im Fernsehen gezeigte Inhalte häufig nicht mehr so sehr als bedrohlich wahrnehmen wie „Wenigseher". Es handelt sich bei diesem Phänomen um eine Gewöhnung – zum Schutz des Kindes.

Eindeutiger sind die negativen Auswirkungen des hohen Fernsehkonsums im Hinblick auf die Schulleistungen von Kindern – hier vor allem auf die Deutschnoten –, was möglicherweise mit den selteneren sozialen Kontakten und weniger häufigem Lesen zu tun hat.

Besonders problematisch ist jedoch der große Bewegungsmangel von „Vielsehern" zu beurteilen. Hier findet man eine der Ursachen für die immer häufiger vorkommenden übergewichtigen Kinder und Jugendlichen. Spätere Erkrankungen des Kreislaufs, Stoffwechsels und der Gelenke sind dabei nicht unwahrscheinlich.

3.2.2.7 Passiv-rezeptive Einstellungen und Fernsehkonsum

Erzieherinnen – aber auch Lehrerinnen – kennen das Phänomen: Die Kinder oder Jugendlichen, für und mit denen sie arbeiten, artikulieren deutlich oder auch indirekt, dass sie mit Unterhaltung bedient werden möchten. Die Bereitschaft, sich aktiv einzubringen und mit neuen Inhalten auseinander zu setzen, ist bei diesen Kindern und Jugendlichen gering. Es ist zwar auch hier zu einfach, das Fernsehen allein für diese Haltung verantwortlich zu machen. Nicht übersehen werden darf jedoch, dass häufiges Fernsehen diese Einstellung zur Gewohnheit macht.

Da gibt es einerseits das inzwischen sehr große Angebot an gleichzeitig laufenden, unterschiedlichen Fernsehsendungen, andererseits haben die Fernsehzuschauer die Möglichkeit, mittels Fernbedienung sofort umzuschalten, wenn sie eine Sendung nicht als interessant oder spannend genug erleben. Dies führt dazu, dass vor allem „Vielseher" von Sendung zu Sendung und von Sender zu Sender zappen (engl. to zap oder auch to channel-surf: von Kanal zu Kanal springen). So gibt es Kinder, Jugendliche und Erwachsene, die Stunden oder Tage damit verbringen, ständig zwischen Programmen hin und her zu springen. Sollen diese Kinder dann in ihrer sozialpädagogischen Einrichtung oder in der Schule 45 oder 90 Minuten lang nicht nur einem abwechslungsreichen Inhalt zuhören, sondern sich auch noch mit den Inhalten aktiv auseinander setzen, dann sind manche von ihnen schnell überfordert.

3.2.2.8 Medienkonsum und kognitive Entwicklung

Fördert Fernsehen die Intelligenzentwicklung im Kleinkindalter? Kinder benötigen für ihre Entwicklung eine anregungsreiche Umgebung, die sie im ständigen Austausch mit ihren Bezugspersonen erkunden können und verstehen lernen. Fernsehbilder sind zwar voller Abwechslung, aber für sich allein genommen bieten sie zu wenig Gelegenheit zum selbstständigen Ausprobieren und für ganz kleine Kinder ist die Darbietungszeit einzelner Bil-
(Charlton, 2005)

der und Szenen zu kurz, um darüber mit den Eltern in ein Gespräch zu kommen. Ab dem Kindergartenalter profitieren Kinder durchaus von den Sach- und Lachgeschichten, wie sie etwa in der „Sendung mit der Maus" oder in der Reihe „Löwenzahn" zu sehen sind. Wichtig ist, dass im Leben der Kinder die Mischung zwischen aktiv gestaltendem und zuschauendem bzw. nachvollziehendem Lernen stimmt.

Denkprozesse und Weltbilder

Ähnlich eingebettet in den familiären und vor allem auch kulturellen Kontext sind die kognitiven Wirkungen auf Denkstrukturen, Weltbilder und Umweltwahrnehmungen. Ist die konkrete Umgebung schon vergleichsweise gefährlich – so zeigen kulturvergleichende Studien u. a. in Deutschland, USA, Israel, Polen und Australien –, dann verstärken die Medienberichte die Einschätzung, dass Gewaltanwendung nötig ist, um in der Welt erfolgreich bestehen zu können. Die dramaturgische Verdichtung der Ereignisse spielt dabei für die Wirkung eine entscheidende Rolle. Umgekehrt erzeugt aber in Ländern mit einer vergleichsweise geringen Gewaltrate in der direkten Umwelt – wie trotz aller Krawalle immer noch Deutschland – die Häufung aggressiver Darstellungen eine Überschätzung der Bedrohung durch Kriminalität und politische Gewalt. Bereits ängstliche Personen werden in der negativen und fatalistischen Einschätzung ihrer Umwelt bestärkt. Ein besonders wichtiger Punkt
(Groebel, 1994, S. 42 f.)

sind hierbei die möglichen, nicht bewussten und zugleich längerfristigen Wirkungen. Konkrete eigene Erfahrungen und Mediendarstellungen können im Laufe der Zeit zu gemeinsamen Wahrnehmungs- und Erwartungskategorien verschmelzen. Die einzelnen Quellen (real oder fiktiv) von Situations- bzw. Ereigniseinschätzungen sind nach einiger Zeit nicht mehr identifizierbar. Davon ausgehend, dass ein nicht geringer Teil unserer Handlungen nicht jederzeit voll bewusst, sondern durch erworbene Mechanismen automatisch mitgesteuert wird, kann die Hypothese gewagt werden, dass zumindest bei persönlich relevanten Themen (fiktive) Medienerfahrungen in nicht geringem Ausmaß zu diesen „diffusen" Weltbildern beitragen. Ein konkretes Ergebnis aus der Forschung: Nach zwei Jahren trugen eigene Angsterlebnisse und früher im Fernsehen gesehene bedrohliche Szenen bei Mädchen gleichermaßen zur Einschätzung der Umwelt als bedrohlich bei.

3.2.2.9 Medienkonsum und Sozialentwicklung

Fördern gute Kinderfilme die soziale Entwicklung des Kindes? Erzählte und verfilmte Geschichten, die sich mit den Alltagsproblemen von Kindern beschäftigen, zeigen dem Zuschauer seine eigene Lebenssituation wie in einem Spiegel. Zum Beispiel entdeckt ein Kleinkind, dass es mit seiner Eifersucht auf Bruder oder Schwester nicht allein ist, eine Schülerin erkennt sich in einer Medienfigur wieder, die Angst hat vor dem Versagen in einer Arbeit, ein
(Charlton, 2005)

Mädchen an der Schwelle zum Erwachsensein wird durch einen bestimmten Jugendfilm in ihrer Suche nach einer neuen Identität als Frau unterstützt. Filme können persönliche Themen ansprechen, ohne zu verletzen oder Zwang auszuüben. Sie helfen dem Kind bei seiner Suche nach sozial akzeptablen Handlungs- und Entwicklungsmöglichkeiten.

3.2.2.10 Kinder verstehen Mediengeschichten anders

Eine Mediengeschichte zeigt niemals alles, was man wissen muss, um richtig zu verstehen, worum es geht. Der Zuschauer muss aufgrund seiner Alltagserfahrung (Wissen über Personen, soziale Rollen und Normen, Situationen und die damit verbundenen Verhaltenserwartungen, gesellschaftliche Interessen und Institutionen) und seines Wissens über mediale Darstellungsweisen (Erzählfor-
(Charlton, 2005)

men wie z. B. „Fernsehkrimi", Techniken wie z. B. die Rückblende) die Geschichte ergänzen und ausdeuten. Bildlich gesprochen entsteht ein Film nicht schon auf der Mattscheibe, sondern erst im Kopf des Zuschauers. Deshalb verstehen Kinder und Erwachsene ein und denselben Film oft ganz anders.

3.2.2.11 Was Kinder schon wissen

Häufig staunen Eltern, welches Wissen schon Vorschulkinder über bestimmte populäre Sendungen und deren Stars haben. Dennoch hat die kindliche Medienkompetenz ihre eng gesteckten Grenzen. Ein Beispiel: Kinder dürfen noch keine Ratenkaufverträge abschließen, weil der Gesetzgeber davon ausgeht, dass sie noch nicht verstehen, welche Verpflichtungen sie mit einem derartigen Vertrag eingehen würden. In gewisser Hinsicht sind auch Mediennutzer Kunden. Die verschiedenen Facet-
(Charlton, 2005)

ten der Werbekommunikation lernt das Kind erst nach und nach zu verstehen. Einjährige freuen sich, wenn sie die Mainzelmännchen in der Werbezeit im ZDF wieder erkennen. Grundschulkinder wissen, dass diese Figuren zwischen Werbespots zu sehen sind. Erst Jugendliche können sich darüber Gedanken machen, warum von einer Firma Life-Style-Werbung in Auftrag gegeben wird, obwohl sie doch keinerlei Produktinformation enthält.

3.2.2.12 Medienwirkungstheorien

Da eindeutige wissenschaftliche Erkenntnisse über die Wirkung von Medien (noch) nicht existieren, wurden auf der Grundlage vieler verschiedener Indizien (Hinweise) unterschiedliche Theorienentwickelt. Diese Theorien werden als Medienwirkungstheorien bezeichnet. Eine Auswahl dieser Theorien finden Sie hier:

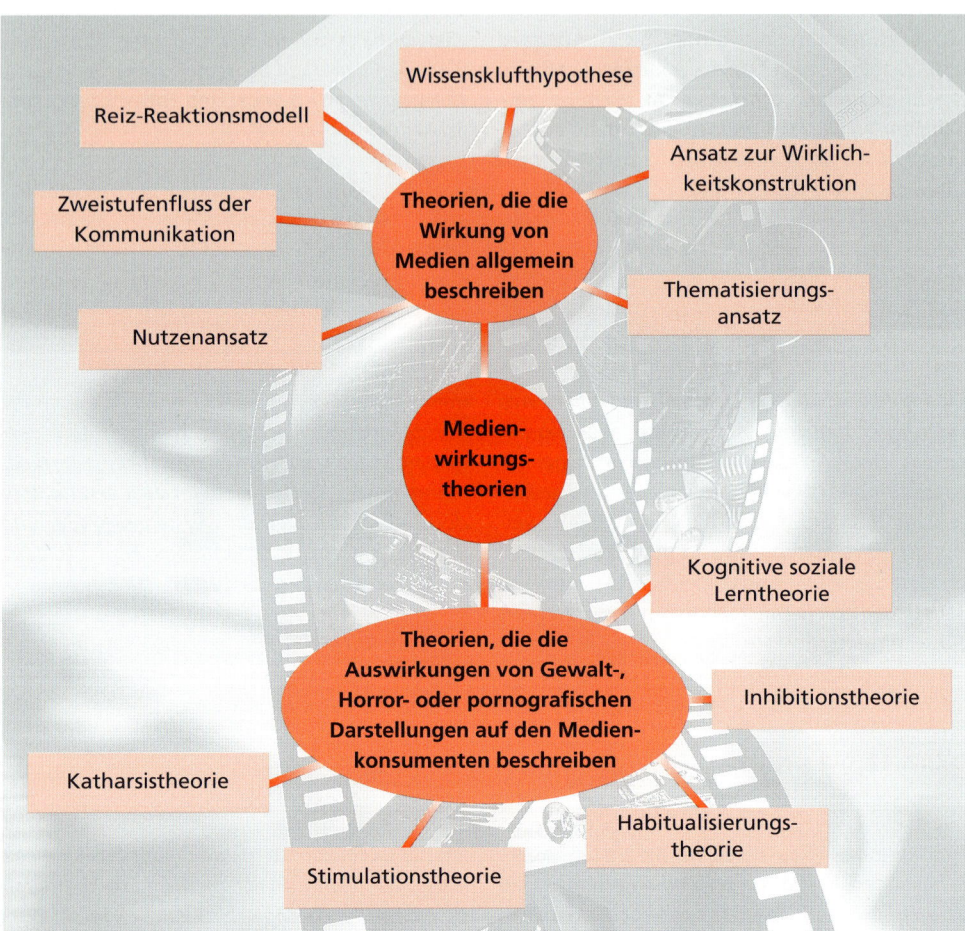

Theorien der allgemeinen Wirkung von Medien

Reiz-Reaktionsmodell (Stimulus-Response)
Dieses Modell geht von einer starken Wirkung der Massenmedien aus. Hiernach sind grundsätzlich alle Mitglieder der Gesellschaft durch die Massenmedien beeinflussbar. Um die gewünschte Wirkung (Beeinflussung des Menschen) zu erzielen, müssen alle Reize, die in die gewünschte Richtung gehen, verstärkt dargeboten werden, während Reize, die dieser gewünschten Beeinflussung entgegenwirken, unterdrückt werden müssen. Dieses Modell unterstellt in seiner Konsequenz auf jeden Fall eine Wirkung.

Zweistufenfluss der Kommunikation (Two-Step-Flow of Communication)

Massenmedien wirken nach diesem Modell zweistufig: Meldungen und Nachrichten gelangen zunächst zu den so genannten Meinungsführern (Minderheit) und dann über diese zu den weniger aktiven Teilen der Bevölkerung (Mehrheit). Politisch stark interessierte Menschen mit eigenem Standpunkt (Opinion-Leader = Meinungsführer) nehmen mediale Botschaften auf und geben diese (in veränderter Form) an eher passiv agierende Menschen (Opinion-Follower = Meinungsübernehmer) weiter. Die Botschaft der Massenmedien wirkt also nicht direkt auf die Hauptkonsumenten, diese lassen sich jedoch eher durch die Meinung ihnen vertrauter Personen beeinflussen.

69

Nutzenansatz (Uses and Gratifications-Approach)

Hier steht die aktive Rolle der Konsumenten bei der Auswahl der Medienangebote im Zentrum. Welche Motive und welche Bedürfnisse führen dazu, ganz bestimmte Medienangebote zu nutzen? Ein erweiterter Nutzenansatz fragt nach dem Katalog der Bedürfnisse, die ein Rezipient hat, und welche Medienangebote diese Bedürfnisse am ehesten befriedigen können. Wer also z. B. Bedürfnisse nach kommerzieller Popmusik befriedigen will, „zappt" so lange, bis er auf den verschiedenen Musikkanälen fündig geworden ist, also seine Bedürfnisbefriedigung erhält.

Thematisierungsansatz (Agenda-Setting-Approach)

Der Grundgedanke ist, dass die Medien durch ihre fortlaufende Berichterstattung bestimmte Themen besetzen und über diese häufiger als über andere berichten. Diese Themen werden sich also zwangsläufig in der Folgezeit auch in den Köpfen der Konsumenten widerspiegeln. In einer Art Langzeitwirkung werden die Aussagen der Massenmedien die Konsumenten beeinflussen und ihr Weltbild mitgestalten.

Ansatz zur Wirklichkeitskonstruktion (Reality-Construction-Approach)

Die Inhalte, die die Medien darbieten, werden von den Nutzern zur eigenen Wirklichkeitskonstruktion benutzt. Kulturelle Muster, die durch die Medien vermittelt werden, werden von den Konsumenten oftmals kritiklos übernommen. So ist es nicht verwunderlich, dass gerade Vielseher die im Fernsehen gezeigten Ansichten und Einstellungen übernehmen.

Wissenskluft-Hypothese (Knowledge-Gap-Hypothesis)

1970 wurde in einer Untersuchung festgestellt, dass die kognitiven Inhalte der Medienangebote nicht von allen Teilen der Bevölkerung gleich genutzt wurden: Bevölkerungsschichten mit einem höheren sozialökonomischen Status und höherer Bildung eignen sich die Wissensangebote der Massenmedien wesentlich intensiver an als andere Bevölkerungsschichten mit niedrigerem sozialökonomischen Status. Die daraus resultierende Wissenskluft nimmt tendenziell zu (vgl. Merten, 1991, S. 58–66).

3.2.2.13 Theorien zur Wirkung von Gewalt-, Horror- oder Pornosendungen

Kognitive soziale Lerntheorie

Die Lerntheorie besagt, dass soziale Verhaltensweisen durch Beobachtung (realer oder filmischer Modelle) gelernt werden. „Lernen" kann auf zweierlei Art erfolgen: Einerseits durch den Mechanismus der „Imitation", andererseits durch den Mechanismus der „Beobachtung von Modellen". Der Mechanismus des Lernens durch Imitation führt zur direkten Nachahmung des beobachteten Verhaltens. Der Mechanismus des Modell-Lernens führt dagegen zur (verdeckten) Übernahme von Handlungsmustern, die nicht direkt im Anschluss an die Beobachtung in sichtbares Verhalten umgesetzt, sondern im Gedächtnis der Beobachter gespeichert werden. Entsprechend diesen beiden Mechanismen des Lernens unterscheidet die Lerntheorie zwischen dem Erwerb und der Ausführung beobachteter Verhaltensweisen, wobei die Ausführung von den Konsequenzen abhängt, die das beobachtete Verhalten für das Modell hat. Hat das Modell z. B. mit aggressivem

Verhalten Erfolg und reagiert positiv auf diesen Erfolg, dann steigen die Chancen, dass das aggressive Verhalten vom Zuschauer ausgeführt wird. Darüber hinaus ist die Ausführung von Verhaltensweisen, besonders von aggressiven Verhaltensweisen, abhängig von den Konsequenzen, die der Zuschauer für sich selbst erwartet, wenn er das Verhalten ausführt. Das Lernen aggressiven Verhaltens durch Beobachtung tritt jedoch auch dann auf, wenn die Zuschauer nicht unmittelbar nach der Beobachtung aggressiver Verhaltensweisen die Gelegenheit haben, selbst aggressive Handlungen auszuführen. Das Lernen aggressiven Verhaltens durch Beobachtung tritt jedoch auch dann auf, wenn die Zuschauer nicht unmittelbar nach der Beobachtung aggressiver Verhaltensweisen die Gelegenheit haben, selbst aggressive Handlungen auszuführen. Der Erwerb von Verhaltensweisen erfolgt durch Abstraktion von Verhaltensregeln aus den beobachteten Verhaltensweisen *und durch die Abspeicherung dieser Verhaltensregeln im Gedächtnis. Lernen durch Beobachtung oder Lernen am Modell erfolgen also durch das direkte Erfassen von Zusammenhängen und deren Speicherung. Entscheidende Voraussetzungen für das Auftreten von Lernprozessen dieser Art sind daher die Motivation, die Aufmerksamkeit, die Konzentration und das Erinnerungsvermögen der Zuschauer sowie ihre Fähigkeit, Zusammenhänge zu erkennen und Verhaltensregeln zu abstrahieren [...] Bevor sich Gewaltdarstellungen sichtbar auf konkretes Verhalten auswirken, laufen folgende* (Krebs, 1991, S. 32)

interne Prozesse bei den Rezipienten ab: Sie beurteilen die im Fernsehen beobachteten (aggressiven) Handlungsweisen gedanklich im Rahmen ihrer eigenen Fähigkeiten und Möglichkeiten; sie schätzen das beobachtete Verhalten aufgrund ihrer eigenen Lernerfahrung als gerechtfertigt oder nicht gerechtfertigt ein; aufgrund ihrer gelernten Wertvorstellungen kalkulieren sie die Erwünschtheit solchen Verhaltens sowie dessen Konsequenzen und gelangen letzten Endes zu einer positiven oder negativen gedanklichen Stellungnahme zu solchem Verhalten.

71

Katharsistheorie

Die wohl älteste Theorie der Wirkungsforschung, die von Feshbach und Singer vertreten wurde, ist die Katharsistheorie. Sie gilt in Fachkreisen zwar als widerlegt. Interessanterweise tauchen die Grundsätze dieser Theorie jedoch in aktuellen Diskussionen immer wieder auf, weshalb sie hier kurz dargestellt wird.

Die triebtheoretische Basis der Katharsisthese besagt, dass sich das Bedürfnis, aggressiv zu handeln, über die Zeit hinweg wie ein Spannungszustand aufbaut, der ab einem bestimmten Punkt der Spannungskonzentration zur Entladung drängt. Nach der Entladung muss sich die Spannung erst wieder aufbauen, bevor eine erneute Entladung notwendig wird. Dementsprechend nimmt die Katharsisthese an, dass die Ausführung einer aggressiven Handlung eine reinigende Wir- (Krebs, 1991, S. 32)

kung in dem Sinne hat, dass der Anreiz zu weiteren aggressiven Handlungen dadurch aufgehoben wird. Derselbe Effekt tritt auf, wenn aggressive Handlungen beobachtet werden. Das heißt, dass allein das Miterleben und Mitfühlen bei der Beobachtung von aggressiven Handlungsabläufen die Bereitschaft des Rezipienten zu eigenen aggressiven Handlungen abschwächen, weil die Beobachtung in der Fantasie des Zuschauers so wirkt, als habe er selbst gehandelt.

Inhibitionstheorie

Diese Theorie geht von einer aggressionshemmenden Wirkung auf die Rezipienten aus:

Die Inhibitionsthese behauptet, dass aggressives Verhalten im Anschluss an beobachtete Aggressionen deshalb nicht auftritt, weil bei den Zuschauern Schuldgefühle oder Ängste hervorgerufen werden, die eigene Aggressionen unterdrücken. Dies sei, so die Inhibitionsthese, besonders dann der Fall, wenn die negativen Konsequenzen aggressiver Handlungen (Verletzungen, Schmerzen) dargestellt würden (was in Fernsehdarstellungen kaum der Fall ist). In den experimentellen Untersuchungen zur Überprüfung dieser These wurden zwei Arten von Filmdarstellungen benutzt, die sich in der Darstellung der Folgen von Aggression unterschieden.
(Krebs, 1991, S. 33)

Die eine Art der Darstellung zeigte Schmerzen und Verletzungen in einer sehr drastischen Weise, während die andere Art der Darstellung lediglich die aggressiven Handlungen zeigte, ohne die Folgen besonders hervorzuheben. Die Personen, die die Darstellung mit den drastischen Folgen der aggressiven Handlungen gesehen hatten, zeigten im Anschluss an das Ansehen des Films deutlich weniger Bereitschaft, sich aggressiv zu verhalten, als die Personen, die nur die aggressiven Handlungen ohne die Darstellung der Folgen angesehen hatten.

Stimulationstheorie

Sehr schlüssig ist die Stimulationstheorie:

Die Stimulationsthese (Ermunterungsthese) behauptet, dass das Ansehen von Gewaltdarstellungen kurzfristig die Aggressionsbereitschaft anregt – allerdings unter der Bedingung, dass die Zuschauer gefühlsmäßig erregt sind. In den experimentellen Untersuchungen zur Überprüfung dieser These wurde die eine Hälfte der Personen vor dem Ansehen eines Filmes mit aggressivem Inhalt von einer Person (die zum Forschungsteam gehörte) geärgert, die andere Hälfte der Personen wurde nicht geärgert. Im Anschluss an das Ansehen der Filmszenen erhielten die Personen Gelegenheit, sich gegenüber der Person des Forschungsteams, die sie geärgert (oder neutral) behandelt hatte,
(Krebs, 1991, S. 33)

aggressiv zu verhalten. Die Personen, die geärgert worden waren, zeigten deutlich mehr aggressives Verhalten als die Personen, die neutral behandelt worden waren. Ob beobachtbare Effekte von Gewaltdarstellungen nur in Verbindung mit Ärger oder auch ohne diesen Erregungszustand auftreten, geht aus den Untersuchungen nicht eindeutig hervor. Zudem enthalten die Hypothesen der kognitiven sozialen Lerntheorie emotionale Erregung als eine der Randbedingungen, die die Anregung oder Hemmung aggressiver Verhaltensweisen im Anschluss an die Beobachtung von Gewalt- oder Pornografiedarstellungen steuern, sodass die Stimulationsthese hier überflüssig erscheint.

Habitualisierungstheorie

Die Habitualisierungstheorie ist auf der Basis von Untersuchungen entwickelt worden und stützt sich auf den Gewöhnungseffekt, der aus der Lerntheorie bekannt ist: Die Intensität eines Reizes lässt mit der Häufigkeit seines Auftretens nach.

Die Habitualisierungsthese (Gewöhnungsthese) schließlich besagt, dass häufiges Ansehen von Gewaltdarstellungen zur Abstumpfung gegenüber Gewalt im Fernsehen, aber auch gegenüber aggressiven Handlungen im täglichen Leben führt. Dieser Gewöhnungseffekt wird nicht durch einen einzelnen Film hervorgerufen, sondern entwickelt sich durch wiederholten Fernsehkonsum in Kombination mit Bedingungen der sozialen Umwelt, die diesen Effekt begünstigen. Verbindet man diese These mit den Aussagen der kognitiven sozialen Lerntheorie, dann können unter Berücksichtigung spezifischer Randbedingungen [...] zwei unterschiedliche Formen der Wirkung von Gewalt- und Pornografiedarstellungen abgeleitet werden:

– Erwerb von Rollenerwartungen und Einstellungen: Mit Rollen sind hier Verhaltensweisen gemeint, die an Positionen in der Gesellschaft gebunden sind. So ist z. B. „Vater" eine Rolle, an die von der Mehrheit der Gesellschaftsmitglieder bestimmte Verhaltenserwartungen gerichtet werden. Rollenerwartungen sind Annahmen oder Vermutungen einer Person darüber, welche Erwartungen von der Gesellschaft an

(Krebs, 1991, S. 33)

eine bestimmte Rolle gerichtet werden. Einstellungen sind Meinungen und/oder Ansichten über soziale Sachverhalte, wie z. B. Verhaltensweisen. Der Kernpunkt der Habitualisierungsthese liegt nun nicht in der Annahme, dass die Gewöhnung an im Fernsehen beobachtete Gewalt das Auftreten eigener aggressiver Handlungen fördert. Die Bedeutung dieser These liegt vielmehr darin, dass sowohl Kinder als auch erwachsene Zuschauer Rollenerwartungen und Einstellungen „erwerben" können, die positive Bewertungen aggressiver Verhaltensweisen beinhalten.

– Verzerrung der Realitätswahrnehmung: Der in den üblichen Tagesablauf integrierte Konsum von Gewalt- oder Pornografiedarstellungen vermittelt den Zuschauern hauptsächlich Informationen über Situationen, die außerhalb ihres Erfahrungsbereiches liegen. Insofern kann der Konsum derartiger Darstellungen zu einer nicht angemessenen Sichtweise der Realität führen, die hinsichtlich der Verbreitung von Aggression und Gewalt in der Gesellschaft nicht den Tatsachen entspricht.

73

3.2.2.14 Indikatoren für Mediennutzungsverhalten

Hinweise für besonders häufiges Fernsehen können sein, dass

- Kinder allgemein zu sprachlichen und kommunikativen Problemen neigen,

- der Mangel an sprachlicher Übung insbesondere dazu führt, dass diese Kinder nur über eine restringierte (eingeschränkte) Grammatik verfügen,

- diese Kinder über einen sehr begrenzten Wortschatz verfügen,

- das lange Fernsehen den Kindern darüber hinaus zu wenig Zeit gibt, um mit anderen Menschen (Eltern, Verwandten, Geschwistern, Freunden) Kontakte aufzunehmen und zu gestalten,

- diese Kinder Konflikte nur schwer ertragen und kaum zu Konfliktlösungen beitragen.

Weitere Gesichtspunkte sind:

- Ein Anzeichen für derartige Probleme kann auch darin bestehen, dass diese Kinder Schwierigkeiten haben, mit anderen Kindern zu spielen, und sich sehr schnell langweilen.

- Es kann es vorkommen, dass es Fernsehkindern schwer fällt, sich zu konzentrieren und ausdauernd mit einer Sache zu beschäftigen.

- Ideen und Initiativen werden oft von anderen (Erzieherinnen, Kindern etc.) erwartet; sie selbst bleiben häufig passiv.

- Ein besonderes Problem besteht darin, dass sie aufgrund der häufigen Werbesendungen ein besonders ausgeprägtes und unkritisches Konsumverhalten und Konsumbewusstsein entwickeln können.

Solche Beobachtungen müssen jedoch vorsichtig betrachtet werden, denn sie sind nur mögliche Hinweise darauf, dass es sich bei einem Kind um ein Fernsehkind handelt. Hinter jedem einzelnen Hinweis können auch ganz andere Ursachen verborgen sein.
Die Ursache für problematisches Verhalten muss nicht unbedingt in der Fernsehnutzung eines Kindes liegen. Auch allgemeine oder besondere Fragen, z. B. der Erziehungsbesonderheiten in der Familie oder in der sozialpädagogischen Einrichtung, können für die oben aufgeführten Indikatoren verantwortlich sein:

- Vernachlässigung

- Verwöhnung

- Überbehütung

- Autoritärer oder „Laisser-faire"-Erziehungsstil

- Inkonsequente Erziehung

Auch das Fehlen gleichaltriger Freunde bzw. von Geschwistern im Privatbereich kann ein Problem sein. Manche Kinder fühlen sich dann einsam und haben Schwierigkeiten, Selbstbewusstsein, Selbstvertrauen und Selbstwertgefühl zu entwickeln.

3.2.3 Querbezüge zu anderen Bereichen der Sozialpädagogik

Die Lernsituation „Fernsehkinder verstehen" weist nicht nur Aspekte der Medienerziehung auf. Hier ist eine Vielzahl von Gesichtspunkten und Fragen aus anderen Bereichen der Sozialpädagogik von Bedeutung, die in Zusammenarbeit mit verschiedenen Fachbereichen im Rahmen einer komplexen, fachunabhängigen Lernsituation bearbeitet werden könnten, z. B.:

Didaktik und Methodik der sozialpädagogischen Theorie und Praxis

- Entwicklung von Angeboten für Kinder und Jugendliche

- Entwicklung von Angeboten im Rahmen der offenen Ganztagsschule

Erzieherische, pädagogische, psychologische und soziologische Fragen und Probleme

- Entwicklung im Kindes- und Jugendalter

- Sozialpsychologische und soziologische Fragen

- Außerschulische Bildung und Bildungsmöglichkeiten im Jugendalter

- Gewalt und Macht im Jugendalter

- Fernseherziehung in und außerhalb der Familie

Politische und geschichtliche Fragen

- Politische Manipulationsprozesse und -möglichkeiten im und durch Fernsehen

Recht und Verwaltung

- Jugendschutzgesetze

- Jugendgefährdung

- Zensur und Indizierung

- Pornografie in Fernsehen und Video

Sprache

- Sprache in Fernsehsendungen

Medien

- Fernsehen und Video

3.2.4 Links

http://www.mpfs.de/materialien/infoset/entwick.html
> Der medienpädagogische Forschungsverbund veröffentlicht eine Vielzahl medienpädagogischer Artikel und Forschungsergebnisse.

http://jugendinfoservice.netpure.de/baseportal/jugendinfoservice/netzwerk/juschu_bibo
> Jugendschutzbibliothek mit vielen wichtigen Links zu medienpädagogischen Medien (Literatur, Filme etc.)

4 Medien für Kinder nutzbar machen

Im Alltag der Kinder einer Kindertagesstätte spielen Medien eine andere Rolle, als dies in der Kindheit der Erzieherinnen der Fall war. Wollen die heutigen Erzieherinnen die Lebenssituationen der Kinder aufgreifen und berücksichtigen, müssen sie die Veränderungen der Medienwelten der Kinder kennen und verstehen.

Erfahrene Erzieherinnen kennen die bekannten Montagsspannungen der Kinder – häufig Folge exzessiver Fernsehwochenenden. Um ein Gegengewicht zu setzen oder aus einem Mangel an medienpädagogischen Kenntnissen und Erfahrungen heraus, klammern manche Erzieherinnen die familiären Medienerfahrungen der Kinder aus und arbeiten bisweilen so, als gäbe es diese Welt nicht. Also: Fernsehen, Video, DVD, Playstation, Computer – ein Tabuthema in der Elementarpädagogik?

4.1 Die Lernsituation: Medien für Kinder nutzbar machen

Bei der wöchentlichen Teamsitzung in der Kita „Die Rabauken" kommt es zu einem Streitgespräch zwischen den Erzieherinnen. Sarah berichtet von einem Zeitungsartikel, den sie am Wochenende gelesen hatte. In diesem Artikel, schildert Sarah etwas besorgt, wurde die **heutige Kindheit als Medienkindheit** bezeichnet. Das hatte Sarah bisher nicht so gesehen: „Andererseits, wenn ich mir das recht überlege, stimmt das, denn die Kinder werden doch schon von Kindesbeinen an mit Medien bombardiert. Ich finde das eigentlich auch fürchterlich, denn die Kinder sollten doch vielmehr lernen, natürlich zu spielen. Überall, wo man hinschaut, sieht man Fernseher, Videorekorder, DVD-Player, Computer, Playstation, Gameboy – das kann man doch nicht wegleugnen, das geht doch nicht spurlos an den Kindern vorbei. Jetzt kommt durch das Internet noch eine neue Medienflut auf uns Erwachsenen und die Kinder zu. Wie sollen die Kinder da noch normal als Kinder aufwachsen können? Ich sehe da ein bisschen schwarz für die Zukunft unserer Kinder!"

Kollegin Angelika sieht das ganz anders: „Jetzt redest du fast im Stil der Boulevardpresse – so schlimm ist das doch gar nicht mit den Medien – ich halte die Diskussion darüber für völlig übertrieben. Wenn ich die Kinder frage, was sie

spielen wollen, dann wollen sie raus oder mit anderen Spiele spielen, was vorgelesen bekommen, toben usw."
Sarah entgegnet: „Ich finde deinen Standpunkt reichlich naiv, vielleicht übertreibe ich ja etwas, aber du verschließt doch die Augen vor den Wirkungen der neuen Medien. Möchtest du denn eines Tages als Märchentante bezeichnet werden, die von nichts eine Ahnung hat?"
Angelika macht daraufhin folgenden Vorschlag: „Wenn du mir ganz fundiert Beweise für deine These lieferst –, ach was rede ich, es ist ja doch nur die Meinung dieses überdrehten Medienfuzzies – dann diskutieren wir noch mal neu, ist das ein Angebot? Bevor wir anfangen zu diskutieren, sollten wir schon mal unsere Arbeit hier überdenken. Ich bin der Meinung, wir sollten mehr Medien in unsere Arbeit einbeziehen, statt dagegen zu arbeiten. Ich denke sogar, dass wir unsere pädagogischen Ziele hierdurch noch besser verwirklichen können, wir wollen doch nicht zu den ewig Gestrigen gehören ...“

Die berufliche Aufgabe:

Dieses Fallbeispiel macht deutlich, wie tief Medien und Medieninhalte in die sozialpädagogischen Einrichtungen hineinwirken. Es ist unmöglich, deren Existenz zu ignorieren oder gar die Augen zu verschließen und sie damit zu tabuisieren. Um den richtigen Schritt nach vorne zu machen, werden Sie als Erzieherin hinterfragen und untersuchen, inwieweit Medieninhalte – z. B. aus Kinderfernsehsendungen und Kinderfilmen – geeignet erscheinen, die pädagogische Arbeit, Zielsetzungen und Vorhaben zu unterstützen.
Ihre Aufgabe wird darin bestehen, die Wirkmechanismen von Medien und ihre Auswirkungen auf die pädagogische Arbeit zu kennen und in Ihrer Arbeit mit Kindern und Jugendlichen zu berücksichtigen.
Fragen, die Sie sich bei der Lösung dieser komplexen Aufgabe stellen, können z. B. sein:

1. Wie wird Ihre alltägliche Arbeit beeinflusst, wenn Eltern ihren Kindern einen ungehinderten Medienkonsum erlauben?

2. Wie beeinflussen Medienhelden die soziale Entwicklung von Mädchen und Jungen?

3. Warum sollten Sie auf keinen Fall die Existenz von Medien bei Ihren pädagogischen Überlegungen ausblenden?

4. Welche Auswirkungen auf die pädagogische Arbeit sind beispielsweise durch die Ansiedlung eines Spielzeugsupermarktes in unmittelbarer Nähe der Einrichtung zu erwarten?

5. Wie schätzen Sie die kreativen und schöpferischen Fähigkeiten von den Kindern ein, die von ihren Eltern mit Merchandisingprodukten, wie T-Shirts, Poster, Spielfiguren, Geschirr, Bettwäsche usw. ihrer medialen Lieblingshelden überhäuft werden?

Eine ebenso wichtige Aufgabe für Sie wird darin bestehen, die Nutzbarkeit von Medien für die praktisch-pädagogische Arbeit zu erkennen und Medien entsprechend einzusetzen.

Fragen hierzu können z. B. sein:

1. Welche Medien und/oder Medieninhalte erscheinen Ihnen für den Einsatz in sozialpädagogischen Einrichtungen grundsätzlich sinnvoll? Welche Medien sind Ihrer Ansicht nach eher ungeeignet?

2. Warum eignen sich insbesondere gute und ausgewählte Fernsehsendungen oder Filme, die eigenen pädagogischen Zielsetzungen zu unterstützen?

Insbesondere wird es Ihre Aufgabe sein, die Kinder oder Jugendlichen so zu fördern, dass sie Medien in pädagogisch und psychologisch sinnvoller Weise nutzen können.

4.2 Im medienpädagogischen Lernfeld handeln

4.2.1 Hintergrundfragen, Impulse und Übungen

1. Übung **Medien in Kindertagesstätten**

1. Bereiten Sie den Besuch einer Kindertagesstätte vor, indem Sie Fragen zu den folgenden Themenbereichen formulieren, und erkunden Sie die medienpädagogische Situation im Elementarbereich:
   – Medien und Medienerziehung in Kindertagesstätten
   – Medienerfahrungen der Kinder in der Kindertagesstätte und in der Familie
     – Mediennutzung
     – Fernsehvorlieben und Fernsehverhalten von Kindern
     – Medienerfahrungen unter geschlechtsspezifischen Aspekten
   – Medien im Spiel der Kinder
   – Bedeutung der Medien im Spiel für die Kinder
   – Einstellungen der Erzieherinnen zu verschiedenen Medien
   – Mediennutzung der Erzieherinnen in deren Freizeit
   – Medienkritik durch die Erzieherinnen

2. Überprüfen Sie in Gesprächen mit Erzieherinnen den Satz: „Die Medienwelt ‚Kindergarten' ist eine von neuen Medien (Fernsehen, Video, Computer etc.) unberührte Welt."

3. Überprüfen Sie denselben Satz in Gesprächen mit Kindern.

2. Übung **Vergleich klassische und neue Medien**

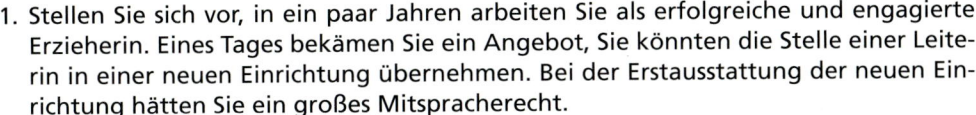

1. Stellen Sie sich vor, in ein paar Jahren arbeiten Sie als erfolgreiche und engagierte Erzieherin. Eines Tages bekämen Sie ein Angebot, Sie könnten die Stelle einer Leiterin in einer neuen Einrichtung übernehmen. Bei der Erstausstattung der neuen Einrichtung hätten Sie ein großes Mitspracherecht.
   – Welche alten, also klassischen Medien sollten Ihrer Ansicht nach unbedingt angeschafft werden?
   – Welchen neuen Medien (nach dem heutigen Stand der Technik) gehören für Sie unbedingt in jede Einrichtung?

2. Stellen Sie deshalb in einer Tabelle die Vor- und Nachteile von alten und neuen Medien für eine Verwendung in einer Kindertagesstätte gegenüber.

Alte Medien	Vorteile	Nachteile
Bücher		

Neue Medien	Vorteile	Nachteile
PC		

3. Wie würden Sie überhaupt Ihre Einstellung zum Einsatz neuerer Medien wie PC, Internet, digitale Fotografie usw. in Kindertagesstätten beurteilen?
   – Eher positiv?   – Eher negativ?   – Eher neutral?

4. Begründen Sie Ihre Einstellung zum Einsatz von Medien in der pädagogischen Arbeit ausführlich.
   Erkunden Sie in einer Gruppe Ihrer Kindertagesstätte:
   – Welche Medien sind in den Familien der Kinder vorhanden?
   – Über welche Medien verfügen die Kinder bereits unabhängig von ihren Eltern?

3. Übung **Medieneinsatzmöglichkeiten**

1. Stellen Sie die Vor- und Nachteile medienpädagogischer Angebote einander gegenüber.

Was spricht Ihrer Ansicht nach dafür, mehr medienbezogene Angebote in die pädagogische Arbeit einfließen zu lassen?	Was spricht Ihrer Ansicht nach dagegen, mehr medienbezogene Angebote in die pädagogische Arbeit einfließen zu lassen?

2. Welche Medien eignen sich insbesondere für einen Einsatz in einer Kindertagesstätte? Nennen Sie hierzu auch die entsprechenden Einsatzmöglichkeiten.

3. Könnten Sie sich vorstellen, mit den Kindern gemeinsam in Ihrer Einrichtung, ausgewählte und pädagogisch sinnvolle Filme anzuschauen?

4. Übung Kinderfernsehen

1. Informieren Sie sich über aktuelle Kinderfernsehsendungen:
   - Was sehen Kinder im Moment gerne – welche Serien sind gerade „in"?
   - Wie heißen die Helden dieser Serien?
   - Unterscheiden sich die Kinderserien auf den öffentlich-rechtlichen Sendern wie ARD, ZDF und Kinderkanal qualitativ von denen im Privatfernsehen?
   - Schauen Kinder Sendungen, die Sie selbst als Kind schon kannten, wenn ja, welche?
   - Was fasziniert Kinder besonders, wodurch fühlen sie sich am ehesten angesprochen in diesen Serien?

2. Wie denken Sie über den Satz, den G. K. Müntefering einmal geäußert hat: „Kinderfernsehen ist dann, wenn Kinder fernsehen"?

3. Welche Merkmale müsste eine Kindersendung aufweisen, die Ihren Ansprüchen genügen würde im Hinblick auf Informationsgehalt, Unterhaltungswert, pädagogische Inhalte und Realitätsnähe?

4. Gibt es eine kindgerechte Fernsehdramaturgie? Wenn ja, wie müsste diese aussehen?

5. Vergleichen Sie mithilfe einer Tabelle die Kinderfernsehsendungen des Kinderkanals (Kika) mit dem Angebot für Kinder auf den privaten Sendern (RTL, SAT1, PRO7 usw.).

Sendung/Sender	Geeignet für Kinder ab ... Jahren	Positive Aspekte der Sendung	Bedenkliche und fragwürdige Inhalte

6. Schlüpfen Sie in die Rolle der Programmgestalter des Kinderfernsehens. Welche Schwerpunkte würden Sie setzen? Würde ein von Ihnen konzipiertes Kinderfernsehen unterhaltend sein, nur unterhaltend, unterhaltend und informativ, vielleicht nur informativ oder gar nur unter pädagogisch wertvollen Gesichtspunkten ausgestrahlt werden? Begründen Sie Ihr Konzept und tauschen Sie sich darüber mit anderen Erzieherinnen aus.

5. Übung Filme und Kinderkino

1. Erstellen Sie eine Liste empfehlenswerter Filme.

2. Wodurch zeichnen sich gute Filme heutzutage aus und unterscheiden sich damit von älteren Filmen, die Sie noch aus Ihrer eigenen Kindheit kennen?

3. Vergleichen Sie das Seherlebnis eines Films oder Kinderfilms im Kino (oder Kinderkino) mit dem Seherlebnis beim Fernsehen. Denken Sie hierbei auch an die besondere Erlebnisqualität für Kinder im Kino.

5. Überlegen Sie, wie regelmäßigere Kinobesuche das sonstige Mediennutzungsverhalten (z. B. Fernsehkonsum) bei Kindern verändern könnte.

5. Entwickeln Sie Ideen, wie man ein Kinderkino-Projekt aufbauen könnte und welche Aufgaben und Funktionen dieses Projekt erfüllen könnte.

6. Erstellen Sie ein Konzept, wie man Kinder sinnvoll in ein Kinderkino-Projekt mit einbeziehen könnte.

4.2.2 Arbeitsmaterialien

4.2.2.1 Medien in Kindertagesstätten

Kinder von heute können sich eine Welt ohne Medien wie den Fernsehapparat nicht vorstellen. Fast von Geburt an haben sie die „flimmernde Kiste", das „sprechende Telefon" oder das „musizierende Radio" erlebt. Verglichen mit früheren Generationen haben sie eine völlig andere „Medienbiografie" (siehe Kapitel 2.2.2.1 und 2.2.2.2).
Vor wenigen Jahrzehnten war es für ein zehnjähriges Kind bereits eine ganz besondere Form des Kontaktes mit der Welt außerhalb der Familie, wenn es mit einem Zettel in der Hand für seine Mutter einkaufen gehen durfte oder musste. Heute dagegen halten bereits vier- bis fünfjährige Kinder wie selbstverständlich telefonische Kontakte aufrecht, hören Radio, sehen fern, machen erste Fotos oder spielen Computerspiele. Oft können die heutigen Kinder selbstständiger mit den neuen Medien umgehen als ihre Eltern. Dieser Selbstständigkeit entgegengesetzt ist allerdings eine damit möglicherweise verbundene Abhängigkeit, z. B. vom Fernsehen.

In der Praxis der Elementarpädagogik der vergangenen 20 bis 30 Jahre wurde dies nur wenig berücksichtigt. Kinderbücher, Bilder, Spiele (bevorzugt solche aus dem Spielwarenhandel) und Bastelmaterialien unterschiedlichster Art dominieren die Medienwelt der Kindertagesstätten. Je nach sozialpädagogischer Ausrichtung ist ihre Auswahl mehr oder minder von pädagogischen Konzeptionen bestimmt. Viele Kindertagesstätten erwecken den Eindruck, als seien Medien wie Fernsehen, Video oder Computer unbemerkt an ihnen (und an den Kindern) vorübergegangen. Man kann selbstverständlich darüber streiten, ob dies richtig ist oder nicht.

Hinweis
Die neuen Medien konfrontieren die Kinder im Kindergartenalter mit einer täglichen Fülle von Informationen. Mit ihnen umzugehen, sie zu verarbeiten und die Verarbeitung nicht den Kindern selbst zu überlassen, ist eine der vorrangigen medienpädagogischen Aufgaben der Erzieherinnen der Zukunft.

4.2.2.2 Medienerfahrungen von Kindern

Charakteristisch für die Medienerfahrungen vieler Kinder ist die große Diskrepanz zwischen den klassischen Medienerfahrungen in der Kindertagesstätte einerseits und in der Familie andererseits. Da werden Bilderbücher betrachtet, Geschichten vorgelesen, Bilder gemalt, da wird gehämmert, geschnitten, gefaltet, gesägt, gekocht, gebacken, während zu Hause der Fernsehapparat eingeschaltet, die Playstation aus der Ecke geholt oder ein ferngesteuertes Auto um die Möbel gelenkt wird. Zu Hause stehen manche Kinder unter größerem Medieneinfluss, als in der Kindertagesstätte verarbeitet werden kann. Will eine Kindertagesstätte situationsorientiert arbeiten, muss sie erkennen, dass die familiären Medienwelten der Kinder ein wesentlicher Situationsaspekt sind: Viele Kinder sind Vielseher von Fernsehsendungen, und auch Videospiele nehmen immer mehr ihrer Zeit in Anspruch. Der Kassettenrekorder oder CD-Player ist die maschinelle „Ersatz-Oma" einer Vielzahl von Kindern. Selbst wenn manche Kinder diese „Ersatz-Oma" seltener nutzen, so gehören die neuen Medien zumindest zu ihrem Umfeld und prägen ihr Welterleben mit.

Für die heutigen Kinder und die Mehrzahl ihrer Eltern ist Fernsehen ein selbstverständlicher Teil des Alltagslebens und der jeweiligen Lebenswelt, sicherlich mit zum Teil recht unterschiedlichen Funktionen und Präferenzen bzw. Bewertungen. Zudem ist Fernsehen immer noch das Leitmedium der Kinder, obwohl erkennbar ist, wie sie Fernsehnutzung von Kindern in zunehmend mehr Medienverbundsysteme des Alltagslebens, das sind Medien- und Ereignisarrangements, integrieren. Als integrierter Teil des kindlichen Alltagslebens hat Fernsehen Sozialisationsfunktion und damit Relevanz sowohl für die Persönlichkeitsentwicklung von Kindern als auch für die sich entwickelnde Beziehung von Kindern zur dinglichen, sozialen und kulturellen Umwelt. In der gleichen Selbstverständlichkeit, in der Erziehung generationsübergreifend in die Beziehung von Eltern und Kindern eingebunden ist, ist Fernsehen Teil der generationsübergreifenden Sozialisation, die jedoch die Massenkommunikation mit ihrer typischen Logik prägt. [...]

Für unsere aktuelle Situation mit hoher Individualisierung und Fragmentierung, aber auch mit hoher Verdichtung bei der Bewältigung des Alltagslebens und mit der individuellen Ausdifferenzierung gesellschaftlicher Zusammenhänge in Lebenswelten stellt sich für Erziehung wie für Sozialisation die Aufgabe, Kinder in ihrer Persönlich-
(Bachmeier, 2005)

keitsentwicklung zu fördern und in ihrer Identität zu stärken. Das geschieht, gelingt oder misslingt, in einer medial geleiteten Sozialisation zumeist ohne die persönliche und stützende Begleitung der Eltern. Eine medial geleitete Sozialisation führt Kinder jedoch in einer typischen Weise in die Wirklichkeit unserer Welt und in unserer Art zu leben ein. Fernsehen repräsentiert dabei in medientypischer Weise die dingliche, soziale, politische, ökonomische und kulturelle Welt für Kinder, die jedoch mit der Persönlichkeitsentwicklung der Kinder unterstützend korrespondieren, mit der sie jedoch auch stören und in Widerspruch geraten kann.

Für die Beziehung der Menschen in unserer individualisierten, fragmentierten und verdichteten Gesellschaft ist heute ein hohes Maß an Verständnis für die Eigenart anderer Menschen und für deren Leben ebenso notwendig wie für die jeweilige eigene Logik der Dinge und Ereignisse. Medial vermittelte Sozialisation hat eine besondere Chance, Kinder anzuziehen, sich die vielfältige soziale, dingliche und kulturelle Welt anzusehen. Fernsehen mit seinem Sender- und Programmaufbau sowie mit seiner Sendungsdramaturgie gelingt es, Kinder leichter zu gewinnen als z. B. der Schule. Mit welchen Deutungsmustern Fernsehen dies schafft, hat jedoch auch Konsequenzen für die Weltsicht und die Persönlichkeitsentwicklung der Kinder.

Inwieweit Medien helfen können, über eigene Problemstellungen nachzudenken, erläutert Jürgen Barthelmes, wenn er feststellt:

Medien enthalten auch „heilende Bilder"

Spielfilme und Serien enthalten „heilende Bilder". Unter solchen Bildern verstehe ich keine „schönen Bilder", also Bilder von Landschaften oder Meditationsbilder über Menschen und Dinge. Nein, „heilende Bilder" können sein: die vermeintliche „Gewalt-Serie" Tom und Jerry, bei der Kinder die Erkenntnis gewinnen, dass den allmächtigen Erwachsenen, hier die Katze, auch Grenzen gesetzt sind, und wenn auch nur durch kleine Mäuse. Ein Action- oder Abenteuerfilm, der die Gewalt sowie die Gesetze des Guten und Bösen thematisiert (Indiana Jones-Filme, Krieg der Sterne). Die Serie Bart Simpson, in der sich die Familienmitglieder wieder erkennen und dazu angeregt werden, einmal über ihr Familienleben nachzudenken. Das können Kultfilme wie Dirty Dancing, Pretty Woman oder Grüne Tomaten sein, Filme, die für die Jugendlichen ein Muss sind, weil sie ihnen Ant-

worten auf viele Fragen zum Thema Mann und Frau, zum Thema Beziehungen zwischen den Geschlechtern geben, Themen, die in Familien oft tabuisiert werden. Das können Filme sein wie Das Schweigen der Lämmer oder Schindlers Liste, die die Jugendlichen schmerzhaft erkennen lassen, wozu der Mensch fähig ist und wie durch Medienerlebnisse das eigene (ideale) Bild vom Menschen brüchig werden kann.

„Heilende Bilder" sind Bilder, die den eigenen Horizont und das eigene Bewusstsein erweitern, sie können unsere bisherigen Erfahrungen erschüttern und verändern, sie können sogar bei der Bewältigung der eigenen Situation behilflich sein, indem man andere Menschen in ähnlichen Situationen (medial) erlebt und ihr Verhalten begreift und man dadurch auch Anregungen für die Lösung eigener Probleme bekommt.

(Barthelmes, 1999, S. 123 f.)

Der soziale Nutzen des Fernsehens für die Familienmitglieder

Mithilfe der Medien können die einzelnen Familienmitglieder
- *ihre Fantasien, Tagträume, Wünsche, Sehnsüchte ausleben;*
- *die gleichen Geschmacks- und Medienvorlieben vertiefen;*
- *den mitunter monoton empfundenen Alltag und immer wiederkehrende Tätigkeiten wie Hausaufgaben, Hausarbeiten u. a. bereichern und erleichtern;*
- *durch zunehmendes Medienwissen persönliche Selbstständigkeit und Autonomie entwickeln.*

Insbesondere das Fernsehen bietet den Familienmitgliedern:
- *Informationen und Gesprächsstoffe;*
- *Zerstreuung, um sich zu entspannen, sich vom Alltagskummer abzulenken, um Empfindungen der Erschöpfung und der Langeweile auszugleichen;*

- *Unterstützung für kleine „Verschnaufpausen", wenn z. B. erschöpfte oder genervte Eltern einmal Zeit für sich brauchen und die Kinder vor dem Bildschirm gut aufgehoben sind;*
- *Schutzfunktion, um beispielsweise unangenehmen Situationen und Gesprächen auszuweichen, um anzudeuten, dass man in Ruhe gelassen und sich von den anderen Familienmitgliedern einmal zurückziehen möchte.*

Medien bereichern das Gespräch zwischen den Geschlechtern und den Generationen:
- *gemeinsam angeschaute Filme oder Sendungen bieten Anlässe für Gespräche;*
- *gemeinsames Fernsehen schafft Gelegenheiten, über Meinungen, Erfahrungen, Gefühle, Wünsche und Probleme zu sprechen und sich auszutauschen;*
- *beim gemeinsamen Fernsehen lernen Mädchen und Jungen die Gefühle und Gedanken ihrer Eltern kennen;*

– indirekt bringen Jungen und Mädchen über Fernseh- und Videoinhalte in „verschlüsselter Form" ihre Themen zur Sprache; wenn Eltern hier genau hinhören, erfahren sie viel über das, was ihre Kinder gerade beschäftigt und bewegt;

– beim gemeinsamen Fernsehen wird erfahrungsgemäß weniger gezappt; gemeinsam entscheidet man sich eher für eine Sendung oder einen Kanal.

Mit Beginn der Pubertät kündigen Jugendliche das gemeinsame Fernsehen allmählich auf, weil ihnen dieser „Familienkult" suspekt wird. Bei ihnen spielt jetzt die Musik die erste Geige. Dennoch sind auch sie immer wieder bereit, mit den Eltern über Medieninhalte und Medienvorlieben zu reden.

Worin genau liegen Gewinn und Nutzen für Kinder, Jugendliche und Erwachsene?

Für die Kinder
– Medien bereichern die Spiele der Kinder, sie sind mit inhaltlichen Bruchstücken aus Filmen und Sendungen bestückt. Kinder verarbeiten im Spiel und in der Bewegung Medienerlebnisse und Fernseheindrücke. Sie verbinden in ihren Spielen Medienbilder mit Alltagssituationen. In der Gruppe bringen sie das wie folgt zum Ausdruck:
– durch lautstarke Ankündigung einer Medienrolle auf sich aufmerksam machen; in die Rolle von He-Man, Batman, Robocop oder Pumuckl schlüpfen, wenn man sich gerade wehgetan hat und nicht weinen möchte (früher war das der berühmte Indianer, der keinen Schmerz kannte);
– als strahlender „Medienheld" den Tag in der Gruppe oder Klasse beginnen, „um ihn zu überstehen";
– Polizei oder Verbrecher spielen, wenn man ein anderes Kind imaginativ bestrafen oder sich an ihm rächen will;
– die architektonisch kalt und karg wirkende Turnhalle zum Dschungel umdeuten und als Tarzan an der „Liane" hin- und herschwingen.

Dass Kinder ihre Spiele mit solchen „Medienfragmenten" anreichern, hat nichts mit Fantasieverlust zu tun, im Gegenteil. Sie „thematisieren" mittels Medien ihre Erlebnisse, Erfahrungen und Gefühle. Zum Ausdruck kommt das, was sie beeindruckt oder beschäftigt.

Medien sind für sie auch Hilfsmittel, um Freundschaften und soziale Beziehungen zu gestalten: Durch mitgebrachte Medienfiguren, Bücher, Kassetten, CDs und Disketten machen sie gegenseitig auf sich aufmerksam. Auf diese Weise stellen sie Kontakt mit anderen Kindern oder Erwachsenen her. Anhand ihres Medienwissens können sie „mitreden", auch wenn sie die Sendungen oder Filme gar nicht gesehen haben, denn mittels der Erzählungen anderer Kinder kann sich jedes Kind diese Filme selbst ausmalen.

Für die Jugendlichen
Jugendliche können sich, wenn sie eigene Geschmacksvorlieben entwickeln, vom Geschmack der Eltern oder Geschwister distanzieren. Einen Teil der Ablösungskonflikte zwischen Müttern und Söhnen bewältigen Letztere beispielsweise über die Vorliebe für Heavymetal- oder Techno-Musik. So mancher Junge kann sich heute nur schwer von seiner meist alles verstehenden und keine Grenzen setzenden, liberalen Mutter abgrenzen. Dies kann ihm über eine bestimmte Musikrichtung gelingen. Die eigenen Geschmacksvorlieben sowie persönlichen Medienkenntnisse können somit die Selbstständigkeit von Jugendlichen erweitern und ihnen dabei helfen, sich von den Eltern stärker abzugrenzen. Medien kommen ihnen ebenso bei der Gestaltung von Freundschaftsbeziehungen entgegen:
– Jugendliche bekommen Zugang zu Gruppen, wenn sie ein Expertenwissen in Sachen Medien haben;
– Jugendliche werden aufgrund des eigenen Medienwissens innerhalb einer Gruppe anerkannt und bewundert; sie können auf diese Weise ihre Stellung in der Gruppe festigen oder ausbauen;
– Jugendliche können durch gemeinsame Medienvorlieben ihre Beziehungen festigen und inhaltlich beleben;

– Jugendliche können in einer Gruppe ihre Kenntnisse erweitern und unterschiedliche Ansichten akzeptieren lernen.

Medienkenntnisse erleichtern Jugendlichen die Kontaktaufnahme mit einer Gruppe, sie sind Bausteine bzw. Gesprächsmaterial für Freundschaftsbeziehungen. Sie helfen ihnen, über sich selbst zu sprechen. Denn bevor sie über sich selbst sprechen, (Barthelmes, 1999, S. 138 ff.)

können sie mittels Medieninhalten (indirekt) über ihre Interessen, Vorlieben und Wünsche reden. Medien, und hier insbesondere die Musikmedien, verstärken bei ihnen persönliche Stimmungen und Empfindungen. Sie erschließen sich durch den gemeinsamen Besuch von Einrichtungen wie Kinos, Discos, Konzerte, Plattenläden, Büchereien usw. ihr räumliches und soziales Umfeld.

4.2.2.3 Kinderfernsehen

Was Kinderfernsehen sein soll und wie es sich weiterentwickeln sollte, formulierte G. K. Müntefering schon 1986:

Das Fernsehen ist der Geschichtenerzähler für Kinder.

Trotz der Fülle der Sendungen sind nur wenige Titel in den Fantasiehaushalt der Kinder vorgedrungen. Dabei überwiegen die Elemente der Magie gegenüber dem dramatisierten Alltag.

Gerade weil die Vermittlung pädagogisch formulierter Lernziele nicht Maßstab des Kinderprogramms ist, werden Einblicke in Wirklichkeiten eröffnet [...].

Die Fähigkeit der Kinder, Fernsehmaterial automatisch gewissen Qualitätskontrollen zu unterwerfen, ist hoch entwickelt. Sendungen für Erwachsene dienen als Maßstab.

Kinder sehen hauptsächlich zwischen 18.00 und 20.00 Uhr fern und finden zu dieser Zeit den an sich verbotenen Spaß.
(Müntefering, 1987, S. 162 f.)

Kinderprogramme erreichen ihr Publikum dann, wenn sie ihren Auftrag in eine spezielle Unterhaltungsqualität für Kinder überführen.

Das Kinderfernsehen steckt mitten im Wettbewerb mit den Videokassetten und Computerprogrammen [...].

Das Fernsehen muss eine erste Programmadresse bleiben und Sendungen bieten, die attraktiv für Kinder sind und die es nirgendwo anders gibt.

Kinderprogramme sind gleichzeitig zielgerichtet und Erwachsenenprogramm, auf keinen Fall aber eine andere Zuschauer ausschließende Veranstaltung allein für Kinder.

G. K. Müntefering gehört zu den Gründern der „Sendung mit der Maus", eine der populärsten und bekanntesten Kinderfernsehsendungen, die im Jahr 2001 ihr 30-jähriges Bestehen feiern konnte. Unter Kinderfernsehsendungen verstehen viele Erwachsene, neben den bekannten Sendungen wie „Sendung mit der Maus" und „Sesamstraße", meistens Zeichentrickfilme oder Tierfilme. Dass Zeichentrickfilme nicht unbedingt kindertauglich sind, übersehen dabei viele Erwachsene. Insbesondere die privaten Fernsehanbieter senden mit Blick auf Einschaltquoten und Kommerz, massenhaft Zeichentrickserien und Billigproduktionen, mit zum Teil bedenklichen Inhalten. Allerdings hat die Konkurrenz der öffentlich-rechtlichen und der privaten Anbieter auch Bewegung in die Kinderfernsehproduktion gebracht. Die öffentlich-rechtlichen Anstalten haben unter dem Quotendruck ein qualitativ hochwertiges Kinderfernsehprogramm entwickelt.

Ein Überblick über thematische und inhaltliche Tendenzen des Kinderprogramms der letzten Jahre vermag vier charakteristische Trends aufzuzeigen:
- *Filmgeschichten für Kinder von heute, Geschichten, in denen sich Kinder wiederfinden,*
- *künstlerische Animationsfilme, die mit Erfolg in Konkurrenz zu den ostasiatischen Billigstproduktionen treten,*

(Rogge, 1993, S. 8 ff.)

- *Versuche, Kindern auf eine eindringliche anschauliche Weise Um- und Nahwelt näher zu bringen,*
- *Magazine für Heranwachsende, die Konzeptionen der Vorschulmagazine weiterentwickelt haben.*

4.2.2.4 Kindgemäße oder kindgerechte Fernsehdramaturgie

Wie kann man erkennen, dass Filme oder Fernsehsendungen für Kinder geeignet sind? Gibt es verlässliche Kriterien, Sendungen danach zu bewerten? Jan-Uwe Rogge macht einen Vorschlag: Kindgemäße oder kindgerechte Fernsehdramaturgie sollte nach seinen Erkenntnissen und vielen Gesprächen mit Kindern so aussehen:

Klarer, überschaubarer Aufbau der Sendung
Die mit den Sendungen einhergehenden Spannungen sind für viele Kinder nur dann erträglich, wenn ihnen der dramaturgische Ablauf bekannt ist. Dazu gehört der Vorspann, die Haupthandlung und der Nachspann („Meist fangen wir dann schon an zu reden oder zu spielen!").

Die Haupthandlung weist einen Spannungsbogen auf, der mit dem Happy-End schließt.
Diese Spannungsbogen sind unterschiedlich gestaltet. Einige Sendungen laufen auf das spannende Finale, die Rettung in letzter Minute hinaus, andere haben eine Wellendramaturgie mit kleineren Spannungsbogen, die es dem Kind ermöglichen, für kurze Zeit aus der Handlung auszusteigen oder sich entspannenden Nebenaktivitäten zu widmen.

Kinder sind auf ein gutes Ende angewiesen.
Ein offener Schluss kann zu erheblichen Verunsicherungen führen, die noch lange Zeit nach Filmende andauern können. Das Kind versucht, offene Spannungsbogen zu Ende zu fantasieren

oder zu deuten, wobei es sich mit dem unsicheren Schicksal des Helden identifiziert. Je realistischer, je nachvollziehbarer sich die Gefahr für das Fernsehidol darstellt, umso intensiver wird sich das Kind damit beschäftigen. Und je stärker es sich in einen Helden oder eine Heldin hineinversetzt, umso heftiger können die gefühlsmäßigen Reaktionen im Nachhinein sein. Fortsetzungsserien, die jeweils im Moment höchster Spannung abbrechen, oder Sendungen mit offenen Schlüssen sollten Eltern nur gefühlsmäßig gefestigten Kindern zumuten. Ästhetisch überzeugende Zeichentrickserien wie „Als die Tiere den Wald verließen", waren deshalb für manche Kinder ängstigend, weil die einzelnen Folgen am Ende offen blieben, die Kinder mithin im Unklaren über das Schicksal der Serienlieblinge ließen.

Kinder favorisieren in Filmen überschaubares Personal.
So werden manche Serien (z. B. die Weltraum-Cartoons) wegen der verwirrenden Zahl von Darstellern abgelehnt. Dies vor allem dann, wenn Zuweisungen wie „gut" oder „böse" nicht möglich sind.

Beliebt ist eine Konstellation, die neben den Haupthelden einen oder mehrere Nebenhelden stellt (z. B. Biene Maja und Willi, Emil und seine Detektive etc.). Während der Haupthelt ("So wie Biene Maja werd ich nie, aber so möchte ich wohl sein!") die grandiose, alles überragende Persönlichkeit darstellt, in die man Träume und Wünsche hineinlegen kann, kann man sich am Nebenhelden ("Willi ist fast so wie ich. Das kann ich auch sein. Nur wie der so spricht, so blöd red ich nicht!") abarbeiten. Der Nebenheld verkörpert die Wirklichkeit, ist mit vielen, ganz menschlichen und nachvollziehbaren Fehlern und Schwächen behaftet und trotzdem liebenswürdig.

Ein weicher Zeichenstil ist bei Kindern beliebt.
Weich kann man mit rund gleichsetzen: der runde Kopf, der runde Körper, die großen runden Augen und Pupillen. Diese Weichheit löst positive Assoziationen und Gefühle aus. Malen Kinder ihre Lieblingshelden, nutzen sie wie selbstverständlich auch runde Formen. Und umgekehrt: Stellen Kinder Figuren dar, die ihnen nicht geheuer sind, so arbeiten sie eher mit eckigen Formen, die negative Gefühle symbolisieren.

Bewegung, Action ist für Kinder besonders wichtig.
Mit Sätzen wie "Da ist etwas los" beschreiben sie dieses für sie bedeutsame Gestaltungsprinzip. Zweifellos mögen Kinder Verfolgungsjagden und Wettrennen – je rasanter, je spektakulärer, desto besser. Gleichwohl muss alles ein erträgliches Maß haben. Und verlaufen solche Bewegungsmuster – wie bei den zahlreichen, armselig inszenierten Weltraumschlachten (z. B. "He-Man" oder "Captain Future") – allzu stereotyp, werden sie vehement abgelehnt. Den Kindern kommt es nicht allein auf äußere Bewegungsmomente an, sie wollen auch nachvollziehen, warum ihr Held so handelt. Des-
(Rogge, 2001, S. 47 ff.)

halb ist die Darstellung innerer Bewegungsabläufe für Kinder so bedeutsam. Bleiben diese ausgespart, fühlen sich Kinder nicht ernst genommen. Allen Vorurteilen – oder sollte ich sagen Vorverurteilungen – von besserwisserischen Pädagogen und Kritikern zum Trotz: Die Leichtigkeit, mit der Serien wie "Die Schlümpfe" oder Traditionskrimis wie "Emil und die Detektive" Kinder faszinieren, legt nahe: Nicht aufgesetzte Action ist für Kinder entscheidend, eine subtil aufgebaute Spannung und Dramatik ziehen die Heranwachsenden ungleich stärker in den Bann.

Kinder brauchen ein räumliches und zeitliches Koordinatensystem.
Sie benötigen eine Kulisse als Orientierungsmoment, um Held und Handlung zu verorten – dabei ist es egal, ob es sich um erfundene oder reale Orte handelt, also Bullerbü, ein bayerisches Mietshaus, das Berlin der 20er-Jahre, die Alm in den Alpen oder ein Wikinger-Schiff bieten Bezugspunkte.

Die Bedeutung der Hörwelt für Kinder:
Je mehr Sinne ein Film anspricht, umso intensiver wird er von Kindern erlebt, umso mehr lassen sie sich in den Bann ziehen. Und: Je mehr Sinne ein Film bei einem Kind zugleich anspricht, desto spannender, witziger und lustiger wird er empfunden.
Vor allem jüngere Kinder weisen den hörbaren Gestaltungselementen eine besondere Bedeutung zu. Sie sind mitentscheidend dafür, dass ein Filmerleben aufgebaut wird. Insbesondere Geräusche und Musik, die die Handlung begleiten, sie unterstützen, aber auch erweitern, sind wichtig. Auffallend ist allerdings eine andere Tendenz: Gerade viele billig gemachte Zeichentrickserien leben mit einem Geräusche- und Musik-Inferno, das von der Armseligkeit der Handlung ablenken soll.

4.2.2.5 Kriterien zur Bewertung von Kinderfernsehsendungen

Um Fernsehsendungen z. B. auf eine Eignung zum Einsatz für pädagogische Zwecke zu überprüfen, benötigt man zuverlässige Beurteilungskriterien. In Ergänzung zu eigenen Kriterien eignet sich diese Zusammenstellung:

Ist die Sendung kommerziell orientiert,
d. h., steht das Ansprechen des jungen Zuschauers in seiner Rolle als Konsument im Vordergrund der Sendung?

Wie stark realitätsvereinfachend ist die Sendung?
Handelt es sich um realitätsfremde und reduzierte Wirklichkeitsmodelle? Wird z. B. bei Konfliktdarstellungen in Filmen die Ursache dieser Konflikte verschwiegen, sind unterschiedliche Interessen dargestellt worden und die Motive von Andersdenkenden erkennbar, kommen Möglichkeiten friedlicher Konfliktbewältigung im Film oder in der Sendung vor?

Ist die Sendung in Werbeblöcke eingebunden?
Sollen die Kinder vor dem Fernseher gehalten werden, damit sie die Botschaften der Werbung zwischen den Sendungen mitnehmen? Das unmittelbare Umfeld der Kinder- und Jugendsendungen sollte werbefrei sein!
(vgl. Baacke/Lauffer, 1993, S. 8 ff.)

Besteht eine Einbindung in weitergehende Merchandising-(= verkaufsfördernde Maßnahmen) Konzepte?
Wird diese Sendung noch weitergehend vermarktet mit Büchern, Zeitschriften, Comics, T-Shirts, Stickern?

Dient die Sendung der Bildung, Information, Unterhaltung, Aufklärung über Lebensfragen oder der Lebenshilfe?
Diese Fragestellung stellt ein sehr wichtiges Kriterium zur Beurteilung dar, wobei die Abgrenzung nicht immer leicht ist, so kann ein informativer Bericht auch unterhaltend sein und umgekehrt.

Ist eine pädagogische Orientierung erkennbar?
Hier stellt sich die Frage nach der kindgemäßen Sendung und nach der Berücksichtigung kindlicher Entwicklungsprozesse und Bedürfnislagen.

Weitere Kriterien sind z. B.:

- Kommen Gewaltdarstellungen in der Sendung vor, wenn ja, in welchem Handlungsbezug stehen diese Gewaltdarstellungen?

- Lösen diese Sendungen Ängste unterschiedlichster Art aus?

- Werden Tabus angetastet?

- Ist die Darstellung zu klischeehaft, z. B. was Geschlechtsrollen anbelangt?

4.2.2.6 Kriterien für den Einsatz von Filmen und Fernsehsendungen in sozialpädagogischen Einrichtungen

Ausgewählte Filme und Fernsehsendungen, gedacht für den Einsatz in einer sozialpädagogischen Einrichtung sollten:

von der Lebenswirklichkeit der Kinder ausgehen,
d. h., an den Erfahrungen und Erlebnissen von Kindern ansetzen, damit die Kinder sich selbst, ihre Umwelt sowie ihre Träume und Wünsche wiedererkennen können;

die Kinder als gleichberechtigte Partner ernst nehmen,
d. h., ihnen Modelle einer Lebensverwirklichung aufzeigen und Personen vorführen, die für sie Vorbild sein können – Vorbild beispielsweise im Hinblick auf die Umsetzung der Zielsetzungen des sozialen Lernens;

die Kinder mit verschiedenen Wirklichkeiten vertraut machen,
d. h. einmal mit Wirklichkeiten, die Kinder nie sehen und erleben werden, für die sie sich aber brennend interessieren, zum anderen mit Wirklichkeiten, die ihnen bekannt sind und in denen sie sich wieder-

finden können; die Abenteuer an der Straßenecke oder im Hinterhof sind ebenso wichtig und spannend wie populäre Abenteuerfilme;

den Kindern Orientierungshilfe geben,
d. h., den Kindern zeigen, wie man sich im Alltagsleben zurechtfinden kann, wie Konflikte entstehen und wie man sie lösen kann, wie andere Menschen leben und was man daraus lernen kann, wie man Träume und Wünsche ausmalen und umsetzen kann, wie man eigene Lebensformen finden und gestalten kann;

die Kinder zum Lachen und Weinen bringen, nachdenklich und fröhlich machen,
Anstöße für den eigenen Alltag und Stoff für eigene Tagträume geben, Kenntnisse und Erkenntnisse vermitteln sowie zum eigenen Handeln anregen und für die pädagogische Arbeit vor allem Vergnügen bereiten.

(vgl. Barthelmes/Herzberg/Nissen, 1983, S. 74 f.)

4.2.2.7 Bei Kindern beliebte Fernsehsendungen

Geeignete Fernsehsendungen sind in der Regel von Erwachsenen bevorzugte und für geeignet gehaltene Medienprodukte. Hierdurch resultiert nicht immer eine Übereinstimmung mit den medialen Bedürfnissen der jungen Zuschauer, denn **was Kinder gerne sehen, zeigt diese Übersicht:**

Hitliste der Drei- bis Fünfjährigen	Hitliste der Sechs- bis 13-Jährigen
1. Unser Sandmännchen (KI.KA) 2. Nils Holgersson (KI.KA) 3. Die wunderbare Reise des kleinen Nils Holgersson (KI.KA) 4. Biene Maya (KI.KA) 5. Heidi (KI.KA) 6. Der Rosa Rote Panther (Super RTL) 7. Käpt'n Balu (Super RTL) 8. Der kleine Bär (KI.KA) 9. Goofy & Max (Super RTL)	1. Domino Day (RTL) 2. Wetten, dass ... (ZDF) 3. Flubber (RTL) 4. Ein Zwilling kommt selten allein (RTL) 5. Wer wird Millionär? (RTL) 6. Anastasia (RTL) 7. Käpt'n Balu (Super RTL) 8. Der Rosa Rote Panther (Super RTL) 9. Kevin – allein in New York (SAT.1)

(BpB, 2003, S. 39)

4.2.2.8 Beispiele für empfehlenswertes Kinderfernsehen

Sendungen wie „Sendung mit der Maus", „Sesamstraße" oder „Löwenzahn" an dieser Stelle einer eingehenden Analyse zu unterziehen, macht wenig Sinn. Diese Klassiker sind schon genug gewürdigt worden und in der Regel über jeden Verdacht erhaben. Eine wichtige Aufgabe für Sie wird sein, immer neue Sendungen zu entdecken und auf ihre Tauglichkeit für den pädagogischen Einsatz zu überprüfen.

Eine gute Orientierung bietet die Broschüre der „Flimmo", die kostenlos an Institutionen abgegeben wird. Für Erzieherinnnen steht der kostenlose Internet-Service Flimmo-online zur Verfügung. Unter www.flimmo.de können Sie sich über aktuelle Fernsehsendungen und Serien informieren.
Der Flimmo enthält zur Orientierung und Erleichterung der Auswahl drei Kategorien zur Beurteilung von Sendungen:

- Geeignete Filme und Sendungen: Kinder finden's prima

- Nicht immer geeignet: Mit Ecken und Kanten

- Sendungen mit bedenklichen Inhalten: Für Kinder schwer verdaulich

Zu jeder Sendung gibt es einen Hinweis, für welche Altersgruppen diese Sendung geeignet sind, sowie eine kurze Inhaltsangabe.

Einige empfehlenswerte Fernsehsendungen (Stand Herbst 2004)

Titel	Sender	Alter
Abenteuer Natur	Kabel 1	7–13 Jahre
Blaubär und Blöd	ARD	3–10 Jahre
Bob, der Baumeister	Super RTL	3–10 Jahre
Eins – zwei oder drei	ZDF	7–13 Jahre
Es war einmal das Leben	ARD	3–13 Jahre
Familie Feuerstein	Kabel 1	3–13 Jahre
Logo	ZDF	7–13 Jahre
Die Pfefferkörner	ARD	7–13 Jahre
Sabrina ... total verhext	PRO 7	7–13 Jahre
Schloss Einstein	ARD	7–13 Jahre
Siebenstein	ZDF	3–10 Jahre
Tigerentenclub	ARD	3–13 Jahre

4.2.2.9 Filme für Kinder

– *„Erzählte und verfilmte Geschichten, die sich mit den Alltagsproblemen von Kindern beschäftigen, zeigen dem Zuschauer seine eigene Lebenssituation wie in einem Spiegel. Zum Beispiel entdeckt ein Kleinkind, dass es mit seiner Eifersucht auf Bruder oder Schwester nicht allein ist, ein Schüler erkennt sich in einer Medienfigur wieder, die Angst hat vor dem Versagen in einer Arbeit, ein Mädchen an der Schwelle zum Erwachsensein wird durch einen bestimmten Jugendfilm in ihrer Suche nach einer neuen Identität als Frau unterstützt. Filme können persönliche Themen ansprechen, ohne zu verletzen oder Zwang auszuüben. Sie helfen dem Kind bei seiner Suche nach sozial akzeptablen Handlungs- und Entwicklungsmöglichkeiten. [...]*

– *Eine gute Kindersendung greift Situationen und Themen auf, die für Kinder in einer bestimmten Altersgruppe wichtig sind. Sie macht kreative Lösungsvorschläge, wie sich Probleme aus dem Kinderalltag anpacken oder lösen lassen. Sie zeigt, wie nuancenreich die Gedanken und Gefühle von Kindern sind, und beschränkt sich nicht nur auf die Darstellung von Angst, Ärger, Wut und Schadenfreude. Dies ist nur mit relativ teuren Produktionen möglich, computergezeichnete Zeichentrickserien gehören meist nicht dazu."*

(Medienpädagogischer Forschungsverbund Südwest (Hg.): Prof. Dr. Michael Charlton: Infoset: „Medien und die Entwicklung des Kindes", Nr. 4 & 5, Stuttgart, 2004)

Eine durchaus positive Ausnahme bildet hier sogar das Mainstream-Produkt „Ice-Age". Nicht die im Film vorhandene vordergründige Action, sondern die Freundschaft und die Solidarität der Hauptdarsteller, begeisterten die Kinder in diesem computergenerierten Animationsfilm. Sechs- bis neunjährige Kinder erkannten und verurteilten die hierarchischen und diktatorischen Strukturen der Säbelzahntiger und favorisierten im Gegensatz dazu die kameradschaftliche Gemeinschaft um das Mammut Manfred und das Faultier Sid. Während Eltern, denen man im Rahmen eines Medienprojektes in Baden-Württemberg diesen Film vorführte, eher wegen der im Film vorkommenden Gewalt besorgt waren, adaptierten Kinder bei der Vorführung des Filmes im Rahmen des gleichen Medienprojektes in erster Linie die oben beschriebenen Aspekte und bewiesen hiermit mehr Medienkompetenz, als man ihnen zubilligte (vgl. Felsmann, 2004, S. 52 f.).

Ein besonders gelungenes Beispiel für einen guten Kinder- und Jugendfilm ist „Kletter-Ida". Hier sind die gewohnt einfühlsamen und die auf die kindliche Perspektive bezogenen Erzählweisen des skandinavischen Kinderfilms mit Elementen des klassischen Actionkinos zusammengefügt worden. „Kletter-Ida" war im Herkunftsland Dänemark an den Kinokassen erfolgreicher als „Harry Potter".

Die zwölfjährige Ida gerät ganz nach ihrem Vater – zumindest was die Leidenschaft zum Klettern betrifft. Sie geht heimlich dem gefährlichen Hobby nach und besteigt regelmäßig die hohen Wassertürme eines Fabrikgeländes in der Nachbarschaft. Idas Vater war früher ein bekannter Bergsteiger, bis er bei einer Tour im Himalaya einen schweren Unfall hatte. Inzwischen betreibt er eine Gokart-Bahn. Dort treffen sich Sebastian und Jonas, um Rennen zu fahren, an ihren heißen Kisten zu basteln und natürlich, um Ida zu treffen, von der sie ziemlich begeistert sind. Idas Vater erkrankt sehr schwer und nur eine teure Operation in den USA kann sein Leben retten. Mit aller Energie versucht Idas Mutter, Kredite zu bekommen – ein aussichtloses Unterfangen. Die Zeit drängt, denn der Zustand des Vaters verschlechtert sich zusehend. Für Ida gibt es nur einen Ausweg, um an die nötigen 1,5 Millionen

Kronen für die Operation zu gelangen: den Tresor der CCT Bank knacken. Der Tresor der modernen Bank ist in einem 30 Meter hohen Turm aufgehängt, bewacht von Kameras, einem Sicherheitsdienst und scharfen Hunden. Ida ist auf die Mithilfe von Jonas und Sebastian angewiesen. Die beiden sind zunächst nicht begeistert von Idas verrückter Idee. Da aber jeder von beiden bei Ida die „Nummer Eins" sein will und es um das Leben von Idas Vater geht, lassen sie sich zum spektakulärsten Bankraub in der Geschichte Dänemarks überreden.

Alles was auch im spannenden „Erwachsenen"-Kino zu sehen ist, wird in „Kletter-Ida" aufgeboten. Verfolgungsjagden, Stunts und Action, aber auch Freundschaft, Liebe und Enttäuschungen finden (Achatz, 2002, S. 101 f.)

ihren Platz in der Geschichte. Zudem wartet der Film mit einer Mädchenfigur auf, die mit Durchsetzungsvermögen und Raffinesse ihr Ziel im Auge behält und ihre Umgebung für sich zu gewinnen vermag. Regisseur Wullenweber ist es gelungen, die Technik und Dramaturgie actionreicher Filme mit einer guten Story zu verbinden. Den Kindern im Publikum hat es auf jeden Fall Spaß gemacht und der junge Regisseur scheint den Bogen nicht überspannt zu haben. Beim Verlassen des Kinos äußerte ein Zehnjähriger gegenüber seiner erwachsenen Begleiterin, dass es an manchen Stellen ruhig noch etwas spannender hätte sein können. Die elfköpfige Kinderjury zwischen elf und 14 Jahren sprach „Kletter-Ida" eine lobende Erwähnung aus.

Hinweis
Auch wenn Filme sinnvoll die sozialpädagogische Arbeit unterstützen können, bei der Umsetzung sozialer und kommunikativer Ziele Wirkung zeigen, sollte nie vergessen werden, dass Filme kein Wundermittel sind und auf keinen Fall pädagogische Bemühungen ersetzen können.

So kann es sein, dass Kinder auf der einen Seite pädagogisch wertvolle Filme favorisieren, andererseits aber auch eine Affinität zu äußerst bedenklichen Medienprodukten zeigen, sei es auch nur, um sich von den Eltern oder jüngeren Kindern abzugrenzen.

4.2.2.10 Beispiel für medienpädagogische Bearbeitungsformen

Wie man den Einsatz von Filmen in geeigneter Weise mit einem medienpädagogischen Projekt verbinden kann, zeigt das Beispiel „Unser Haus der Träume – Medienpädagogische Bearbeitungsformen von ‚Pippi Langstrumpf'".

Der Projektverlauf im Überblick:

1. Tag
Die Mediengalerie: Gespräche über Medienerlebnisse und Filme. Erstellen einer Collage von Kindersendungen und Fernsehfiguren (ca. 60 Minuten)
Ausschneiden und Aufkleben von Zeitungsbildern (Collage), Aufstellen von Medienfiguren, Videos, Kassetten usw., Aufhängen der Collage, Betrachten und Sprechen über die Mediengalerie.

2. Tag
Der Kinotag (ca. 60 Minuten): Ansehen eines Ausschnitts aus dem Film „Pippi Langstrumpf" (ca. 20 Minuten)
Die Kinder bekommen die Aufgabe, auf die Villa Kunterbunt zu achten: Wie sieht die Villa aus? Was für Möbel und Gegenstände sind in dem Haus? Gespräche über bestimmte Szenen.

3. Tag
Aufbau und Gestaltung der Villa Kunterbunt (ca. 90 Minuten)
Zeichnen, Hinstellen, Aufbauen, Umräumen, Erzählen, Absprechen. Einigen, Aufhängen, Fragen, Beobachten, Lachen.

4. Tag
Der Fototermin: Nachstellen und Fotografieren bestimmter Filmszenen (ca. 90 Minuten)
Nachdenken, welche Szenen gefallen haben, und überlegen, wie man sie darstellen kann. Helfen, die

Szenen herzustellen, sich umzuziehen, zu fotografieren. Gestalten der Szenen, Absprache, wer was macht, Auswerten des Tages und der Fotos, Aufräumen.

5. Tag
Freies Rollenspiel in der Villa Kunterbunt (ca. 90 Minuten)
„Ihr könnt heute alles machen, was ihr gerne möchtet!"

(Götter/Waldschmidt/Neuss, 1999, S. 48)

4.2.2.11 Klassiker des Kinder- und Jugendfilms

Klassiker des Kinderfilms sind zeitlos schön, da sie in der Regel Geschichten erzählen und Themen aufgreifen, die über die Jahre und Generationen hinweg eigentlich immer aktuell bleiben und sich damit ein ewig junges Gesicht bewahren. Auch wenn sich die soziokulturellen Bedingungen verändern, Modetrends kommen und gehen, Themen wie Liebe, Anerkennung, Großwerden, Ängste, Trauer, Not, Freude, Lust, Neid, Bewunderung, Stärke, Schwäche, Begeisterung usw. faszinieren alle Kinder. So haben z. B. auch Filme von Astrid Lindgren immer noch einen hohen Stellwert bei Kindern. Nur die Frisuren, die Mode und der einfache Lebensstandard lassen erkennen, dass man ein in die Jahre gekommenes Medienprodukt konsumiert, was für Kinder jedoch eher nebensächlich ist.

Einige Klassiker des Kinder- und Jugendfilms

Alice im Wunderland	Kalle Blomquist
Als die Tiere den Wald verließen	Karlsson auf dem Dach
Der Bär	Konferenz der Tiere
Das doppelte Lottchen	Lotta aus der Krachmacherstraße
Emil und die Detektive	Madita
Das fliegende Klassenzimmer	Mio, mein Mio
Der kleine Eisbär	Momo
Der kleine Vampir	Peter Pan
Free Willy	Pippi Langstrumpf
Krieg der Knöpfe	Ronja Räubertochter
Heidi	Wir Kinder aus Bullerbü

4.2.2.12 Kinderkino

Kinderkino ist ein Sammelbegriff für unterschiedliche Kinderfilmaktivitäten: Unter Beteiligung und Einbeziehung von Kindern werden professionelle Filme für Kinder gezeigt oder Eigenproduktionen von Kinderfilmgruppen vorgeführt. Kinderkino bietet aktives, bewusstes und unterhaltsames Erleben von Filmen.

Kinderkino sollte ein fester Bestandteil der Kinderarbeit im sozialpädagogischen Bereich sein. Es schafft eine soziale, ästhetische, kulturelle und kommunikative Qualität des Filmerlebens. Der Film versetzt Kinder in andere Welten, lädt ein zum Träumen und zum Fantasieren. Der Film kann Kindern aber auch helfen, ihr gar nicht so individuelles Schicksal zu relativieren und selbst in die Hand zu nehmen.

Kinderkino kann den Medienalltag von Kindern verändern. Das Kino wird zum Ort des aktiven und ungestörten Sehens. Diese Rezeptionsqualität kann das Fernsehen noch nicht bieten. Kinderkino kann u. a.:

- das kindliche Bedürfnis nach Abenteuern und Geschichten befriedigen, dem Informations- und Unterhaltungsbedürfnis nachkommen,
- Freude am Film und am gemeinsamen Sehen vermitteln,
- Gefühle miterlebbar machen,
- Ergänzung und Alternative zum alltäglichen Fernseh- und Videogebrauch sein,
- Kinder an der Programmgestaltung und Organisation beteiligen,
- Voraussetzungen für die Herstellung eigener Filmproduktionen schaffen.

(vgl. Franken/Riekenberg, 1985, S. 62 ff.)

Die setzt voraus, dass die ausgewählten Filme und der Rahmen, in dem diese Filme gezeigt werden, folgenden Anforderungen gerecht werden:

Aufgaben eines guten Kinderfilms und guten Kinderkinos

Für den kognitiven Bereich	Für den sozialen Bereich
- Mit der Wirklichkeit vertraut machen - Wissen vermitteln – möglichst ohne pädagogischen Zeigefinger - Die Umwelt der Kinder verständlicher machen - Zum Lachen, Mitdenken und Verstehen anregen - Vertrautheit im Umgang mit dem Massenmedium Film herstellen - Wissen von den Gestaltungsmöglichkeiten des Fiims vermitteln - Die Herstellungsbedingungen durchschaubar machen - Durch Vergleich Beurteilungskriterien entwickeln	- Vorbilder zeigen - Raum für Fantasie und Kreativität schaffen - Das Gefühl ansprechen - Kinder aus der möglichen häuslichen Isolation herausholen - Kinder mit anderen Kindern zusammenbringen - Durch gemeinsames Filmesehen Gemeinschaftserlebnisse schaffen - Kindern einen Raum schaffen, der nicht von Leistungsdruck und -denken geprägt ist - Kinder zu selbstständigem und sozialverantwortlichem Handeln, zu solidarischem und kooperativem Handeln ermutigen

Durch das Kinderkino eröffnen sich vielfältige Möglichkeiten, Kinder aktiv in das Projekt mit einzubeziehen, so können Kinder in Kooperation mit Erwachsenen verschiedene Aufgaben übernehmen: Kasse besetzen, Karten abreißen, Platz anweisen, Filmeinführungen, Interviews, Filmvorführen usw.

Kinderkino sollte immer auch ein Mitmachkino sein. Das Beispiel des Kinderkinos Olympiadorf in München macht dies deutlich: Hier wurde zu Beginn eine Mitmach- und Programmgruppe eingerichtet. Diese erschien dann jeweils eine halbe Stunde vor der Vorstellung, um die Erwachsenen zu unterstützen. Die Kinder-Mitmachgruppe erarbeitete mit den Erwachsenen zusammen einen Aufgabenplan, es wurde besprochen, was alles probiert werden kann (Befragungen, Werbung, Programmwünsche, Tombola, Feste). Die Kinder wurden hierdurch ernst genommen, sie konnten mitbestimmen, ihre Meinung wurde geschätzt und ihr Engagement war willkommen. Diskrepanzen tauchten nur dann auf, wenn es um die Entscheidung ging, welcher Film denn nun gezeigt werden sollte. Hier deckten sich die Kinderwünsche nicht unbedingt mit den Vorstellungen der Erwachsenen, da sich die Kinder doch stark an klassischer Kinderunterhaltung orientierten.

4.2.3 Links

http://www.kinderfernsehforschung.de/
    Bestandsaufnahme zum Kinderfernsehen

http://www.br-online.de/jugend/izi/bestand/bestand.htm
    Bestandsaufnahme zum Kinderfernsehen

http://www.flimmo.de/
    Programmberatung für Eltern

http://directory.google.com/Top/World/Deutsch/Medien/Fernsehen/Sendungen/Kinder_und_Jugendliche/
    Linkliste: Sendungen für Kinder und Jugendliche

http://www.schulkino.de/filme.php?section=show&target=1
    Filme für Kinder und Jugendliche – Filmlisten und -besprechungen

5 Kommunikationsmittel konstruieren

Die pädagogische Begleitung und Unterstützung der Selbstbildungsprozesse von Kindern, die Förderung ihrer sozialen und emotionalen Kompetenzen sowie die Stärkung von Selbstvertrauen und Selbstwertgefühlen sind Kernaufgabe dieses Lernfeldes.

In diesem Zusammenhang gilt es, Kinder und Jugendliche auf dem Weg in die Welt der Medien – in ihre Welt der Medien – zu begleiten. In diesem Prozess müssen Kinder und Jugendliche lernen, Medien als Kommunikationsmittel zu nutzen, ohne ihren Gefahren zu erliegen. Wie könnte dies besser als im spielerischen Umgang mit der Welt der Kommunikation und der Kommunikationsmittel geschehen?

5.1 Die Lernsituation: Von der Hieroglyphe zur E-Mail – Kommunikationsmittel erfinden

Es fasziniert Kinder, Jugendliche und Erwachsene, neue Kommunikationstechniken und -formen zu erfinden. Selbst gebaute Telefone, Geheimschriften und Geheimsprachen usw. gibt und gab es auch im Leben und Erleben vieler Kinder. Häufig erreichen ihre Erfindungen als Mittel zur Kommunikation über kurze und längere Wege und als Möglichkeiten der nachhaltigen „Aufbewahrung" bzw. Sicherung von Gedanken, Vorstellungen und Erinnerungen ein hohes Niveau. Damit schaffen sich Kinder häufig einen lernwirksamen Einstieg in die Medienwelten der Erwachsenen.

Um im Jugend- und Erwachsenenalter konstruktiv und kritisch mit der Welt der Medien umgehen zu können, ist es hilfreich, sich bereits im Kindesalter an der Entwicklung und kritischen Analyse von Medien zu beteiligen. Diese Beteiligung sieht zwar anders aus als im späteren Jugend- bzw. Erwachsenenalter, kann sich aber durchaus schon auf das Erfinden (Nacherfinden) und Erproben von Medien beziehen.

Die berufliche Aufgabe:

In sozialpädagogischen Einrichtungen ist es Ihre Aufgabe, Kinder und Jugendliche darin zu unterstützen, die Möglichkeiten, Grenzen und Gefahren moderner Medien bzw. Kommunikationsmittel zu verstehen.

Es gilt, den Blick zu lenken auf:
– Verständigungsmöglichkeiten zwischen Individuen, zwischen Gruppen und zwischen Gesellschaften,
– die Manipulation einzelner Personen, ganzer Gruppen und Gesellschaften durch Medien,
– die Lösung psychologischer, sozialer und wirtschaftlicher Aufgaben und Probleme mithilfe von Kommunikation und Kommunikationsmitteln,
– Unterhaltung, Ablenkung mit Medien usw.

Medien, ihre Funktions- und Wirkungsweise, zu durchschauen ist eine Voraussetzung dafür, dass man konstruktiv und kritisch mit ihnen umzugehen vermag, d. h.:
– Medien nutzen, wo sie für die Gestaltung des Lebensalltags hilfreich sind, und
– Mediennutzung verweigern, wo sie zu materieller und ideeller Ausnutzung und Abhängig führt und/oder gegen moralische und ethische Grundlagen der Gesellschaft verstößt.

1. Entwickeln Sie altersgemäße Projekte für Kinder bzw. für Jugendliche, in denen diese so unterschiedliche Kommunikationsmöglichkeiten (nach-)erfinden können wie Bildersprachen, Ton- und Lichtmorsezeichen, Flügel- oder Flaggensprachen, Schriften und Geheimschriften usw.

2. Entwickeln Sie altersgemäße Projekte, in denen Kinder bzw. Jugendliche Kommunikationsgeräte (nach-)erfinden können, wie Drucktechniken, Telefon, Geräte zum Ton- oder Lichtmorsen, Flaggen und Flügelgeräte, Schreibwerkzeug, Geheimtinte o. a.

Um diese umfangreiche Aufgabe lösen zu können, wird es erforderlich sein, dass Sie:
– die Zielgruppen festlegen, für die Sie die Projekte entwickeln werden (Alter, sozialpädagogische Einrichtung, besondere Merkmale der Zielgruppe, Art des Einzugsbereiches der Einrichtung etc.),
– zunächst die Aufgabe selbst gründlich analysieren und untersuchen, welche Schwierigkeiten bzw. Hindernisse für Ihre Lösung zu überwinden sind. Nicht vergessen: die Dokumentation der Arbeitsergebnisse,

- die berufliche Aufgabe so weit, wie dies erforderlich erscheint, in Teil-aufgaben gliedern,
- anschließend Ziele für diesen Arbeitsauftrag formulieren: „Was sol-len die Kinder oder Jugendlichen nach Ihrem Projekt können? – z. B. pädagogisch, methodisch, didaktisch, technisch etc.,
- alternative Arbeitspläne entwickeln und sich schließlich für eine Vor-gehensweise entscheiden,
- ihrem Arbeitsplan entsprechend vorgehen und bereit sind, falls not-wendig, ihren Plan zu verändern,
- Ihr Arbeitsergebnis (das Produkt) dokumentieren und eine geeigne-te, verständliche Präsentation erstellen,
- den Arbeitsprozess auf seine Qualität und das Produkt auf seine Brauchbarkeit hin überprüfen,
- gegebenenfalls erneut in den Prozess eintreten, um ein brauchbare-res Produkt zu erarbeiten.

5.2 Im medienpädagogischen Lernfeld handeln

5.2.1 Hintergrundfragen, Impulse und Übungen

1. Übung   **Die Konstruktion der Wirklichkeit**

Durch die folgende Übung können Sie erkennen, dass die Wirklichkeit, die sich der Mensch „konstruiert", immer subjektiv ist. Niemals gibt es eine 1:1-Entsprechung von vorgestellter Wirklichkeit und äußerer Realität. In diesem Sinne kann es keine unmittel-bare Informationsvermittlung geben. Was vom Sender einer Information gemeint war, wird immer vom Empfänger – ob er will oder nicht – gedeutet. Die Deutung ist es, die der Empfänger dann für die „objektive" Information hält. Je besser allerdings die Kom-munikationsformen und -mittel sind, desto größer kann die Übereinstimmung von gesendeten und gedeuteten Inhalten werden. Allerdings: Auch im unmittelbaren Gespräch zweier Personen kommt es nie zu einer 1:1-Übereinstimmung.

Dass der Mensch einen direkten Zugang nur zu seiner eigenen inneren Wirklichkeit haben kann, lässt sich an dem folgenden Wahrnehmungsbeispiel zeigen.

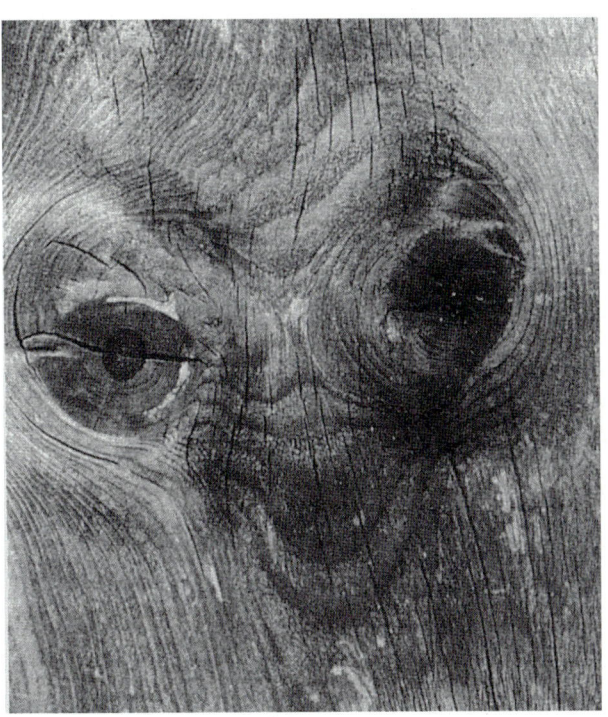

1. Was sehen Sie auf diesem Foto? Beschreiben Sie auch die Emotionen, die das Foto bei Ihnen auslöst.

2. Legen Sie das Foto anderen Personen in Ihrem Bekanntenkreis mit dem gleichen Auftrag vor. Vergleichen Sie die Antworten und überlegen Sie, worauf Unterschiede, worauf Gemeinsamkeiten in den Beschreibungen beruhen können.

Sie erkennen an diesem Beispiel: Menschen konstruieren sich selbst aus sinnlosen Zeichen sinnvolle Bilder. Die in den Sternenhimmel „hineinkonstruierten" Tierkreiszeichen oder das oben abgebildete Foto von einem Stück Holz sind Beispiele für dieses alltägliche Wahrnehmungsphänomen. Die unterschiedliche Art und Weise und die verschiedene Intensität, mit der Menschen ihre Welt wahrnehmen, kann man äußerlich an ihrem Verhalten erkennen. Jeder Mensch verhält sich nämlich auch deshalb anders, weil er andere Bilder von den Vorgängen um ihn herum und in sich selbst konstruiert hat. Das folgende Foto kann dies deutlich aufzeigen:

3. Wie scheinen die Kinder auf den Fernsehfilm zu reagieren? Beschreiben und vergleichen Sie die auf dem Foto erkennbaren, unterschiedlichen Reaktionsweisen der Kinder vor dem Fernsehgerät. Beschreiben Sie, wie Sie aus Mimik und Gestik auf dem Foto die unterschiedliche Art und Weise herauslesen, wie der Fernsehfilm, den die Kinder beobachten, erlebt wird.

2. Übung   Medienwelten

Die unterschiedliche Bedeutung von Kommunikationsmitteln und Medien sogar innerhalb einer einzigen Familie wird in der folgenden Übung erkennbar:

Es ist schon spät. Vater ist immer noch nicht zu Hause. „Sollen wir schon anfangen zu
essen?", fragt Mutter sich. „Ruf doch den Papa auf dem Handy an!", sagt Lisa etwas vor-
wurfsvoll. „Das will der doch gar nicht", murmelt Olaf (11) und quengelt: „Ich hab' so
einen Hunger, was gibt es denn?" – „Nur Schnitten!" – „Und wann gibt es die Melone,
die Papi am Samstag gekauft hat?" – „Meinetwegen als Nachtisch." Da geht das Schloss
der Haustüre. Vater kommt eilig in die Küche: „Ist das Essen fertig? Ich hab' Hunger.
Gleich fangen die Nachrichten an, und ich will unbedingt wissen, ob morgen noch
gestreikt wird oder nicht." „Warum hast du denn nicht vom Handy aus angerufen?",
will Mutter wissen. Keine Reaktion. Hastig schmiert sich nun jeder selbst eine Schnitte,
und Vater bewegt sich kauend zum Fernsehapparat, da klingelt das Telefon. „Könnt ihr
das Mistding nicht abschalten!", schimpft Vater. Während Olaf ins Bett geht, stellt Mutter ihm den Kassettenrekorder an. „Ich komme gleich noch mal und geb' dir einen Kuss."
Dann schaut auch sie sich an, ob sie wegen des Streiks morgen früher aufstehen muss.
Kurze Zeit später ruft ein Kollege bei Vater an und sagt, er komme morgen früh vorbei
und nehme ihn mit dem Auto mit zur Arbeit; also doch nicht früher aufstehen.
Am nächsten Tag fragt Olaf seinen Freund Daniel, was er denn gestern gemacht habe.
Daniel erzählt: „Meine Eltern haben sich wieder gestritten, und dann ist meine Mutter
immer ganz nervös. Erst ist ihr eine Tasse runtergefallen, und dann hat sie einfach los-
geheult. Als ich den Fernseher anmachen wollte, hat sie mich angebrüllt, ich solle meine
Hausaufgaben machen. Da hab' ich ihr gesagt, wir hätten nichts auf, und da durfte ich
dann erst so eine blöde Kindergeschichte und schließlich ein Asterix-Video sehen. Und
wie war's bei dir?"
„Mein Vater kam wieder so spät nach Hause, und ich musste so lange mit dem Essen
warten. Am Nachmittag hat meine Mutter mich in die Stadtbücherei mitgenommen,
und da hab' ich mir gleich vier Bücher mitgenommen. Meine Mutter wollte das nicht.
Sie sagte, ich würde das sowieso nie lesen, aber das sind ganz spannende Sachen. Abends
hat meine Mutter mir wieder dieselbe Kassette eingelegt – das war furchtbar langweilig. Aber die wissen halt nicht mehr richtig, was Spaß macht."

1. Stellen Sie fest:
   a. Um welche Medien handelt es sich in diesem Beispiel?
   b. Was leisten diese Medien für die Menschen, die sie benutzen?

2. Vergleichen Sie Olafs und Daniels Medienerlebnisse.

3. Denken Sie über Ihre eigene Sichtweise im Hinblick auf Olafs und Daniels Medienerlebnisse nach.

4. Beurteilen Sie die Art und Weise der Mediennutzung durch die verschiedenen Menschen, die im obigen Textbeispiel beschrieben werden.

5. Erinnern Sie sich an Ihre vergangene Woche – von Sonntag bis Sonntag. Halten Sie
   fest, welche Medien wann welche Rolle für Sie und für die Menschen spielten, mit
   denen Sie in dieser Zeit zusammen waren oder mit denen Sie zu tun hatten.

6. Beurteilen Sie Ihre eigene Medienwoche zunächst allgemein. Wenden Sie dann die gleichen Beurteilungskriterien an, die Sie oben schon entwickelt haben.

7. Vergleichen Sie die Selbstbeurteilung mit der Bewertung, die Sie oben an anderen vorgenommen haben.

8. Um die Medienwelten anderer Menschen besser kennen zu lernen, können Sie nun einen Fragebogen erarbeiten, mit dessen Hilfe Sie die folgenden Aspekte auf einer breiteren Basis klären können:
   – die Art der individuell vorhandenen Medien
   – die Häufigkeit verschiedener Medien im Alltag
   – die unterschiedlichen Aufgaben (Funktionen), die die verschiedenen Medien im Alltag erfüllen
   – die besondere Bedeutung der verschiedenen Medien für Kinder, Jugendliche und Erwachsene
   – die Mediennutzung aus Notwendigkeit oder Gewohnheit

9. Überprüfen Sie Ihren Fragebogen vor dem ersten Einsatz im Hinblick auf Verständlichkeit, Klarheit und Eindeutigkeit, indem Sie ihn an einigen Personen ausprobieren, mit denen Sie die Fragen anschließend besprechen.

10. Lassen Sie den Fragebogen von möglichst vielen Freunden und Bekannten, von Ihren Lehrern und von Kindern beantworten.

11. Beantworten Sie die Fragen des erarbeiteten Fragebogens auch für sich selbst und vergleichen Sie Ihre Antworten mit den anderen.

3. Übung   Einweg-Zweiweg-Kommunikation

Teilt man jemandem etwas mit, ist es so, dass der Empfänger der Nachricht nie genau das wahrnimmt und versteht, was vom Sender beabsichtigt war. Wie sehr das Verstehen einer Nachricht von den Umständen abhängt, unter denen sie weitergegeben wurde, kann auch die folgende Übung zeigen. Mit dieser Übung kann man deutlich machen, dass Kommunikationsprozesse umso erfolgreicher verlaufen, je mehr Rückkopplungsmöglichkeiten bzw. Nachfragemöglichkeiten sich ergeben.

Die ersten elektronischen Maschinen zur Übertragung, z. B. von Morsesignalen, ermöglichten lediglich eine Einweg-Kommunikation. Der Empfänger der Signale konnte nicht – wie beim heutigen Telefon – unmittelbare Rückmeldungen zurücksenden.

Gibt es in der folgenden Übung, die von Antons (1976, S. 76) entwickelt wurde, Übertragungsfehler, werden die Absichten der Kommunikationspartner richtig verstanden, und ist die Kommunikation erfolgreich? Worauf beruhen mögliche Fehler? Welche Bedingungen sind erkennbar, die die Kommunikation erfolgreicher werden lassen?

Einweg-Zweiweg-Kommunikation

„1. Einleitung: Übung zur Untersuchung der Kommunikation. Die Kommunikation wird auf die verbrauchte Zeit, die Genauigkeit und die Verhaltensweisen der Teilnehmer geprüft.

2. Es werden ein Übungsleiter und ein oder zwei Beobachter bestimmt.

3. Jedes Gruppenmitglied erhält einen Bleistift und zwei Bogen Papier, ein Bogen mit einer 1, der andere mit einer 2 markiert.

4. Instruktion: ‚Der Übungsleiter wird Anweisungen geben, eine Serie von Quadraten zu zeichnen. Sie sollen diese Quadrate so reproduzieren, wie Ihnen das mitgeteilt wird. Beim ersten Versuch stellen Sie bitte keine Fragen, Sie werden auch keine Antworten bekommen. Bei der zweiten Übung dürfen Sie fragen, der Übungsleiter wird Ihnen so viel antworten, wie Sie fordern. Was auch immer gefragt wird, er darf auf keinen Fall die Platzierung der Quadrate zeigen oder ihre Beziehung zueinander dadurch verdeutlichen, dass er sie mit der Hand in die Luft malt. Nur verbale Anweisungen sind erlaubt'.

5. Der Übungsleiter erhält die erste Zeichnung, darf sie zwei Minuten lang sorgfältig studieren und sich darauf vorbereiten, den Gruppenmitgliedern klare Instruktionen zu geben, wie sie eine gleiche Anordnung von Quadraten auf ihren Bogen zeichnen können. Er setzt sich so hin, dass die Teilnehmer die Zeichnung der Quadrate nicht sehen können.

6. Beobachten Sie Verhalten und Reaktionen des Übungsleiters, Verhalten der Gruppe, Bemerkungen, Gesichtsausdrücke, Gesten usw.

7. Der Übungsleiter, der der Gruppe so schnell, aber auch so genau, wie er kann, mitteilen soll, was sie zeichnen soll, instruiert die Teilnehmer; die benötigte Zeit wird gestoppt.

8. Die Teilnehmer werden aufgefordert, auf ihrem Bogen die Anzahl der Quadrate einzutragen, von denen sie annehmen, dass sie im Verhältnis zu den anderen richtig gezeichnet worden sind.

9. Der Übungsleiter erhält Zeichnung 2, wird aufgefordert, die Beziehung zwischen den Quadraten für zwei Minuten zu studieren, sich dann herumzudrehen und die Gruppe anzuweisen, wie die Quadrate zu zeichnen sind.

10. Instruktion: ‚Sie können nun Fragen an den Übungsleiter stellen, er darf antworten und seine Informationen erweitern, so wie er glaubt, dass es für die Herstellung richtiger Zeichnungen gut sei'.

11. Der Übungsleiter beschreibt die zweite Zeichnung, die Zeit wird gestoppt.

12. Die Teilnehmer werden wieder aufgefordert, die Anzahl der vermutlich richtig gezeichneten Quadrate anzugeben.

13. Die Muster der beiden Quadratfolgen werden den Teilnehmern gezeigt; sie vergleichen, wie viele einzelne Quadrate in ihrer Reihenfolge und ihrer Beziehung zum vorausgehenden oder nachfolgenden Quadrat richtig gezeichnet sind (siehe Auswertungstabelle). Die Größe spielt keine Rolle. Die Anzahl der richtigen Quadrate wird notiert.

14. Die Ergebnisse bezüglich verbrauchter Zeit, geschätzter und geprüfter Genauigkeit sowie deren Differenz werden in folgenden Tabellen eingetragen, für jeden Teilnehmer und im Gruppenmittelwert.

15. Vergleich der Ergebnisse mit den Berichten der Beobachter."

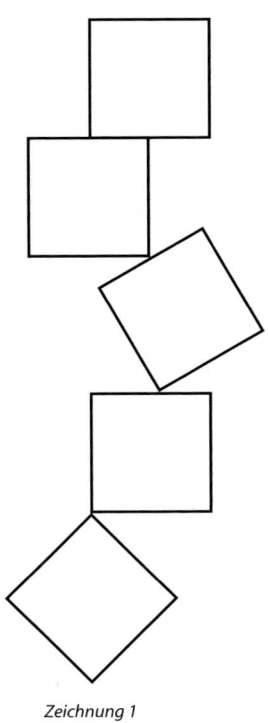

Zeichnung 1

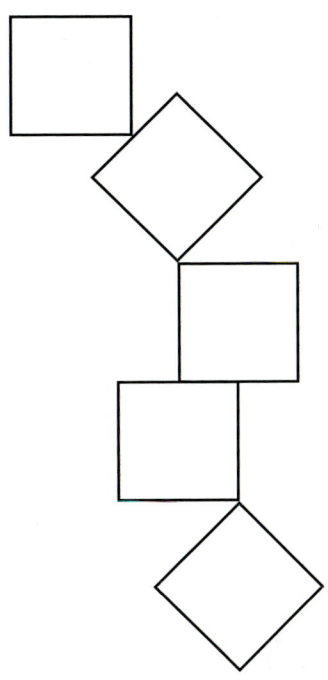

Zeichnung 2

Auswertungstabellen zur Übung Einweg-Zweiweg-Kommunikation

Anzahl richtiger Quadrate	1. Versuch			2. Versuch		
	geschätzt	geprüft	Differenz	geschätzt	geprüft	Differenz

Versuch (Mittelwerte)	1.	2.
Verbrauchte Zeit		
Genauigkeit		
geschätzt		
geprüft		
Differenz		

4. Übung   **Neue Medien – früher und heute**

Kritik an Kommunikationsmittel und Medien gibt es, seit die ersten von ihnen erfunden wurden.

1. Lesen Sie den folgenden Abschnitt, und setzen Sie das Wort „Fernsehen" oder „Computerspielen" in die Lücke des folgenden Textes von Paus-Haase, Höltershinken und Tietze (1990, S. 13) ein:

   „Das unmäßige und zwecklose _____?_____ macht fremd und gleichgültig gegen alles, was keine Beziehung dazu hat, also auch gegen die ganz alltäglichen Dinge und Vorkommnisse unseres Lebens. Hierzu gesellt sich nicht selten eine träge Unlust zu jeder anderen Beschäftigung. Hat man endlich durch langes Stillsitzen und durch einseitige Beschäftigung bei ganz unnatürlicher körperlicher Ruhe ganz und gar seine Nerven geschwächt und über Gebühr gereizt, dann ist es auch aus mit dem häuslichen Frieden, mit Glück und Zufriedenheit!"

2. Stimmen Sie diesem Text zu?
   Diskutieren Sie Ihre Überlegungen mit gleichaltrigen, jüngeren und älteren Personen.
   Auf den allerersten Blick kann man dem Inhalt dieses Zitates beipflichten. Die Autoren beziehen sich dabei auf ein Zitat des Pädagogen und Jugendschriftstellers J. H. Campe aus dem Jahre 1785 und gemeint sind Bücher. Vor mehr als 200 Jahren also entstand ein Text, der über das Lesen das Gleiche sagt, was man heute immer wieder über neue Medien hören kann.

5. Übung   **Personale Medien – personale Kommunikation**

Kommunikation erfolgt nicht nur über Medien wie Bücher, Fernsehgeräte, Telefone, Computer etc. Der menschliche Körper selbst ist in vielerlei Hinsicht ein Kommunikationsmittel. Man spricht dabei von personalen Medien. Die folgende Übung von Gudjons (1978, S. 79 f.) soll Sie die Körperlichkeit personaler Kommunikation erleben lassen:

Partner dirigieren
„**Ziel:**
Aufmerksam werden für mimischen Ausdruck. Sensibilisierung für nonverbale Kommunikation. Einen Partner durch Mimik lenken.

Durchführung:
Jeweils zwei Partner einer Gruppe stellen sich gegenüber, und zwar so, dass eine möglichst große räumliche Distanz zwischen ihnen entsteht. Die Partner an der einen Wand werden als A, die an der gegenüberliegenden Wand als B bezeichnet. Partner A hat jetzt die Aufgabe, auf Partner B im Zeitlupentempo zuzugehen, wobei Partner B, ohne zu sprechen, mit sehr sparsamer Mimik (nur das Gesicht soll einbezogen werden) ausdrücken soll, wie nahe er den auf ihn zukommenden Partner haben möchte, wie schnell er gehen soll, wann er eine Pause machen soll usw. – Partner B soll sich leiten lassen von seinen gefühlsmäßigen Eindrücken während der Annäherung, kommt also z. B. Partner A zu direkt oder rasch, muss er durch seinen Gesichtsausdruck zu zeigen versuchen, dass

ihm dies unangenehm ist. Partner A muss deshalb sehr genau und feinfühlig auf das achten, was der andere mit seinem Gesicht ausdrückt. Blicke, Vermeidung von Blickkontakt, Lächeln, ernste Miene usw. müssen also jeweils genau beachtet werden. – Die Paare beginnen gleichzeitig, sollten aber ihr Tempo unabhängig voneinander finden. – Wenn die richtige Distanz bzw. Nähe gefunden ist, bleiben die Partner einige Augenblicke stehen und vergegenwärtigen sich noch einmal den Ablauf. Anschließend werden die Rollen gewechselt.

Zeit:
Etwa 10–15 Minuten. Gruppengröße max. 20 Teilnehmer.

Variante:
Partner B teilt seinem Partner A etwa drei Minuten lang etwas mit, wobei er die Aufmerksamkeit von A möglichst hoch halten soll. Der angesprochene Partner A nähert sich langsam dem Sprecher, aber nur so lange er sich interessiert fühlt. Nimmt seine Aufmerksamkeit ab, so bleibt er stehen und versucht, dies auch durch seinen Gesichtsausdruck zu signalisieren. Der zuhörende Partner A muss sehr genau auf sein zunehmendes oder abnehmendes Interesse achten und sich entsprechend verhalten. Er selbst darf sich aber verbal nicht äußern.

Auswertungshilfen:
Gelang die Verständigung beim zweiten Mal besser als beim ersten? Welche nonverbalen Signale wurden richtig gedeutet, welche falsch, welche blieben unbeachtet? Was drückt der Ablauf der Annäherungen über die Beziehung der Partner aus?"

6. Übung   Die Konstruktion der Wirklichkeit in der Erziehungspraxis

Am folgenden Text können Sie erarbeiten, welche Rolle die Eigenkonstruktion von Informationen, d. h., welche Rolle die „Konstruktion der inneren Wirklichkeit" in der Arbeit zweier Erzieherinnen spielen kann:

Zwei Erzieherinnen, Kolleginnen in einem Kindergarten, diskutieren über Erfahrungen, die sie mit „Computer-Kindern" gemacht haben – ein Beispiel für zwei Wirklichkeiten zum Thema „Medienerziehung".

Erzieherin A sagt: „Ich habe gestern einen Hausbesuch bei Torsten gemacht. Die Eltern waren furchtbar nett. Es gab Kaffee und Kuchen. Über Torsten selbst habe ich mich aber doch erschrocken. Er saß eine ganze Stunde vor dem Computer, hat ein stumpfsinniges Computerspiel gespielt. Blöcke drehen und wenden, das war alles. Eine ganze Stunde. Hätte er doch besser etwas Sinnvolles getan." Sie denkt: „Hoffentlich kapiert sie endlich mal, wie schlecht Computerspiele für Kinder sind!"

Erzieherin B sagt: „Och, das Spiel haben wir auch zu Hause. Ich finde das gut. Bei meinem Sohn kann ich beobachten, wie er lernt, sich zu konzentrieren und zu reagieren. Wenn man da nicht schnell genug ist, hat man gleich verloren. Ich hab' sogar schon gedacht, dass ein kleiner Computer in der Gruppe für die Kinder ganz nützlich sein könnte." Sie denkt: „Mein Gott, wie verknöchert die doch ist!"

1. Beschreiben Sie, wie die beiden Erzieherinnen die Situation erleben, in Ihren eigenen Worten.

2. Was denken Sie persönlich? – Was ist Ihre „innere Wirklichkeit" in Bezug auf dieses Beispiel, wie also erleben Sie die geschilderte Situation?

106  **7. Übung**   **Die Subjektivität der Wirklichkeit bei sich selbst erleben**

Mit der folgenden Übung von Antons (2000, S. 53 ff.) soll die Subjektivität der Wirklichkeit unmittelbar erlebbar werden:

Titel:
Übung zur Konstruktion der inneren Wirklichkeit

Ziel:
Demonstration der ‚Konstruktion der inneren Wirklichkeit' unter dem Einfluss zwischenmenschlicher Beziehungen

Beteiligte:
Untergruppe von fünf bis sieben Teilnehmern

Durchführung:
Untergruppe von fünf bis sieben Teilnehmern wählen.
Während die Untergruppe hinausgeht, wird die Restgruppe über die Übung aufgeklärt und eine entsprechende Zahl an Beobachtern gewählt. Diese Beobachter erhalten als Aufgabe, die Äußerungen je eines Untergruppenmitgliedes zu beobachten und festzuhalten.
Der erste Teilnehmer der Untergruppe kommt herein und bekommt eine Minute Zeit zum Betrachten eines Bildes (Beispiel s. u.). Ohne die Möglichkeit des Nachfragens berichtet der Erste dem Zweiten, der hereingebeten wird, den Inhalt des Bildes.
Der Zweite berichtet dem Dritten usw.
Die Beobachter halten die Berichte stichwortartig fest und beschreiben nach dem Gesamtdurchgang die Veränderungen.
Hilfreich für die Auswertung kann es sein, zusätzlich zu den Beobachtern noch eine Videokamera laufen zu lassen.

Anweisung an die Mitglieder der Untergruppe:
Betrachten Sie das folgende Bild eine Minute lang konzentriert. Dann geben Sie bitte diese Anweisung und das Bild zurück, und teilen Sie dem nächsten Mitglied Ihrer Gruppe den Inhalt des Bildes möglichst genau mit.

Dauer:
ca. 30 Minuten

Material: Bild (siehe rechts)
alternatives Material:
Bei der Verwendung anderen Bildmaterials hat sich gezeigt, dass Bilder mit starkem Aufforderungscharakter und mit Tabu-Inhalten (Sexualität, Ausländerthematik, Aggressionen etc.) besonders geeignet sind.

Auswertungshilfen:
In der Auswertung sollte darauf geachtet werden, dass die Subjektivität der Wahrnehmung und die u. a. darauf beruhende subjektive Konstruktion der Wirklichkeit deutlich und gründlich diskutiert werden. Folgende Fragen können Impulse dazu geben:
Welche Details werden herausgearbeitet, welche verschwinden? Welche Einstellungen, welche Vorurteile, Normen und Werte werden in den Äußerungen direkt oder indirekt erkennbar? Welche Umdeutungen unklarer Bildinhalte gibt es?"
(Antons, Praxis der Gruppendynamik, 2000, S. 53 ff.)

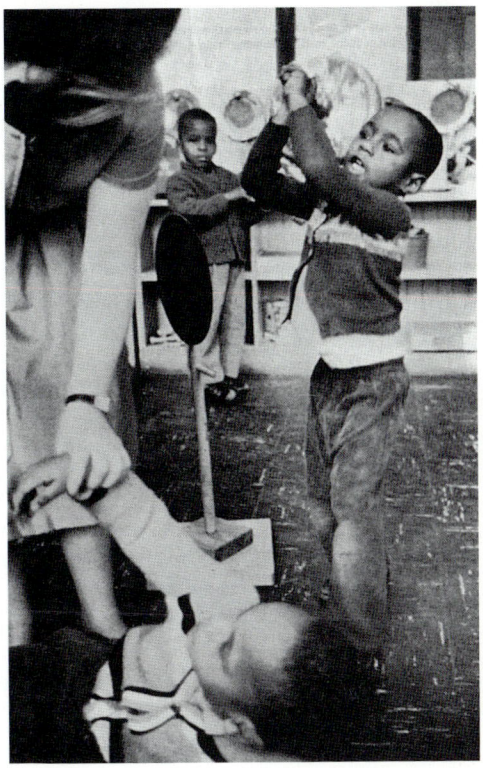

5.2.2 Arbeitsmaterialien

5.2.2.1 Die Konstruktion der Wirklichkeit

Im Alltag nimmt man an, dass das, was man an Informationen von anderen erhält, soweit der äußeren Wirklichkeit entspricht, als es „realitätsgetreu" geäußert worden ist. Besondere Zuverlässigkeit unterstellt man in der Regel den neueren Techniken zur Informationsübermittlung: Fotos, Filmen oder Computerdaten. Natürlich ist bekannt, dass Fotos die Wirklichkeit gewollt oder ungewollt, bewusst oder unbewusst entstellen oder verändern können. Auch weiß man, dass selbst Dokumentarfilme schon durch Kameraführung, Bildauswahl, Kommentierung und vieles mehr zwar „Eindrücke" zeigen, aber keine „objektive" Wirklichkeit vermitteln. Bücher vermögen dies genauso wenig, wie man bei einer Reise nach Reiseführer schnell bemerken kann. Jeder Mensch erzeugt sich viel mehr die Welt, in der er lebt, selbst. Das heißt, dass diese Welt eine individuelle Erfindung ist, eine Annahme bzw. eine Vermutung – also eine Fiktion. Sie ist ein Produkt aus individuellen Wahrnehmungen, Vorstellungen, Gedanken, Gefühlen und Bedürfnissen.
(Maturana, 1985, S. 269)

Man kann sie als **innere Wirklichkeit** bezeichnen, da es sich um das handelt, was der Mensch subjektiv als Realität erlebt.

Menschliche Kommunikation steht in einer wechselseitigen, sich beeinflussenden Beziehung zu individuellen Wahrnehmungen und zu den persönlichen Vorstellungen und Artikulationsweisen. In diesem wechselseitigen Prozess vollzieht sich die Konstruktion der inneren Wirklichkeit des Einzelnen: Aufgrund der jeweils einzigartigen Art und Weise, wie der Mensch sich und seine Umwelt wahrnimmt, kommt es zu ganz persönlichen (subjektiven) Konstruktionen des Bildes, das er von seiner Welt hat. Der Konstruktionsprozess als solcher bleibt in der Regel unbewusst.

Beispiel
Eine Erzieherin wird von den Kindern ihrer Gruppe sehr unterschiedlich wahrgenommen: Ein Kind findet sie schön und nett, das andere findet sie freundlich, ein weiteres Kind findet sie hässlich und unangenehm usw. Das Bild, das ein jedes Kind von seiner Erzieherin hat, ist somit seine subjektive Konstruktion.

Die Subjektivität dieser Konstruktion beruht

- auf biologischen Unterschieden (z. B. unterschiedliche Leistungsfähigkeit der Sinnesorgane und des zentralen Nervensystems),

- auf damit verbundenen psychologischen Gesetzmäßigkeiten, z. B. wahrnehmungs-, lern-, denk-, entwicklungs- oder persönlichkeitspsychologischer Art, und

- auf den individuellen Lebenserfahrungen.

Die Konstruktion der Wirklichkeit geschieht

- durch jeden Kommunikationsteilnehmer selbst,

- unter dem Einfluss der zwischenmenschlichen Beziehungen, in denen er steht, und

- in einer individuell unterschiedlichen Abhängigkeit der verinnerlichten kulturellen und gesellschaftlichen Normen und Werte.

5.2.2.2 Funktionen der Kommunikation

Menschen müssen sich in allen Belangen ihres Lebens aufeinander einstellen und ihr Verhalten und Erleben mit dem anderer abstimmen. Kinder in Kindertagesstätten lernen und entwickeln die Fähigkeit dazu. Sie werden von den Erzieherinnen entsprechend gefördert.

So müssen Erzieherinnen – um jedem Kind gerecht werden zu können – die in der Kindergruppe vorhandenen zwischenmenschlichen Beziehungen wahrnehmen und beachten. Auch das Arbeiten im Erzieherinnen-Team erfordert ein besonders hohes Maß an Abstimmung und Zusammenarbeit. Die Praktikerin weiß, wie problematisch fehlende Koordination für Kinder und Mitarbeiterinnen ist. Die dazu nötigen Informationen gewinnt man durch Kommunikation. Diese ist für Zusammenleben und Zusammenarbeit unentbehrlich.

Entsprechend wird Kommunikation im Alltag wie in der Kommunikationsforschung oft als Übermittlung von Informationen beschrieben. Bei der Übermittlung von Informationen geht es in der Regel darum, zwischenmenschliche Beziehungen aufzunehmen und zu gestalten, Informationen mithilfe von Kommunikationsmitteln zu gewinnen oder weiterzugeben, das Verhalten und Erleben des Menschen zu beeinflussen und/oder bestimmte Sachprobleme zu lösen. Viele Menschen glauben, dass die Informationen, die ausgetauscht werden, den Empfänger unverfälscht erreichen. Doch dem ist keineswegs so: Informationen, über die ein Mensch verfügt, sind von diesem – wie bereits erwähnt – immer gedeutet.

Weiter gefasst kann Kommunikation auch als Koordination des Zusammenlebens von Menschen verstanden werden. Die folgenden Beispiele können dies veranschaulichen:

Beispiel
– Das Telefon – eines der verbreitetsten Hilfsmittel für die Koordination des menschlichen Zusammenlebens – überträgt Schallereignisse über Tausende von Meilen hinweg an einen anderen Ort und nimmt Einfluss auf dortige Geschehnisse.
– Briefe können ihrem Adressaten die verschiedensten Nachrichten vermitteln – von Liebesbotschaften, die zwischenmenschliche Beziehungen beeinflussen, wenn nicht gar etablieren, bis hin zu komplizierten technischen Zeichnungen.
– Journalisten berichten und kommentieren Nachrichten für ihre Leserschaft, Politiker halten Pressekonferenzen ab, und Wissenschaftler veröffentlichen Theorien und Forschungsergebnisse. Sie alle nehmen Einfluss auf das Leben und Zusammenleben von Menschen und bedienen sich dabei der unterschiedlichsten Medien.
– Priester vermitteln den Gläubigen die „Worte Gottes" und beeinflussen das Verhalten, die Werte und Normen der Menschen nachhaltig.

5.2.2.3 Medien und Kommunikation

Medienbegriffe
Die unterschiedlichen Definitionen und Vorstellungen, die es von Medien als Kommunikationsmittel des Menschen gibt, zeigen die vielfältigen Erscheinungsweisen und Bedeutungen auf. Medien werden benötigt, um mit anderen in Beziehung zu treten und zu stehen. Die meisten Menschen haben eigene Einstellungen zu den unterschiedlichen Medien – vor allem zu modernen Massenmedien. Die einen halten sie für „Teufelszeug", das nur der Manipulation zum Nutzen einiger weniger Menschen dient, andere halten sie für unverzichtbar im Hinblick auf die Funktionsfähigkeit einer demokratischen und wirtschaftlich stabilen Gesellschaft. Zwischen diesen extremen Auffassungen gibt es alle möglichen anderen Meinungen. Unabhängig davon, wie sie bewertet werden, dienen sie direkt oder indirekt immer der Beziehung zwischen den Menschen.

Medien als Übermittler von Zeichen
Medien sind die Übermittler von Zeichen (also Geräte oder Gegenstände). Man gebraucht heute den aus der Computersprache stammenden englischen Begriff *Hardware* für das konkrete Material oder Gerät, mit dessen Hilfe Informationen vermittelt

werden (z. B. ein Buch bzw. das Papier des Buches und die aus Druckerschwärze beste-henden Buchstaben). Über die Hardware hinaus umfasst der Begriff <u>Medium</u> auch den Menschen als Übermittler von Zeichen; man spricht in diesem Zusammenhang vom „per-sonalen Medium".

Medien als Zeichen

Weiter sind Medien auch die Zeichen selbst mit ihren Bedeutungen (also z. B. Wörter, Texte, Bilder, Farben). Sie verkörpern die Informationen, die weitergegeben, um indivi-duell interpretiert, werden. In diesem Sinne spricht man von Software. Software ist die übermittelte Information (z. B. der Inhalt eines Buches). Beim Computer versteht man unter Software die Programme, die mithilfe des Gerätes bedient werden können.
In der Medientheorie gibt es auch engere Definitionen, die den Menschen selbst nicht als Medium verstehen. Der Unterschied zwischen einem weiten Medienbegriff, wie er in diesem Buch verwendet wird, und einem engen Verständnis von Medien wird fol-gendermaßen erklärt:

Weiter Medienbegriff

Wenn Medien – was unumstritten ist – der Kommunikation zwischen verschiedenen Menschen dienen, dann können die Menschen selbst auch Mittler von Zeichen sein. Man denke nur an die große Spannbreite mimischer, gestischer oder sprachlicher Zei-chen, deren Träger der Mensch selbst ist.

Enger Medienbegriff

Wenn man unter Medien nur Hardware und Software versteht, dann sind Personen natürlich keine Medien. Der Mensch bedient sich der Hard- und Software, benutzt sie als kommunikatives Werkzeug und muss nicht selbst als Werkzeug verstanden werden.

Kommunikationsmetaphern

> *Kommunikation in einem engeren Sinne wird als Übermittlung von Informationen, Kom-munikation in einem weiteren Sinne wird als Koordination des Zusammenlebens von Men-schen definiert.*

Häufig wird Kommunikation in „Bildern" beschrieben. Man nennt diese Bilder Meta-phern. Eine in der Psychologie oft verwendete und allgemein bekannte Metapher ist es, das menschliche Gehirn als Computer zu beschreiben bzw. zu verstehen. Ein Computer ist aber etwas völlig anderes als das viel kompliziertere menschliche Gehirn. Und den-noch: Die Metapher vermag Teilaspekte des Speicherns und Abrufens von Informatio-nen zu veranschaulichen. Zur Umschreibung dessen, was unter Kommunikation zu ver-stehen ist, bedient man sich der folgenden Metaphern (vgl. Krippendorf, 1990, S. 25 f.)

Die Container-Metapher

Mit der Container-Metapher ist gemeint, dass Botschaften, Bilder, elektronische Signa-le oder sprachliche Ausdrücke „Behälter" (Container) für den Transport von Bedeutun-gen oder Ideen an einen Bestimmungsort sind, wo sie wieder entnommen und verwer-tet werden können. Der Satz „Du bist aber ganz schön schlau!", ist nach dieser Meta-pher der Container für die Information. Hört jemand diesen Satz, registriert er: „Ich werde für schlau gehalten."

Wörter, Sätze oder umfangreichere sprachliche Texte können für verschiedene Menschen durchaus verschiedene Bedeutungen – also verschiedene Inhalte – haben.

Der Satz „Du bist aber ganz schön schlau!" ist in diesem Sinne keine Information, sondern er enthält für verschiedene Menschen verschiedene Informationen. Vielleicht bedeutet der Satz – wenn er ironisch verwendet wird – sogar: „Mein Gott, bist du aber dumm!"

Die Metapher von der Kommunikation als zwischenmenschliche Gemeinsamkeit
In dieser Metapher ist Kommunikation zwischen Menschen gleichbedeutend mit Gemeinsamkeit zwischen ihnen.

Zwei Menschen liegen seit Wochen im Streit. Sie reden nicht miteinander. Einer dritten Person gelingt es, beide dazu zu bewegen, sich zu treffen und ein Gespräch zu führen. Der Versuch gelingt: Indem die Streithähne miteinander kommunizieren, vertragen sie sich wieder.

Die Metapher von der Kommunikation als Einflussnahme

Informationen veranlassen jemanden, etwas zu tun. Sie bewirken etwas, machen glücklich oder unglücklich, sie wirken sich auf etwas aus oder verursachen etwas. Der Grundgedanke dieser Metapher liegt darin, dass Kommunikation Einflussnahme ist.

Die gesamte Werbeindustrie baut ihren Kommunikationsbegriff auf dieser Metapher auf. Für sie ist Kommunikation gleichbedeutend mit der Lenkung des Konsumverhaltens der Menschen.

Auch auf Erziehungssituationen ist diese Metapher anwendbar. Stellen Sie sich vor, Sie bitten die Kinder Ihrer Gruppe, sich nicht mit den Holzbausteinen zu bewerfen. Die Kinder hören auf zu werfen und spielen friedlich weiter. Ist die Metapher aber auch noch richtig, wenn die Kinder nicht reagieren? Hat dann keine Kommunikation stattgefunden?

Kritik an den Metaphern

Die Lektüre des folgenden Textes zeigt, dass es auch in der Fachliteratur Kritik an den in den Arbeitsmaterialien aufgeführten Metaphern zur Kommunikation gibt:

- **Container-Metapher:** Der Nachteil dieser Metapher ist, dass Inhalt und Behälter als getrennte Einheiten unterschiedlicher Art verstanden werden. Wenn Kommunikation nicht gelingt, dann muss nach dieser Auffassung das Problem entweder im Übertragungsweg oder aber beim Empfänger liegen, der die Botschaft nicht genau so entnommen hat, wie sie hineingelegt worden ist. Tatsächlich aber sind „Behälter" und „Inhalte" nur unterschiedliche Aspekte der Kommunikation insgesamt. Sie sind nicht losgelöst voneinander und nur im Zusammenhang mit dem Sender einer Information und ihrem Empfänger sowie deren sozialer Situation zu verstehen.

- **Die Metapher von der Kommunikation als zwischenmenschlicher Gemeinsamkeit:** Die Grenzen dieser Metapher liegen u. a. darin, dass die Absichten des Senders einer Mitteilung vom Empfänger nicht ohne eigene Interpretationen aufgenommen werden: Wenn zwei Personen dieselbe Mitteilung erhalten, entnehmen sie ihr nicht unbedingt auch denselben Inhalt, d. h. also, dass Kommunikation nur in mehr oder minder begrenztem Maße Gemeinsamkeiten schafft.

- **Die Metapher von der Kommunikation als Einflussnahme:** Die Unzulänglichkeit dieser Metapher liegt darin, dass Kommunikation keineswegs nur an ihrem Erfolg erkennbar ist und dass sie nicht nur dann erfolgreich ist, wenn jemand dazu gebracht werden kann, zu glauben oder zu tun, was der Sender einer Information erreichen wollte. Weiter wird in diesem Bild der Wechselwirkung von Sender und Empfänger der Information zu wenig Wert beigemessen. Nicht nur der Sender bestimmt die Kriterien für das, was unter Kommunikation zu verstehen ist. Der Empfänger ist nämlich dabei keineswegs passiv oder gar ohnmächtig ausgeliefert; auch er beeinflusst den Sender der Information und die Information, die er empfängt.

5.2.2.4 Medienwelten

Jeder lebt in einer individuell unterschiedlichen Welt von Medien und ist unterschiedlichen Medieneinflüssen ausgesetzt. So gibt es nicht nur individuelle Unterschiede hinsichtlich der Frage, ob Fernseher, ein Telefon, ein Radio, die Tageszeitung, ein Anrufbeantworter, Bücher, ein Computer oder vieles mehr überhaupt vorhanden sind bzw. benutzt werden. Auch die Frage, wie der Mensch die für ihn erhältlichen Informationen verarbeitet, spielt eine große Rolle. Diese besondere, individuelle „Mediensituation" bezeichnet man als Medienwelt einer Person.

5.2.2.5 Mediengeschichte

Alle Medien haben eine Geschichte. Sie haben sich nicht nur technisch weiterentwickelt. Auch die Einstellungen der Menschen zu einzelnen Medien haben sich im Verlauf der Zeit stark gewandelt. Meist waren diese Einstellungen zu neuen Medien zunächst sehr ablehnend, um schließlich doch positiv zu werden. Die Bandbreite der Meinungen reichte in allen Jahrhunderten von blinder Unterwerfung unter den Einfluss der Medien bis zu ihrer strikten Ablehnung.

Ein Blick in die Geschichte der Medien öffnet Erzieherinnen vielfältige Möglichkeiten, die Welt der Medien selbst besser zu verstehen und gleichzeitig Kindern und Jugendlichen den Umgang mit ihnen und ihren Möglichkeiten und Grenzen unmittelbar erfahrbar zu machen.

Mit Kindern Telefone, Morseapparate, Geheimschriften etc. zu bauen bzw. zu entwickeln hat einen ureigenen pädagogischen Wert. Kinder und Jugendliche können auf diese Weise nicht nur bauen und konstruieren, sondern auch in das Wesen von Medien eintauchen.

Medien im Wandel der Zeit

Die Klage, Bücher hätten negative Auswirkungen auf das Verhalten und Erleben der Menschen, geht zurück bis zu den alten Griechen und reicht bis in die heutige Zeit. In unserem Jahrhundert gesellt sich zum Bücherwurm – bei gleich bleibender Sorge vieler Pädagogen – der Viel-Seher, der Viel-Hörer, der Video-Freak und inzwischen immer häufiger auch der Computer-Freak.

Allen Medien ist gemeinsam: Als sie neu waren, erhoben sich einzelne Menschen, aber auch ganze Interessensgruppen in Sorge dagegen, sie könnten zu einer gesellschaftlichen Gefahr werden. So wie sich Eltern früher ängstigten, dass das viele Lesen ihrer Kinder schädlich für deren Augen sei, so fürchten sie heute um die Ohren der Walkman-Hörer oder der Disco-Besucher bzw. um Augen und Rücken der Fernseh- und Computer-Kinder.

Nicht nur auf momentane Gefahren für Augen, Ohren und Körperhaltung, sondern noch mehr auf die psychische und körperliche Gesamtentwicklung der Kinder und Jugendlichen richtete sich immer wieder das Augenmerk von Eltern, Lehrern und Erzieherinnen. Entwicklungsverzögerungen, ja, sogar geistige Behinderungen wurden – und werden – vorausgesehen, wann immer ein neues Medium auftauchte.

Über das Aufkommen pädagogischer und entwicklungspsychologischer Befürchtungen hinaus bedeuteten die Erfindung und Einführung neuer Medien in der Vergangenheit jedes Mal eine Erschütterung und eine elementare Veränderung der gesamten gesellschaftlichen Verhältnisse, und schon immer wurde versucht, die Medienangebote zu beeinflussen – nicht nur in diktatorischen Systemen.

„Alte" und „neue" Medien im Vergleich

Eine der besonderen und historisch bedeutsamen Veränderungen, die mit der Einführung des Buches verbunden war und bis heute von Bedeutung ist, lag darin, dass Kommunikation nun nicht mehr unmittelbar persönlich und körperlich sein musste: Maschinen begannen die individuelle, einmalige und manuelle Herstellung der Zeichen zu ersetzen. Einer der bekanntesten Pädagogen der vergangenen Jahrzehnte, Hartmut von Hentig, schreibt, dass er, hätte er sich unter alten und neuen Unterrichtsmedien für eines zu entscheiden, Tafel und Kreide wählen würde, denn man verwende Tafel und Kreide als „Verlängerung der eigenen Person". Die Person spiele im Unterricht immer mit und habe eine konzentrierende Wirkung.

Die alten Medien seien aufgrund einiger spezifischer Aspekte pädagogisch besonders nützlich; zu nennen seien da vor allem:

- ihre Unvollkommenheit, die von der Erzieherin verlangt, dass sie selbst sie belebt,

- ihre Dienstbarkeit, d. h. die Tatsache, dass sie nicht von selbst funktionieren,

- die vollständige Durchschaubarkeit ihrer Machart und

- die Möglichkeit, die sie bieten, die Kinder und Jugendlichen, denen etwas vermittelt werden soll, zu beobachten und sich auf sie einzustellen (vgl. Hentig, 1987, S. 25 f.).

Die neuen, technologischen Medien

- sind demgegenüber vollkommener und mit einer Eigengesetzlichkeit versehen, die selbstständiges, unabhängiges Denken weniger unmittelbar hervorrufen,

- sind autonom, d. h., sie können auch für sich und ohne Erzieherin oder Lehrerin funktionieren,

- sind durch ihr hohes technisches Niveau nicht mehr durchschaubar (die Mystifizierung und Personalisierung des Computers durch viele Nutzer macht dies deutlich) und

- sie erfordern sehr viel Konzentration auf das Medium selbst, wodurch sie von den Personen und den sozialen Bezügen, in denen sie wirken, ablenken.

Hieroglyphen

Ein gutes Beispiel, wie differenziert und wie weit entwickelt die Schrift als Medium bereits vor tausenden von Jahren war, sind die Hieroglyphen der alten Ägypter. Auf Kinder und jüngere Jugendliche üben sie häufig eine ähnliche Faszination aus wie die Dinosaurier.

Die Hieroglyphen waren die „Buchstaben" der Ägypter, also ein System von Zeichen, das um das Jahr 4000 v. Chr. der Kommunikation diente – zu Zwecken, die sich im Vergleich zur heutigen Zeit nicht nennenswert verändert haben: Nachrichtenübermittlung, Buchhaltung, Rechnungen etc. So wurden Einer, Zehner, Hunderter, Tausender, Zehntausender und Hunderttausender unterschieden. Es handelt sich somit um ein System, mit dem sich durchaus bereits kompliziertere Rechnungen durchführen lassen.

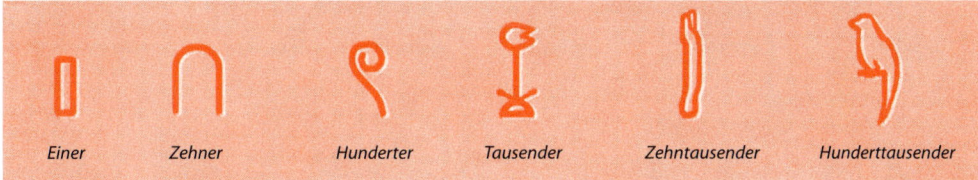

| Einer | Zehner | Hunderter | Tausender | Zehntausender | Hunderttausender |

Der museumspädagogische Dienst des Roemer- und Pelizaeus-Museums in Hildesheim hat ein der Hieroglyphenschrift nachempfundenes Alphabet entwickelt:

a	b	ch	d	e	f	g	h	i
j	k	l	m	n	o	p	q	r
s	sch	t	u, v, w	x	y	z	ts, tsch	dsch

Ursprünglich gab es allerdings in der Hieroglyphenschrift keine Vokale, sondern nur Konsonanten. Die Vokale gleichen im Hieroglyphenalphabet des Roemer- und Pelizaeus-Museums den ägyptischen Zeichen.

Besonders häufig vorkommende Wörter erhielten von den Ägyptern eigene Zeichen, was durchaus praktisch ist.

männliche Person	weibliche Person	Kind	Tier	Körperteil	Stoff, Kleidung
männliche Gottheit	weibliche Gottheit	Baum	kleinere Pflanze	Teil aus Holz	Teil aus Stein
Gebäude	Siedlung	Land, Boden	Entfernung	Zeit, Licht	Wärme
flüssig	winzig	Sehen	Bewegen	Bein, Gehen	Rufen, Beißen

In vielen museumspädagogischen Diensten wird die Hieroglyphenschrift als Beispiel für die kommunikationsbedeutsamen Erfindungen oder Entwicklungen früherer Zeiten bzw. früherer Gesellschaften verstanden und genutzt.

Die Hieroglyphenschrift ist nach Auffassung vieler Menschen eine sehr einfache Schrift. Dem ist allerdings keineswegs so. Die Hieroglyphenschrift hat zwar Zeichen für Konsonanten, nicht aber für Vokale. Dafür gab es Schriftzeichen für ganze Silben und sogar für ganze Wörter. Besonders einzigartig ist, dass man die Hieroglyphenschrift von rechts nach links, von links nach rechts, von oben nach unten und von unten nach oben lesen kann. Wenn man männlich war, musste man einen Jungen hinter die Zeichen malen, und wenn man weiblich war, ein Mädchen.

weiblich

männlich

Wörter, die mehrere andere Begriffe beinhalteten, haben die Ägypter vermieden. Eine Schule war beispielsweise das „Haus des Unterrichts".

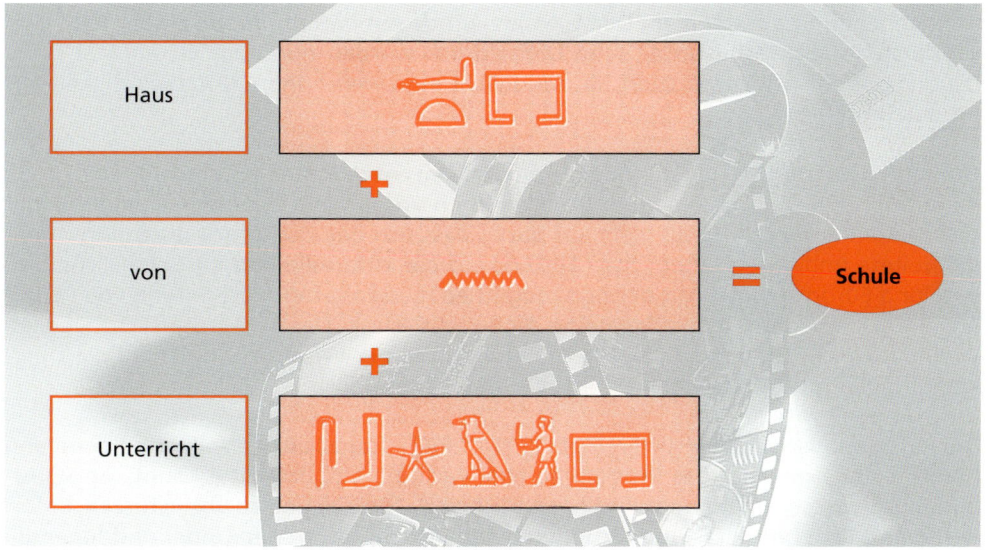

Haus		
+		
von		**=** Schule
+		
Unterricht		

Ob nun z. B. von links nach rechts oder von rechts nach links gelesen wurde, erkannte man an der Richtung, in der die Menschen und Tiere schauten. Es gab zwar tausende von Zeichen, die meisten der altägyptischen Schreiber kannten jedoch nur einen Bruchteil von ihnen. Sprache und Schrift der alten Ägypter gibt es – zur Überraschung vieler – auch heute noch: In Ägypten leben derzeit ca. acht Millionen Kopten. Die Kopten sind die ägyptischen orthodoxen Christen. Ihre religiösen Schriften sind nach wie vor in Hieroglyphen geschrieben und werden von Geistlichen gelesen. Im Unterschied dazu sprechen und schreiben die Ägypter von heute Arabisch.

Da die meisten Ägypter vor 4000 Jahren nicht schreiben und lesen konnten, zeichneten die professionellen Schreiber anschauliche Szenen zu ihren Texten. Heute würde man diese Zeichnungen als Comics bezeichnen. Sie erzählten die Geschichten, die die Texte zum Inhalt hatten (vgl. Suchmaschine für Kinder, Ägypten, 2004).

5.2.2.6 Buchdruck

Fälschlicherweise nimmt man heute – vor allem in Deutschland – an, dass der Buchdruck eine Erfindung von Johannes Gutenberg sei. Die ältesten bekannten beweglichen Lettern in Europa sind jedoch ca. 3500 Jahre alt. Das so genannte Blockdruckverfahren wurde in Europa ebenfalls vor Gutenberg im 15. Jahrhundert (in Asien sehr viel früher) zum Druck von Büchern verwendet. Unter Blockdruck versteht man das Drucken mit größeren Blöcken, in die ganze Seiten von Text eingraviert oder herausgearbeitet worden sind. Linoldruck ist ein Beispiel dafür, das viele aus dem Kunstunterricht kennen.

Johannes Gutenberg entwickelte um 1450 n. Chr. eine Druckmethode, die allerdings so schnell und praktisch war, dass sie von leichteren Verbesserungen abgesehen bis 1930 angewendet wurde. Erst im 20. Jahrhundert wurde die manuelle Arbeit der Schriftsetzer durch mechanische Setzmaschinen ersetzt. 1960 kam es dann zu einer Ablösung der mechanischen Setzmaschinen: Der Fotosatz wurde entwickelt, der aber sehr bald vom Digitaldruck abgelöst wurde. Beim Digitaldruck werden nun zum ersten Mal keine Druckvorlagen mehr produziert. Er ermöglicht eine weit höhere Geschwindigkeit der Produktionsabläufe.

Gutenbergs Leistungen lagen – obwohl die von ihm entwickelte Drucktechnik eine große Reihe von Verbesserungen im Vergleich zu ihren Vorgängern aufwies – weniger in der technischen Entwicklung als vielmehr darin, dass sich der Buchdruck durch ihn rasant verbreitete und einen erheblichen Einfluss auf die kulturelle und wirtschaftliche Entwicklung Europas hatte: Mit der nun möglichen massenhaften Verbreitung von Druckerzeugnissen begann eine allgemeine Alphabetisierung. Das gesellschaftliche Denken veränderte sich: Die immer schnellere Entwicklung der Wissenschaften und die Überwindung des mittelalterlichen Denkens waren nun möglich.

Der Reformpädagoge Célestin Freinet (1896 – 1966) – französischer Volksschullehrer und Reformpädagoge – hat das Drucken als eine wichtige Möglichkeit erkannt, die Selbstbildungsprozesse von Kindern und Jugendlichen zu fördern und zu unterstützen. Er forderte, dass Erzieherinnen eine Lernumgebung vorbereiten, in der Kinder und Jugendliche die Möglichkeit haben:

- mit Materialien und Werkzeugen zu experimentieren,
- sich frei auszudrücken,
- sich mit den Gegenständen und Aufgaben des täglichen Lebens zu beschäftigen,
- Verantwortung für sich und andere zu übernehmen und Verantwortlichkeit zu erleben,
- Vertrauen zu erfahren,
- sich selbst kennen zu lernen,
- auf sich selbst zu vertrauen und die eigene Arbeit wie auch die Ergebnisse der eigenen Arbeit wertzuschätzen.

Das Drucken mit eigenen Setzkästen – die so genannte Freinet-Druckerei – hielt Freinet für eine besonders gute Möglichkeit, dass Kinder und Jugendliche sich produktiv an der Gestaltung des Alltags beteiligen.

In dem Buch „Werkstatt Hauptschule – anders lernen mit HauptschülerInnen" von Bertram Schmitt (2002) finden Sie eine Materialsammlung zu Projekten, die sich gut im Freizeitbereich durchführen lassen. Hier gibt es auch Hinweise, wie man eine Lernwerkstatt für ältere Kinder bzw. für Jugendliche einrichten kann. Informationen über die Ausstattung einer pädagogischen Druckwerkstatt können Sie im Internet unter dem Stichwort „Schuldruckerei" finden.

Im Folgenden finden Sie die Kurzbeschreibung eines Projekttages „Buchdruck" von Bertram Schmitt (2004). Das Projekt setzt voraus, dass ein Setzkasten mit Lettern und dem erforderlichen Werkzeug zur Verfügung steht.

„Ein Drucktag in der sechsten Klasse ...
– Setzen,
– Einfärben,
– Drucken
mit beweglichen Metallbuchstaben

Dieses Informationsblatt soll euch erklären, wie ihr Buchstaben aus Metall zu einem Text-
satz zusammensetzt, wie ihr den Satz mit einer Handwalze einfärbt und schließlich den
Text mit der Druckwalze auf Blätter druckt.

Setzen
Um ein Wort, einen Satz oder einen ganzen Text zu drucken, musst du die einzelnen
Buchstaben aus Metall richtig hintereinander „setzen". Dazu benutzt du einen Winkel-
haken.

– Wir legen das Zeilenmaß in seiner Breite mit einer Reglette (so nennt man die Zei-
lenabstände aus Metall) fest. Diese bestimmt die Einstellung des Winkelhakens.
Sodann setzt du jetzt von links nach rechts, allerdings auf dem Kopf stehend, Buchstabe für Buchstabe und Wort für Wort
im Winkelhaken zur fertigen Zeile
zusammen. Zwischen die Wörter kommt
jeweils eine Wortpause, das ist ein
Metallstück ohne Buchstabe. Solche
Teile nennt man Blindmaterial, weil sie
nicht drucken, oder Ausschluss (von aus-
schließen).

Winkelhaken

Anschlussstücke	*Quadrat*	*Stege*

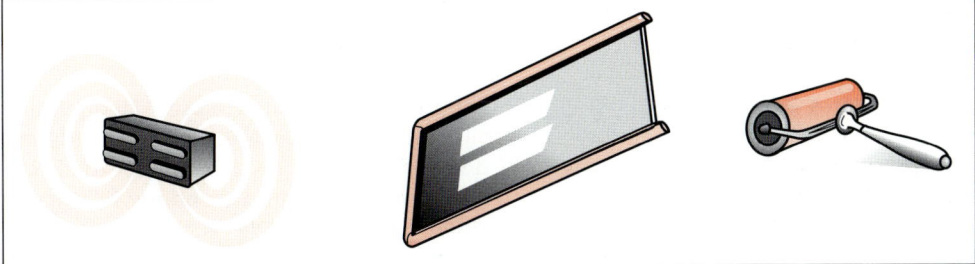

Magnet	*Setzschiff*	*Färbewalze*

Einfärben

– Auf die **Glasplatte** neben der **Druckwalze** bringst du ein ungefähr erbsengroßes Stück Farbe auf. Diese wird mit einer **Spachtel** gleichmäßig auf dem Glas verteilt. Mit der **Färbewalze** walzt du die Farbe sehr fein auseinander, bis die Farboberfläche seidig glänzt. Die Handwalze soll rundum gut mit einer *dünnen* Farbschicht überzogen sein. *Von deiner Geschicklichkeit beim Einfärben hängt es ab, wie klar der Druck aussieht und wie lange die Farbe trocknen muss.*

– Beim Einfärben der Buchstaben kommt es darauf an, *sauber* zu arbeiten. Wie ein Flugkapitän musst du beim Einfärben die Handrolle auf den Buchstaben landen und wieder abheben lassen. Alle Buchstaben, auch die außen herum, müssen gleichmäßig mit Farbe bedeckt sein. Falls **Blindmaterial** (Wortpausen, Regletten oder Schließstege) mit Farbe verschmutzt sind, musst du sie sofort abwischen, da sonst das Papier verschmiert wird. Die Handwalze wird auf den **Füßen** neben die Glasplatte abgestellt.

– Übrigens müssen deine Hände sauber sein, sonst verschmierst du Blätter und Werkzeug immer von Neuem mit Farbe.

Drucken

– Den Papierbogen hältst du so zwischen Daumen und Zeigefinger der linken (rechten) Hand, dass er leicht nach oben gebogen ist. Mit dem Daumen der anderen Hand drückst du ihn mit dem Rand auf einen Steg in geeignetem Abstand links oder rechts von den Buchstaben. Ist der Bogen so eingerichtet, dass der Druck mitten aufs Blatt kommen wird, kannst du ihn auf die Buchstaben fallen lassen.

– Wenn du sachte darüber streichst, klebt er von selber an der Farbe fest. Die Druckwalze rollst du nur je einmal hin und zurück über den Bogen. Den bedruckten Papierbogen ziehst du vorsichtig ab. Jetzt kannst du feststellen, ob dein Druck gelungen ist.

– Zum Trocknen werden die Drucke für zwei bis drei Tage in die Trockenfächer des Setzpultes gelegt."

(Schmitt, Buchdruck I, 2005)

5.2.2.7 Flaggensprache

Ein besonderes – auch pädagogisch – gut nutzbares Medium sind Flaggen. Flaggen sind bis heute ein verbreitetes Kommunikationsmittel in der Seefahrt. Bis vor wenigen Jahrzehnten war die Flaggenkommunikation dort verbreiteter als der Funkbetrieb. Die Schifffahrt verwendete bunte Flaggen, um sich zu verständigen. Besonders wichtig war dies in den für große Schiffe häufig sehr engen Häfen. Nach wie vor ist die Flaggensprache im Einsatz, wenn auch der Funk einen großen Teil ihrer Funktionen übernommen hat.

In der Flaggensprache gibt es für jeden Buchstaben eine bunte Flagge. Kombinationen von maximal vier Flaggen bedeuten bestimmte, international verbindliche Sätze, die man in entsprechenden Handbüchern nachlesen kann. Die Flagge „W" bedeutet z. B. auch „Wir brauchen einen Arzt". Die Flaggen „D" und „Q" gemeinsam bedeuten „Feuer im Schiff".

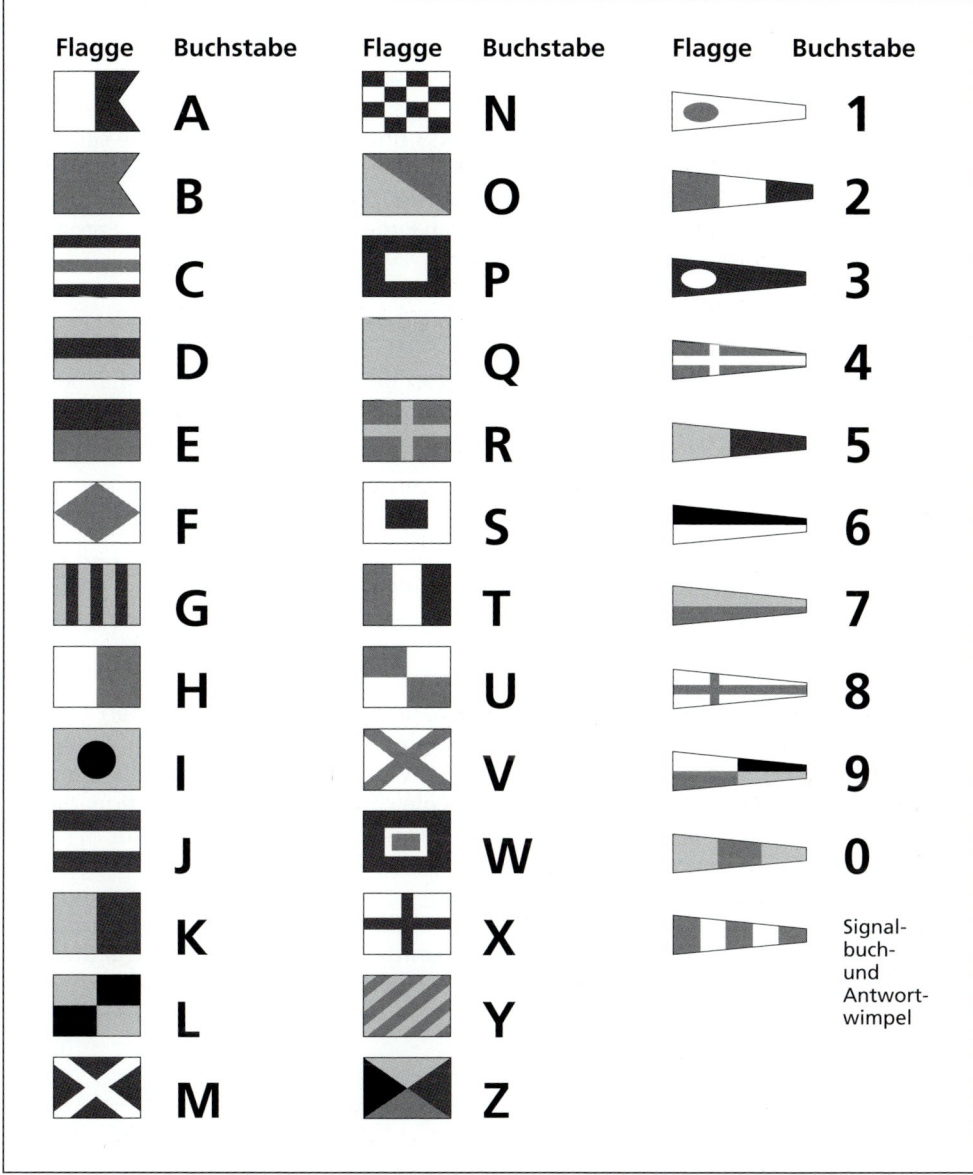

(Europäisches Segel-Informationssystem, Das Internationale Flaggenalphabet, 2003)

Kinder und Jugendliche können auch selbst eine Flaggensprache entwickeln und sich auf diese Weise – zwar auf Sicht, aber dennoch über größere Entfernung – verständigen.

5.2.2.8 Fotografie

Auch die Fotografie (siehe Kapitel 6) ist für die Entwicklung von Kommunikation und Medien von großer Bedeutung. Bereits im Jahr 1816 entstehen die ersten Papierfotos. Das erste praktikable fotografische Verfahren, bei dem die Bilder auch längerfristig haltbar waren, wurde 1839 entwickelt. Die erste Fotoreportage in einem Krieg wurde 1855 von Roger Fenton veröffentlicht. Für das am weitesten verbreitete Filmformat (24 x 36 mm) wurde 1913 der erste Leica-Prototyp von Oskar Barnack konstruiert.

Kleinbildfilme für Farbdias gibt es schon seit 1933 und die Negativ-Rollfilme seit 1942. Auch Zoomobjektive gibt es seit fast 50 Jahren. Die erste noch fast unbezahlbare digitale Kamera für Amateure kam 1995 auf den Markt. Heute weist die Digitalfotografie eine so rasante Entwicklung auf, dass bereits vom Ende der konventionellen Fotografie mit Negativ- und Positivbildern gesprochen wird.

Wie der pädagogischen Arbeit mit der Freinet-Druckerei so rechnet man der konventionellen Fotografie einen hohen Wert bei. Dieser Wert liegt ganz besonders in den Möglichkeiten für die bildnerische Erziehung. Hier ist es die Schwarzweißfotografie, die sich auch in sozialpädagogischen Einrichtungen realisieren lässt. Den Gestaltungsmöglichkeiten – gerade der Schwarzweißfotografie – sind kaum Grenzen gesetzt (vgl. Habian, 2003).

5.2.2.9 Telegrafie

Während die Entwicklung der Medien zwischen den Jahren um 4000 v. Chr. und heute vergleichsweise langsam verlief, gab es nach der Erfindung des Buchdrucks im Jahr 1400 v. Chr. durch die Chinesen und dann in Europa durch Gutenberg im Jahre 1452 n. Chr. eine rasante Entwicklung neuer Medientechnik.

1791 wurde der erste Telegraf entwickelt. Es handelte sich dabei um einen optisch-mechanischen Telegrafen, den man Flügeltelegrafen nannte. Dieser Telegraf funktionierte nur unter der Bedingung, dass man von der einen Telegrafen-Station die andere sehen konnte. Dies war also im Prinzip noch das gleich wie die Kommunikation, die die Römer auf dem Limes (Grenzwall) praktizierten. Sie gaben sich von Wachturm zu Wachturm verschlüsselte Signale mithilfe von Fackeln.

Der Flügeltelegraf war – was die sprachlichen Möglichkeiten betraf – schon ein recht komplexes und differenziertes Kommunikationsmittel: Jede unterschiedliche Stellung der Flügel dieses Telegrafen hatte eine andere Bedeutung.

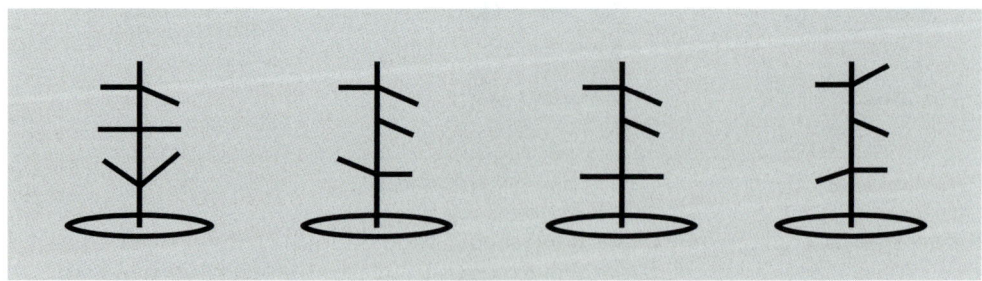

In Preußen existierte auf einer Strecke von Koblenz bis nach Berlin ein lückenloses Netz solcher Flügeltelegrafen. Es handelte sich dabei um ca. drei Meter hohe Masten, die jeweils mit drei ausstellbaren Flügeln versehen waren. Jeder der dadurch entstehenden sechs Flügel hatte drei mögliche Positionen (oben, Mitte, unten). Die jeweilige Stellung der Flügel war gleichbedeutend mit einer Zahl von 1 bis 999, die dann als Code-Zeichen dienten und differenzierte Nachrichtenübermittlung ermöglichten. Voraussetzung dafür, dass die Kommunikation von Flügeltelegrafen zu Flügeltelegrafen funktionieren konnte, war natürlich die Erfindung des Fernrohres: Die Telegrafen wurden in einer Entfernung zwischen vier und 15 Kilometern zueinander aufgestellt, sodass deren notwendige Zahl nicht zu groß wurde.

Besonders schnell verlief die Entwicklung der Kommunikationsmedien ab dem Jahr 1837 – dem Jahr, in dem der Amerikaner Samuel Morse das so genannte Morsealphabet entwickelt und den elektrischen Draht als Mittel zur Nachrichtenbeförderung patentieren lässt. Nun werden Buchstaben nach einem Binär-Code in Form von unterschiedlich langen Stromstößen als Punkte und Striche übertragen, die von einer Feder auf einen Papierstreifen aufgezeichnet werden. Der Binär-Code enthält nur zwei Zeichen – 0 und 1 oder ein langes und ein kurzes Geräusch –, die in unterschiedlichen Reihenfolgen unendliche Möglichkeiten der Informationsvermittlung darstellen. Der Binär-Code ist heute die Grundlage der Computer-Technologie überhaupt. 1858 wurden in Deutschland neun Millionen und 1908 bereit 334 Millionen Telgramme auf diese Weise verschickt.

Morsealphabet

a	· —	m	— —	y	· — — —		
ä	· — · —	n	— ·	z	— — · ·		
b	— · · ·	o	— — —	1	· — — — —		
c	— · — ·	ö	— — — ·	2	· · — — —		
ch	— — — —	p	· — — ·	3	· · · — —		
d	— · ·	q	— — · —	4	· · · · —		
e	·	r	· — ·	5	· · · · ·		
f	· · — ·	s	· · ·	6	— · · · ·		
g	— — ·	t	—	7	— — · · ·		
h	· · · ·	u	· · —	8	— — — · ·		
i	· ·	ü	· · — —	9	— — — — ·		
j	· — — —	v	· · · —	0	— — — — —		
k	— · —	w	· — —				
l	· — · ·	x	— · · —				

Verstanden heißt:	· · · — · · ·
Ende heißt:	· — · — ·

Die elektronische Telegrafie ist die Voraussetzung dafür, dass Nachrichten immer schneller von einem Ort zum anderen, von einem Land zum anderen und schließlich auch von einem Kontinent zum nächsten geleitet werden konnten. Nun mussten Nachrichten nicht mehr mit Kutschen und dann mit der Eisenbahn bzw. mit Brieftauben verschickt werden. 1851 wurde die heute noch existierende Nachrichtenagentur Reuter eröffnet. Nun wurden Nachrichten zur Ware. Der Nachrichtenaustausch hörte auf, an Personen gebunden zu sein. Nachrichten wurden zu Sachen und erhielten einen hohen Unterhaltungswert. Seit 1843 ist die Bildübertragung von Fotografien, Schwarz-Weiß-Grafiken und Textdokumenten möglich. Seit 1853 gibt es dann die Möglichkeit, wechselseitig über eine Telefonleitung zu sprechen.

Die folgenden Abbildungen zeigen ein Modell eines kleinen Morseapparates, der leicht nachbaubar ist und mit einer kleinen Batterie betrieben werden kann. Wenn die Taste in der Skizze rechts betätigt wird, kann ein Summer ertönen oder für Lichtsignale eine Taschenlampenbirne aufleuchten. Die dazu erforderlichen Materialien sind in jedem Bastlerladen erhältlich.

Modell eines Morseapparats

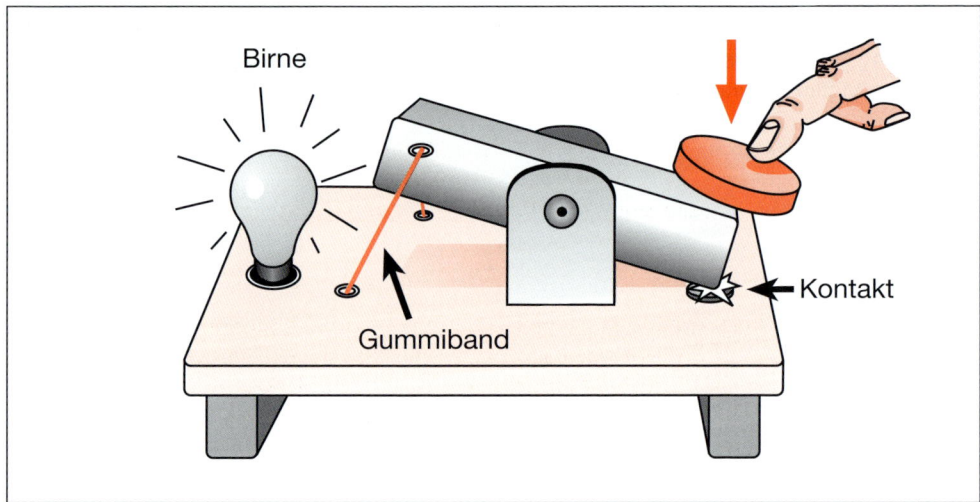

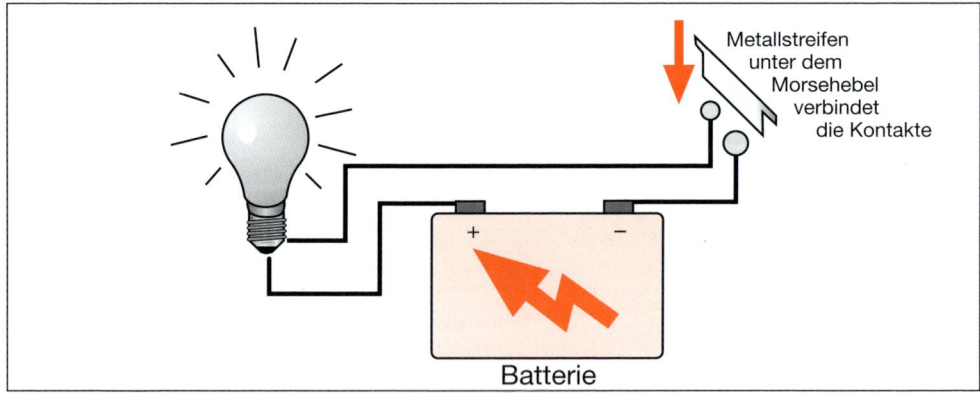

5.2.2.10 Telefon und Handy

Das Büchsentelefon

Obwohl bereits viele Kinder über ein eigenes Handy verfügen, hat das Büchsentelefon bis heute nichts von seiner Faszination verloren. Zum Bau benötigen Sie folgende Materialien:

- zwei Blechbüchsen oder zwei Yoghurtbecher aus Plastik

- eine Schere und

- einen dicken Faden (etwa 30 bis 40 cm lang)

Das Zusammenbauen eines Büchsentelefons erfolgt ganz einfach in zwei Schritten:

1. Stechen Sie mit der Schere oder auch mit einem Schraubenzieher ein Loch in die Büchsen oder Becher.

2. Ziehen Sie den Faden durch die Löcher und verknoten Sie sie so, dass sie nicht durch die Löcher rutschen können.

Halten Sie dann einen Becher oder eine Dose an Ihr Ohr. Eine andere Person spricht dabei in die andere Dose. Wenn der Faden straff gespannt ist, können Sie die Stimme der anderen Person in der Büchse oder in dem Becher hören.

Wenn Sie selbst, Bekannte von Ihnen oder Eltern der Kinder einer sozialpädagogischen Einrichtung noch über alte analoge Telefone mit Wählscheibe verfügen, können Sie mit Hilfe einer Batterie ein Telefonnetz in Ihrer Einrichtung installieren.

Telefon

Wie so oft steckte auch beim Telefon der Wunsch des Militärs hinter der Erfindung. Um die Mitte des 19. Jahrhunderts hielt der Pariser Telegrafenbeamte Charles Bouseul einen Vortrag über die Möglichkeit einer elektrischen Sprachübertragung. In Deutschland gilt Philip Reis als Erfinder des Telefons, obwohl sein Gerät – später als Kinderspielzeug im Handel – wenig tauglich war. Praktisch einsetzbar war dann das von Alexander Graham entwickelte Telefon. Es bestand aus zwei festen Endgeräten und einer Stromversorgung. Mit den alten analogen Telefonen kann man diese Zusammenstellung leicht nachbauen. Schon 1908 wurde in Schwabing die erste automatische Vermittlungsstelle in Deutschland gebaut. Die letzten vollständigen Ortsnetze in Deutschland wurden erst 1972 installiert.

Um das Telefon wirklich gebrauchsfähig zu machen, waren ein umfangreiches Netz von ober- und unterirdischen Telefonleitungen und Schaltstellen erforderlich. Einem Wunder gleichen die Unterseeverbindungen von Kontinent zu Kontinent.

Seit ca. 1970 wurde der Telefondienst in rasantem Tempo erweitert und verbessert. Mitte der 80er-Jahre kommt ein ganz neues Telefonsystem auf den Markt, das Sprache und Schriftzeichen in digitale Signale übersetzt, zum Adressaten überträgt und dort wieder in hörbare Sprache oder sichtbare Zeichen umwandelt. Dieses Netz hat die Bezeichnung ISDN (Integrated Digital Services Network). ISDN-Verbindungen sind sehr viel schneller als die der vorhergehenden Telefongeneration.

Mit der Digitalisierung des Telefonnetzes kamen Anrufbeantworter, Faxgeräte und Multimedia-Erweiterungen hinzu. Unter Digitalisierung versteht man die Umwandlung und Reduzierung von z. B. Texten oder Tönen auf ein einfaches binäres Code-System (siehe S. 122). Eine erhebliche Veränderung der Telefoniergewohnheit entwickelte sich mit Einführung der ersten netzunabhängigen Telefone. Mit dem Aufkommen des Mobilfunks – und in diesem Zusammenhang der Handys – nahmen die Kommunikationsmöglichkeiten weiter zu. Das so genannte D-Netz funktionierte als erstes Mobilfunknetz vollständig digital. Dies verbesserte zum einen die Übertragungsqualität erheblich und ermöglichte zum anderen die Konstruktion sehr kleiner Endgeräte.

Nach dem Ende des Telefonmonopols der Deutschen Post kam es zu einer raschen Zulassung unzähliger kommerzieller Anbieter. Die dadurch entstehende Konkurrenzsituation führte zu einem deutlichen Sinken der Telefongebühren.

Die Vielfalt an Telefondiensten birgt für den Nutzer – insbesondere aber auch für Kinder und Jugendliche – deutliche Risiken in sich. So sind bereits viele Jugendliche aufgrund ihrer exzessiven Handy-Nutzung hoch verschuldet. In diese Schuldenfalle tappen allerdings auch viele Erwachsene.

Darüber hinaus wird mit zum Teil hoher krimineller Energie versucht, Menschen dazu zu bewegen, Telefonnummern zu wählen (häufig sind dies 0190- oder 0900-Nummern), die dann zu einer automatischen Abhebung hoher Gebühren führen. Der Gesetzgeber hat zwar inzwischen darauf reagiert, der Schutz des Verbrauchers ist jedoch nach wie vor lückenhaft, zumal immer wieder neue Fallen für Telefonkunden entwickelt werden. All dies zeigt die Notwendigkeit auf, den Bereich Telefon und Handy in die medienpädagogische Arbeit einzubeziehen.

Handy

Das Handy als gleichzeitiger Fotoapparat, mit dem man die Bilder sogar verschicken kann, ist keine Zukunftsmusik mehr. Das Verschicken von SMS (Short Message Service: Nachrichtendienst mithilfe dessen maximal 160 Schriftzeichen von einem zum anderen Handy gesendet werden können; SMS war eigentlich nur für interne Kommunikation im Mobilfunknetz gedacht. Zunächst nur in einige Handys eingebaut, verbreitete sich dieser Telefondienst in rasanter Geschwindigkeit.

Bis heute ist ungeklärt, ob das Telefonieren mit dem Handy gesundheitliche Gefahren mit sich bringt oder nicht. Ganz sicher ist, dass Kinder etwaigen Gefahren in höherem Maße ausgesetzt sind als Erwachsene. Deshalb gilt es, ganz bestimmte Regeln einzuhalten:

Kurz fassen!

Telefonieren Sie – wenn möglich – mit dem normalen Telefon. Das spart nicht nur erhebliche Kosten, sondern vermeidet auch eine unnötige gesundheitliche Belastung. Erzieherinnen müssen für Kinder Vorbilder sein: Vermeiden Sie also das Telefonieren mit dem Handy, wenn Kinder sie beobachten.

Schalten Sie das Handy möglichst oft ab!

Nur wenn Handys komplett abgeschaltet sind, strahlen bzw. funken sie nicht. Schalten Sie es deshalb möglichst oft ab. Nachts, wenn Sie schlafen, benötigen Sie sowieso kein Handy; also: Ausschalten!

Zu Hause nur im Festnetz!
Telefonieren Sie von zu Haus aus nur über das Festnetz.

Nicht am Körper tragen!
Tragen Sie das Handy nie am Körper, dann hätte etwaige Strahlung die größte Angriffsfläche. Dies gilt ganz besonders für Kinder.

Erst ans Ohr, wenn die Verbindung aufgebaut ist!
Halten Sie das Handy erst ans Ohr, wenn es klingelt oder die Verbindung auf dem Display angezeigt wird. Beim Verbindungsaufbau sind die Strahlungen besonders intensiv. Ein Headset, bestehend aus einem Mikrofon und einem Ohrhörer, kann hier Abhilfe schaffen.

Nie die eingebaute Antenne verdecken!
Die Antenne ist in allen Handys in der oberen Handy-Hälfte eingebaut. Decken Sie also die obere Handy-Hälfte beim Telefonieren nicht mit der Hand ab, da sonst die Strahlung verstärkt wird.

Nie bei schlechtem Empfang telefonieren!
Bei schlechtem Empfang ist die Strahlung eines Handys extrem hoch. Also: Warten mit dem Telefonieren, bis der Empfang wieder gut ist. Die Qualität der Verbindung sehen Sie auf dem Display.

Nicht im Auto telefonieren!
Die Karosserie eines Autos behindert den Empfang von Funksignalen. Deshalb sollten Sie im Auto grundsätzlich nicht mit dem Handy telefonieren – auch nicht mit einer Freisprechanlage, wenn Sie keine Außenantenne haben. Denken Sie hier ganz besonders an Kinder!

Augen auf beim Kauf!
Achten Sie beim Kauf eines Handys grundsätzlich auf einen niedrigen Strahlungswert. Dieser Wert heißt SAR-Wert. Verbraucherschutzverbände empfehlen SAR-Werte von 0,2 bis 0,8 W/kg und nicht höher. Eine aktuelle Auflistung der Werte findet man im Internet unter: www.handywerte.de.

5.2.2.11 Internet

Der verantwortliche Umgang mit den vielfältigen Möglichkeiten des Internets ist inzwischen ein wesentliches Element von Medienkompetenz. Um die Entwicklung der Medienkompetenz von Kindern und Jugendlichen pädagogisch zu begleiten und zu unterstützen, ist es erforderlich, selbst über Grundkenntnisse zu verfügen.

Pädagogische Gestaltungsmöglichkeiten gibt es z. B.

- bei der Entwicklung eigener Internetseiten (Homepages), die von Jugendlichen und älteren Kindern ohne größere Schwierigkeiten geleistet werden kann,

- in den unmittelbaren Kommunikationsmöglichkeiten durch elektronische Post wie E-Mail, SMS oder MMS,

- in den Möglichkeiten der Informationsbeschaffung, z. B. mithilfe der unterschiedlichen – inzwischen zum Teil hervorragenden – Suchmaschinen.

Erhält man von Kindern und Jugendlichen E-Mails, kann man beobachten wie sich Rechtschreibung, Grammatik, Höflichkeitsformen, aber auch die Nutzung ganz neuer Mitteilungsformen verändern bzw. neu entstehen. So verschwinden Satzzeichen, Großschreibung von Substantiven, die Anrede wird zu einem schlichten „Hallo", und wenn man ein freundliches Signal aussenden will, geschieht das z. B. so: „:-)".

Das Internet hat in den letzten Jahren mit großer Geschwindigkeit die privaten Haushalte erobert. Neben der Möglichkeit, durch einen Dschungel von Information zu „surfen", spielt dabei die blitzschnelle Übertragung von Briefen, Bildern und Tonaufnahmen eine besondere Rolle. Auch für das Kaufverhalten gewinnt das Internet zunehmend an Bedeutung.

Wie bei so vielen Erfindungen im Bereich der Kommunikation spielten und spielen auch bei der Entwicklung des Internets das Militär und die Geheimdienste eine besondere Rolle. Die amerikanischen Militärs standen in den 60er-Jahren während des Kalten Krieges vor der Frage, wie sie denn nach einem möglichen Atomkrieg die Kommunikation aufrechterhalten könnten. Es galt, für diesen Fall ein Netzwerk zu errichten, das alle wichtigen Städte und Behörden miteinander verbinden würde. Man war sich damals einig, dass das zu entwickelnde Netzwerk nicht zentral gesteuert werden dürfe und auch in kleinen Einheiten funktionsfähig bleiben müsse. Nur so könnte gewährleistet werden, dass Störungen nur sehr begrenzte Auswirkungen haben. Die militärische Bedeutung des Internets ist nach wie vor hoch: Im Irak-Krieg beispielsweise – und danach – wurden und werden von den kämpfenden Parteien wie von unterschiedlichen terroristischen Organisationen Veröffentlichung im Internet zu ihrem Vorteil genutzt.

1969 wurde schließlich in Kalifornien ein erstes Netz von Computern installiert, mithilfe dessen man schnell von einem Ort zum anderen digital kommunizieren konnte. 1972 wurde das „Transmission Control Protocol" (TCP) entwickelt. Dieses Protokoll beschreibt, wie Nachrichten digital so zergliedert werden, dass sie einfach weitergeleitet und beim Adressaten wieder aufgebaut werden können. Wie bei der Post die Postleitzahl, so hat man auch hier eine Nummerierung entwickelt, die erforderlich ist, damit der Empfänger der Nachricht auch gefunden werden kann. Diese Adresse wird als IP (Internet Protocol) bezeichnet. Jeder Computer hat eine solche Adresse. Obwohl es zunächst auch andere Vereinbarungen (Protokolle) gab, hat sich 1977 das TCP/IP als einziger Standard durchgesetzt.

In den 80er-Jahren waren die Netzteilnehmer schon nicht mehr auf Militär, Regierung und Universitäten begrenzt; nun begann die Eroberung der privaten Haushalte. Dadurch dass die Konstruktion des Netzes extrem dezentral war, konnte sich praktisch jedermann an jeder Telefon- und Stromsteckdose der Welt einschalten. Es entstand ein insgesamt höchst chaotisches System, das schließlich den Namen Internet erhielt. Die Netze wurden in einem solchen Maß unübersichtlich, dass schließlich eine Ordnung geschaffen werden musste. Sie wurde nach geografischer bzw. staatlicher Zuordnung gestaltet. Die jeweils zugeordneten Gebiete oder Bereiche nennt man „domains" oder Domänen, die durch eine entsprechende Abkürzung als letzter Teil des Namens für eine Internetseite gekennzeichnet sind.

Beispiel

.de = Deutschland
.fr = Frankreich
.it = Italien
.edu = Bildungseinrichtungen und Universitäten in den USA
.us = Vereinigte Staaten von Amerika
.uk = Großbritannien
.com = kommerzielle Internetseite
.org = eine Organisation

Die bisherige Zuordnung nach geografischen oder staatlichen Kriterien reicht heute nicht mehr. Bereits im Jahr 2003 wurden neue Domänen möglich.

Ein erheblicher Wachstumsschub entstand durch die Entwicklung einer Computersprache, mit der Internetseiten besonders ökonomisch und schnell geschrieben werden konnten. Die Sprache hat die Bezeichnung „Hyper Text Markup Language" (HTML). Heute ist dies die Computersprache im Internet schlechthin. Erst mit ihr konnte das „World Wide Web" – das weltweite Netz – zu dem werden, was es heute ist: eine Vernetzung der ganzen Welt.

Aus der anfänglichen Dezentralisierung des Netzes ist eine fast absolute Freiheit geworden. Eine zentrale Steuerung oder gar Zensur wie bei den Druckmedien ist nicht mehr möglich. Autoritären Staaten, die die Verbreitung bestimmter Inhalte verhindern wollen, bleibt oft nur die Abschaltung des Netzes insgesamt oder die Ausübung massiven Drucks auf die jeweiligen Internet-Anbieter (Provider). In all dem liegen auch große Gefahren für Kinder und Jugendliche, denen pädagogisch begegnet werden muss.

Das Schlagwort „E-Commerce" (elektronischer Handel) zeigt, dass das Netz inzwischen in praktisch alle Lebensbereiche eingreift. Internet Börsen haben einen riesigen Umsatz.

Das Internet bietet eine ganze Reihe unterschiedlicher Dienste an. Die bekanntesten und auch am weitesten verbreiteten Dienste enthält folgende Tabelle:

Dienste des Internets

E-Mail	Hier handelt es sich um elektronische Post. Man benötigt dazu eine Mail-Adresse. Damit die Adresse immer eindeutig und erkennbar ist, dass es sich um eine E-Mail handelt, benötigte man einen Buchstaben oder ein ähnliches Zeichen, das ansonsten kaum benutzt wird. Dieses Zeichen ist inzwischen zu dem wohl weltweit bekanntesten geworden: @. Vor dem @ steht der Name oder die Bezeichnung des „Adressen-Besitzers", dahinter erkennt man in der Regel den Dienstanbieter, über den die Versendung der Mails geschieht.
Mailing-Listen	Mailing-Listen werden für Internetnutzer angeboten, die über gemeinsame Interessen oder Anliegen verfügen. So gibt es z. B. Mailing-Listen für Unternehmen und Publizisten. E-Mails werden dann immer an nur eine bestimmte Adresse geschickt und von dort an alle Mitglieder der Mailing-Liste automatisch weitergeleitet.

News-Groups	News-Groups sind mit Mailing-Listen vergleichbar. Während bei Mailing-Listen alle eingetragenen Mitglieder jede Nachricht der Liste erhalten, können die Mitglieder der News-Groups die Nachrichten selbst abrufen. Sie entscheiden, was sie erhalten wollen. Auch News-Groups gehören also in die Sparte der elektronischen Post.
World Wide Web	Das World Wide Web (WWW) ist das eigentliche weltweite Netz. Es ist ein passiver Dienst; d. h., ins Netz gestellte Seiten (Homepages) können nur eingesehen werden, wenn man sie mithilfe ihrer Adresse aufsucht. Damit man solche Seiten überhaupt finden kann, wurden so genannte Suchmaschinen entwickelt.
Telnet	Das Telnet ist ein Dienst, mit Hilfe dessen es möglich ist, andere Computer entfernungsunabhängig zu bedienen.

5.2.2.12 Medienarten

Es lassen sich unterscheiden:

- **materiale Medien** (also z. B. Geräte wie Telefon, Fernsehgerät, Radio etc.),
- **personale Medien** (z. B. Mimik, Gestik oder Körperhaltung) und
- **Inhalte der Medien**.

Nach wahrnehmungspsychologischen Gesichtspunkten lassen sich materialen wie personalen Medien bestimmte Medienarten zuordnen:

Visuelle Medien

Die Zeichen sind zu sehen, z. B. in Büchern, Arbeitspapieren, Bildern, Zeitungsausschnitten, Karten, Grafiken, Modellen, Stummfilmen, Diaprojektoren, Tageslichtprojektoren. Bezogen auf personale Medien sind visuelle Medien vor allem Mimik, Gestik, Körperhaltung oder Bewegungen.

Printmedien haben unter den visuellen Medien besondere Vorteile. So vermittelt die Schriftkultur nach N. Postman

> *„die Fähigkeit zur Selbstbeherrschung und zum Aufschub unmittelbarer Bedürfnisbefriedigung, ein differenziertes Vermögen, begrifflich und logisch zu denken, ein besonderes Interesse sowohl für historische Kontinuität als auch für die Zukunft, die Wertschätzung von Vernunft und gesellschaftlicher Gliederung."*
> (Postman, 1983, S. 116)

Auditive Medien

Die Zeichen sind zu hören. Auditive Medien sind z. B. Tonbänder, Kassetten, das Radio, das Sprachlabor oder Schallplatten/CD. Bezogen auf personale Medien ist das auditive Medium die Sprache.

Die auditiven Medien gehören heute zur „medialen Grundausstattung von Kindern und Jugendlichen" (Sander/Vollbrecht, 1987, S. 46). Dies trifft vor allem auf den so genannten Walkman zu. Um die Bedeutung der auditiven Medien an dieser Stelle kurz zu skizzieren, sei auf das Beispiel des Hörfunks hingewiesen. Die Radionutzungsdauer rangiert bei 20- bis 24-jährigen Jugendlichen vor Fernsehen und Buch: Der Hörfunk hat, selbst bei den jüngeren Kindern, einen hohen Stellenwert.

Audio-visuelle Medien

Diese Medienart ist dadurch charakterisiert, dass sie Informationen gleichzeitig akustisch **und** optisch vermittelt. Dies geschieht z. B. beim Fernsehen, in Tonfilmen oder Tonbildschauen. Je mehr Sinne ein Medium anspricht, desto höher ist der Lerneffekt, d. h., dass audio-visuelle Medien prinzipiell den auditiven und visuellen Medien überlegen sind.

131

Taktile und olfaktorische Medien

Seltener ist auch von Medien die Rede, die Informationen über andere Wahrnehmungskanäle vermitteln, obwohl beispielsweise die Wahrnehmung chemischer Informationen besonders in der frühen Kindheit eine sehr zentrale entwicklungspsychologische Rolle spielt (Schmecken etc.).

Bei den taktilen Medien sind die Zeichen zu tasten; z. B. Blindenschrift. Bei den olfaktorischen Medien sind die Zeichen zu riechen, z. B. Informationen, die durch ein bestimmtes Parfüm oder besondere Gerüche von Speisen mitgeteilt werden. Der Markt der Parfums und anderer Duftstoffe, aber auch von Seifen, Reinigungsmitteln usw. funktioniert auf der Grundlage der olfaktorischen Wahrnehmung.

Bei der Betrachtung der verschiedenen Medienarten stellen sich vor allem zwei Fragen:

1. Dienen all diese Medien einer wirklichkeitsgetreuen Vermittlung von Informationen?

2. Geben sie dem Menschen ein realistisches Bild von der Welt, in der er lebt?

5.2.3 Querbezüge zu anderen Bereichen der Sozialpädagogik

Die Lernsituation „Von der Hieroglyphe zur E-Mail – Kommunikationsmittel erfinden" weist Aspekte zu vielen anderen sozialpädagogischen Aufgaben- und Arbeitsbereichen auf, z. B.:

Didaktik und Methodik der sozialpädagogischen Theorie und Praxis

- Kunst und Werken – Gestaltung von Kommunikationsmitteln

- Aufbau und Entwicklung altersgemäßer Projekte

- Entwicklung von Angeboten für Kinder und Jugendliche

Erzieherische, pädagogische, psychologische und soziologische Fragen und Probleme

- Kommunikation – gelungene oder misslungene Kommunikation

- Fördermöglichkeiten von und für Kinder in Kindertagesstätten

Politische und geschichtliche Fragen

- Medienpolitik
- Politische Einflussmöglichkeiten von Medien
- Einflussmöglichkeiten von Regierung und Verwaltung auf Medien

Recht und Verwaltung

- Medienrecht
- Kinder- und Jugendrecht
- Strafrecht

Sprache

- Sprachliche und nicht sprachliche Ausdrucksmöglichkeiten

Medien

- Mediengestaltung
- Medientechnik
- Mediennutzung

5.2.4 Links

Die hier aufgeführten Links haben bisher eine Internetpräsenz von mehr als zwei Jahren.

http://home.t-online.de/home/horibo/history.htm#Einleitung
  Ein Überblick über die Geschichte des Internets

http://www.tariftip.de/rubrik/8448/0/Die+Geschichte+des+Telefons.htm
  Die Geschichte des Telefons – Die Anfänge des Telefons – Die Telefonie wird weiterentwickelt – Bildtelefonie und ISDN – Weitere interessante Fakten – Was bringt die Zukunft?

http://www.uni-protokolle.de/Lexikon/Geschichte_des_Telefons.html
  Die Entwicklung des Telefons von den Anfängen bis heute

http://www.computerbase.de/lexikon/Geschichte_des_Telefons
  Das Telefon – von den Anfängen zum mobilen Netz

http://www.adp-gmbh.ch/personal/histoire/histoire.html
  Ereignisse in der Geschichte des Computers – vom ersten Abakus zum Hightech-Computer

www.wissen.lauftext.de/
    Informationen für Jugendliche über die Flaggensprache

www.flaggenlexikon.de/fsignalf.htm
    Flaggenalphabet

www.hieroglyphen-info.de
    Grundinformationen zu den Hieroglyphen

www.blinde-kuh.de/egypten/hieroglyphen.html
Übersicht über die Zeichen und deren Bedeutung

www.physikfuerkids.de/lab1/versuche/telefon/
    Ein Telefon aus alten Büchsen? Das geht wirklich!

http://www.compigs.de/grundschuldatenbank/experimente_grundschule.htm
    Hier finden Sie viele hilfreiche Anregungen für Experimente mit Kindern – u. a.
    auch das Büchsentelefon

http://www.fbs.em.schule-bw.de/technik/morsen/morsen1.htm
    Anregungen zum Bau eines Morseapparates

http://www.qsl.net/dk5ke/morsen.html
    Grundlagen der Morsetelegrafie – sehr anschaulich und hilfreich als Grundla-
    geninformation

de.wikipedia.org/wiki/Mediengeschichte
    Ein detaillierter Überblick über die Geschichte der Medien – von der Geschich-
    te der Schrift bis zum Internet

www.gutenberg.de/erfindung.htm
    Gutenberg und seine Erfindung

www.handywerte.de
    Aktuelle Informationen über die Strahlenbelastung verschiedener Handy-
    Modelle

http://de.wikipedia.org/wiki/Buchdruck
    Von der ältesten Verwendung beweglicher Lettern bis zu modernsten Druck-
    verfahren

6 Traditionell oder digital fotografieren

6.1 Die Lernsituation: Traditionell oder digital fotografieren

In der Einrichtung „Die Sonnenkinder" wird einmal im Jahr groß aufgeräumt. Hierbei findet die neue Kollegin Bettina in einem Regal Teile eines Fotolabors: einen Schwarzweißvergrößerer, Schalen, Zangen, eine Filmdose und auch noch beachtliche Mengen an Fotopapier. Auf Nachfragen bei den Kolleginnen erfährt sie, dass bis vor zwei Jahren eine Kollegin, die aber nicht mehr in der Einrichtung ist, ab und zu mit Kindern ins hauseigene Fotolabor gegangen ist. „Tolle Sachen haben die da gemacht", erzählt Sandra.

Da Bettina selbst eine begeisterte Hobby-Fotografin ist, möchte sie mit den Kindern eine Art Fotoschule auf die Beine stellen. Sie richtet in den darauf folgenden Wochen eine Dunkelkammer mit den dazu gehörenden Gerätschaften ein. Um die Kinder für einen Fotokurs zu gewinnen, erstellt sie vorher einige Fotogramme und Vergrößerungen im DIN-A4-Format von Aufnahmen der Kinder aus ihrer Gruppe.

Beim nächsten Stuhlkreis stellt Bettina ihrer Gruppe diese Bilder vor. Die mitgebrachten Foto-Beispiele rufen bei den Kindern viel Begeisterung hervor. „Das möchte ich aber auch mal machen", äußern spontan viele Kinder in der Gruppe. Bettina erklärt daraufhin den Kindern, dass sie zunächst mit einfachen Übungen wie den Fotogrammen anfangen würde, was alles dazu gehört, die chemischen Flüssigkeiten ...

Da meldet sich Jonas zu Wort: „Mein Papa macht das aber alles am PC, der hat so was gar nicht, der knipst einfach mit einer Digitalkamera – und dann macht er alles am Computer fertig, da kann er auch die Bilder noch verändern, so richtig rumtricksen. Ich hab das auch mal probiert, das macht einen Riesenspaß. Sollen wir das nicht lieber machen – das ist doch viel cooler."

Dies löst eine heftige Diskussion unter den Kindern aus. Einige möchten gerne klassisch im Fotolabor arbeiten, einige schließen sich Jonas' Vorschlag an. Da

die Kinder mit dem Abwägen aber leicht überfordert sind, schlägt Bettina vor: „Wir machen einfach beides, denn ich finde, sowohl die Schwarzweißfotografie als auch die Digitalfotografie hat ihre Reize."
Dieser Vorschlag kommt bei den Kindern gut an und man einigt sich, mit dem klassischen Fotokurs zu beginnen.

Die berufliche Aufgabe:

In Ihrer sozialpädagogischen Arbeit müssen Sie sich des Öfteren für den Einsatz alter oder neuer Medien entscheiden. Neue Medien sind nicht immer besser geeignet als alte. Es kommt auf die Gruppe an, mit der Sie arbeiten. Dabei müssen Sie die Medien im Interesse Ihrer pädagogischen und psychologischen Aufgaben und Zielstellungen auswählen und einsetzen.
Es wird Ihre Aufgabe als Erzieherin sein, die Möglichkeiten der traditionellen und der digitalen Fotografie pädagogisch – insbesondere zur Unterstützung der Selbstbildungsprozesse der Kinder und Jugendlichen – zu nutzen.

Die folgenden Fragen können Sie bei der Lösung dieser beruflichen Aufgabe unterstützen:

1. Überlegen Sie, warum ein kunst- und liebevoll gemaltes Plakat eine größere Wirkung erzielen kann als ein am Computer mit gängigen Vorlagen erstelltes.

2. Warum ist unter Umständen ein Schwarzweißfoto von Kindern aussagekräftiger als ein ähnliches Motiv, aufgenommen mit einer Digitalkamera?

3. In welchem Verhältnis sollten Ihrer Ansicht nach alte und neue Medien in Ihrem pädagogischen Alltag eingesetzt werden, also eine sinnvolle Koexistenz bilden?

4. Ist der Einsatz neuer Medien gleichbedeutend mit moderner Pädagogik, die Verwendung von alten, klassischen Medien automatisch mit Pädagogik von gestern in Verbindung zu bringen? Denken Sie auch über Gegenbeispiele nach!

5. Wovon wird es abhängen, immer die Medien auszuwählen, die Ihnen in einer bestimmten pädagogischen Situation am geeignetsten erscheinen, um Ihre Ziele erreichen zu können?

6. Überlegen Sie, wie durch den Einsatz sowohl der traditionellen Schwarzweißfotografie als auch der neuen digitalen Fotografie medienpädagogische Ziele erreicht werden.

7. Warum kann durch das Erlernen traditioneller Fotografie auch ein besseres Verständnis für die digitalen Fotografie erreicht werden?

6.2 Im medienpädagogischen Lernfeld handeln

6.2.1 Hintergrundfragen, Impulse und Übungen

1. Übung **Lochkamera**

1. Verdunkeln Sie alle Fenster mit lichtundurchlässigen schwarzen Tüchern. Bohren Sie in eines der Tücher ein kleines Loch mit einem Durchmesser von etwa 1 bis 2 cm. Schauen Sie dann auf die gegenüberliegende Wand. Sie erleben die Sensation, die Leonardo da Vinci vor 400 Jahren erlebte: Auf der Wand ist – auf dem Kopf stehend und spiegelbildlich seitenverkehrt – die Landschaft hinter dem Fenster abgebildet. Sie stehen nun mitten in einer riesigen Kamera, denn nach diesem Prinzip funktioniert jeder – auch der modernste Fotoapparat. Sie sollten diesen Versuch an einem sehr hellen, sonnigen Tag machen. Wenn Ihnen der Versuch mit dem verdunkelten Zimmer zu großräumig ist, können Sie es auch kleiner probieren. Nehmen Sie einen alten Schuhkarton. Schneiden Sie an einem Ende ein größeres Fenster aus, das Sie mit hellem Pergamentpapier bekleben. Bohren Sie dann in das gegenüberliegende Ende ein Loch von ca. 0,5 cm Durchmesser. Sie können dann auf dem Pergamentpapier die auf dem Kopf stehende und seitenverkehrte, verkleinerte Abbildung der Landschaft vor Ihnen sehen.

2. Solche „Kameras" kann man schon mit Kindern im Kindergartenalter bauen. Die Kinder sind davon genauso fasziniert, wie es einst Leonardo da Vinci war, als er dieses Phänomen entdeckte. Es ist eine gute Möglichkeit, Kinder hinter die ersten Geheimnisse des Fotografierens kommen zu lassen; dies ganz besonders im Zeitalter modernster, vollautomatischer Fotoapparate, mit deren Technik man sich so wenig auseinander setzen muss, dass sie vielen Kindern wie „beseelte" Automaten vorkommen.

2. Übung **Digitale Fotografie**

1. Was versteht man allgemein unter Digitalfotografie?

2. Welche Vor- und Nachteile der Digitalfotografie sind Ihnen bekannt? Überlegen Sie hierbei auch die Vor- und Nachteile bezüglich eines Einsatzes in der Kinderarbeit.

3. Wie denken Sie über das Vorurteil „Richtig gute Fotos kann man mit einer digitalen Fotokamera sowieso nicht machen!"

6.2.2 Arbeitsmaterialien

6.2.2.1 Schwarzweißfotografie

Das Bild, das unser Riesenfotoapparat liefert, ist leider lichtschwach und auch nicht besonders scharf. Die in den letzten Jahren immer besser gewordenen Objektive konnten hier helfen, wie eine Brille einem Menschen mit einer Sehschwäche zu helfen vermag. Vor vielen Jahren war das Objektiv eine Glasscherbe, eine gewöhnliche Sammellinse wie jedes Vergrößerungsglas. Es vermochte Lichtstrahlen auf einer kleinen Fläche zu sammeln. Viele Menschen haben auf diese Weise schon ein Feuer entzündet – mit Absicht oder aus Versehen. Wenn nämlich viele Sonnenstrahlen mithilfe eines so genannten Brennglases auf einem winzigen Punkt zusammentreffen, entsteht eine so große Hitze, dass ein Feuer entstehen kann. Die Fläche, auf die die Lichtstrahlen in der Kamera treffen, ist allerdings zu groß, um ein Feuer auszulösen; ein scharfes, auf dem Kopf stehendes und spiegelbildlich seitenverkehrtes Abbild kann dort jedoch entstehen.

Die heutigen Objektive haben eine hohe Lichtdurchlässigkeit, obwohl sie nicht mehr nur aus einer, sondern aus vielen Linsen bestehen. Allerdings: Auch moderne Objektive sind nicht in der Lage, unterschiedliche Gegenstände in unterschiedlicher Entfernung vom Fotoapparat gleich scharf abzubilden. Hiermit ist die Tiefenschärfe angesprochen. Bei geringer Tiefenschärfe sind nur Gegenstände in einem bestimmten Abstand scharf abgebildet, bei sehr großer Tiefenschärfe dagegen ist vom Vorder- bis zum Hintergrund alles scharf abgebildet.

Große Tiefenschärfe

138

Geringe Tiefenschärfe

Zum Fotografieren gehören der Fotoapparat, der Film und die Dunkelkammer mit all ihren Geräten und Chemikalien und dem Fotopapier.

Ohne auf die chemische Beschaffenheit eines Filmes einzugehen, ist es wichtig zu wissen, dass Filme eine unterschiedliche Lichtempfindlichkeit haben und dass ihre „Auflösung", d. h. die Schärfe und Klarheit ihrer Bilder, verschieden ist.

Hinweis
Faustregel: Je höher die Lichtempfindlichkeit eines Filmes, desto geringer die Auflösung, d. h., die Bilder wirken eher grobkörnig wie ein Zeitungsbild.

Wegen der geringen Preise wird heute überwiegend mit Farbfilmen fotografiert. Die Filme werden in professionellen Labors entwickelt, wo auch die Abzüge – meist vollautomatisch – hergestellt werden. Aufgrund der Faszination des Farbfotos und einer relativ hohen Qualität der in speziellen Automaten hergestellten Bilder sowie wegen der vergleichsweise geringen Preise werden Schwarzweißfotos in den meisten Fotogeschäften nur noch gegen erhöhte Preise vergrößert. Nur professionelle Fotografen und begeisterte Amateure – oft auch Kinder – ziehen die Schwarzweißfotografie noch vor, weil man in den Dunkelkammern mit verhältnismäßig einfachen Mitteln wunderbare Bilder entwickeln kann.

Neben Negativ-Filmen, mit deren Hilfe Papierbilder hergestellt werden, gibt es noch die weit verbreiteten Dia-Filme. Auf ihnen bilden sich bei der Entwicklung die Farben positiv, d. h. der Wirklichkeit entsprechend. Bei den Negativ-Filmen ist das umgekehrt: Hier entwickeln sich die Farben auf dem Film umgekehrt zur Wirklichkeit (also negativ) und werden erst auf dem Papierabzug wieder positiv.

6.2.2.2 Fotoapparat

Das System eines Fotoapparates ist in seinen Grundzügen heute noch so wie z. B. vor 50 Jahren. Es gibt einen Sucher, ein Objektiv, ein inzwischen oft eingebautes Blitzlicht, einen inzwischen meist elektronisch gesteuerten Filmtransport und eine Menge Möglichkeiten für unterschiedliche Einstellungen.

Der Unterschied zu älteren Kameras besteht vor allem darin, dass man heute praktisch jede Funktion elektronisch steuern kann, also z. B. die Brennweite, die Belichtungszeit, die Entfernung. Dadurch haben sich zwei Kategorien von Amateurfotografen herausgebildet: solche, die schnell und ohne nachzudenken ein Foto knipsen wollen, und solche, die bereits beim Fotografieren nachdenken und Bilder mit ganz bestimmten Effekten erzeugen wollen. Letztere können mit Kameras, bei denen alles elektronisch und vollautomatisch geschieht, wenig anfangen, denn ihre Bilder werden „nur" so, wie es die Elektronik bewerkstelligt hat – meist ganz gut, aber eben auch „durchschnittlich". Im Folgenden soll nur exemplarisch beschrieben werden, was man alles machen kann, wenn man zugunsten besonderer Bilder auf die Vollautomatik verzichtet.

Da Sie viele Effekte nur mit manueller Einstellung Ihrer Kamera erreichen können und da Sie vor allem in der Arbeit mit Kindern und Jugendlichen über entsprechende Grundkenntnisse verfügen sollten, werden Sie in diesem Kapitel die wichtigsten Informationen erhalten. Es ist jedoch zu empfehlen, zusätzlich eines der neueren Bücher zur Kunst des Fotografierens zu erarbeiten, da dieses Kapitel nicht alle Möglichkeiten dieser Kunst eröffnen kann. Fotografieren mit vollautomatischen Kameras – ohne die Möglichkeit weiter gehender künstlerischer Manipulationen – verliert bei den meisten Kindern und Jugendlichen rasch seinen Reiz und reduziert sich auf das Herstellen bloßer Erinnerungsfotos, was natürlich in seinem Wert und seiner persönlichen Wichtigkeit nicht zu unterschätzen ist.

Wahl des Films

Wenn Sie einen Farbfilm kaufen, sollten Sie wissen, dass eine Entwicklung meist nur in einem professionellen Fotolabor, also beim Händler, möglich ist. Leider ist die Faszination der Farbe für viele Menschen so groß, dass sie auf die großartigen gestalterischen Möglichkeiten der Schwarzweißfotografie durch eigene Laborarbeit verzichten. Erschließen Sie sich und den Kindern, mit denen Sie arbeiten, die Möglichkeiten der bildnerischen Gestaltung von Schwarzweißbildern in einem Fotolabor. Es gibt große Fotografen, die bis heute die Möglichkeiten der Schwarzweißfotografie intensiv nutzen. Wichtig ist dabei zu wissen, dass die Arbeit im Schwarzweißlabor weder besonders aufwändig oder kompliziert noch besonders teuer, dafür aber mit einer unendlichen Fülle an Gestaltungsmöglichkeiten ausgestattet ist.

Ohne die Faszination der Farbfotografie in Frage stellen zu wollen, sollten Sie einmal die unendlichen Gestaltungsmöglichkeiten in einem Schwarzweißlabor kennen lernen – und sei es in Ihrem eigenen verdunkelten Badezimmer. Der Unterschied zwischen Farb-

und Schwarzweißfotografie wird für Sie vor allem darin bestehen, dass Sie besondere Effekte und Aussagen bei der Farbfotografie bereits beim Fotografieren mitdenken müssen, in der Schwarzweißfotografie dagegen haben Sie auch noch „eine Chance" im Fotolabor. Manche höchst durchschnittliche Fotografie wurde auf diese Weise erst im Schwarzweißlabor zu einem wahren Kunstwerk.

140

Also: Scheuen Sie sich nicht, in die Schwarzweißfotografie einzusteigen; besonders auch deshalb nicht, weil man bereits mit Kindern im Grundschulalter hervorragende Ergebnisse im Fotolabor erzielen kann. Das Fotolabor ist ein Ort, den kaum ein Kind unbeeindruckt von den vielfältigen Gestaltungsmöglichkeiten verlässt; ein Ort, an dem Kinder gerne Geduld üben, sich konzentrieren lernen und an der Gestaltung eigener Bilder ein hohes Maß an Kreativität und Selbstdisziplin entfalten können.

Belichtungszeit

Je kürzer die Belichtungszeit (also z. B. 1/1 000 Sekunde im Unterschied zu 1/50 Sekunde), desto schärfer werden Bewegungen abgebildet. Moderne vollautomatische Kameras nehmen dem Fotografen jeden Gedanken an die Belichtungszeit ab. Dafür kann man die Belichtungszeit allerdings auch nicht nutzen, um bestimmte Effekte zu erzielen, denn Belichtungsautomatik bedeutet immer, dass die Kamera optimale Mittelwerte einstellt. Das Optimale ist der optimale Mittelwert allerdings häufig gerade nicht. Unschärfe kann z. B. genau das sein, was man für eine bestimmte Bildaussage braucht. Was nützt z. B. ein gestochen scharfes Foto von zwei rennenden Kindern, wenn diese auf dem Bild gleichsam „eingefroren" sind und jede Bewegung und somit auch die Dynamik des Geschehens verloren gegangen sind? Wichtig zu wissen: Auch die vollautomatische Kamera kann sich „täuschen".

Blende

Öffnen Sie das Objektiv weit (kleine Blende, z. B. „4,5"), so haben Ihre Bilder eine geringere Tiefenschärfe, als wenn Sie das Objektiv nur wenig öffnen (große Blende, z. B. „22") – siehe Abbildungen, S. 137/138. So können Sie es schaffen, dass in einem zu fotografierenden Kornfeld nur ein rote Mohnblüte und wenige Halme scharf abgebildet und die übrigen Getreidehalme verschwommen sind. Damit stellen Sie die Mohnblüte in den Mittelpunkt des Bildinhaltes und lassen sie entsprechend bedeutsam werden.

Je weiter Sie ein Objektiv öffnen, desto kürzer sind die nötige Belichtungszeit und die Tiefenschärfe. Je weniger Sie das Objektiv öffnen, desto länger ist die erforderliche Belichtungszeit. Sie müssen also entscheiden, was Sie möchten: eine hohe Bewegungsschärfe (also eine kurze Belichtungszeit) oder eine größere Tiefenschärfe (also eine größere Blende). Abhängig ist dies von dem Effekt, den Sie erreichen wollen.

Verhältnis von Blende und Belichtungszeit

Mit dem Verhältnis von Blende und Belichtungszeit entscheidet sich, ob ein Bild weniger Tiefenschärfe und dafür mehr Bewegungsschärfe hat oder umgekehrt, d. h.: Wenn Sie einen sich schnell bewegenden Gegenstand fotografieren wollen, ohne dass dieser durch die Bewegung unscharf wird, sollten Sie sich für eine kurze Belichtungszeit zuungunsten der Tiefenschärfe entscheiden. Möchten Sie allerdings einen größeren Raum – z. B. eine Landschaft – in seiner ganzen Tiefe scharf abbilden, sollten Sie sich für eine kleine Blende (hohe Zahl – z. B. Blende 16 oder 22) entscheiden und in Kauf nehmen, dass der eine oder andere Gegenstand, der sich schnell bewegt, durch die Bewegung etwas unscharf wird.

Die modernen vollautomatischen Fotoapparate überlassen Ihnen diese Entscheidung nicht. Sie regeln Blende und Belichtungzeit in der Regel als Kompromiss zwischen beiden: also weder kleine Blende zuungunsten der Belichtungszeit noch umgekehrt, sondern den Mittelweg bei beiden. Das ist gut, wenn man schnell etwas fotografieren will und keine Zeit hat, lange über den besonderen Effekt nachzudenken. In diesen Fällen ist die automatische Belichtungs- und Entfernungsregelung optimal. Optimal ist sie auch, wenn man „nur" Erinnerungsfotos schießen möchte und keine Bilder mit gezielten und geplanten Effekten.

Die vollautomatischen Fotoapparate haben durchaus ihren Sinn und Zweck. Die Möglichkeit, die Automatik abzustellen, ist aber dann besonders wichtig, wenn man nicht nur ein durchschnittliches Erinnerungsfoto machen möchte, sondern Fotos mit bestimmten, zu planenden Aussagen, vielleicht sogar mit Verfremdungen – Fotos mit höherem künstlerischen Anspruch also, Fotos mit einer gewollten Aussage.

Brennweite

Eine stark gewölbte Linse hat eine kurze, eine weniger gewölbte Linse hat eine längere Brennweite. Der Begriff *Brennweite* bezieht sich ursprünglich auf die Entfernung zwischen einer Linse und dem Punkt, auf dem die Lichtstrahlen, die durch die Linse verlaufen, zusammenfallen. Wenn Sie bei Sonnenschein ein Loch mit einer Lupe auf ein Blatt Papier brennen, ist die Brennweite ungefähr die Entfernung zwischen Papier und Linse. Die Brennweite eines Objektivs hat Einfluss darauf, wie stark die zu fotografierenden Gegenstände vergrößert, d. h. „herangeholt", werden. Wenn Sie die Brennweite Ihres Objektives verändern, können Sie Objekte also größer abbilden. Um dies zu erreichen, verwenden Sie eine sehr lange Brennweite (z. B. 200 mm). Ein Nachteil von Objektiven mit sehr langer Brennweite besteht in ihrer vergleichsweise geringeren Lichtdurchlässigkeit. Dieser Nachteil kann allerdings durch die heutzutage sehr viel leistungsfähigeren Filme (z. B. 400 ASA oder höher) zum Teil ausgeglichen werden. Viele moderne Fotoapparate haben serienmäßig Objektive mit variabler Brennweite (Zoom-Objektive) eingebaut. Bei Objektiven mit kurzer Brennweite (z. B. 35 mm) ist der „Blickwinkel" des Fotoapparates sehr groß. Wenn Sie also eine Gruppe von Menschen fotografieren wollen, verwenden Sie ein Objektiv mit z. B. nur 28 oder 35 mm Brennweite.

Mit einer kurzen Belichtungszeit (z. B. 1/1000 Sekunde) können Sie jeden Wasserfall erstarren lassen, mit einer langen Belichtungszeit (z. B. 1/60 Sekunde) dagegen würden Sie bei demselben Wasserfall eine Unscharfe entstehen lassen, die den Eindruck der Bewegung hervorruft. Manche Unschärfe gibt genau das wieder, was man bezwecken möchte. Der besagte Wasserfall sieht aus wie eine Eisstange, wenn er mit einer Belichtungszeit von 1/1000 oder gar 1/2000 Sekunde fotografiert wird. Außerdem ist in einem solchen Fall die Tiefenschärfe des Bildes recht gering, da – es sei denn, es herrscht extrem helles Licht vor – die Blende sehr weit geöffnet sein muss, um den Film genügend zu belichten. Das Verhältnis von Belichtungzeit und Blende wird noch erklärt.

Entfernungseinstellung

Die meisten modernen Fotoapparate verfügen über eine vollautomatische Entfernungseinstellung, den so genannten Autofokus. Dies ist eine große Errungenschaft, denn vorher gingen viele Schnappschüsse schief, weil man in der Eile die Entfernung nicht richtig gemessen oder eingeschätzt hat. Dies ist heute kein Problem mehr. Es ist allerdings schade, wenn man einen Fotoapparat hat, bei dem die automatische Entfernungsmessung nicht abstellbar ist. Für den Laien der Fotografie ist Unschärfe so etwas wie ein Misserfolg. Für den Profi dagegen ist es etwas, mit dem er gezielt arbeitet. Möchte man mit einem Foto eine ganz bestimmte Aussage machen, so kann es durchaus wünschenswert sein, wenn ein bestimmter Gegenstand oder eine bestimmte Person sehr scharf, die Umgebung dagegen unscharf abgebildet wird. Dies kann man unter anderem auch mit einer manuellen Einstellung der Entfernung erreichen, wobei der Effekt bei den vielen besseren Kameras mit etwas Übung im Sucher erkennbar ist.

Optimal kann man das Verhältnis von Schärfe und Unscharfe nutzen, wenn man das Zusammenspiel von Entfernungseinstellung, Blende und Belichtungszeit ausnutzt. Erinnern Sie sich an die Mohnblüte in einem Kornfeld. Wenn Sie also nur die rote Blüte herausheben wollen, dann fotografieren sie mit einer großen Blende (4,5 oder vielleicht sogar 2,8, wenn Ihr Fotoapparat diese Möglichkeit bietet), einer sehr kurzen Belichtungszeit und stellen Sie die Entfernung entsprechend Ihrer Bedienungsanleitung genau auf die Mohnblüte ein. Sie werden überrascht sein: Die unscheinbare Mohnblüte im riesigen Kornfeld wird zum Mittelpunkt Ihrer Bildaussage.

6.2.2.3 Arbeiten im Fotolabor

Wegen der zahlreichen kreativen Gestaltungsmöglichkeiten wird in der Kinder- und Jugendarbeit bis heute in Fotolabors experimentiert. Bevor Sie das Labor mit seinen Möglichkeiten kennen lernen, ist es wichtig zu betonen, dass die im Fotolabor verwendeten Chemikalien giftig sind und Kinder wie Jugendliche auf die Gefahren aufmerksam gemacht und auf einen vorsichtigen Umgang damit vorbereitet werden müssen.
Sind die Kinder und Jugendlichen entsprechend eingewiesen und die Chemikalienflaschen gut leserlich markiert, sind die Gefahren jedoch sehr gering. Achten sollten Sie auch darauf, dass jeder möglichst alte Kleidung trägt, damit durch eventuelle Tropfen oder Spritzer verursachte Flecken kein Problem darstellen.

Die folgende Zeichnung zeigt Ihnen, wie man im optimalen Falle ein Fotolabor einrichten kann. Ein derartiges Labor ist relativ kostenintensiv und erfordert einen besonderen Raum. Mit etwas Geschick lässt sich aber – wie bereits erwähnt – jedes Badezimmer zu einem vorübergehenden Fotolabor ausbauen.

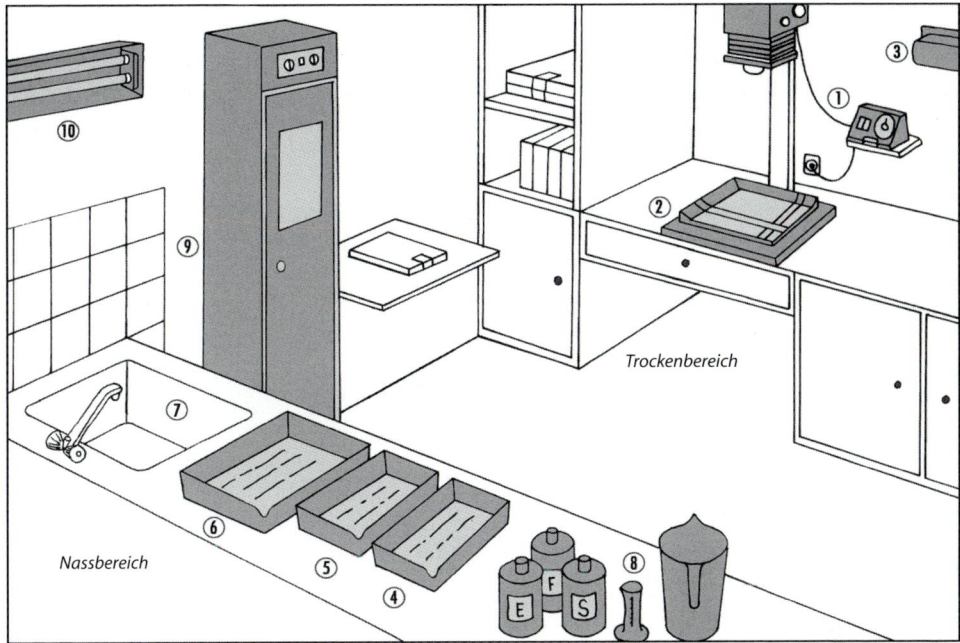

Ein „perfektes" Fotolabor – es geht aber auch einfacher!

Folgende Geräte und Einrichtungen sind für die Arbeit im Labor erforderlich (Nummerierung siehe Zeichnung):

1. Vergrößerungsgerät mit Zeitschaltuhr
2. Vergrößerungsrahmen, der u. a. dafür sorgt, dass das Fotopapier glatt und unbeweglich auf der Unterlage liegt
3. Dunkelkammerbeleuchtung – meist eine Rotlichtlampe
4. Schale für das Entwicklerbad
5. Schale für das Stoppbad
6. Schale für das Fixierbad
7. Wasserbecken
8. Flaschen und Messgeräte für die Chemikalien
9. Filmtrockenschrank, der nicht unbedingt erforderlich ist, wenn Sie den Film in einem staubfreien Raum trocknen können
10. normale Raumbeleuchtung

Sie sollten bei der Einrichtung eines Fotolabors darauf achten, dass Ihnen mindestens 2 m Platz zur Verfügung stehen und dass die Raumtemperatur bei ca. 20 °C liegt, da sonst die Entwicklungs-, Stopp- und Fixierzeiten sich eventuell erheblich verändern. Darüber hinaus muss der Raum möglichst staub- und zugfrei, aber dennoch belüftet sein. Der Bodenbelag sollte leicht zu reinigen und gegen Chemikalien weitgehend unempfindlich sein (z. B. Fliesenboden). Besonders wichtig ist auch die Möglichkeit einer völligen Verdunklung des Raumes.

Entwicklung eines Schwarzweißfilmes

Da der Fotohandel nicht mehr auf die Entwicklung von Schwarzweißfilmen eingestellt ist, lohnt es sich, die eigenen Schwarzweißfilme auch selbst zu entwickeln. Sie benötigen Folgendes:

1. eine geeignete, im Handel erhältliche Entwicklerdose
2. eine Mensur (Messglas) zum Abmessen der Chemikalien
3. den Entwickler
4. das Fixierbad
5. eine Schere
6. ein Fotothermometer
7. einen Flaschenöffner
8. zwei Filmtrockenklammern
9. einen Filmabstreifer
10. eine Stoppuhr
11. eine Raumtemperatur von ca. 20 °C
12. die Möglichkeit zu völliger Verdunklung

Erforderlich sind auch Fotozangen, damit Sie Filme und Bilder nicht mit den Händen anfassen.

Legen Sie alle nötigen Gegenstände so bereit, dass Sie sie auch in völliger Dunkelheit erreichen können. Mischen Sie zunächst noch bei Licht Entwicklerflüssigkeit, Stoppbad und Fixierbad nach Anleitung des Herstellers. Die Entwicklerflüssigkeit bewirkt, dass negative Bilder auf dem Filmmaterial entstehen, mit dem Fixierbad erreicht man, dass sich der Film anschließend chemisch nicht mehr verändert. Es ist günstig, aber nicht unbedingt erforderlich, den Film vor dem Fixieren noch in ein Stoppbad zu legen, damit der Entwicklungsprozess zuverlässiger beendet wird.

Die wichtigsten Schritte des Entwicklungsprozesses, die Sie zunächst mit einem unbrauchbaren Film einige Male bei Helligkeit und Dunkelheit üben sollten, zeigen die folgenden Abbildungen.

Entwicklung eines Schwarzweißfilmes

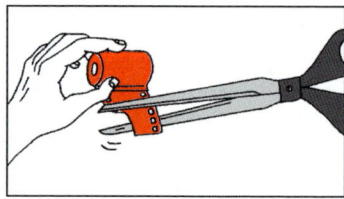

1. Schneiden Sie **bei Licht** die Filmzunge ab und achten Sie dabei darauf, dass keine spitzen Ecken am Ende entstehen.

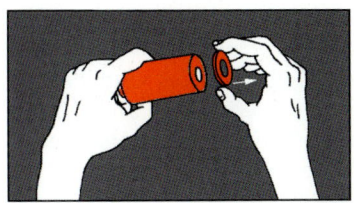

2. Nehmen Sie **bei völliger Dunkelheit** den Deckel der Filmpatrone ab.

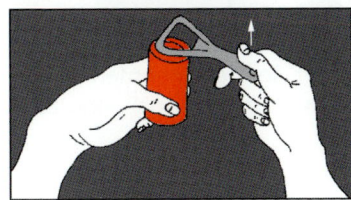

3. Öffnen Sie **bei völliger Dunkelheit** die Filmpatrone mit dem Flaschenöffner.

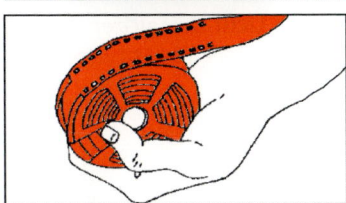

4. Führen Sie den Film **bei völliger Dunkelheit** in die Spirale der Entwicklerdose ein.

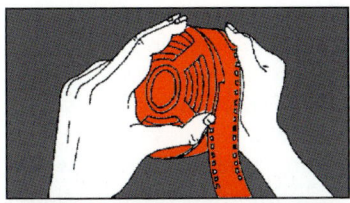

5. Drehen Sie den Film **bei völliger Dunkelheit** vorsichtig in die Spurrillen der Spirale hinein.

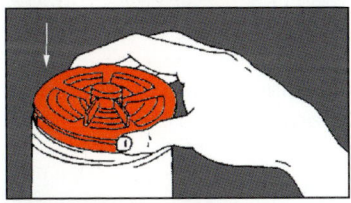

6. Legen Sie die Spirale dann **bei völliger Dunkelheit** in die Entwicklerdose.

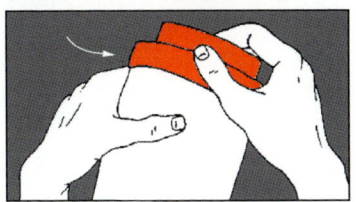

7. Schließen Sie immer noch **bei völliger Dunkelheit** vorsichtig die Entwicklerdose. Der Deckel darf nicht verkanten!

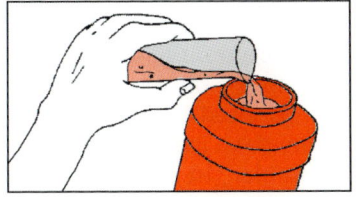

8. Nun können Sie **bei Licht** die vorbereitete Entwicklerflüssigkeit in die Entwicklerdose füllen. Bewegen Sie die Dose dann 30 Sekunden hin und her.

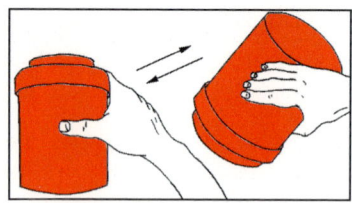

146

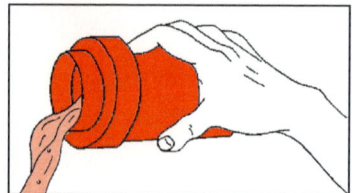

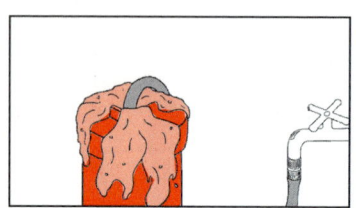

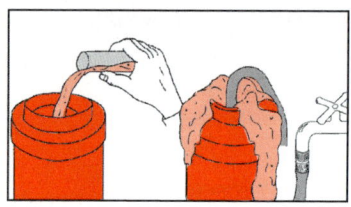

9. Kippen Sie dann **bei Licht** die Entwicklerdose vorsichtig hin und her. Der erforderliche Rhythmus und die erforderliche Zeitdauer des Kippens werden vom Hersteller der Chemikalien angegeben. Schütteln Sie keinesfalls heftig, da entstehende Luftblasen den Film verderben könnten.

10. Gießen Sie dann **bei Licht** die Entwicklerflüssigkeit aus. Schrauben Sie dabei keinesfalls den Deckel der Entwicklerdose auf, sondern nehmen Sie nur den oberen Verschluss ab, damit noch kein Licht in die Dose fällt.

11. Wässern Sie den Film **bei Licht** ausreichend lange (siehe Angaben des Herstellers des Entwicklers).

12. Schütten Sie nun **bei Licht** das vorbereitete Stoppbad in die Entwicklerdose. Bewegen Sie die Dose ca. 30 Sekunden. Gießen Sie dann das Stoppbad aus und schütten Sie das Fixierbad in die Dose, die Sie dann so bewegen, wie Sie dies mit der Entwicklerflüssigkeit getan haben. Zum Schluss sollten Sie die Dose ca. 20 Minuten wässern, damit alle Chemikalien entfernt werden.

Sie können die Entwicklerdose nun öffnen, den Film entnehmen und vorsichtig zum Trocknen aufhängen. Staubfreiheit ist hier unbedingt erforderlich, da Sie sonst jedes Stäubchen auf den späteren Bildern sehen können.

Vergrößern

Das Herstellen von Papierbildern macht Kindern und Jugendlichen auch heute noch sehr viel Spaß und fördert Fantasie und Kreativität, sobald man etwas über die reine Reproduktion von Bildern hinausgeht. Der chemische Prozess hat dabei viel Ähnlichkeit mit dem der Filmentwicklung. Auch hier wird der eigentliche Entwicklungsvorgang mithilfe von Entwicklerflüssigkeit vorgenommen. Der Entwicklungsprozess muss dann mithilfe des Stoppbades angehalten werden, das Ergebnis muss dauerhaft stabil gemacht werden, damit die Bilder später nicht braun und immer blasser werden.

Machen Sie sich zunächst sehr sorgfältig mit dem Vergrößerungsgerät vertraut. Besonders wichtig ist auch hier, dass alles – das Gerät, seine Linse, die Unterlage und der Raum – möglichst staubfrei ist. Um Erfahrungen mit Belichtungszeiten zu sammeln, sollten Sie zwar die Angaben der Papierhersteller sorgfältig lesen, dann jedoch einige Versuche mit Belichtungsvarianten selbst machen. Sehr zu empfehlen, ist die Herstellung von probebelichteten Bildern. Nicht zu verkennen sind auch die besonderen Effekte, die man unter Umständen durch Über- bzw. Unterbelichtung des Fotopapiers erreichen kann. Nicht immer ist die optimale Belichtungszeit auch die schönste.

1. Bei Helligkeit: Wenn Sie mit dem Vergrößerungsprozess beginnen, müssen Sie zunächst den Negativstreifen in die dafür vorgesehene Vorrichtung des Vergrößerungsgerätes einlegen. Achten Sie immer wieder auf Staubfreiheit!

2. Bei geringer Helligkeit: Stellen Sie das Licht des Vergrößerungsgerätes an und legen den Bildausschnitt fest. Daran, dass die Abbildung auf der Unterlage negativ ist (was später schwarz sein soll, ist hier noch weiß und umgekehrt), müssen Sie sich zunächst etwas gewöhnen.

3. Beim Rotlicht der Laborlampe: Legen Sie einen Bogen Fotopapier unter den Vergrößerer und fertigen Sie einen Probestreifen mit unterschiedlichen Entwicklungszeiten an, indem Sie einen Teil des Fotopapiers mit einem Karton abdecken und im Rhythmus von Sekunden nach rechts bewegen. Dadurch erhalten Sie auf einem Fotopapier Bildausschnitte mit unterschiedlicher Belichtungsdauer. Den Rhythmus der Belichtungszeiten der verschiedenen Bildteile sollten Sie vorher festlegen, damit Sie sich hinterher für die optimale Belichtungsdauer entscheiden können.

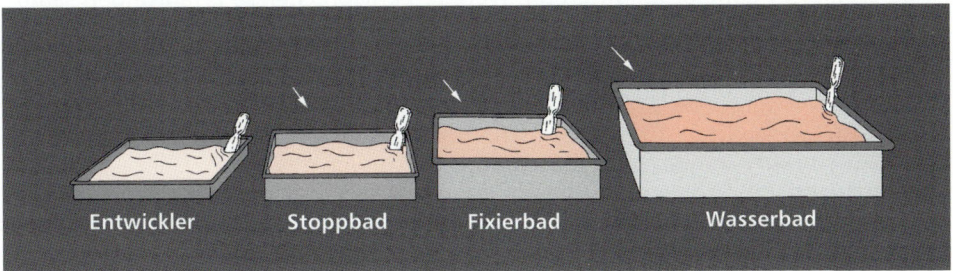

Entwickler   Stoppbad   Fixierbad   Wasserbad

4. Beim Rotlicht der Laborlampe: Nach Abschluss dieses Vorganges legen Sie das Fotopapier in die vorbereitete Entwicklerschale und bewegen es mit der Fotozange vorsichtig hin und her. Sie sehen schon nach kurzer Zeit, wie das Bild entsteht. Ist das Bild deutlich genug, legen Sie es ins Stoppbad, bewegen es wieder kurz hin und her und wiederholen denselben Prozess im Fixierbad. Die Zeiten im Entwickler, Stoppbad und Fixierbad können Sie den Herstellerangaben entnehmen. Wichtig ist zum Schluss, dass Sie lange genug wässern, damit Chemikalienreste das Bild nicht nach einiger Zeit braun werden lassen oder ganz zerstören.

6.2.2.4 Fotografieren und Fotos gestalten

„Fotografieren kann jeder!" So oder ähnlich lauten die werbenden Formulierungen der Fotoindustrie. Auf diejenigen, denen es genügt, ein mehr oder minder gelungenes Erinnerungsfoto festgehalten zu haben, trifft dies heutzutage auch zu. Sobald man aber die vielfältigen Möglichkeiten kreativen, fotografischen Gestaltens nutzen möchte, gibt es viel zu lernen.

Durch die bewusste Manipulation der Tiefenschärfe (durch Vergrößerung oder Verkleinerung der Blende), der Entfernungseinstellung, der Belichtungszeit, durch bewusstes Einsetzen von Seiten-, Rücken- oder Gegenlicht, durch den Einsatz von Lampen oder Blitzlicht kann man bereits beim Fotografieren wesentlichen Einfluss auf die späteren Bilder nehmen.

Wer derartige Möglichkeiten erkunden und nutzen möchte, sollte möglichst auf automatische Belichtung und Entfernungsmessung verzichten und die manuell durchgeführten Einstellungen nach jedem Bild sorgfältig notieren: Bildnummer, Lichtverhältnisse, Belichtungszeit, Entfernungseinstellung, Blendeneinstellung, besondere Merkmale des Bildmotivs wie z. B. Bewegungsgeschwindigkeiten oder -richtungen.

Durch bewusst mehrfaches Aufnehmen desselben Motivs bei unterschiedlichen Kameraeinstellungen kann man die Gestaltungsmöglichkeiten am besten kennen lernen. All dies ist zwar etwas mühsam, die Ergebnisse der unterschiedlichen Bildvarianten sprechen aber schnell für dieses aufwändige Verfahren.

Sehr zu empfehlen ist, sich Anregungen in Bildbänden professioneller Fotografen zu holen, die in jeder öffentlichen Bibliothek entleihbar sind. Befassen Sie sich über eine längere Zeit mit ganz bestimmten Motiven, um entsprechende Erfahrungen sammeln zu können. Erst wer z. B. mit Sonnenuntergängen wirklich experimentiert hat, wird in der Lage sein, die vielen Gestaltungsmöglichkeiten dieses Motivs zu entdecken. Das Gleiche gilt für Motive wie:

- Porträts,
- Architekturaufnahmen,
- Aufnahmen von Sportereignissen,
- Kinderfotos, Familienbilder,
- Feuerwerksaufnahmen,
- Gewitterbilder,
- Tierbilder,
- Kirchenfotos,
- Modefotos,
- Landschaftsaufnahmen,
- Blumenfotos,
- Meeresbilder,
- Winterfotos,
- Nachtaufnahmen etc.

Viele Fotos lassen sich nachträglich im Fotolabor verändern. Nicht selten wird aus gänzlich durchschnittlichen Fotos im Labor nachträglich ein kleines Kunstwerk. So kann man z. B. ein Fotopapier nacheinander mit zwei verschiedenen Fotos belichten. Derartige Doppelbelichtungen können reizvolle Effekte hervorrufen. Mithilfe von Schablonen, die man unter dem Vergrößerer leicht bewegt, kann man unterschiedliche Ergebnisse erzielen, z. B. sehr weiche Randeffekte und Ausschnitte. Auch von Farbfilmnegativen lassen sich – allerdings mit erheblich veränderten Belichtungszeiten – im Fotolabor schwarzweiße Papierbilder anfertigen.

6.2.2.5 Erste Fotoarbeiten mit Kindern

Chemogramme

Das sind so genannte Tageslichtarbeiten, eine Dunkelkammer wird deshalb hier nicht benötigt. Beim Chemogramm wird direkt mit Entwickler oder Fixierer auf das Fotopapier gemalt, gedruckt oder gespritzt. Durch das Tageslicht gibt es sofort eine erkennbare Reaktion auf dem Fotopapier.

149

Entwickler verursacht auf dem Fotopapier dunkle, schwarze Tönungen. Anschließend einige Sekunden wässern, einige Minuten fixieren, sonst verfärben sich mit der Zeit die weißen Stellen, zum Schluss gut wässern.

Fixierer auf dem Fotopapier aufgetragen erzeugt zunächst nicht gut sichtbare helle Veränderungen. Nach dem Auftragen einige Sekunden wässern, dann entwickeln (leicht bewegen!) bis zur Schwarzfärbung der nicht aufgetragenen Stellen, anschließend gut wässern.

Mischtechniken, kombiniert mit Entwickler und Fixierer, sind möglich und ergeben insbesondere für Kinder faszinierende Bilder, ja sogar kleine Kunstwerke.

Fotobatiken

Bei dieser Weiterentwicklung der Chemogramme werden die Stellen des Fotopapiers, die nicht mit dem Entwickler reagieren sollen, mit Fett, Creme oder Vaseline bestrichen. Bereits eingefettete größere Flächen, auf denen danach doch noch etwas zu sehen sein soll, können mit Stäben oder Zahnstochern nachträglich bearbeitet werden. Danach erfolgt die übliche Prozedur: entwickeln, Fett entfernen, fixieren und wässern.

Wenn Sie Kinderhände oder Füße als Abdruck auf dem Fotopapier sehen möchten, müssen Sie vorher die Hände oder Füße der Kinder mit Vaseline oder anderer Fettcreme einreiben.

Fotogramme

Hier ist eine Dunkelkammer erforderlich, obwohl es sich hier nicht um ein Foto handelt, sondern um eine einfache Möglichkeit der Bildgestaltung. Bilder entstehen dadurch, dass man Gegenstände (z. B. Blätter, Figuren, Hände, Schablonen) auf das unbelichtete Fotopapier legt und danach das Papier belichtet. Der Fantasie sind hier keine Grenzen gesetzt.

Belichtet werden kann mit unterschiedlichen Lichtquellen, mit Schreibtischlampen (mit geringer Lichtleistung!) oder auch mit dem gezielten Licht des Vergrößerungsapparates. Hier muss auch getestet und probiert werden, um die richtige Belichtungszeit herauszubekommen, deshalb: beim abschließenden Entwickeln das Licht der Dunkelkammer-Leuchte anlassen.

Bemalen von Glasdias

Ideal wäre es hier, den Kindern einen freien, kreativen Umgang mit den Farben zu ermöglichen. So entwickeln die Kinder selber Farb- und Formkompositionen, erfinden selber Geschichten. Auf der großen Leinwand im gut abgedunkelten Raum kommen die

Dias am ehesten zur vollen Geltung. Spannend für Kinder sind Glasdias, die von ihnen mit Alltagsmaterialien, wie Haaren, Staub, Federn, Sand, Tinte usw. gefüllt werden, sodass die Fantasie und Kreativität der Kinder gefördert werden.

6.2.2.6 Digitalfotografie

Was ist digitale Fotografie?

Digitale Fotografie bedeutet hier, dass Aufnahmen bereits in einer computergerechten Form und in einem von jedem Computer lesbaren Format (als Datenobjekt ähnlich wie eine Textdatei) vorliegen und damit für fast grenzenlose Vervielfältigungs-, Bearbeitungs- und Verbreitungsmöglichkeiten zur Verfügung stehen.

1981 war das Geburtsjahr der digitalen Fotografie – die erste Magnet Video Camera (MAVICA) kam auf den Markt. Diese Kamera konnte Standbilder auf eine Diskette speichern. Es war noch keine echte Digitalkamera, weil das Ergebnis noch als analoges Signal abgespeichert wurde. Zumindest wurde hierdurch eine rasante Entwicklung ausgelöst. Die Firmen wetteiferten im Kampf um die besten und die ersten echten digitalen Kameras.

Der richtige Durchbruch kam jedoch erst 1990, als die ersten Digitalkameras zu erschwinglichen Preisen auf den Markt kamen. Diese waren nicht sehr komfortabel, hatten z. B. nur einen Knopf – den Auslöser, dafür kamen die Bilder jedoch zum ersten Mal digital in den Computer.

Der herkömmliche Film hatte für diese Kameras ausgedient. Digitalkameras sind entweder mit einem festen Speicher oder einer Speicherkarte (heute allgemeiner Standard) ausgerüstet.

Heutige Digitalkameras besitzen eine hohe Auflösung, sind in der Regel mit einer guten und lichtstarken Optik versehen, verfügen über schnelle und mit hoher Kapazität auslegte Speicherkarten, ein Display und besitzen die ganzen Vorteile eines digitalen Mediums.

Der Megapixel-Wahn
Eine gute Auflösung ist von enormer Bedeutung, aber nicht alles. Eine Digitalkamera mit 5 Millionen Pixel macht nicht unbedingt bessere Bilder als eine Kamera mit „nur" 2,1 Megapixel, es kann durchaus sogar das Gegenteil der Fall sein. Es kommt auch auf die Ausstattung und vor allem auf die Qualität des verwendeten Objektivs an.

Optisches oder digitales Zoom
Auch wenn es sich hier um eine digitale Kamera handelt, das Licht fällt zunächst immer durch ein Linsensystem, also durch ein herkömmliches Objektiv. Nur ein optisches Zoom kann Ihnen deshalb ein Objekt in einer zufrieden stellenden Qualität näher bringen und in seiner Differenziertheit darstellen. Lassen Sie sich nicht von der Angabe „24faches digitales Zoom" blenden. Natürlich erscheint das digital herangezoomte Objekt viel größer, aber auf Kosten der Qualität. Das Bild ist einfach nur größer und wirkt gerastert, die Auflösung wird aber mit jeder Zoomstufe schlechter, weil es nur eine computergenerierte Vergrößerung ist.

Speicherkarten
Diese gibt es in unterschiedlichen Typen und Größen, je nach Kameratyp und nach dem Geldbeutel. Gängige Speichermedien sind:

- Compact-Flash Cards CF, Typ I und II
- SD Memory Card
- XD Picture Card
- Memory Stick

Die Cards gibt es in einer Größe von 8 MB bis 1 024 MB.

Akkus
Achten Sie beim Kauf der Kamera auf gängige Akku-Typen! Empfehlenswert sind NiMH-(Nickel-Metal-Hydrid-)Akkus oder Li-Ion- (Lithium-Ionen-)Akkus, da beide keinen Memory-Effekt haben. Lithium-Ionen-Akkus sind jedoch teurer, dafür aber auch leistungsstärker.

6.2.2.7 Vergleich analoge und digitale Kamera

Die Merkmale einer analogen und digitalen Kamera können Sie folgender Tabelle entnehmen.

Analog	Digital
Ausgereifte Technik – nur noch im Detail zu verbessern	Neue Technik – ständige Verbesserung
Filme mit 12, 24 oder 36 Bildern	Speicherkarten von 8 MB bis 1 GB – je nach gewählter Auflösung, damit Platz für mehrere hundert Bilder
Sehr schnelle Bildfolgen möglich – sofort nach dem Einschalten einsatzbereit	Nur wenige Bilder hintereinander – 2 bis 5 Sekunden Vorlaufzeit
Geringer Stromverbrauch	Höherer Stromverbrauch

Analog	Digital
Hohe Materialkosten für Filme	Keine laufenden Kosten
Fehlbelichtungen möglich	Bildergebnis sofort kontrollierbar
Umständliche Archivierung	Unschlagbare Bildverwaltung/-archivierung
Vergrößerungen bis 60 cm x 80 cm und darüber möglich	Normal bis DIN A-4 möglich, bei Profigeräten auch größer als 100 cm

(vgl. Schmidt, S. 37 f.)

Vorzüge der digitalen Fotografie

Mit der digitalen Fotografie erschließen sich Ihnen die vielfältigen Möglichkeiten eines digitalen Mediums:

- Kein Qualitätsverlust: Die 1 000. Kopie eines digitalen Fotos von der 1 000. Kopie hat immer noch die gleiche Qualität wie das Original.

- Kontrollmöglichkeit: Die Qualität der Aufnahme kann sofort über das Display kontrolliert werden – misslungene Aufnahmen können sofort gelöscht werden.

- Fast unendliche Speicherkapazität: Während bei herkömmlichen Kameras der Film irgendwann voll ist, können Sie bei der digitalen Kamera im Notfall nicht so wichtige Aufnahmen löschen und damit Platz schaffen für weitere Bilder.

- Schnelle Verbreitungsmöglichkeit: Sie können die Bilddateien sofort ins Internet stellen. Als E-Mail-Anhang können Sie die Bilder weltweit ohne Portokosten im nächsten Augenblick verschicken.

- Nachbearbeitung: Bilder können mit entsprechender Software nachbearbeitet werden.

- Ausdruck:
  - über den Drucker eines PC
  - über einen speziellen Drucker als Zubehör dieser Kamera ohne Zwischenstation Computer
  - über kommerzielle Fotodienste, die Bilder müssen über das Internet übertragen oder mittels eines Speichermediums (CD-Rohling oder Speicher-Card) beim Fotodienst abgegeben werden

- Archivierung: In digitaler Form im Platz sparenden JPEG-Format auf der Computerfestplatte oder gebrannt auf einem CD-Rohling. Das JPEG-Format steht für *„Joint Photographic Experts Group"* und ist geschaffen worden, um die Größe der Bilddateien klein zu halten.

Nachbearbeitung am Computer

Hierfür benötigen Sie eine geeignete Software. Oftmals liegt beim Kauf der Kamera bereits ein einfaches Bildbearbeitungsprogramm bei, welches für erste Schritte vollkommen ausreicht. Was ist möglich, auch mit Hilfe einfacher Software?

- Farben des Gesamtbildes oder von Teilbereichen verändern
- Bild als Negativ darstellen
- Texte hinzufügen
- Bildstil verändern
- Objekte verzerren
- Rote Augen entfernen
- Einfaches Retuschieren
- Klonen (duplizieren)
- Montagen – Personen oder Objekte können nachträglich in ein Bild kopiert werden
- Collagen

153

 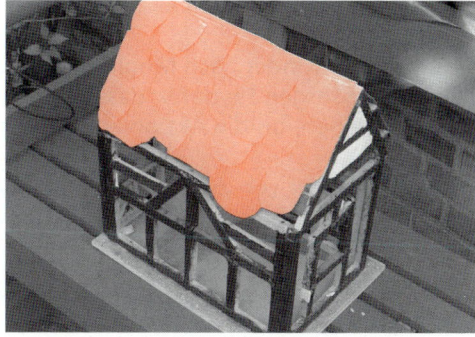

Farben verändern

Klonen

Die einzelnen Schritte und Möglichkeiten hier alle aufzuführen würde den Rahmen des Buches sprengen. Sie werden aber feststellen, dass Sie sich rasch in die Nachbearbeitungsmöglichkeiten der Software einarbeiten. Probieren Sie einfach aus – durch viel Übung werden Sie zu tollen Ergebnissen kommen.

Hinweis
Vergessen Sie nicht, vorher die Originalbilddateien an einem gesonderten Ort zu speichern!

6.2.2.8 Digitalfotografie und digitale Bildbearbeitung mit Kindern

Zunächst sollte eine kleine fotografische Schule genau wie bei der traditionellen Fotografie vermittelt werden, also das Kennenlernen der wichtigsten fotografischen Grundregeln. Sinnvoll wird es hier sein, diese Grundkenntnisse direkt mit der Bedienung der digitalen Kamera zu verbinden.

Wenn den Kindern die ersten Aufnahmen gelungen sind, können diese von der Kamera direkt auf den Computer übertragen werden. Nun können die Bilder am Computer bearbeitet werden, die Kinder können Bildteile ausschneiden, hinzufügen, neu arrangieren, sie können Farben ändern, Texte hinzugeben, ausprobieren und Spaß haben.

Lassen Sie die Kinder nach Möglichkeit nur mit Kopien der Originaldateien experimentieren, oder sorgen Sie dafür, dass die Originalbilder so lange auf der Speicherkarte der Kamera bleiben, bis die Aktion abgeschlossen ist.

Wenn die Kinder von zu Hause Fotos mitbringen, also Papierabzüge, können sie diese einscannen und danach ebenfalls digital bearbeiten.

6.2.3 Links

http://www.agfanet.com/de/cafe/photocourse/cont_index.php3
    Fotokurs

http://www.kindergarten-heute.de/online_beitraege/beitrag_template?onlstrnr=132&einzelbeitrag=12114
    Fotografieren mit Kindern

http://www.mediaculture-online.de/Digitale_Fotografie.89.0.html
    Digitale Fotografie

7 Videofilme erstellen

7.1 Die Lernsituation: Videofilme erstellen

Sie arbeiten in der mehrgruppigen Einrichtung „Die Rabauken", die sich im erweiterten Einzugsbereich zweier Großstädte befindet. Bedingt durch diese Randlage ist auch die Elternschaft heterogen, fast alle gesellschaftlichen Gruppen sind hier vertreten. Die Erfahrungswelt der Kinder ist stark durch Medien geprägt, sie kommen sehr früh mit vielen Medien in Berührung: Fernsehserien, Computer, Internet, Merchandisingprodukte und Spielkonsolen sind für viele Kinder ständige Begleiter im Alltag.

In der alltäglichen pädagogischen Arbeit spüren Sie aber auch die Kehrseite der neuen Medien – viele Kinder wirken immer häufiger unkonzentriert, manche sind überdreht durch das, was sie abends im Fernsehen gesehen haben. Aggressives Verhalten einiger Kinder konnte auch durch überhöhten Medienkonsum erklärt werden. Viele Angebote haben nicht mehr den gewünschten Erfolg, einige Kinder scheinen für pädagogische Bemühungen immer weniger erreichbar.

Bei der wöchentlichen Teamsitzung in der Hortgruppe bringt es die Kollegin Britta auf den Punkt: „Ich bin es manchmal leid, immer nur auf Wirkungen der Medien zu reagieren. Man müsste mal ganz anders an diese Sache herangehen. Wenn ich überlege, wie viele Elternabende wir schon zu diesem Thema durchgeführt haben. Ich glaube, es bringt nicht viel, immer nur zu klagen, wie schlecht die Medien für unsere Kinder sind. Ich hab da auch schon eine Idee: Wir könnten doch mal ein Videoprojekt in unserer Hortgruppe durchführen. Letztes Jahr hat uns ein Vater, der bei einer Filmproduktionsgesellschaft arbeitet, zwei Videokameras zu einem günstigen Preis überlassen. Damit könnten wir doch etwas auf die Beine stellen, und ich glaube, unsere Kinder hätten ihre Freude daran. Man müsste das nur unserer Leiterin, der Michaela, und den Eltern gut verkaufen können." Brittas Argumente sind überzeugend, das Team nimmt das Videoprojekt in Angriff.

156

> **Die berufliche Aufgabe:**
>
> Dieses Beispiel aus der Praxis zeigt, dass Sie in Ihrer zukünftigen Rolle als Erzieherin oftmals mit Problemen konfrontiert werden, die eine vielleicht zunächst ungewöhnlich erscheinende Lösungsstrategie erfordern. Anstelle einer herkömmlichen bewahrenden und beschützenden Medienerziehung steht hier im Vordergrund: Nicht gegen die Medien, sondern kreativ mit Medien aktiv werden.
>
> Es wird Ihre Aufgabe als Erzieher sein, pädagogisch problematische Einflüsse von Medieninhalten zu kennen und ihnen durch aktive Medienarbeit entgegenzuwirken.
>
> Die folgenden Impulse und Fragen sollen Sie darin unterstützen, diese Aufgabe vorbereitend in Angriff zu nehmen.
>
> 1. Überlegen Sie, warum negative Medieninhalte Ihr pädagogisches Wirken konterkarieren können.
> 2. Informieren Sie sich umfassend über negative und pädagogisch wie psychologisch bedenkliche Medieninhalte.
> 3. Warum eignet sich aktive Medienarbeit mit Kindern dazu, die problematischen Auswirkungen überhöhten Medienkonsums auszugleichen?
> 4. Wie wird eine aktive Medienarbeit Ihre eigene Einstellung zu Medien eventuell verändern?

In diesem Kapitel werden Sie etwas über den Königsweg der Medienerziehung – die **aktive Medienarbeit** – erfahren. Verdeutlicht werden soll dies exemplarisch am Beispiel des Mediums Video und dem kreativen Umgang mit der Videokamera.

7.2 Im medienpädagogischen Lernfeld handeln

7.2.1 Hintergrundfragen, Impulse und Übungen

Warum aktive Medienarbeit?

1. Welche Gefahren überhöhten Medienkonsums für Kinder und Jugendliche sind Ihnen bekannt? Können Sie hierzu auch Untersuchungsergebnisse vorstellen oder aktuelles Zahlenmaterial nennen?
2. Welche Nachteile hat für Sie ein bewahrpädagogischer Ansatz zu Medienthemen?

3. Überlegen Sie, warum insbesondere ein kreativer, aktiver und pädagogisch begleiteter Umgang mit Medien, z. B. Fotokamera, Camcorder, als der Königsweg der Medienerziehung bezeichnet wird.

4. Finden Sie Beispiele für eine aktive Medienarbeit – was ist hier alles möglich und denkbar – welche Medien kommen hier insbesondere in Frage?

5. Ist aktive Medienarbeit immer möglich – wo liegen die Nachteile und Grenzen?

157

1. Übung **Erste Schritte mit dem Camcorder**

1. Für eine erste Übung brauchen Sie nur einen Camcorder, eine unbespielte Videokassette und ein geeignetes Objekt.

   Wichtig:
   – Lassen Sie sich nur die wichtigsten Funktionen des Camcorders erklären, wie Zoomfunktion, Start- und Stopptaste bzw. Pausetaste.
   – Filmen Sie alles, was Ihnen ins Blickfeld gerät oder vor dem Objektiv erscheint.
   – Nutzen Sie die Bewegung von Objekten – Video lebt von der Bewegung.
   – Bewegen Sie sich auch mit laufender Kamera.

2. Lassen Sie sich Ihre ersten Videoaufnahmen auf einem Monitor vorführen. Betrachten Sie Ihre Aufnahmen mehrmals und versuchen Sie, die nachstehenden Fragen zu beantworten:
   – Was war am schwierigsten bei den ersten Aufnahmen?
   – Wie sind die Bildausschnitte gewählt worden?
   – Sind alle wichtigen Personen im Bild gewesen?
   – Wie oft wurde bei der Aufnahme ein Schwenk eingesetzt?
   – Wurde das Zoom oft betätigt?
   – Wie wurde der Camcorder gehalten – eher ruhig oder sehr zittrig?
   – Konnte die Bewegung von Personen oder sonstigen Objekten gut verfolgt werden?
   – Wurde aus einer günstigen Perspektive gefilmt?
   – Wie entspannt oder verkrampft haben Sie sich bei den ersten Aufnahmen gefühlt?
   – Wie haben Sie Personen aufgenommen? Haben Sie im Gegensatz hierzu ruhende Objekte anders gefilmt?
   – Haben Sie, vielleicht sogar unbewusst, verschiedene Kameraeinstellungen wie Nahaufnahme, Porträt usw. eingesetzt?
   – Waren Sie mit der technischen Qualität der Aufnahme zufrieden? – War der Camcorder leicht zu bedienen?
   – Hat es Ihnen Spaß gemacht?
   – Was hat Ihnen an Ihrem „Film" gefallen?
   – Was hat Ihnen weniger gefallen?

3. Natürlich werden Sie auf Anhieb nicht alle Fragen beantworten können, da sie zum Teil schon ein Vorgriff auf nachfolgende Übungen darstellen. Deshalb ist es sinnvoll, noch einmal die gleiche oder eine ähnliche Sequenzfolge zu filmen. Überlegen Sie genau, was Sie gegenüber der ersten Probeaufnahme verändern wollen. Reflektieren Sie die zweite Aufnahme ähnlich wie beim ersten Mal. Wo können Sie jetzt schon gezielter antworten als beim ersten Mal?

2. Übung   Filmen bewegter und unbewegter Objekte

Um dem Anfänger ein Gespür für das „natürliche" Sehverhalten zu vermitteln, sind so genannte Trockenübungen ohne Camcorder hilfreich. Präparieren Sie einen leeren Raum z. B. so:

- Stellen Sie Tische und Stühle in ganz ungewohnter Manier zusammen. Verändern Sie Vorhänge und Bilder im Raum in auffälliger Weise.

- Setzen Sie sich zu viert oder fünft an einen Tisch und machen Sie etwas Ungewöhnliches. Verhalten Sie sich nicht alltäglich, sondern attraktiv für die Kamera.

Wenn alles vorbereitet ist, soll eine Mitschülerin den Raum ohne Camcorder betreten und alles in dem Raum beobachten. Danach soll in einem kurzen Protokoll alles festgehalten werden, wie die Schülerin die Objekte in dem Raum beobachtet hat. In einem zweiten Schritt wird die gleiche Schülerin den Raum mit Camcorder betreten und so filmen, wie sie vorher beobachtet hat.

Die nachfolgenden Übungsteile sollen Sie befähigen, verschiedene Kameraeinstellungen auszuprobieren und Erfahrungen mit bestimmten Perspektiven zu sammeln. Dabei werden Sie auch unterschiedliche Kameraführungen ausprobieren und insbesondere auf

- Einzelschnitte,

- Perspektiven,

- Lichtverhältnisse,

- charakteristische Eigenschaften des Objekts,

- Kameraeinstellung

achten müssen.

Filmen von unbewegten Objekten
Versuchen Sie, innerhalb einer Minute ein von Ihnen oder Ihrer Klasse ausgewähltes Objekt zu filmen. Wenn sich das Objekt nicht bewegt, sollten Sie den Camcorder bewegen, indem Sie z. B. langsam um das Objekt schreiten und es somit räumlich aufnehmen. Ideal für diese Aufnahme wäre ein fahrbares Stativ.

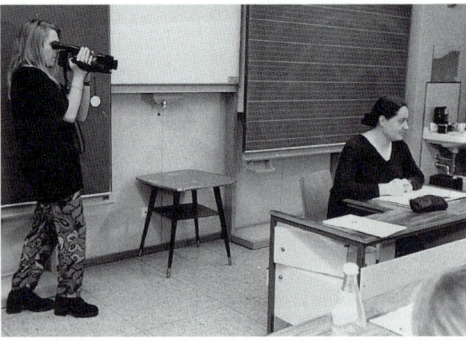 

Personen im Raum

Versuchen Sie, innerhalb von drei Minuten, das Wesentliche mit dem Camcorder zu erfassen. Worauf sollten Sie achten?

- Ist ein Schwenk zur Einführung sinnvoll oder sind Einzelaufnahmen günstiger?

- Welches Motiv steht im Vordergrund: nur der Raum, nur die Personen, Raum und Personen?

- Achtung: eventuell Gegenlicht durch Fensterfront

- Zoom sinnvoll oder lieber Einzelbilder schneiden?

- Perspektiven beachtet?

Gruppenaktion filmen

Filmen Sie eine Gruppe, die an einem Tisch sitzt und z. B. Karten spielt. Versuchen Sie, in einer fünfminütigen Aufnahme das Typische dieser Situation mit dem Camcorder einzufangen.

Vorschläge:

- Filmen Sie die Gruppe im Ganzen aus unterschiedlichen Perspektiven.

- Gehen Sie mit dem Camcorder mehrmals um den Tisch herum und filmen Sie währenddessen alle Spieler.

- Schießen Sie Porträts der einzelnen Spieler.

- Blicken Sie mit dem Camcorder über die Schulter der Spieler in die Karten.

- Filmen Sie Details: Karten, Gesichter, Hände und Blicke.

- Achten Sie auf eventuelle Falschspieler.

Werten Sie die Probeaufnahmen aus: Welche Einstellungen waren gut und welche weniger gut? Warum gefielen Ihnen bestimmte Einstellungen oder Kamerabewegungen besser als andere?

3. Übung   Schnitt mit der Kamera

1. Überlegen Sie, wie man schon beim Filmen mit dem Camcorder so die Szenen aneinander fügen könnte (Kamera-Schnitt), sodass ein Teil der Nachbearbeitung (siehe Kapitel 7.2.2.11) wegfallen würde.

2. Erstellen Sie eine Übersicht, wie in Filmen die Übergänge von einer Szene zu einer anderen Szene (Schnitt) gestaltet werden. Denken Sie hierbei an typische Schnitte in Filmen. Wie werden Szenenwechsel oder Standortwechsel eingeleitet oder durchgeführt? Bringen Sie hierfür Beispiele.

4. Übung **Videoexperimente mit Kindern**

1. Entwickeln Sie auf der Basis Ihrer erworbenen Kenntnisse und Fertigkeiten aus dem Videokurs kleine, überschaubare Videoexperimente für Kinder.

2. Wie könnten Sie unter Einsatz der Videotechnik die Wahrnehmungsfähigkeit und Kreativität der Kinder fördern?

3. Kinder äußern oft den Wunsch, ihre Themen, Wünsche und Fantasien mithilfe von Medien (hier mit dem Camcorder) selbst auszudrücken. Wie ließe sich das realisieren?

4. Stellen Sie Möglichkeiten und Grenzen der praktischen Videoarbeit mit Kindern in einer Gegenüberstellung zusammen.

5. Übung **Videotechnik, -schnitt und -nachbearbeitung**

1. Erstellen Sie einen Plan, in dem Sie genau festhalten, wie viel technisches Know-how zur Durchführung von kleineren Video-Projekten mit Kindern erforderlich ist. Überlegen Sie auch, worauf man gerade am Anfang verzichten könnte.

2. Stellen Sie in einer Übersicht zusammen, wodurch sich die wichtigsten Videosysteme und Camcordertypen wie S-VHS, Mini DV, Digital 8 unterscheiden.

3. Fragen Sie Bekannte, Freunde oder videoerfahrene Erzieherinnen, ob diese schon mit Videoschnittsoftware gearbeitet oder vielleicht schon Filme nachvertont haben. Machen Sie sich Notizen, hier können Sie von vielen praktischen Erfahrungen profitieren.

4. Wodurch unterscheiden sich analoge und digitale Aufnahmetechnik?

7.2.2 Arbeitsmaterialien

7.2.2.1 Bedeutung einer aktiven Medienarbeit

Aktive Medienarbeit ist heute mehr denn je vonnöten. In einer Zeit, in der Medien unseren Alltag durchdringen und dominieren, unser tägliches Zeitbudget strapazieren, liefert eine aktive Medienarbeit einen Beitrag zum selbstbestimmten und kompetenten Umgang mit Medien. Moderne Medien sind eigentlich ein Segen, eine unglaubliche Hilfe im Alltag – aber letztlich nur für die, die einen kompetenten und selbstbestimmten Umgang mit ihnen eingeübt haben. Wer jedoch wenig Orientierung und Durchblick im Umgang mit den Medien zeigt, wem also ein tieferes Verständnis für die Macht der Medien fehlt, ist ihren Wirkungsmechanismen hoffnungslos ausgeliefert und profitiert nur unzureichend von den positiven Seiten der neuen Medien.

Aus medienpädagogischer Sicht bedeutet dies, Medien für Kinder frühzeitig als Produktionsmittel erfahrbar zu machen, um aufzuzeigen, dass die Medien für unterschiedlichste Begabungen und Interessen eine Möglichkeit bieten, sich kreativ auszudrücken und anderen die eigene Sichtweise der Welt mitzuteilen. Zudem soll verdeutlicht werden, dass Mediennutzung über den rein konsumtiven Aspekt hinausgeht. Kinder haben ein Recht (Anfang/Demmler/Lutz, 2003, S. 69)

darauf, ihre Umwelt zu erkunden, und hierzu gehören eben auch die Medien.

Der Königsweg einer Medienarbeit mit Kindern, die an ihren Interessen und Bedürfnissen ansetzt, liegt dabei in der aktiven Medienarbeit. Sie bietet die Möglichkeit, sich mit Hilfe von Medien mit sich und der Umwelt auseinander zu setzten und Medien gezielt als Werkzeug für kreative Prozesse zu nutzen.

161

7.2.2.2 Gefahren überhöhten Medienkonsums

Die schöne bunte Medienwelt, wie sie sich heute präsentiert, birgt für Kinder und Jugendliche nicht zu unterschätzende Gefahren:

- So genannte Vielseher verlieren auf Dauer wichtige soziale Kontakte und damit alterstypische und altersgerechte Kommunikationsbeziehungen
- Gewaltdarstellungen in den Medien können zu traumatischen Erlebnissen und psychischen Störungen, wie Angstzuständen, Schlafstörungen führen
- Medienzentrierte Wahrnehmungsmuster verhindern den Blick für das, was wirklich wichtig ist, wenn z. B. der Lebenswandel eines Medienstars wichtiger erscheint als der Krieg im Irak
- Bewegungsmangel durch stundenlangen Medienkonsum, Neigung zu Fettleibigkeit durch ungehemmte Nahrungszufuhr vor dem Bildschirm
- Orientierung an Verhaltensmustern von fragwürdigen Mediendarstellern
- Übernahme von Gewalt als Lösung zur Möglichkeit von Konflikten
- Verlust der Empathiefähigkeit
- Verlust an Kreativität und Eigeninitiative

Diese aufgelisteten Gefahren, die nicht dem Anspruch der Vollständigkeit genügen, sind immer im Zusammenhang mit anderen Faktoren zu beachten. So ist das Elternhaus als Primärgruppe prägend für die Medienpräferenzen der Kinder. Die Kommunikations- und Beziehungsstruktur in der Familie beeinflusst ganz wesentlich den Medienkonsum der Familienmitglieder. Kinder mit strukturierten und ausgefüllten Hobbys sind ebenfalls weniger gefährdet und anfällig.

7.2.2.3 Beispiele für eine aktive Medienarbeit

- Erstellen einer Zeitung im Hort oder einer Kita
- Fotokurs mit Kindern
- Durchführung von Kinderkinoprojekten
- Hörspiel mit Kindern
- Videoprojekt mit Kindern oder Jugendlichen
- Erstellen von Internetseiten

7.2.2.4 Warum aktive Medienarbeit?

Aktive Medienarbeit betreiben bedeuten, sich nicht damit abfinden, nur eine Art Medienfeuerwehr zu spielen, nicht nur auf das in irgendeiner pädagogischen Art und Weise zu reagieren, was an negativen Folgen überhöhten Medienkonsums bei den Kindern zu beobachten ist, zu kompensieren, abzufedern und Auswüchse zu mildern. Aktive Medienarbeit bedeutet eine konsequente Auseinandersetzung mit Medien und kreativer Umgang mit Medien mit dem Ziel, eigene Medienprodukte mit Kindern oder Jugendlichen zu schaffen.

7.2.2.5 Ziele aktiver Medienarbeit

- Aus dem passiven Medienkonsumenten wird ein aktiver Mediengestalter
- Das Erstellen eigener Medienprodukte steigert die Medienkompetenz
- Kritikfähigkeit gegenüber Medienprodukten wächst
- Kreativer Umgang mit Medien
- Förderung der Fantasie
- Umfassende Schulung der Wahrnehmung
- Verbesserung sozialer Kommunikation durch die Gruppenprozesse bei der Arbeit
- Souveräner Umgang mit neuen Medien
- Machart von Filmen und anderen Medienprodukten wird besser durchschaut
- Freude und Stolz über das geschaffene Produkt
- Kenntnisse und Fertigkeiten im Umgang mit Geräten
- Aktives Gestalten, Handeln, Planen, Durchführen, Umsetzen, Organisieren
- Freude am Ergebnis

7.2.2.6 Potenzial aktiver Medienarbeit für die pädagogische Arbeit mit Kindern

Sie [die aktive Medienarbeit] ermöglicht den Wechsel von der passiven Nutzung zur aktiven Gestaltung. Das größte Plus der aktiven Medienarbeit stellt ihr schöpferisches Pozential dar. Die Möglichkeit, eigenständige Medienprodukte zu erstellen, eröffnet nicht nur viele Lernebenen über die Medien selbst, sondern befriedigt das Grundbedürfnis, schöpferisch tätig zu werden, das bei Kindern oftmals durch noch nicht zu perfektionistische Ansprüche an das Produkt stark ausgeprägt ist.

Die aktive Medienarbeit ermöglicht handlungsorientiertes Lernen.
Das handlungsorientierte Lernen entspricht der vor allem im Vorschulalter vorherrschenden Form des Lernens, dem Spielen. Das gestalterische Potenzial der Medien lässt sich gut spielerisch erforschen und die Erstellung eines Medienprodukts bietet vielfältige handlungsorientierte Lernfelder. So erfahren z. B. die Macher eines Videofilms zum Thema „Außenseiter" Grundsätzliches über

den Videofilm und seine Gestaltungsmöglichkeiten und lernen gleichzeitig etwas über die Mechanismen, die einen Menschen oder eine Gruppe zu Außenseitern machen.

Medien ermöglichen es Kindern, Geschichten zu erzählen und sich kreativ auszudrücken.
Das Erzählen von Geschichten ermöglicht es, die erlebte oder erdachte Welt dem menschlichen Bewusstsein zu erschließen. Produkte zu schaffen, die der eigenen Fantasie entspringen, kann als menschliches Kernbedürfnis angesehen werden. Vor allem Kinder sind bereit, sich auf einen Produktionsprozess einzulassen, ohne die Hemmung, das Produkt könnte nicht gut genug sein.

Kinder lösen gerne ihnen gestellte Aufgaben mithilfe von Medien.
Mit zunehmendem Alter nutzen Kinder Medien in ihrer Freizeit. Diese Lust, mit Medien umzugehen, lässt sich in pädagogischen Zusammenhängen als (Anfang/Demmler/Lutz, 2003, S. 70)

Motivationssteigerung einsetzen, um mit Medien thematisch zu arbeiten. Auch steigt bei Kindern das Bedürfnis, sich durch Medien mitzuteilen. Lehrer berichten, dass Kinder gerne ihre Schule mit einem Film zum Tag der offenen Tür darstellen wollen oder im Kunstunterricht den Einsatz des Computers einfordern. Natürlich darf auch eine Darstellung der Klasse im Internet nicht fehlen.

Medienarbeit mit Kindern lässt sich nicht generalisieren.
Unter welchen Bedingungen und mit welchen Methoden eine aktive Medienarbeit mit Kindern sinnvoll ist, lässt sich nicht wie bei der Medienarbeit mit Jugendlichen generalisieren. Sie ist zum einen sehr stark vom Alter der Kinder abhängig, zum anderen aber auch vom Medium selbst. Medienprojekte mit Kindern unterscheiden sich aufgrund der Entwicklungsstufen, die Kinder von ihrer Geburt bis zum 14. Lebensjahr durchlaufen, erheblich voneinander.

163

7.2.2.7 Videokurs als Beispiel für eine aktive Medienarbeit

Die praktische Arbeit mit der Videokamera bzw. mit dem Camcorder sollte unter folgenden Gesichtspunkten betrachtet werden:

- Handlungsorientierter Ansatz – hier praktisches „Erfahren" der Videofilmproduktion und Videotechnik (Kamera- und Aufnahmetechnik, das Erlernen verschiedener Kameraeinstellungen sowie der Technik der Nachbearbeitung) als Voraussetzungen zur kompetenten Beherrschung des Mediums.

- Weitergabe der Kenntnisse und Fertigkeiten an Personen im sozialpädagogischen Bereich, die dieses Wissen wiederum anderen vermitteln können, und an interessierte Kinder und Jugendliche.

- Ausbau dieser Kenntnisse und Erfahrungen für die Entwicklung von Konzepten zum Einsatz der Videotechnik als aktive Medienarbeit in der Kinder- und Jugendarbeit.

Ohne grundlegende und fundierte Kenntnisse der Videotechnik gerät die Arbeit mit dem Camcorder nach anfänglicher Begeisterung (schnelle, sichtbare Erfolge) oftmals in eine lustlose Sackgasse. Erste Erfahrungen mit diesem neuen Medium machen Folgendes deutlich:

- Eigene Videoproduktionen können und sollen nicht mit den im Fernsehen oder Kino gezeigten Bildern konkurrieren. Hier sollten die Erwartungen nicht zu hoch angesetzt werden.

- Für kleinste Filmsequenzen ist oftmals ein hoher Aufwand zu betreiben: Auswahl des Drehortes, der Darsteller, der Requisiten, Erstellung eines kleinen Drehbuches usw., gerade im Amateurbereich ist dies nur unter Anstrengung aller Kräfte zu realisieren und erfordert sehr viel Disziplin bei allen Beteiligten.

- Mitwirkende an Videoproduktionen haben in der Regel keinen Mangel an Ideen, was man filmen könnte, jedoch keine Vorstellung davon, wie man dies mit dem Camcorder und den zur Verfügung stehenden Mitteln umsetzen kann. Das führt zu Konflikten, Frustrationen und Lustlosigkeit und unter Umständen zur Abkehr von einer aktiven Nutzung dieses Mediums.

- Schon ein kleiner Werbespot, der gedreht werden soll, kann ein „Videoteam" zum Verzweifeln bringen, weil sehr unterschiedliche Vorstellungen über die Realisierung des Projektes bestehen.

Wichtig sind deshalb eine kompetente Beherrschung der wichtigsten Funktionen der Videokamera, eine Sensibilität für Kameraeinstellungen und -positionen, Geschick bei der Leitung, Planung und Durchführung kleinerer Filmprojekte, die Fähigkeit, mit geringem Aufwand große Effekte zu erzielen, und nicht zuletzt eine Begeisterung für dieses Medium und seinen Möglichkeiten. Diese Begeisterung kann sich auch bei eher zurückhaltenden und kritisch eingestellten Video-Neulingen entwickeln.

Der Einstieg in einen Videokurs muss folgende Aspekte beinhalten:

- praktische Übungen zur Handhabung der Geräte und eine

- Minimaleinführung in die wichtigsten Grundregeln des Videofilmens, damit man alle Funktionen und Möglichkeiten aus eigener Erfahrung kennen lernen kann.

Das Medium Video sollte aktiv genutzt werden, kreative Impulse in den sozialpädagogischen Alltag bringen und laufende Angebote und Projekte in den Einrichtungen medial unterstützen und ergänzen. Es wäre zu schade, wenn der Camcorder nur zur Dokumentation von Veranstaltungen der sozialpädagogischen Einrichtung genutzt würde. Heutige Amateur-Videokameras vereinigen zwei vormals einzelne, getrennte Geräte (Videokamera und Videorekorder) in einem Gerät (Camcorder), deshalb werden die beiden Begriffe „Videokamera" und „Camcorder" gleichbedeutend verwendet.

Tipps und Tricks für die ersten Aufnahmen mit dem Camcorder

Grundsätzliches zum Filmen
Wichtig ist: So filmen, wie es den normalen Sehgewohnheiten entspricht. So wie man normalerweise seinen Alltag und seine Umwelt sieht und beobachtet, sollte man auch filmen.

Beispiel
Zu viele Schwenks (beim Schwenk wandert der Blick des Camcorders z. B. langsam von einer Ecke eines Raumes zur anderen) sollte man vermeiden. Kein Mensch schaut langsam mit einer Kopfdrehung von links nach rechts. Wir schwenken selten, wir betrachten unsere Umwelt in Einzelbildern und montieren diese Bilder im Gehirn zu

einem Gesamteindruck zusammen. Filmen in Einzelbildern bedeutet: Camcorder ein
– Filmen – Camcorder Stopp – Neues Motiv suchen – Filmen – Camcorder Stopp – Neues
Motiv suchen – Filmen usw.

Szenengerechte Aufnahme

Ganz besonders wichtig: Vor einer zu filmenden Szene sollte der Camcorder ausreichend
lange vorher auf Aufnahme geschaltet werden. Das Gleiche gilt für das Ende einer zu
filmenden Szene, der Camcorder sollte noch etwa drei bis vier Sekunden länger aufnehmen. Hierdurch erreicht man bei einer eventuellen späteren Nachbearbeitung einen
exakten Schnitt. Kurze, abrupte Szenen, in denen z. B. Bewegungen nicht zu Ende
geführt sind, können später gar nicht oder nur unvollständig geschnitten werden. Das
Schneiden wird an späterer Stelle erläutert (siehe S. 175).

Formatfüllend aufnehmen

Diesem Punkt sollten Sie besondere Aufmerksamkeit schenken. Formatfüllend aufnehmen bedeutet:

● Nur das tatsächliche Motiv – das kann eine Landschaft sein, eine Gruppe, eine Ein-
zelperson, ein Porträt, eine Naheinstellung – sollte auf dem Bildausschnitt zu sehen
sein; alles Überflüssige, die Bildaussage nicht Unterstützende oder gar Störende sollte nicht aufgezeichnet werden.

● Verschaffen Sie sich vor der Aufnahme Klarheit, welche Elemente zu Ihrer Bildkomposition gehören sollen und auf welche Sie verzichten wollen.

Zoom-Sünden

Gerade der Anfänger neigt dazu, das Zoom (Heranholen eines Objektes mit der Tele-
Einstellung oder Entfernen vom Objekt mit der Weitwinkelposition) zu häufig einzusetzen. Auch hier gilt: Dies widerspricht den natürlichen Sehgewohnheiten und sollte
deshalb nur eingesetzt werden, wenn es unbedingt sein muss. Beim Zoomen ist wichtig: Objekte wie gewünscht ganz nah heranzoomen, scharfstellen – Objekt wieder in
Weitwinkelposition bringen (weit vom Objekt entfernt, weiter Blick nach beiden Seiten
möglich).

Personen filmen

Wer z. B. Kinder und Erwachsene möglichst authentisch und nicht gestellt filmen will,
sollte sie erst eine Weile vorher beobachten, ohne aufzunehmen. Das versetzt den Videofilmer in die Lage, Personen in persönlicher Echtheit zu filmen und akzentuiert aufzunehmen. Die Videoaufnahmen korrespondieren dann harmonisch mit den vorher
gemachten Beobachtungen.

Aktionsradius der Akteure festlegen

Video lebt zwar insbesondere von der Bewegung, andererseits ist das Filmen sich bewe-
gender Personen gar nicht so einfach zu realisieren. Wer ohne vorherige Absprachen
filmt, wird über den Bewegungsdrang und den Aktionsradius mancher Darsteller überrascht sein. Vor der Aufnahme sind klare Absprachen mit den Akteuren nötig, wer sich
wann von wo nach wo bewegen wird oder bewegen darf.

Filmen alltäglicher Bewegungen

Aufnahmen typischer Alltagssituationen sollten insbesondere dann, wenn sie eine dramaturgische Bedeutung haben, bewusst etwas langsamer von den Akteuren gespielt werden, um ihre Bedeutung besonders herauszustellen.

Beispiel

Der Griff zum Messer in einem Krimi, der Gang zum Fenster, der ängstliche Blick zur Tür

Der Camcorder – das dritte Auge

Der Camcorder sollte wie ein drittes Auge eingesetzt werden. So wie ein Auto, Fahrrad oder Mofa neue Fortbewegungsmöglichkeiten eröffnen, sollte man den Camcorder als zusätzliches visuelles Instrument einsetzen. Wer filmt, sollte schauen, den Standort wechseln, ein neues Bild sehen, schwenken, zoomen und eine Kamerafahrt durchführen. Ein Videofilmer braucht den Camcorder nur, um das Gesehene schließlich auf Videoband zu speichern.

Witterung und Temperaturen

Starke Temperaturschwankungen sollten vermieden werden, denn ein Wechsel vom warmen Zimmer zum wesentlich kühleren Drehort bei Außenaufnahmen kann Kondensatbildung im Camcorder bewirken. Das empfindliche Innenleben des Camcorders ist hierdurch gefährdet. Camcorder sollten keinesfalls im Regen oder Nieselregen eingesetzt werden.

Akkus

Sind Außenaufnahmen geplant, gehört ein Satz aufgeladener (!) Akkus unbedingt zur Ausrüstung, da nicht immer normale Stromquellen zur Verfügung stehen. Zu bedenken ist, dass die Akkustandzeit mindestens das Doppelte der Aufnahmedauer beträgt. Achtung: Bei sehr kalten Außentemperaturen sinkt die nutzbare Energie der Akkus erheblich.

Ton

Dem Ton ist besondere Aufmerksamkeit zu schenken. Während die Bildqualität der meisten Camcorder für den Hobbyfilmer mehr als zufrieden stellend ist, ist die Brauchbarkeit des Tonsignals nicht immer gewährleistet. Insbesondere bei Interviews auf der Straße ist der Einsatz eines externen Mikrofons unumgänglich. Im Übrigen gilt der Grundsatz: Je besser der Ton, desto mehr kann mittelmäßige bis schlechte Bildqualität kompensiert werden.

Übung und Vorbilder

Ein engagierter Videofilmer sollte jede Möglichkeit zum Filmen nutzen, um Erfahrungen zu sammeln, Kameraeinstellungen auszuprobieren und Kamerafahrten zu üben. Wer Kameraeinstellungen bei Filmen und Fernsehspielen studiert, erhält eine Fülle von Anregungen für die eigene Videopraxis.

Filmen von bewegten und unbewegten Objekten

Wahl des richtigen Bildausschnitts
Ein geübter Amateurfotograf wird wenig Schwierigkeiten bei den ersten Gehversuchen mit dem Camcorder haben. Fotografieren im Unterschied zum weit verbreiteten „Knipsen" ist das ernsthafte Bestreben, die Welt mit der Kamera zu erfassen, sowohl objektiv als auch subjektiv. Grundsätzlich sollte man beim Fotografieren bemüht sein, die beste Aufnahmeposition zu erreichen. Wer viel fotografiert, der kennt das: Man beobachtet seine Umwelt unter fotografischen Gesichtspunkten. Viel Übung und Erfahrung beim Fotografieren bringen rasch auch schnelle Erfolge beim Einstieg in die neue Videotechnik.

Doch auch Anfänger und Nicht-Fotografen können sich sehr schnell mit der Aufnahmetechnik vertraut machen, wenn sie Folgendes beachten:

- Die Auswahl des richtigen Bildausschnittes für einen Videofilm stellt die subjektive Perspektive des Aufnehmenden dar. Der Filmende trifft hier eine wichtige Entscheidung!

- Der Bildausschnitt ist dann richtig, wenn alles Wichtige auf dem Bild erscheint und alles Unwichtige nicht!

Der richtige Bildausschnitt ergibt sich äußerst selten vom momentanen Standort aus, denn für eine gute Aufnahmeposition muss man sich schon mal bewegen, bücken, hinhocken, legen, knien, drei Schritte nach links oder sieben Schritte nach rechts gehen usw. Was vielleicht manchmal wie wichtigtuerisches Gehabe aussieht, ist oft nur das Bemühen, beste Aufnahmepositionen zu erreichen. Die Verrenkungen, die man anstellt, sieht später niemand, aber viele werden von den Aufnahmen begeistert sein.

Was ist wichtig beim Aufnehmen?

- Gegenlichtaufnahmen sollten vermieden werden; Gesichter werden unter Umständen zu dunkel, wenn im Hintergrund ein helles Fenster zu sehen ist, denn der Camcorder orientiert sich für die Belichtung nur an der Lichtflut des Fensters.

- Tiefenschärfe (das ist der Entfernungsbereich, der scharf abgebildet wird) richtig eingesetzt, kann eindrucksvolle Aufnahmen ermöglichen (Bildmotiv im Vordergrund scharf – Hintergrund bewusst unscharf gehalten).

- Die automatische Schärfeeinstellung (Autofokus) der Camcorder ist zwar eine Erleichterung, da man nicht ständig beim Filmen die Schärfe nachstellen muss, kann aber in bestimmten Situationen die Nerven strapazieren. Bei schwachen Lichtverhältnissen braucht die Autofokuseinrichtung zu lange, d. h. zwei bis drei Sekunden, unscharfe Bilder als Folge sind keine Seltenheit. Tiere im Zoo hinter dem Gitter mit dem Autofokus zu filmen ist kein besonderes Vergnügen, denn durch die automatische Scharfstellung kann es passieren, dass der Camcorder ständig wechselnd das Gitter oder das Tier scharf abbildet. Der Camcorder „weiß" natürlich nicht, welches Objekt gefilmt werden soll.

- Lichtverhältnisse definieren die Stimmung einer Aufnahme. Wenn man während einer Aufnahmeserie wechselnde Lichtverhältnisse durch Sonne, Lampen etc. aufzeichnet, wirkt sich dies eventuell negativ auf die gesamte Aufnahme aus.

- Bei sich sehr schnell bewegenden Objekten sollte man die kürzeste Belichtungszeit oder Verschlusszeit des Camcorders nutzen. Bei so kurzen Belichtungszeiten kann man auch schnell fahrende Autos filmen. Genauso verhält es sich auch in der Fotografie, je schneller ein Objekt sich bewegt, desto kürzer muss die Belichtungszeit sein (ca. 1/1 000 Sekunde), sonst ist das Objekt durch die schnelle Bewegung nur als großer Streifen auf dem Bild zu sehen.

Statische Kameraführung
Hierzu sollte man unbedingt ein Stativ verwenden. Der Camcorder bleibt während einer Aufnahmesequenz unverändert an einer festen Position. Der Bildausschnitt wird nicht verändert. Diese Aufnahmeposition sollte dann gewählt werden, wenn im Bildausschnitt genug Bewegung herrscht und der Zuschauer nicht durch Kamerafahrten oder Zoomen vom Inhalt abgelenkt werden soll.

Halbdynamische Kameraführung
Hier ist der Camcorder zwar während einer Aufnahmesequenz auch immer an unveränderter Position, jedoch bringen Zoomeinstellungen – Wechsel von Naheinstellungen (Teleeinstellung) und Totalen (Weitwinkeleinstellung) – Bewegung und Abwechslung ins Bild. Bedenken Sie jedoch:

- Zoomen wirkt unnatürlich und sollte nur selten eingesetzt werden.

- Eine Nahaufnahme ist dann wirkungsvoll, wenn z. B. am Ende einer Szene der Gesichtsausdruck eines Akteurs noch einmal besonders nah herangeholt wird – hier ist das Zoomen dramaturgisch sinnvoll eingesetzt.

Dynamische Kameraführung
Der Camcorder wechselt während der laufenden Aufnahme den Standort. Hier gibt es unterschiedliche Möglichkeiten, den Camcorder zu bewegen:

- Camcorder und Objekt bewegen sich gleichzeitig auf einen Punkt zu, von dem aus weitergefilmt wird.

    Beispiel
    Ein Auto nähert sich einem Haus und Personen steigen aus. Der Camcorder nähert sich dem Punkt, an dem der Wagen zum Stehen kommt. Die Kamerafahrt endet in dem Moment, in dem auch das Auto steht. Von da ab wird dann meist in statischer Position weitergefilmt.

- Der Camcorder bewegt sich um einen Tisch mit Personen. Da die Personen sich selber wenig bewegen, kann eine Kamerafahrt um den Tisch sehr spannungsvoll wirken und interessante Perspektiven durch den räumlichen Eindruck der Szenerie eröffnen.

- Der Camcorder bewegt sich mit einem oder mehreren Akteuren. Dabei kann der Camcorder „mitgehen", „nebenhergehen" oder „vorweggehen".

Probleme bei der dynamischen Kameraführung, bei Kamerafahrten (Travelling)

- Das Bild darf nicht wackeln! Deshalb ist ein fahrbares, stabiles Stativ unabdingbar.

- Das richtige Tempo der Kamerafahrt muss geübt werden, der Zuschauer darf die Kamerafahrt als solche gar nicht bemerken.

Subjektive Kameraführung
Der Camcorder filmt subjektiv aus dem Blickwinkel eines Darstellers. In vielen Gruselfilmen wird die subjektive Kameraführung als interessantes Stilmittel gewählt. Der Zuschauer sieht dann z. B. entsetzte Gesichter, die in die Kamera blicken. In Kriminalfilmen, bei denen aus der Sicht des Täters gefilmt wird, kann die Frage nach dem Mörder so bis zum Schluss erhalten bleiben.

7.2.2.8 Tricks mit der Kamera

Stopptrick
Ein idealer Einstieg für Gruppen, die überhaupt noch keine Erfahrung mit der Videokamera haben, ist der Stopptrick: Hiermit lassen sich simple, aber wirkungsvolle Effekte erzielen. Diese Effekte können insbesondere in Kinder- und Jugend-Videogruppen eingesetzt werden. Erwachsene haben allerdings auch Spaß daran.

Was passiert beim Stopptrick? Personen verschwinden, Gegenstände bewegen sich wie von Geisterhand, Schuhe laufen alleine auf dem Fußboden und vieles mehr.

Was braucht man dazu?

● ein Stativ,

● eventuell eine Stoppuhr oder

● einen Camcorder mit Einzelbildaufnahme (Option)

Beispiel 1: Personen verschwinden
Personen sitzen an einem Tisch. Der Camcorder wird gestoppt. Eine Person entfernt sich aus dem Bild. Die Aufnahme wird neu gestartet. Der Betrachter der Aufnahme hat dann später den Eindruck, dass die Person abrupt vom Tisch verschwunden ist.

Beispiel 2: Die Tarnkappe
Drei Personen unterhalten sich. Einer behauptet, er könne sich mit einer Tarnkappe unsichtbar machen. Zum Erstaunen der anderen zieht er seine Tarnkappe auf. Der Camcorder wird gestoppt. Der „Unsichtbare" geht aus dem Bild. Wenn der Camcorder wieder läuft, sind die beiden übrig Gebliebenen sehr erstaunt, denn die dritte Personen ist wirklich „unsichtbar". Da schlägt der Unsichtbare zu. Er nimmt den anderen vor ihren Augen z. B. Tassen und Teller weg. Auch hier wird der Camcorder zwischendurch gestoppt. Dann wird die Szene verändert, danach die Aufnahme fortgeführt. Der „Unsichtbare" setzt den beiden Taschen auf den Kopf usw. Erst nach zehn Minuten wird er wieder sichtbar.

Beispiel 3: Die herbeigezauberte Klasse
Die erste Einstellung zeigt den Lehrer im Raum ohne Klasse. Bei der Eintragung ins Klassenbuch ruft er die einzelnen Namen auf. Wie von Geisterhand erscheinen die Schüler der Reihe nach.

Hinweis
Unbedingt ein Stativ verwenden! Nach dem Stopp der Camcorder dürfen alle Gegenstände, die im Bild bleiben sollen, nicht mehr bewegt werden, das gilt natürlich auch für Personen.

Weitere szenische Vorgaben zum Filmen mit dem Stopptrick sind:

- Zaubern – Prinzessin küsst einen verzauberten Toaster o. a.

- Kinder stehen an einer Wand und verschwinden der Reihe nach.

- Schulhof füllt sich langsam nach Ende der Stunde.

Ebenfalls sehr geeignet zum Einsatz in neuen Gruppen und mit Kindern und Jugendlichen ist das „Stille Post"-Spiel:

Stille Post

Sieben oder acht Schülerinnen erklären sich zum Mitspielen bereit und verlassen bis auf eine den Klassenraum. Diese Schülerin überlegt sich eine kleine Geschichte oder ein Tier, das sie pantomimisch darstellen möchte. Die Darstellung wird auf Video aufgenommen. Die Aufzeichnung wird nun der ersten hereingeholten Schülerin vorgeführt, dann soll sie das Geschehene nachspielen. Auch sie wird aufgenommen. Der jeweils nächsten Schülerin wird nun die jeweils letzte Aufzeichnung vorgespielt usw.

Der Unterschied von der Ausgangssituation bis zum letzten Nachspiel ist oft verblüffend.

7.2.2.9 Kameraeinstellungen

Schuss und Gegenschuss

Schuss und Gegenschuss sind Kameraeinstellungen, die eine Filmsequenz attraktiver gestalten. Statt in einer durchgehenden Einstellung zu filmen, wird jeweils aus der Sicht zweier Darsteller gefilmt.

Beispiel
Ein Mann betritt den Raum und hält eine Waffe auf eine Person im Raum. Im Schuss- und Gegenschussverfahren wird jetzt aus der Sicht des Täters und dann wieder aus der Sicht des Opfers gefilmt.

Hier können insbesondere Großaufnahmen der Gesichter wirkungsvoll sein. Wichtig ist für den Zuschauer später, dass er den Eindruck hat, dass sich die Blicke kreuzen. Die Kameraposition kann hier noch entsprechend variiert werden, so könnte z. B. im Vordergrund groß der Hinterkopf des einen Akteurs erscheinen, während im Hintergrund das Gesicht des anderen Akteurs zu beobachten ist, und im Gegenschuss wieder umgekehrt.

Reißschwenk

Um von einer Szene zur anderen bzw. von einem Drehort zum anderen wechseln zu können, ist der Schnell- oder Reißschwenk ein interessantes Mittel der Filmsprache. Man filmt z. B. den Aufbruch einer Kindergartengruppe zum Zoo. Wenn die Szene so weit abgeschlossen ist, wird der Camcorder blitzartig zur Seite gerissen und die Aufnahme gestoppt. Im Zoo angekommen, reißt man den Camcorder wieder blitzartig auf eine feste Aufnahmeposition, die für ein paar Minuten beibehalten wird. Danach könnte man dann als erstes nach dem Reißschwenk die Kinder beim Eintritt in den Zoo filmen.

Unschärfe bewusst einsetzen

Mit dieser Technik lassen sich gekonnt weiche Übergänge erzielen. Am ehesten lässt sich diese Einstellung im Telebereich verwirklichen, weil hier die scharf abgebildete Raumtiefe (Tiefenschärfe) sehr gering ist und ein Objekt sehr genau scharfgestellt werden muss. Am Beginn einer Szene wird das Objektiv extrem unscharf eingestellt (Autofokus ausschalten!). Dann regelt man langsam die Schärfe und somit die Entfernung nach. Das Objekt wird aus der Unschärfe heraus langsam sichtbar und erkennbar (der Hintergrund bleibt unscharf). Zum Abschluss einer Szene kann genauso verfahren werden (nur in anderer Reihenfolge, dann verschwindet das Objekt für den Zuschauer in der Unschärfe).

Übergänge durch natürliche Blenden

Hier wird eine Szene wie folgt beendet: Ein Darsteller bewegt sich auf den Camcorder zu und verdeckt (füllt) mit seinem Körper den gesamten Bildausschnitt. Im umgekehrten Fall kann sich die gleiche Person aus dem Vollbild heraus in eine neue Umgebung hineinbewegen (vgl. Förster, 1982, S. 129 ff.).

Goldener Schnitt

Hier geht es um die optimale Aufteilung des zur Verfügung stehenden Bildes. Im Verhältnis 2:3 aufgeteilte Proportionen wirken am angenehmsten für den Betrachter. Am langweiligsten sieht z. B. die Horizontlinie in der Bildmitte aus. Hier sollte der Filmer eine Entscheidung zugunsten von Himmel oder Landschaft fällen. Wenn man sich den Bildschirm in neun gleiche Teile aufgeteilt vorstellt, sollte man mit diesen gedachten Linien möglichst viele Linien des Filmobjektes zur Deckung bringen. Und noch etwas: Merkwürdigerweise kommt beim Betrachter der linke Bildteil vor dem rechten Bildteil, außerdem wird der obere linke Bildausschnitt vorrangig wahrgenommen, während das Geschehen unten rechts eher als Letztes registriert wird. Das liegt anerkanntermaßen an der europäischen Leserichtung, die offenbar beim Betrachten von Videos übernommen wird (vgl. Biebel, 1993).

7.2.2.10 Videoprojekte mit Kindern

Im Vordergrund der Videoarbeit mit Kindern sollte die praktische Erfahrung stehen. Lange theoretische Einführungen sollten vermieden werden, um die Motivation der Kinder nicht zu strapazieren. Erste praktische Übungen bieten die Gelegenheit, die Geräte und deren Handhabung kennen zu lernen. Wichtig ist es, die Geräte zu entmystifizieren, d. h., ihnen das „Geheimnisvolle" und Ungewöhnliche zu nehmen und die Hemmschwellen abzubauen, insbesondere wohl bei Mädchen. In der Regel kommen Kinder mit wenig Information aus, sie eignen sich die notwendigen Kenntnisse beim Ausprobieren schnell an. Wichtig ist für die Einführung, dass die Kinder Spaß haben und ermuntert werden, weiter mit diesem Medium zu arbeiten.

Die folgenden **Beispiele** für die Videoarbeit mit Kindern und Jugendlichen sind dem Buch „Video" von Margit Burer und Heinz Nigg (1990, S. 100 ff.) entnommen.

- **Erster Kontakt mit dem Camcorder – sich sehen und sich hören:** Ein Kind bedient den Camcorder, ein anderes überprüft den Ton mittels des Kopfhörers. Vor dem Camcorder interviewen sich die Kinder gegenseitig zu Themen wie Schule, Familie, Spiel etc. Der Camcorder wird kaum bewegt und bleibt auf die beiden Sprechenden gerichtet. Eine weitere Möglichkeit: Zwei Kinder spielen „Einkaufen", in der Turnstunde usw.

- **Sich selbst während der Aufnahme sehen:** Der Camcorder bleibt fest auf dem Stativ, das Bild wird direkt auf einen Monitor übertragen. Die Kinder haben Spaß daran, sich zu sehen. Der eigene Anblick auf dem Bildschirm schafft eine außergewöhnliche Situation, macht neugierig.

- **Zoom, Schärfeeinstellung und Detailaufnahmen:** Es werden zwei Gruppen gebildet. In der einen Gruppe werden von jedem Kind drei Details aufgenommen, wie etwa Finger, Gürtel, Haar und Auge. Das Kind am Camcorder zoomt so nah wie möglich auf die Details zu, stellt die Schärfe ein, bedient erst dann den Aufnahmeknopf und filmt das Objekt während einiger Sekunden. Dann muss die andere Gruppe erraten, welches Detail zu welchem Kind gehört.

- **Schwenken, Fantasie auf der Tonebene:** Ein Kind steht hinter dem Camcorder, ein weiteres bedient den Ton, die anderen suchen nach geräuscherzeugenden Gegenständen. Zuerst sind nur die Töne hörbar, damit eine zweite Gruppe erraten kann, worum es sich handelt. Nach einer Weile schwenkt der Camcorder langsam auf die Tonquelle. Beliebig viele Töne können erzeugt werden, der Fantasie sind keine Grenzen gesetzt.

- **Schärfe einstellen – ein Ratespiel:** In der Mitte des Raumes steht eine Trennwand. Auf der einen Seite befinden sich Camcorder und Kamerateam, auf der anderen Seite sind Monitor und die übrigen Kinder. Ein Gegenstand wird gefilmt, verschwommen zuerst, dann immer schärfer. Die Kinder vor dem Bildschirm versuchen, möglichst schnell zu erraten, worum es sich handelt.

- **Schwenken – Schärfe nachstellen:** Innerhalb eines begrenzten Raumes versucht ein Kind, sich dem Camcorder zu entziehen, ohne sich verstecken zu dürfen. Der Camcorder versucht hingegen, das Kind immer im Bild zu behalten, was gerade bei einem kleinen Bildausschnitt nicht einfach ist.

- **Bewegung mit dem Camcorder/Bewegung vor dem Camcorder:** Unbewegte Camcorder und unbewegte Kinder: Ein Kind geht auf den Camcorder zu, bis nur sein Kopf in Großaufnahme zu sehen ist; oder eine Gruppe von Kindern geht so nahe an den Camcorder heran, bis sie das ganze Bild ausfüllt. Bewegter Camcorder und unbewegte Kinder: Jetzt bewegt sich der Camcorder auf die Kinder zu.

- **Fremde Töne bebildern:** Zwei Gruppen von Kindern zeichnen eine Reihe ausgewählter oder vertraut klingender Töne auf Tonband auf. Danach tauschen die Gruppen ihre Kassetten aus und versuchen, eigene Bilder zur fremden Tonkulisse zu gestalten.

Möglichkeiten und Grenzen der Videoarbeit mit Kindern

Die Gefahr, Kinder zu über- oder unterschätzen, ist bei Videoprojekten besonders groß. Hier brauchen Sie einige Erfahrung, um sicherer zu werden. Trauen Sie den Kindern etwas zu! Kinder können mehr, als Sie vielleicht ahnen. Es kommt darauf an, dass Sie die Ideen der Kinder richtig umsetzen und videogerecht verwerten können. Überlegen Sie, welches Kind besonders gut mit dem Camcorder umgehen kann, welches die besten Ideen für Kostüme, Masken, Requisiten und Gags hat. In vielen Fällen müssen die geeigneten Darsteller für eine Filmidee gefunden werden. Sie sollten versuchen, dies besonders geschickt einzufädeln, dass die Kinder-Darsteller (Fingerspitzengefühl – Gruppensituation beachten!) Rollen bekommen, die ihrer Persönlichkeit entsprechen. Versuchen Sie, auch zurückhaltende Kinder vorsichtig in Ihre Planung mit einzubeziehen. Orientieren Sie sich niemals an professionellen Produktionen, hiermit können Sie auf keinen Fall konkurrieren.

Hinweis
Planen Sie während der „Dreharbeiten" viel Zeit für Spiele in den Drehpausen ein, sonst ermüden die Kinder zu schnell.

Die Zeit raubende und anstrengende Nachbearbeitung (Schnitt, Nachvertonung) sollten Sie ohne Kinder durchführen. Zu Beginn eines Videoprojektes sollten kleine überschaubare Sequenzen gedreht werden, damit die Kinder sofort ihre Produkte bewundern können. Erst nach diesem erfolgreichen Einstieg sollten Sie mit den Kindern größere Projekte, bei denen sich die Dreharbeiten über mehrere Tage erstrecken, in Angriff nehmen.

Weitere Anregungen für kurze, leicht zu realisierende Videoprojekte

Kinder und Werbung

Bei Kindern sehr beliebt. Erste Variante: Kinder versuchen, die Originalwerbung möglichst genau zu kopieren. Da das natürlich kaum zu verwirklichen ist, bietet sich als zweite Variante an, die Werbespots zu verfälschen, ins Lächerliche zu ziehen oder sie vollkommen neu umzustrukturieren. Gerade bei Werbespots kommt es auf brillante Kameraführung, rasante Schnittfolge (20 Schnitte in fünf Sekunden sind keine Seltenheit) oder überraschende Einfälle an. Deshalb macht es wenig Sinn, einen Spot mit den Kindern einzuüben, ihn einfach ohne Schnitt abzufilmen und vorzuführen. Gerade die Werbespots bieten die Gelegenheit, das gesamte Know-how der Videotechnik einzusetzen. Also: Schuss – Gegenschuss, Kamerafahrten, durchdachte Kameraeinstellungen und rasante Schnitte einsetzen.

Videoclips

Für Kinder deshalb attraktiv, weil sie hier z. B. die Möglichkeit haben, ihre Gefühle, Ängste, Träume, Wünsche, Bedürfnisse und Sorgen mithilfe von Videobildern darzustellen. Diese Bilder, aufgenommen und anschließend durch den Schnitt richtig montiert, werden mit der Lieblingsmusik der Kinder nachvertont. Weniger aufwändig, aber trotzdem sehr beliebt ist bei den Kindern die Playback-Show. Hier ist zu beachten, dass der Ton ohne Umweg über eine Anlage direkt vom Camcorder (Anschlussbuchse für das externe Mikrofon) aufgenommen wird. So vermeidet man störende Aufnahme- und Nebengeräusche. Zu der Musik können die Kinder dann tanzen, Gesang nachahmen (Playback), Gitarren- oder Schlagzeugspiel imitieren.

Kinder und Tagesschau

Kinder drehen ihre eigene Tagesschau. Nachrichten aus dem Umfeld der Kinder werden im Stil der Tagesschau aufgezeichnet und vorgeführt.

Filme neu synchronisieren

Filme, Fernsehspiele, Interviews mit Stars, Fußballern werden neu synchronisiert. Dabei können die Dialoge durch die Kinder original nachgesprochen werden, die Kinder können aber auch eigene Dialoge zu den Szenen erfinden und dann neu synchronisieren. Sehr witzig ist es auch, wenn die Kinder für jeden Darsteller eines Filmes eine Tierstimme auswählen und diese dann an den jeweiligen Passagen einfügen. Statt Tierstimmen sind auch Geräusche, Musikinstrumente o. a. denkbar.
Szenen mit unterschiedlicher Musik nachvertonen: Drehen Sie mit den Kindern einen kurzen Film. Suchen Sie im Anschluss daran sehr unterschiedliche Musik aus: heitere, beschwingte, melancholische und gruselige Musik. Vertonen Sie Ihren Film jeweils mit einer anderen ausgewählten Musik nach.

Tricks mit dem Insert-Schnitt

Hierzu benötigen Sie z. B. vom Fernsehen aufgezeichnetes Videomaterial. In von Ihnen oder den Kindern ausgewählte Aufnahmen kopieren Sie die selbst gedrehten Szenen hinein (Szenen in ein bestehendes Material einfügen – Insert-Schnitt).

Beispiel
– Kinder telefonieren mit einem berühmten Schauspieler.
– Ein Kinder-Torwart hält einen Ball von Michael Ballack.
– Kinder sind in einem Konzertmitschnitt von einer gerade aktuellen Band zu sehen.
– Kinder fangen etwas auf, was ein Schauspieler einer anderen Person zuwirft.

7.2.2.11 Videotechnik und Videonachbearbeitung

Videotechnik

Es ist damit zu rechnen, dass zum Zeitpunkt des Erscheinens dieses Buches fast ausschließlich digitale Camcorder über die Ladentheke gehen. Das alte, analoge Aufnahmeverfahren auf VHS-C und S-VHS-C Kassetten wird dann bereits Geschichte sein. Aufgenommen wird dann fast ausschließlich mit digitalen Camcordern, die ihre Bilder in Bits und Bytes auf Mini-DV- oder Digital-8-Kassetten aufzeichnen oder gar direkt auf eine Mini-DVD brennen.

Der Siegeszug der digitalen Aufnahmetechnik war durch die fortschreitende Miniaturisierung und eine stark verbesserte Bildqualität bei stetig fallenden Preisen nicht aufzuhalten. Außerdem ist das digital vorliegende Bild- und Tonmaterial in idealer Weise für die Nachbearbeitung am Computer geeignet.

Die digitale Aufnahmetechnik bietet folgende Vorteile:

- Keine Qualitätsverluste mehr bei der Nachbearbeitung: Die digitalen Bildsignale werden direkt auf den Computer übertragen – hier digital geschnitten und nachbearbeitet – und können dann ohne Verlust, z. B. auf eine DVD oder Video-CD, gebrannt werden.

- Von einer digitalen Videoaufnahme können theoretisch unendlich viele Kopien in gleich bleibender Qualität angefertigt werden – die 100. Kopie von der 100. Kopie hat die gleiche Qualität wie das Original.

- Videonachbearbeitung wird zum Kinderspiel durch geeignete Videoschnittsoftware.

- Hervorragende Möglichkeiten der Nachbearbeitung: Einstanzen und Einblenden von Titeln, trickreiche Überblendungen, umfangreiche Nachvertonungsmöglichkeiten, Verfremdungen usw.

Videonachbearbeitung

Aus den vorgenannten Gründen wird auf die Erläuterung analoger Schnitttechnik (Überspielen von Bildszenen vom Camcorder auf einen stationären Videorekorder bei damit verbundener Qualitätseinbuße) verzichtet.

Mit der richtigen Videoschnittsoftware ist die Nachbearbeitung digitalen Bildmaterials inzwischen zum Kinderspiel geworden. Grundlegende PC- und Windowskenntnisse natürlich vorausgesetzt, gelingt es sogar Anfängern, sich schnell in die Videoschnitttechnik einzuarbeiten. Die Software hat heute einen Stand erreicht, der es Anfängern ermöglicht, semiprofessionelle Ergebnisse zu erzielen, und das zu erschwinglichen Preisen.

Im Folgenden finden Sie nur eine kurze Erläuterung der drei Arbeitsschritte bei der digitalen Videonachbearbeitung, da eine umfassende Darstellung den Rahmen dieses Kapitels sprengen würde:

1. **Datentransfer zum PC:** Zunächst wird die digitale Aufnahme auf den Computer übertragen. Hierzu muss der Camcorder mit einem Kabel an die so genannte Firewire-Schnittstelle eines PC angeschlossen werden. Mithilfe der Videoschnittsoftware wird nun das gesamte aufgezeichnete Filmmaterial auf die Festplatte des Computers übertragen. Hier ist zu beachten, dass bei der Übertragung auf den PC die **automatische Szenenerkennung** aktiviert ist, dies erleichtert die Arbeit später beim Schneiden erheblich, weil der Film somit schon in bearbeitungsfreundliche Sequenzen aufgeteilt ist.

2. **Schnitt und Nachbearbeitung am PC:** Mithilfe der Videoschnittsoftware wird nun das gesamte Filmmaterial editiert (geschnitten, bearbeitet, nachvertont usw.). Auf dem Monitor erscheint der eingescannte Film entweder als Aneinanderreihung von einzelnen Clips (Storyboard-Mode) oder im Timeline-Mode, hier sind die Szenen als

Objekte auf einer so genannten Timeline dargestellt. Zunächst sollten vielleicht alle störenden oder misslungenen Szenen entfernt werden. Danach werden die brauchbaren Szenen genau auf Länge geschnitten (Szenen trimmen). Die getrimmten Szenen müssen nun so angeordnet werden, dass sich eine sinnvolle und filmlogische Reihenfolge ergibt. Sind alle Szenen in der gewünschten Abfolge arrangiert, können trickreiche Überblendungen die Szenenübergänge lebendiger und ansprechender gestalten. Doch auch hier gilt: Weniger ist mehr! Eingeblendete Titel, ein schöner Titel-Abspann sowie eine Nachvertonung durch Hinzufügen von Geräuschen, Kommentaren und/oder Musik runden das kleine Kunstwerk ab.

3. **Ausgabe auf ein Trägermedium:** Der fertig geschnittene Film kann nun auf folgende Trägermedien gespeichert werden:
   - DVD
   - Video-CD oder Super-Video-CD
   - VHS- oder S-VHS-Kassetten

   Außerdem besteht die Möglichkeit, den Film ins Internet zu stellen.

7.2.3 Links

http://www.bitterechtfreundli.ch/filmenmitkindern/videoarbeitmitkindern.htm
   Videoarbeit mit Kindern

http://www.medienpaedagogik-online.de/mkp/00405/druck.html
   Kreative Videoarbeit mit Kindern

http://www.labi-berlin.nubb.dfn.de/lern_mat_1/proj_med/literatur/artikel/anfangvideo.htm
   Lernmaterialien – Projektarbeit mit Medien

http://www.medienkiosk.de/45.0.html
   Aktive Medienarbeit

8 Interneträume planen und gestalten

In diesem Lernfeld werden Sie Ihre Perspektive den Kinder und Jugendlichen zuwenden, mit denen Sie in der sozialpädagogischen Praxis arbeiten werden. In Ihrer zukünftigen beruflichen Praxis werden Sie täglich vor der Aufgabe stehen, Kinder und Jugendliche dabei pädagogisch zu begleiten, wenn sie versuchen, sich in immer komplexeren sozialen Strukturen und Bezugssystemen zu orientieren. Einer der Faktoren, die diese sozialen Strukturen und Bezugssysteme mitbestimmen, ist die vielfältige Welt der Medien.

In der sozialpädagogischen Praxis ist es daher wichtig, bei Kindern und Jugendlichen eine Medienkompetenz zu entwickeln, die sie einerseits vor problematischen Medienwirkungen zu schützen vermag, ihnen andererseits aber den Zugang zu Medien nicht verstellt. Sowohl die spätere Berufswelt als auch das Privatleben sind ohne alte und neue Medien nicht mehr vorstellbar.

Es geht also darum, Lernumgebungen zu schaffen und zu gestalten, in denen Kinder und Jugendliche sich auf die aktive Nutzung klassischer, älterer und neuester Medien vorbereiten können. Der Begriff der Nutzung ist dabei kritisch zu verstehen. Es ist gemeint: Verwenden und einsetzen, ohne sich auszuliefern. Dies setzt voraus, dass Sie

- Hardware kennen und – soweit dies für die Nutzung erforderlich ist – verstehen und beherrschen,

- Hardware je nach Einsatznotwendigkeiten unterscheiden können (gute Verkäufer fragen als Erstes: „Was möchten Sie denn mit dem Gerät machen?"),

- elementare Qualitätskriterien für Hardware kennen,

- elementare Software kennen (Textverarbeitung, Tabellenkalkulationsprogramme, aber auch gute Spiele und Lernprogramme,

- Kriterien für eine zweckorientierte und für eine pädagogische Beurteilung von Software kennen bzw. entwickeln können.

Diese Fähigkeiten und Kenntnisse erwirbt man sich am leichtesten in der Planung und Durchführung konkreter Medienprojekte. Darauf zielt die folgende Lernsituation ab.

8.1 Die Lernsituation: Einen Internetraum für Jugendliche planen

Es gibt kaum noch Kinder, in deren Leben Medien nicht eine herausgehobene Bedeutung haben. Neben dem Handy, das viele von ihnen schon früh in die Schuldenfalle rutschen lässt, ist es der Computer mit seinem Angebot an Spielen und Internetseiten unterschiedlichster Qualität. Um diese Kinder und Jugendlichen und ihren Umgang mit Medien verstehen zu können, sind auch allgemeine entwicklungspsychologische, soziologische und pädagogische Erkenntnisse hilfreich. Dies gilt ganz besonders für ältere Kinder und Jugendliche – aber auch für jüngere Kinder und Erwachsene. Es ist eine Ihrer beruflichen Aufgaben, sie darin zu unterstützen, Medien für die eigenen Selbstbildungsprozesse kritisch und effektiv zu nutzen. Dazu haben z. B. einige der öffentlichen Hamburger Medienzentren, die so genannten Bücherhallen, Internetcafés eingerichtet. Die Bücherhalle Mümmelmannsberg ist eine dieser Einrichtungen. Sie ist eine öffentliche Bibliothek und verfügt über ein Internetcafé mit vier vernetzten PC und einer Playstation – betreut von Jugendlichen. Mit der Schaffung ihres Internetcafés bewirkt die Bücherhalle Mümmelmannsberg u. a. zweierlei: Sie schafft eine räumliche Verbindung zwischen neuen und alten Medien und sie reagiert in verantwortlicher Weise auf die Bedürfnisse Jugendlicher nach Computerprogrammen und -spielen. Die Bücherhalle Mümmelmannsberg ist über folgende Internetadresse zu erreichen: Katalog der Hamburger Öffentlichen Bücherhallen: https://www.buecherhallen.de/alswww2.dll/APS_OPAC&Style=OpacB&ResponseEncoding=utf-8 (1.6.2004).

Die Bundeszentrale für politische Bildung hat auf ihrer Internetseite „Medienpädagogik-Online" ein virtuelles Freizeitheim eingerichtet. Hier können sich Jugendliche nicht – wie im Internetcafé Mümmelmannsberg – direkt begegnen und gemeinsam am PC aktiv werden. Im virtuellen Freizeitheim begegnet man sich nämlich nicht wirklich; es ist nur, „als ob" (virtuell) man sich real begegnen würde. Was es damit auf sich hat, finden Sie weiter unten.

Dies sind zwei von unzähligen Beispielen dafür, wie intensiv und weitreichend neue Medien in die Freizeitgestaltung Jugendlicher hineinwirken. Während im ersten Beispiel noch für eine Verbindung zwischen alten und neuen Medien gesorgt wird, ist das zweite bereits typisch für die Tragweite, mit der der Computer die Lebensräume von Kindern und Jugendlichen verändert und auf eine „Als-Ob-Ebene" hebt. Es wird ein „Heim" geschaffen, das nicht viel gemein hat mit einem wirklichen Heim für Jugendliche. Und dennoch wird es von vielen von ihnen angenommen. Worin kann der Reiz bestehen, wenn man sich nur virtuell trifft? Worin kann der Reiz liegen, sich E-Mails zu schicken oder zu chatten (chatten = sich über Internet schriftlich mit anderen „unterhalten"), statt direkt miteinander zu reden?

Hier wird deutlich, was man aus der Lernpsychologie kennt: Es gibt eine Wirklichkeit, die sich jeder Mensch „im Kopf" schafft, indem er auf seine Weise wahrnimmt, fühlt, denkt, erinnert und sein Wissen bzw. seine Wirklichkeit entsprechend konstruiert. Daneben gibt es eine Realität außerhalb des Menschen, zu der er nur indirekt und nach „Verarbeitung" seiner Wahrnehmungsinhalte, Gefühle, Gedanken, Vorstellungen etc. Zugang hat. Dies ist ein Grund dafür, warum virtuelle – also künstlich geschaffene – Welten für viele Menschen einen sehr hohen Wirklichkeitsgrad haben. Der Begriff *virtuelles Freizeitheim* drückt dies sehr deutlich aus. Es ist ein „Als-Ob-Freizeitheim", das für seine „Besucher" einen subjektiv hohen Wirklichkeitsgrad hat. Die Internetseiten, auf denen sich mehrere Personen treffen, um sich schriftlich miteinander auszutauschen, werden auch „chat-room" genannt. Nichts daran hat den Charakter eines realen Raumes. Bislang kannte man so etwas nur von Kindern. Sie schaffen sich häufig virtuelle Welten im Spiel. So kann beispielsweise ein kleiner Holzklotz ein Auto sein oder eine Kiste ein Schiff. Kinder formulieren diese virtuellen Welten in der Regel im Konjunktiv: „Das wäre ein Auto."

Der Umgang mit virtuellen Welten im Computer – und damit in den Köpfen – kann die Kompetenz von Kindern und Jugendlichen (aber auch von Erwachsenen) fördern, immer neue Wirklichkeiten und somit neues Wissen zu konstruieren. Darin liegen ein besonderer Wert und eine Chance im Umgang mit Computerprogrammen, obwohl dies nicht heißt, dass alte Medien diese Möglichkeiten nicht auch in sich tragen. Die Unterschiede zu alten Medien liegen in der anders gearteten Faszination, die neue Medien ausstrahlen, und in ihren neuen Handhabungs- und Gestaltungsmöglichkeiten.

Es kann sein, dass Sie als Erzieherin in einem Jugendzentrum arbeiten möchten bzw. werden. Dort können Sie mit der Forderung Jugendlicher konfrontiert werden, in ihr Jugendzentrum einen Internetraum zu integrieren. Nutzen Sie solche Forderungen – wenn möglich – medienpädagogisch.

Die berufliche Aufgabe:

Entwickeln Sie eine Konzeption für die Einrichtung eines in ein Jugendzentrum integrierten Internetraumes. Dazu wird es erforderlich sein, dass Sie sich sowohl über die rechtlichen, psychologischen, soziologischen und pädagogischen Erfordernisse als auch das technische Know-how informieren und einen Überblick über pädagogisch sinnvolle Programme verschaffen.

Ihre Konzeption soll enthalten:

1. die pädagogischen Ziele, die mit der Einrichtung eines Internetraumes im Rahmen eines Jugendzentrums verfolgt werden sollen,

2. eine methodisch-didaktische Struktur,

3. die technischen Anforderungen und Notwendigkeiten,

4. Vorschläge für Programme und Spiele, die angeschafft werden sollen,

5. die räumlichen Erfordernisse,

6. die rechtlichen Voraussetzungen,

7. psychologische und soziologische Begründungen,

8. einen finanziellen Überblick über mögliche Kosten.

Setzen Sie sich dazu auch mit erfahrenen anderen Institutionen in Verbindung. Das können Jugendzentren, Grundschulen, Offene Ganztagsschulen, öffentliche Büchereien, Jugendämter etc. sein.

Um diese umfangreiche Aufgabe lösen zu können, wird es erforderlich sein, dass Sie

1. zunächst die Aufgabe selbst gründlich analysieren und untersuchen, welche Schwierigkeiten bzw. Hindernisse für ihre Lösung zu überwinden sind. Nicht vergessen: Dokumentation der Arbeitsergebnisse,

2. die berufliche Aufgabe so weit, wie dies erforderlich erscheint, in Teilaufgaben gliedern,

3. anschließend Ziele für diesen Arbeitsauftrag formulieren: Was wollen Sie erreichen – z. B. pädagogisch, methodisch, didaktisch, an sachlicher Ausstattung etc.

4. alternative Arbeitspläne entwickeln und sich schließlich für eine Vorgehensweise entscheiden,

5. ihrem Arbeitsplan entsprechend vorgehen und bereit sind, falls notwendig, diesen Plan gegebenenfalls zu verändern,

6. Ihr Arbeitsergebnis (das Produkt) dokumentieren und eine geeignete, verständliche Präsentation erstellen,

7. den Arbeitsprozess auf seine Qualität und das Produkt auf seine Brauchbarkeit hin überprüfen,

8. gegebenenfalls erneut in den Prozess eintreten, um ein brauchbareres Produkt zu erarbeiten.

Nicht nur im Blick auf Jugendzentren, sondern auch im Rahmen der bereits geschaffenen oder in naher Zukunft einzurichtenden Angebote der „Offenen Ganztagsschule" werden sich die Möglichkeit und gegebenenfalls die Notwendigkeit des sozialpädagogischen bzw. pädagogischen Einsatzes neuer Medien stellen.

Das Beispiel der Bücherhalle Mümmelmannsberg ist ein „Internetcafé" – aber es muss nicht gleich ein Internetcafé sein. Diese Lernsituation kann auch eingegrenzt werden auf die Anschaffung und den Einsatz eines Computers mit der entsprechenden Software. Dann allerdings ist eine Vernetzung (elektronische Verbindung) mit anderen Computern nicht oder nur in einem geringeren und teureren Umfang über das Internet möglich. Jugendliche können dann jedoch nicht ohne weiteres gleichzeitig und gemeinsam spielen oder arbeiten.

Wenn nur ein Computer vorhanden ist, stellt sich auch das Problem, dass nur eine Tastatur vorhanden ist. Es gibt zwar zurzeit grundsätzlich die Möglichkeit, dass zwei Personen gleichzeitig an einer eigenen Tastatur ein Programm bedienen. Die Bedienung funktioniert dann jedoch nur abwechselnd und nicht gleichzeitig; keine gute Lösung also, die zudem noch eine besondere Zusatzeinrichtung für den Computer erfordert. Die Möglichkeit, mit mehreren Personen an einem Computer zu arbeiten, ist also technisch so wenig ausgereift und teuer, dass die Anschaffung mehrerer Computer finanziell und im Hinblick auf die Anwendungsvielfalt günstiger sein wird.

Die Einrichtung von Computern in einem Jugendzentrum kann und sollte auch als Chance verstanden werden, Jugendlichen neuen Zugang zu alten Medien zu ermöglichen. Der gleichzeitige Aufbau einer Bibliothek (z. B. kostengünstig mit Secondhand-Büchern) und die Arbeit mit Film, Foto oder Grafikgestaltungen etc. sollten hier bedacht werden.

181

8.2 Im medienpädagogischen Lernfeld handeln

8.2.1 Hintergrundfragen, Impulse und Übungen

1. Übung   **Internetcafés – eine Assoziationsübung**

Rasches freies Assoziieren zu bestimmten Begriffen kann

- verborgene Einstellungen,
- Emotionen,
- Bedürfnisse oder
- Gedanken

bewusst machen.

Freies Assoziieren bedeutet, auf ein Stichwort (vielleicht auch ein Lied, einen Schrei, ein Bild, einen kürzeren Text, eine soziale Situation oder eigene Vorstellungen) mit spontanen Vorstellungen oder Gedanken zu reagieren. Die folgende Übung können Sie bei sich selbst oder auch bei Jugendlichen (z. B. in Jugendzentren, auf Abenteuerspielplätzen, im Heim, im Hort oder im Rahmen der Offenen Ganztagsschule) durchführen.

Sinn und Zweck ist es, ein Bild von möglichen Einstellungen, Emotionen, Bedürfnissen oder Gedanken zu Computern, Computerspielen etc. hervorzurufen, das Sie selbst oder die Jugendlichen bewusst oder unbewusst haben, wenn sie sich mit dem Computer beschäftigen.

Begriffe wie

- *Internetcafé*
- *Computerspiel*
- *Macht*
- *Gewalt*
- *Erotik*
- *Missbrauch*
- *Chat*

- *SMS*
- *Spiel-Nacht*
- *Sucht*
- *Computersucht*
- *Entspannung*
- *Abreaktion*
- *E-Mail*

können solche Assoziationen auslösen.

Sie können zum freien Assoziieren auch Sätze, Themen oder Aussagen wählen, z. B.:

- Jugendliche im Internetcafé
- Computerspiele sind cool
- PC als Entspannungshilfe
- Computer und Gewalt
- Der Computer und ich

Variante 1
Gehen Sie dabei so vor, dass Sie jeweils ein Stichwort oder eine Aussage als Überschrift auf ein großes Blatt schreiben. Die Teilnehmerinnen der Gruppe gehen an dem Plakat vorbei und schreiben Ihre Assoziation darauf.

Variante 2
Wenn Sie verhindern möchten, dass die Assoziationen, die bereits auf einem Plakat stehen, die Gedanken der nachfolgenden Teilnehmerinnen beeinflussen, dann gehen Sie wie folgt vor: Sie diktieren ein Stichwort, das jedes Gruppenmitglied auf ein leeres Blatt Papier einer bestimmten Farbe schreibt. Die Assoziationen zur nächsten Aussage oder zum nächsten Stichwort werden dann auf ein andersfarbiges Papier geschrieben etc.

2. Übung   **Internetangebote für Jugendliche und Erwachsene**

Während einer Tagung in der Stadt- und Landesbibliothek Dortmund im Dezember 2000 zum Thema „Vermittlung von Medienkompetenz durch öffentliche Bibliotheken" wurde eine interessante Liste von Internet-Angeboten öffentlicher Bibliotheken ins Netz gestellt:

Stadtbibliothek Bremem http://www.stabi.uni-bremen.de/	Stadt- und Landesbibliothek Dortmund http://g2.www.dortmund.de/Kultur/Bibliotheken/index.htm
Stadtbüchereien Düsseldorf http://www.duesseldorf.de/kultur/buecherei/	Stadtbibliothek Köln http://www.stbib-koeln.de
Stadtbücherei Stuttgart http://www.s.shuttle.de/buecherei/	Jugendbibliothek Hallescher Komet der Zentral- und Landesbibliothek http://www.spinnenwerk.de/jiz/wir.htm
Kinder- und Jugendbibliothek Köln http://www.stbib-koeln.de/kids/indexj.htm	
Medien@age: Jugendbibliothek Dresden http://www.bibo-dresden.de/jugendbibliothek.htm	CHILIAS – die europäische virtuelle Kinderbibliothek der Zukunft http://www.stuttgart.de/chilias/

(Stadt- und Landesbibliothek Dortmund, http://www.bibnrw2000.de/matlink.html (3.4.2003)

1. Recherchieren Sie im Internet und klären Sie,
   - um welche Angebote es sich dabei handelt und
   - welche Anregungen für Ihre eigenen medienpädagogischen Aufgaben sich daraus ableiten lassen.

2. Dokumentieren Sie Ihre Recherche-Ergebnisse.

3. Übung   Internet-Kindergarten

Die folgende Meldung ist der Internetseite von Eva-Maria Mester (2005) entnommen.

NEWS 01.11.2000 17:17
Erster Internet-Kindergarten eröffnet

Lässig lädt der achtjährige Nick die Software eines Spiels auf seinen Rechner, klickt sich durch das Menü, wechselt Fenster und Seiten.‚Ich kann auch schon richtig im Internet surfen', sagt der Knirps selbstbewusst. Nick ist Hortkind in dem nach Angaben der Betreiber ersten Internet-Kindergarten Deutschlands, der am Mittwoch in Mölln eröffnet worden ist.

‚So selbstverständlich wie der Achtjährige sollten alle Kinder mit dem Computer umgehen können', sagt Kindergarten-Leiterin Heike Kaiser. In der Einrichtung sollen Kinder zwischen drei und zehn Jahren spielerisch den sinnvollen Umgang mit Computern und dem weltweiten Datennetz erlernen. Zehn Computer mit modernen Flachbildschirmen

stehen im Computerraum des Kindergartens. Alle Computer haben einen Internetanschluss, jedes Kind bekommt eine eigene E-Mail-Adresse.

Doch im Internet-Kindergarten, dem Betriebskindergarten einer Möllner Mikroelektronikfirma, geht es nicht um das ziellose Herumklicken im Netz.‚Wir haben hier Lernprogramme für die verschiedenen Altersstufen, die Hortkinder können für ihre Hausaufgaben gezielt Informationen aus dem Internet herausziehen', sagt Kaiser.

Insgesamt 20 Kindergarten- und Hortplätze gibt es, darunter vier für behinderte Kinder. Doch ein Platz im Internet-Kindergarten ist nicht billig:‚Da wir keine öffentliche Förderung erhalten, kostet ein Halbtagsplatz bei uns 400 Mark, ein Ganztags-

platz 800 Mark', sagt Kaiser. Das sei doppelt so viel wie in einem städtischen oder kirchlichen Kindergarten.
Die Gefahr, dass die Kinder zu lange vor dem Computer hocken, sehen Kaiser und die Initiatorin des Kindergartens, Angelika Waidhas, nicht. Im Internet-Kindergarten, in dem nach der Montessori-Pädagogik gearbeitet wird, werde gespielt, getobt und gebastelt wie in jedem anderen Kindergarten auch. ‚Für die Kinder ist der Computer ein Spielzeug, das nach einer gewissen Zeit seinen Reiz verliert', sagt Kaiser. Um ganz sicher zu gehen, heißt es für die Kinder nach maximal einer Stunde im Netz: ‚Computer aus und raus an die frische Luft!'

Nehmen kritisch Stellung zur Einrichtung eines Internet-Kindergartens:

a. Wie beurteilen Sie eine solche Entwicklung?

b. Würden auch Sie einen solchen Kindergarten bzw. eine solche Kindertagesstätte einrichten? – Begründen Sie Ihre Auffassung.

c. Gehen Sie in Ihre Praktikumsstelle und informieren Sie sich über die Auffassungen der dortigen Erzieherinnen.

8.2.2 Arbeitsmaterialien

8.2.2.1 Situation der Jugend

Um einen Internetraum einzurichten und auszustatten, ist es erforderlich, sich generell über die Situation der heutigen Jugend zu informieren. Es gibt – wie seit Jahrtausenden so auch heute – eine Fülle von Vorurteilen Jugendlichen gegenüber. Eine wichtige Informationsquelle über die Situation der derzeitigen Jugend ist die seit 1952 immer wieder neu erstellte Shell-Jugendstudie. Die zurzeit letzte Studie wurde im Jahr 2002 erstellt. Klaus Hurrelmann hat die Hauptergebnisse der 14. Shell-Jugendstudie im Internet veröffentlicht und als MP3-Dateien zur Verfügung gestellt. Hier kann man sie als Vortrag herunterladen und anhören.

- Jugend 2002: Aufstieg statt Ausstieg (mp3 | 644KB)
- Jugend 2002: Pro Demokratie – kontra politische Apparate (mp3 | 596KB)
- Jugend 2002: Politisches Engagement (mp3 | 680KB)
- Jugend 2002: Leistungsorientierung (mp3 | 384KB)
- Jugend 2002: Macher und pragmatische Idealisten (mp3 | 778KB)
- Offen für Globalisierung (mp3 | 474KB)
- Jugend 2002: Outfit statt Ideologie (mp3 | 636KB)
- Jugend 2002: Ja zu Familie – aber später (mp3 | 620KB)
- Jugend 2002: Bildung – Frauen auf der Überholspur (mp3 | 628KB)
- Jugend 2002: Bessere Bildung gefragt (mp3 | 608KB)

(14. Shell-Jugendstudie im Internet, 2004)

Im Folgenden werden wichtige Ergebnisse daraus zusammengefasst. Es wird erkennbar, welche Rolle die Familie und die Freundeskreise einnehmen und welche Bedeutung Bildung und Bildungsprozesse für Jungendliche haben. Weiter finden sich hier Informationen über Leistungsbedürfnisse und Leistungsverhalten von Jugendlichen sowie über Machtstreben und soziales Engagement.

Alte wie neue Medien spielen in all diese Lebensbereiche von Jugendlichen (aber auch von Kindern und Erwachsenen) hinein. Sie können hilfreich sein, sie stellen aber auch eine Gefahr dar.

Clique und Familie

Auch heute sind Jugendliche stark in Jugendgruppen (Cliquen) eingebunden. Da jedoch von den meisten Jugendlichen angegeben wird, dass sie mit ihren Eltern gut klarkommen, ist ein starker Einfluss der Familie bis in die Mitte des zweiten Lebensjahrzehnts anzunehmen. Für ein gutes Verhältnis zu den Eltern spricht auch, dass die überwiegende Mehrheit der Jugendlichen ihre eigenen Kinder ähnlich erziehen möchte, wie selbst erzogen wurden. Zum Glücklichsein so meinen die meisten, benötige man die Familie. Damit verbunden ist, dass ca. zwei Drittel aller Jugendlichen später eigene Kinder haben möchten.

Eine Schlussfolgerung aus den Forschungsergebnissen der Shell-Studie von 2002 ist, dass Jugendliche, in deren Familien neue Medien bildungsorientiert eingesetzt bzw. genutzt werden, die Lern- und Entwicklungsmöglichkeiten von Computer und Fernsehen eher nutzen werden als Jugendliche aus Familien, in denen ein bildungsfeindliches Milieu vorherrscht.

Jugend und Bildung

Die 14. Shell-Jugendstudie von 2002 zeigt deutlich, dass das Bildungsniveau Jugendlicher von entscheidender Bedeutung für ihre späteren Lebensumstände ist. Aus diesem Grund muss man sich die Frage stellen, inwieweit Medien und insbesondere neue Medien auch solchen Jugendlichen erweiterte Bildungsmöglichkeiten eröffnen, deren Eltern über kein höheres Bildungsniveau verfügen. Auch die PISA-Studie aus dem Jahr 2000 zeigt deutlich: Die Selbstbildungsprozesse von Kindern und Jugendlichen sollten in weit höherem Ausmaß unterstützt und gefördert werden, als dies bisher der Fall ist. Anzumerken ist dabei allerdings, dass es selbst unter Psychologen und sogar unter Informatikern durchaus Kritiker gibt, die die Auffassung vertreten, dass die neuen Medien für die Bildungsförderung kaum etwas zu leisten vermögen, was klassische Medien wie Bücher nicht können. Einer der prominentesten dieser Kritiker ist der amerikanische Informatiker Josef Weizenbaum.

Die pragmatische Generation

Die Shell-Studie von 2002 zeigt deutlich, dass Jugendliche im Verlauf der 90er-Jahre leistungs-, sicherheits- und machtorientierter geworden sind, als dies noch in den 80er-Jahren der Fall war. Ohne diese Veränderung zu bewerten, lässt dies folgenden Schluss zu:

Die neuen Medien können die Chancen Jugendlicher erhöhen,

- ihre Leistungsfähigkeit in vielen verschiedenen Bildungsbereichen weiterzuentwickeln,
- ihre soziale und persönliche Sicherheit zu verbessern und
- – sicher zwiespältig zu beurteilen – Macht über andere ausüben zu können.

Gesellschaftlich und sozialpolitisch verweist dies klar und deutlich auf die Notwendigkeit, auch den Jugendlichen einen verantwortlichen Zugang zu neuen Medien zu ermöglichen, denen dies in ihrem familiären und sozialen Milieu verwehrt ist.

Macher und Idealisten

In der Shell-Studie wird von einem Trend zur offensiven Bewältigung der gesellschaftlichen Agenda bei der breiten sozialen Mitte gesprochen. Der Begriff *Agenda* stammt aus dem Lateinischen und bedeutet so viel wie „was zu tun ist". Bei den Machern unter den Jugendlichen wird die Frage, was für ihre Zukunft zu tun ist, auch mit Blick auf eine Nutzbarmachung neuer Medien beantwortet. Hier ist es keine Frage mehr, ob man einen Internetzugang hat – über die Eltern oder sogar persönlich.

Hausaufgaben über Internet auszutauschen, die Möglichkeiten des Chattens zu nutzen, rasche Informationen über SMS zu erhalten oder weiterzugeben, all dies ist für viele von ihnen bereits eine Selbstverständlichkeit.

Weiter zeigt die Shell-Studie jedoch, dass die Macher unter den Jugendlichen nur einen Teil von ihnen ausmachen. Den Machern stehen sozial engagierte, selbstbewusste Idealisten gegenüber, die durchaus leistungsbewusst sind. Auch diesen Jugendlichen eröffnen neue Medien eine Vielfalt an Möglichkeiten, sich zu engagieren.

Materialisten

In der Shell-Studie heißt es, dass nicht wenige Jugendliche ihre Ellenbogen eingesetzt haben, um sich – wenn nötig auf Kosten anderer – zu nehmen, was für sie im fairen Wettbewerb nicht zu erlangen war. Dass neue Medien auch hierzu neue Möglichkeiten eröffnen, ist nicht zu übersehen. Wer Jugendlichen – pädagogisch verantwortlich – den Zugang zu neuen Medien eröffnet, darf dies nicht aus dem Blick verlieren. Hier werden nicht nur Schüler-Referate aus dem Internet gestohlen und als eigene Leistung „verkauft".

Gesellschaftliche Aktivitäten der Jugendlichen

Die Ergebnisse der Shell-Studie zu gesellschaftlichen Aktivitäten Jugendlicher zeigen deutlich, dass „trotz" neuer Medien soziales und gesellschaftliches Engagement nicht verloren gegangen sind. Es erscheint also keineswegs erforderlich zu sein, Jugendliche von neuen Medien fernzuhalten, um so ein höheres soziales und gesellschaftliches Engagement zu entwickeln.

Das Problem, erwachsen zu werden

Wenn Erwachsene darüber klagen, Jugendliche seien schwierig (häufig auch: sie seien schwieriger als früher), so sehen sie nicht, dass viele dieser Schwierigkeit mit natürlichen Entwicklungsprozessen verbunden sind. Darüber hinaus sind diese Klagen keineswegs neu und psychologisch, pädagogisch und soziologisch insofern wenig hilfreich, als diese Schwierigkeiten in vielen Fällen als Hilferufe und nicht als Rücksichtslosigkeit zu interpretieren sind. Bereits aus der Antike sind entsprechende Gedanken und Sorgen überliefert.

Damit aber soll die Problematik des Jugendalters keineswegs verleugnet werden, handelt es sich doch um ein Alter, in dem der Mensch grundlegende körperliche und psychische Veränderungen verkraften muss. Manchen Jugendlichen gelingt dies ganz gut, andere haben große Schwierigkeiten damit.

Eine der besonderen Aufgaben des Jugendalters besteht darin, eine neue, d. h. eine erwachsene Identität zu gewinnen. Dies vollzieht sich keineswegs konfliktlos. Anschaulich wird diese Problematik beispielsweise durch die häufig sich widersprechenden Erwartungen, die Erwachsene an Jugendliche richten. Einerseits sollen Jugendliche auf den Rat der Erwachsenen hören, „machen, was sie wollen", sich also verhalten wie ein Kind. Andererseits werden bereits hohe Erwartungen an Vernunft, Entscheidungsfähigkeit und Selbstständigkeit gerichtet. Diesem Widerspruch gerecht zu werden, gelingt nicht allen Jugendlichen (vgl. Weden, 1995, S. 222 f . und Krauch/Kunstmann, 1996).

8.2.2.2 Medien als Drogen – Leben im Cyberspace

Im Alltag wird oft angenommen, dass gerade Jugendliche Gefahr laufen, eine Computersucht zu entwickeln. Der Westdeutsche Rundfunk (WDR-Fernsehen) hat im Rahmen seiner Reihe „ServiceZeit – Familie" eine Sendung zum Thema „Computersucht" ausgestrahlt. Die folgende Zusammenfassung wurde anschließend im Internet bereitgestellt und zeigt die Problematik, die mit dem Internet verbunden sein kann, aber Kinder, Jugendliche und Erwachsene gleichermaßen betrifft.

Sie machen sich Sorgen, weil Ihr Kind zu oft und zu lange vor dem Computer sitzt? Haben Sie die Befürchtung, dass auch Ihr Kind vielleicht onlinesüchtig ist oder werden könnte? Die ServiceZeit Familie hat sich des Themas angenommen, weil sich viele Eltern inzwischen diese Fragen stellen.

Ersetzt der Computer eher den Fußballplatz oder das Puppenhaus?

Eine Studie der Freien Universität Berlin dokumentiert, dass hauptsächlich Jungs, oft schon vor der Pubertät, sich für den Computer begeistern. Das hat viele Gründe: Zum Beispiel sind die Angebote von Computerspielen für Jungs um ein Vielfaches höher als die für Mädchen. Jungs neigen auch eher dazu, sich für die technische Seite des Computers zu begeistern, denn allein das Installieren und der Umgang mit der „Hard- und Software", setzen ein gewisses technisches Know-how voraus.

Darüber hinaus verläuft auch die Entwicklung von Jungs und Mädchen während der Pubertät sehr unterschiedlich. Mädchen tun sich gerne mit gleichaltrigen Freundinnen zusammen, telefonieren z. B. oft und viel, suchen also eher den persönlichen Austausch. Jungs dagegen ziehen sich eher

zurück, werden verschlossen und neigen dazu, ihre Kräfte mit Gleichaltrigen zu messen statt zu reden. Der Computer im eigenen Zimmer kommt da gerade recht: Sohnemann macht die Tür zu, wird endlich nicht mehr von Mutter und Schwester genervt und kann dann stundenlang die wildesten Actionspiele online und via Netzwerk mit dem Gegner austragen. Begeistert sich die Schwester auch für den Computer, findet sie dagegen ihren Spaß eher in den Chatrooms.

Ersetzten Computerspiele die Märchen und was haben diese Spiele und Märchen gemeinsam?

Im Alter zwischen sieben und neun Jahren ist es oft mit den Märchen vorbei. Die Kinder haben mittlerweile eine konkretere Vorstellung von der Realität und – weil Märchen ja nicht wahr sind – werden sie langsam uninteressant. Bis dahin haben Märchen allerdings eine wichtige Aufgabe erfüllt. Zum Beispiel löst die böse Hexe im Märchen Angst aus. Verlaufen sich Hänsel und Gretel allein im Wald und droht Hänsel dann, dass ihn die böse Hexe auffrisst, werden Kinder damit in eine Angstsituation versetzt. Sie lernen aber auch, dass man mit List und Geschick aus dieser angstbesetzten und bedrohlichen Situation herauskommen kann. Das

Böse und das Gute gehören genau so zum Märchen wie Angst und spannungshafte Zustände. Genau den gleichen Auftrag erfüllen später die Computerspiele, erklärt der Kölner Dipl.-Psychologe Dr. Werner Hübner: „Die Kinder lernen bei den Spielen genauso wie beim Märchen, mit spannungshaften Zuständen umzugehen und sie auszuhalten. Computerspiele können auch ein Konfliktlerntraining sein."

So brutal manche Actionspiele auch scheinen, gewalttätig und süchtig machen sie alleine nicht. Die Ursachen für eine größere Gewaltbereitschaft und ein Suchtverhalten bei Kindern und Jugendlichen sind eher im zwischenmenschlichen Bereich zu suchen.

Wie erkennen Eltern rechtzeitig, dass das Spielen am Computer zum Problem werden kann?

Grundsätzlich gilt: Eltern sollten sich dafür interessieren, was ihr Kind am Computer spielt und wie viel Zeit es vor dem Computer verbringt. Werden die Kleinen älter und beschäftigen sich zunehmend selbstständig, ist das erst einmal eine große Entlastung für die Eltern. Endlich braucht man sich nicht mehr so um die Kinder zu kümmern. Manchen ist es auch angenehmer, wenn die Jungs in ihrem Zimmer am Computer sitzen und nicht irgendwo auf der Straße rumlungern. Aber: Bleiben Sie aufmerksam, denn wenn die Freizeitaktivitäten Ihres Sohnes sich zunehmend auf den Computer beschränken, sollten Sie eingreifen.

Zum Beispiel:
Wenn Ihr Kind keine Lust mehr auf den Sportverein hat oder sich immer seltener mit Freunden treffen will.
Wenn sich Ihr Kind zunehmend von der Außenwelt abkapselt.
Wenn Ihr Kind sich langsam, aber sicher aus dem Familienleben ausklinkt und lieber allein in seinem Zimmer ist.
Wenn Sie Anzeichen von anhaltender Müdigkeit bei Ihrem Kind beobachten.

Was können Eltern tun, wenn sie das oben genannte Verhalten beobachten?

Reagieren Sie erst einmal nicht mit Reglementierungen, das löst nur den „natürlichen" Widerstand Ihres Kindes aus.
Versuchen Sie, kein Problem aus dem Computerspielen zu machen, auch wenn Sie der Meinung sind, dass Ihr Kind viel zu viel Zeit vor dem Computer verbringt. Bedenken Sie, dass erst einmal nur Sie ein Problem damit haben. Ihr Kind wird sein Computerspielen ganz in Ordnung finden und demnach auch eine andere Meinung dazu haben.

Sie müssen also versuchen, sich „umzupolen". Wie geht das? Versuchen Sie, einmal ganz konkret herauszufinden, was Ihr Kind alles gut macht. Worauf Sie stolz bei Ihrem Kind sind? Loben Sie Ihr Kind für die Sachen, die in Ordnung sind.

Interessieren Sie sich für die Spiele, die Ihr Kind spielt. Lassen Sie sich die Spiele einfach mal zeigen und spielen Sie mit. Vielleicht werden Sie überrascht sein, wie sehr auch Sie davon fasziniert sind.

Versuchen Sie, einen besseren Kontakt mit Ihrem Kind zu bekommen, falls es sich zurückgezogen hat. Reden Sie einfach mehr mit Ihrem Kind.

Unternehmen Sie wieder mehr mit der gesamten Familie. Zum Beispiel gemeinsam kochen, Ausflüge, Freunde des Kindes einladen usw.

Was ist Onlinesucht und gibt es so etwas überhaupt?

Selbst Experten streiten sich darüber, wann man von Onlinesucht sprechen kann und ob es so etwas überhaupt gibt. Einige bestreiten dies, obwohl Tausende Jugendliche ein eindeutiges Suchtverhalten zeigen, wenn es um gemeinsame Spiele im Internet und Ähnliches geht. Von verschiedenen Instituten wurden in den vergangenen Jahren Suchtkriterien entwickelt, doch auch die sind sehr unterschiedlich. In diesem wissenschaftlichen Streit möchten wir uns nicht einmischen.

Was zählt, ist der Leidensdruck, den die Eltern haben, und natürlich auch das Kind. Mit dem Unterschied: Das Kind sieht das ganz anders und wird jegliches Suchtverhalten bestreiten.

Der „Leidensdruck" des Kindes ist dennoch da, nur ist er sehr viel subtiler. Vielleicht wird Ihr Kind Ihnen einmal vorwerfen, dass es sich zu kurz gekommen fühlt, dass Sie vielleicht nicht genug Zeit für es hatten usw. Oft geschieht dies in einem Streit. Stellen Sie sich diesen Vorwürfen, auch wenn Sie diese vielleicht nicht nachvollziehen können.

Doch aufgepasst: Viele Eltern glauben, der Computer wäre Schuld an dem möglichen Suchtverhalten des Kindes. Das ist falsch! Der Computer ermöglicht nur, ein eventuelles Suchtverhalten auszuleben. Ihr Kind könnte, möglicherweise erst zu einem späteren Zeitpunkt, genauso gut irgendeine andere Droge konsumieren, um damit ein verpasstes Bedürfnis zu bewältigen.

Was sollten Eltern tun, wenn sie befürchten, dass ihr Kind Anzeichen einer Onlinesucht zeigt?

Häufig reagieren Eltern erst, wenn die Schulnoten absacken. Oft kommen die vorbeugenden Maßnahmen dann zu spät. Hat Ihr Kind sich von der Familie zurückgezogen, verbringt es den größten Teil seiner Freizeit online beim Chatten, Spielen und Surfen (ein Anhaltspunkt sind Onlinezeiten ab ca. 20 Stunden pro Woche), dreht sich der Lebensinhalt Ihres Kindes beinahe ausschließlich um die Computeraktivitäten, ist Ihr Kind auffallend und ständig müde, müssen Sie eingreifen.

Auch hier gelten erst einmal die oben genannten Empfehlungen zu den vorbeugenden Maßnahmen. Damit fangen Sie an. Das Wichtigste ist, wieder den Kontakt zu Ihrem Kind herzustellen. Darüber hinaus versuchen Sie, mit Ihrem Kind so genannte Nutzungszeiten zu vereinbaren. Möglicherweise können Sie sich auf zwei Stunden täglich einigen. Wenn das alles nichts hilft und Sie den Kontakt zu Ihrem Kind nicht verbessern konnten, suchen Sie sich am besten die Hilfe eines erfahrenen Suchttherapeuten.

Dr. Martin Zobel, Dipl.-Psychologe aus Koblenz, erklärt uns im Interview:
„[...] wenn Eltern alles versucht haben, wenn es Eltern nicht möglich ist, angemessene Nutzungszeiten zu vereinbaren, dann wäre es der nächste

Schritt, dass der Computer ausbleibt bzw. abgebaut wird. Häufig ist es so, dass die Kinder dann erst einmal in ein Loch fallen, denn der Computer war integraler Bestandteil ihres Lebens und jetzt ist er nicht mehr da und sie wissen mit ihrer Zeit nichts mehr anzufangen. Dann geht es darum, dass die Eltern einspringen und offensiv dem Kind Angebote machen. Also, dass so etwas wie Familienleben wieder aufgebaut wird. Dass gemeinsame Unternehmungen stattfinden. Es bedeutet häufig für die Eltern, dass sie eine Drehung um 180 Grad machen müssen. Dass sie das Problemverhalten in den Hintergrund stellen und dass sie sich mehr darauf konzentrieren, was funktioniert eigentlich bei meinem Sohn, was macht er gut und was sind eigentlich die Seiten, die ich sehr an meinem Sohn schätze. Häufig muss das mit den Eltern in der Therapie erarbeitet werden, weil Eltern die Wahrnehmung dafür oft verloren haben."

Bevor Sie den letzten, aber manchmal notwendigen Schritt gehen und den Computer abbauen, sind die Beratung und Hilfe eines Experten notwendig. Der wird Sie auf eine schwierige Zeit vorbereiten, denn Ihr Kind kann sehr aggressiv und sogar gewalttätig reagieren. Zwingen Sie Ihr Kind nicht zu einer Therapie, wenn es dies nicht von sich aus will. Nehmen Sie selbst die Hilfe in Anspruch und lernen Sie, mit der Situation und Ihrem Kind besser umzugehen. Stimmt der Kontakt zwischen Eltern und Kind erst wieder, akzeptieren die meisten Jugendlichen auch zusammen aufgestellte Regeln.

Experten:
Werner Hübner
Dipl.-Psychotherapeut
Köln
Internet: www.psychologischebegleitung.de

Dr. Martin Zobel
Dipl.-Psychologe, psychologischer Psychotherapeut
Bahnhofstr. 6
56068 Koblenz
Tel. (02 61) 4 37 88
Fax (02 61) 4 37 94
E-Mail: martin.zobel@t-online.de

Kontaktadressen:
Telefonnotruf für Suchtgefährdete der Johanniter-
Unfallhilfe
Tel. (02 21) 31 55 55
(anonym und rund um die Uhr)

Der PARITÄTISCHE LV
Nordrhein-Westfalen e. V.
Loher Str. 7
42283 Wuppertal
Tel. (02 02) 28 22-0
Fax (02 02) 28 22-110
Internet: www.paritaet-nrw.org

(Vermittlung von Suchtberatungsstellen)
Spezialisierte Kliniken:
Psychosomatische Fachklinik Münchwies
Turmstr. 50–58
66540 Neunkirchen
Tel. (0 68 58) 6 91-0
Fax (0 68 58) 6 91-321
(Lauterbach, 2002)

(Stationäre Therapie)
Klinik Bad Herrenalb
Fachklinik für Psychosomatische Medizin
Kurpromenade 42
76332 Bad Herrenalb
Tel. (0 70 83) 5 09-0
Fax (0 70 83) 5 09-606
Internet: www.klinik-bad-herrenalb.de
E-Mail: info@klinik-bad-herrenalb.de

(Stationäre Therapie)
Links:
Onlinesucht – Gefangen im Netz
ServiceZeit Gesundheit vom 27. November 2000
www.onlinesucht.de

8.2.2.3 Hamburger Bücherhallen

Das EXIT-Medienzentrum für Jugendliche – mit Internetcafé – in der Bücherhalle Mümmelmannsberg ist mit einem besonderen Ambiente, mit großzügigen Sitzecken, Graffiti-Wänden und Musik-TV ausgestattet. Hier können Jugendliche mit ihren Freunden oder alleine ausgewählte und ständig aktualisierte Medien, z. B. CD, PC-Spiele, Videos, DVD, Zeitschriften, Bücher u. a., durchsehen, ausprobieren und ausleihen.

In einem Extra-Raum können sie in dem von Jugendlichen betreuten Internetcafé zu günstigen Preisen an vier miteinander vernetzten PC und an der Playstation spielen, surfen, chatten, mailen, Texte schreiben und Leute treffen.

Nähere Informationen erhält man hier:

- E-Mail: **muemmelmannsberg@buecherhallen.de** oder
- Bücherhalle Mümmelmannsberg über: http://www.buecherhallen.de

8.2.2.4 Das erste virtuelle Freizeitheim

xTrakt – Das erste virtuelle Freizeitheim

- Inhalt:
  siehe Arbeitsformen
- Medienart:
  Internet
- Zielgruppe:
  Jugendliche
- Arbeitsformen:
  virtuelles Freizeitheim, verbunden mit realen Treffs
- Laufzeit:
  ständig im Netz unter www.xtrakt.de oder beim Bildungsserver unter www.xtrakt.musin.de
- Informationsmaterial:
- Kontakt:
  Hans-Jürgen Palme, Geschäftsf. Vorstand von SIN – c/o SIN – Studio im Netz e. V., Rupprechtstr. 25–27, 80636 München
  Tel.: (0 89) 12 16 44-08
  Fax: (0 89) 12 16 44-11
  E-mail: palme@sin-net.de/sin@sin-net.de
- Träger:
  SIN – Studio im Netz e. V. * Multimedia Drehscheibe für die pädagogische Praxis mit Kindern und Jugendlichen *. Als Kooperationspartner auf ideeller Ebene konnten das Stadtjugendamt München/Haus der Jugendarbeit und das Medienzentrum München gewonnen werden

xTrakt ist das erste virtuelle Freizeitheim, das am 1. März 1998 seine Pforten öffnete. In dem großen weltweiten Netz erhielt es die Adresse www.xtrakt.de. Die virtuelle Begegnungsstätte war ab diesem Zeitpunkt für alle Jugendlichen, von überall her und zu jeder Zeit erreichbar. Dies sind auch die Spezifika von xTrakt, denn:

xTrakt   ist nicht aus Ziegelstein.

xTrakt   führt junge Menschen ohne Rücksicht auf Bildung, Herkunft, Status etc. zusammen.

xTrakt   wird von Jugendlichen mitgestaltet.

xTrakt   weitet sich aus, wächst kontinuierlich an, kennt keine Grenzen.

xTrakt   ist auf die Vorlieben von Jugendlichen abgestimmt.

xTrakt   passt sich stetig Ihren Bedürfnissen an.

xTrakt   ist die konsequente Weiterentwicklung der pädagogisch organisierten Freizeitgestaltung.

xTrakt   hinterlässt sichtbare Spuren, nicht nur im virtuellen Raum. Reale Treffs an erdgebundenen Orten sind konzeptionell fixiert.

xTrakt   ist eine Herausforderung – für junge Menschen und für Pädagog/innen.

Sie kamen dann auch tatsächlich von überall her – die über 3 500 Besucher/innen, die seit der Eröffnung unsere erste virtuelle Jugendeinrichtung xTrakt aufgesucht haben.

Die Einlogzahlen, das Gästebuch, die an uns geschickten E-Mails und die diversen Aktivitäten Jugendlicher in xTrakt zeigen deutlich, dass wir ein Bedürfnis der jungen Generation lokalisiert und realisiert haben. Wir entsprachen dem Wunsch der jungen Interaktivisten nach eigenen, speziellen virtuellen Räumen. Das virtuelle Freizeitheim geht auf die Vorlieben Jugendlicher ein, bietet ihnen das, was sie in ihrer Freizeit auch gerne tun. Es eröffnet ihnen Möglichkeiten zum gemeinsamen Miteinander, bietet ihnen Gelegenheiten, ihre schöpferischen Fähigkeiten einzusetzen, gibt ihnen Chancen, sich untereinander zu helfen, und fördert den Austausch. Diese breite Palette an Angeboten ist bei xTrakt in einem pädagogischen Rahmen eingebettet und gewährt den Jugendlichen trotzdem genügend Freiräume zum selbstständigen Gestalten. Unsere pädagogische Aufgabe sahen wir bei einem virtuellen Freizeitheim darin, zunächst überhaupt mit dem Bau von xTrakt einen Impuls für Jugendliche zu geben. Zudem aber liefern wir selbstverständlich immer wieder Anregungen, um die Jugendlichen dort, wo es notwendig ist, zu unterstützen.

Unser erster Schritt war, einen Bauplan, einen Umriss des Freizeitheimes mit all den Bereichen, die für Jugendliche relevant sind, zu erstellen. So wurden verschiedene Räume kreiert: TalkArea, GamesArea, KreativArea, HelpTogetherArea, RelaxArea, InfoArea, ServiceArea und das Foyer.

Betrieb von xTrakt. Letztendlich entscheiden Sie über das Bestehen einzelner Räume, über die Erweiterungen des virtuellen Baus und über die thematische Besetzung der Areas. So führte auch das Feedback der xTrakt-Besucherinnen dazu, einen neuen Raum zu kreieren. Die GirlsArea entstand – für Mädchen, die sich lieber in ihren eigenen virtuellen Zonen bewegen wollten. Und eine MusikArea wurde inzwischen von einem 16-jährigen Jugendlichen eingerichtet. [...]

xTrakt erreicht Jugendliche unabhängig ihres Wohnsitzes und bringt sie zusammen. Über geografische Grenzen und gesellschaftliche Schranken hinweg können alle jungen Menschen zusammenkommen und aktiv werden. xTrakt bietet sowohl Jugendlichen aus Freizeiteinrichtungen, als auch jungen Menschen, die zu Hause vor ihren Bildschirmen sitzen oder von anderen Orten (Basic, xTrakt, 2005)

aus Zugang zum Internet haben, Kontakt und Betätigungsfelder. Der virtuelle Jugendtreff xTrakt ist von überall her erreichbar und hält für jeden seine Tore offen. Indem ein virtuelles Freizeitheim Statussymbole und soziale Barrieren kaum sichtbar werden lässt, eröffnet es Kontaktmöglichkeiten neuer Qualität. In Chaträumen, auf schwarzen Brettern, in Kreativzonen, in denen Jugendliche auch gemeinsam gestalterisch wirken können, werden Interessen und Vorlieben Einzelner zum verbindenden Miteinander. Gruppierungen mit neuer Zusammensetzung können auf diese Weise entstehen. Konkret drücken sich die Aktivitäten der vielen Besucher/innen u. a. in unzähligen E-Mails, Gästebucheintragungen, dem stetig anwachsenden Fortsetzungsroman oder in den Eintragungen auf dem schwarzen Brett aus.

Das bisher noch nicht finanzierte Projekt erntet indessen nicht nur von Jugendlichen in starkem Maße Zuspruch, es wird auch von der Kinder- und Jugendkulturarbeit wohlwollend wahrgenommen. Aber am besten, man stattet selber dem ersten virtuellen Freizeitheim einen Besuch ab.

8.2.2.5 Computerclubs

Im Internet finden Sie unzählige Computerclubs. Darunter befinden sich sowohl virtuelle Clubs, deren Mitglieder sich nur über den Computer und nicht in der Realität begegnen, und solche, die den Charakter von Vereinen haben. Viele von ihnen sind eingetragene gemeinnützige Vereine. Die Satzungen dieser als gemeinnützig anerkannten Vereine weisen unterschiedliche, zum Teil auch pädagogische Ziele auf. Bei vielen geht es auch darum, z. B. Kindern und Jugendlichen den Umgang mit dem Computer zu vermitteln bzw. eine sinnvolle Computernutzung zu ermöglichen. Damit haben diese Computerclubs durchaus eine Funktion im Rahmen der Kinder- und Jugendarbeit.

Insgesamt gilt es aber, Computerclubs mit Vorsicht zu begegnen. Nicht jeder, der im Internet vorgibt, sich für Kinder- und Jugendarbeit zu engagieren, tut dies ohne fragwürdige, hintergründige Absichten. Radikal-politische Gruppierungen bieten im Internet Seiten an, die keineswegs dem Jugendschutz entsprechen. Auch die Szene der Pädophilen versucht, via Internet Kinder und Jugendliche zu erreichen.

Das virtuelle Freizeitheim xTrakt ist dagegen ein Beispiel für einen virtuellen Computerclub (siehe Kapitel 8.2.2.4), der sich der Kinder- und Jugendarbeit widmet.

Viele Veranstalter bieten im Internet so genannte LAN-Partys an. LAN bedeutet „local area network" (lokales Netzwert); bei einer LAN-Party sind mehrere Computer verkabelt, damit bestimmte Computerspiele mit- oder gegeneinander gespielt werden können. Bei LAN-Partys treffen sich beispielsweise mehrere hundert Spieler in einer Halle und spielen – jeder hinter seinem eigenen Computer – mit- und gegeneinander.

Im Internet lassen sich unter dem Stichwort „Computerclub" umfangreiche Listen von Internetadressen finden. Dabei befinden sich allerdings unzählige, die nichts mit Kinder- oder Jugendarbeit zu tun haben. Hier ist also vor allem eine kritische Auslese erforderlich und Vorsicht geboten.

8.2.2.6 Internetcafés im Paragrafen-Dschungel

Internetcafés unterliegen rechtlichen Vorgaben. Im Internet können Sie dazu den folgenden Text finden, der Hinweise darauf gibt, was in kommerziellen Internetcafés möglich ist und was nicht. Hier wird die ganze Problematik deutlich, die gesetzliche Regelungen auch offen lassen: Ballerspiele, bei denen es um die Tötung von menschenähnlichen Wesen wie Vampiren oder Marsmenschen o. a. geht, fallen nicht unter das Verbot der Gewaltverherrlichung. Theoretisch kann zwar die Bundesprüfstelle auch solche Spiele verbieten; in der Realität geschieht dies jedoch nicht ausnahmslos.

[...]

Internetcafés und öffentlich zugängliche Computerspiele können für gewerbliche Anbieter schnell zum teuren oder strafbewehrten Bumerang werden. Warum? Bei Kindern und Jugendlichen fühlt sich der Staat, zu Recht, zu besonderem Schutz berufen. Da Internetcafés inzwischen allerorts zum Alltagsbild zählen und aus dem täglichen Leben nicht mehr wegzudenken sind, verwundert es nicht, dass diese „eigens für die Datenkommunikation gewerblich genutzten Räume" immer wieder auf dem Prüfstand staatsanwaltschaftlicher Ermittlungen und gerichtlicher Entscheidungen stehen. Bislang ging es in den geführten Verfahren um die Verantwortlichkeit der Betreiber/des Aufsichtspersonals hinsichtlich der Zugänglichkeit von illegalen und/oder jugendgefährdenden Inhalten.

Einige Gerichte haben dahingehend entschieden, dass ein Internetcafé zumindest dann eine Spielhalle ist, wenn dort lokal installierte Spiele zur Nutzung vorgehalten werden. Dabei ist es unerheblich, ob die Spiele genutzt werden oder nicht. Mit der Einstufung als Spielhalle greifen besondere

jugendschutzrechtliche Bestimmungen. So ist nach dem Jugendschutzgesetz Minderjährigen der Aufenthalt in derartigen Spielstätten grundsätzlich untersagt, sofern diese öffentlich zugänglich sind. Des Weiteren würde ein Betreiber eines Internetcafés, wenn sich diese Rechtssprechung durchsetzt, einer besonderen Spielhallenerlaubnis bedürfen. Die dadurch aufgeworfenen Beschränkungen wären daher immens.

Welche Mindestanforderungen stellen sich daher beim Betrieb eines Internetcafés hinsichtlich eines wirksamen Jugendschutzes?

Hinsichtlich des Abrufs von Internetangeboten gibt sich die bundesdeutsche Rechtsprechung ziemlich einheitlich. Für das Betriebspersonal ergibt sich die verpflichtende Notwendigkeit, minderjährigen Nutzern den Zugang zu illegalen und/oder jugendgefährdenden Inhalten zu verwehren. Wie dies bewerkstelligt wird, darüber besteht allerdings noch keine Einigkeit. Einige erachten eine rein technische Kontrolle durch Filterprogramme für ausreichend. Die gängigen Filtertools jedoch filtern meist nur pornografische Inhalte und arbeiten ansonsten bei der beinahe unüberschaubaren Fülle des Netzangebotes nicht zuverlässig genug. Auch Rating-Utilities, die mittels Browservoreinstellung Benutzerrechte reglementieren, arbeiten nicht zuverlässig genug. Entsprechend scharf eingestellt filtern diese Utilities zwar die unerwünschten Inhalte, machen aber das Internet als Informationsträger de facto unbenutzbar.

Eine zumindest stichprobenartige Kontrolle und Überwachung der jugendlichen Benutzer müssen daher als notwendige Sicherungsmaßnahme bejaht werden. Rechtlich eingeschränkt wird diese Überwachungspflicht durch das Fernmeldegeheimnis. So ist beispielsweise die Einblicknahme in E-Mails grundsätzlich untersagt. Des Weiteren muss für die Benutzer klar ersichtlich sein in welcher Form die technische Aufsicht erfolgt. Geeignet hierfür ist z. B. ein entsprechender Aushang, in dem die verwendete(n) Methode(n) angegeben werden. Ob die Kontrolle proaktiv oder nachträglich erfolgt, sollte ebenso angezeigt werden wie die Art (Videoüberwachung, Kontrolle des Nutzerverhaltens, Monitoring).

Die wirksamste Methode dürfte immer noch die persönliche Augenscheinnahme der PC-Plätze sein. Zumal hier noch ein persönlicher Kundenkontakt stattfindet, der durchaus auch verkaufsfördernd eingesetzt werden kann. Die Augenscheinnahme kann auch durch Überwachungskameras stattfinden. Diese Kontrollform wird als zulässig bejaht und kann bei entsprechender Aufzeichnung auch bei außergewöhnlichen Vorkommnissen wie Vandalismus ausgewertet werden. Um sich (straf-)rechtlich weitestgehend abzusichern, sollte die Kameraüberwachung mit technischen Möglichkeiten an den Arbeitsplätzen (wie Port-Blocker oder Filtersoftware) gekoppelt werden.

Eine weitere Kontrollmöglichkeit bietet das so genannte „Monitoring". Dies ermöglicht es dem Betreiber, sich auf das Rechnerbild aufzuschalten und in Echtzeit dasselbe Monitorabbild wie der Benutzer zu betrachten. Diese Möglichkeit ist dann als zulässig zu betrachten, wenn keine Speicherung der Daten erfolgt. Dann ist das Monitoring

mit einem zulässigen Kontrollgang durch das Internetcafé gleichzusetzen.

An dieser Stelle sei nochmals darauf hingewiesen, dass auf den Terminals installierte Jugendschutzsoftware im Fall der Fälle zumindest beweist, dass der Betreiber seine Verpflichtungen aus dem Jugendschutzgesetz ernst nimmt und dass bei der betriebenen Einrichtung alles Mögliche und Zumutbare unternommen wird, um das „ansurfen" von jugendgefährdenden und illegalen Inhalten zu unterbinden.

Innerhalb dieses Artikels wurde bereits von installierten Spielen gesprochen. Gerade Internetcafés leben oft genug vom Reiz der Jugendlichen, sich in einem Spielwettkampf zu messen. Ego-Shooter stehen bei den Jugendlichen hoch im Kurs. Als Ego-Shooter wird eine Spielsimulation bezeichnet, in welcher der Spieler Tötungshandlungen an den virtuellen Gegnern vornimmt. Da diese Tötungsdarstellungen oftmals sehr real ausgebildet am Bildschirm wiedergegeben werden, verwundert es sicher nicht, dass gerade dieses Spielegenre regelmäßig auf dem Index der Bundesprüfstelle für jugendgefährdende Medien landet.

Ein weiteres Genre ist kritisch zu betrachten. In „Beat em Up"-Spielen muss sich der Akteur gegenüber seinem virtuellen Gegner durch Kampfhandlungen wie Boxen, Karate oder auch durch Kämpfe mit Baseballschlägern behaupten. Viele Vertreter dieses Game-Genres landen ebenso wie die Ego-Shooter auf dem Index oder erhalten nur eine sehr hohe Altersfreigabe.

In Kriegsspielen oder Kriegssimulationen können enthaltene Spielsequenzen wie Bombeneinschläge, Granattreffer, Verwundungen oder getroffene Kriegsgegner oft derart realistisch nachgebildet werden, dass auch hier oftmals von einer Gefährdung für Jugendliche auszugehen ist. Aufgrund dieser Problematik werden diese Spiele auch oft nur mit einer sehr hohen Altersfreigabe versehen oder indiziert.

Als generelle Faustregel für Betreiber gewerblicher Internetcafés muss daher gelten: Was auf dem

Index der Bundesprüfstelle für jugendgefährdende Medien landet, ist für Jugendliche tabu!

Rechtlich unbedenklich stellen sich eher Adaptionen klassischer Brettspiele, Wirtschaftssimulationen, Sport- und Geschicklichkeitsspiele, Fahrsimulationen oder so genannte „Jump and"-Spiele dar. Endgültige Klarheit, welchem Personenkreis das jeweilige Spiel angeboten werden darf, kann aber letztendlich immer nur der Blick auf die jeweilige Altersfreigabe der USK bringen.

Analog zu der Kinofreigabe von Filmen (freigegeben ohne Altersbeschränkung, freigegeben ab sechs Jahren etc.) vergibt die Unterhaltungssoftware-Selbstkontrolle (USK) entsprechende Freigabekennzeichnungen. Erhält ein Artikel durch die USK keine Jugendfreigabe, unterliegt diese Software einem umfassenden Vertriebs- und Versandhandelsangebot. Eine Abgabe derartiger Artikel an Kinder und Jugendliche kann mit einem Bußgeld in Höhe von 50.000,00 EUR belegt werden.

Noch weiter als eine verweigerte Jugendfreigabe geht die Indizierung der Bundesprüfstelle für jugendgefährdende Medien. Sobald die Indizierung öffentlich bekannt gemacht wurde (z. B. im Bundesanzeiger), muss die Software aus Ausstellungsbereichen entfernt werden, die Kindern und Jugendlichen zugänglich sind. Auf allgemein zugänglichen Rechnersystemen muss absolut sichergestellt sein, dass Kinder und Jugendliche keinen Zugriff auf diese Software erhalten.

Eine groteske Unterscheidung findet jedoch bei virtuellen Tötungshandlungen statt. Reine Ballerspiele, deren Ziele „menschenähnliche Wesen" wie Zombies, Vampire oder außerirdische Lebensformen sind, fallen nicht unter das Verbot der Gewalt-
(Rat, Internetcafés, 2005)

verherrlichung! Tötungshandlungen können nur an Menschen, nicht jedoch aber an Monstern oder Untoten verübt werden. Dem Gesetzgeber bleibt aber über die Bundesprüfstelle wiederum die Möglichkeit, derartige Software zu indizieren, und dann greift abermals das strafbewehrte Verbot des Zugänglichmachens derartiger Inhalte gegenüber Kindern und Jugendlichen.

Betreiber von Internetcafés sollten zudem die Möglichkeit des Downloads von Software stark einschränken bzw. im Einzelfall gegebenenfalls sogar überwachen. Über die Eingabe bestimmter Suchbegriffe erhalten auch Kinder und Jugendliche einen schnellen Überblick darüber, wo das begehrte Spiel am schnellsten und einfachsten heruntergeladen werden kann. Einerseits drohen hier Copyrightverletzungen und andererseits achten gerade ausländische Onlineanbieter nicht zwingend auf die deutschen Jugendschutzbestimmungen oder missachten diese sogar explizit.

Seit Inkrafttreten des neuen Jugendschutzrechts im Jahr 2003 sind die Verpflichtungen gegenüber Kindern und Jugendlichen nirgendwo anders in Europa enger reglementiert als in Deutschland. Insbesondere das Aufsichtspersonal und die Betreiber von Internetcafés tun gut daran, der umfangreichen Aufsichts- und Überwachungspflicht nachzukommen, um straf- oder ordnungsrechtliche Konsequenzen gegen sich und ihren Betrieb zu vermeiden.

Weiterführende Links:
http://www.bundespruefstelle.de – Bundesprüfstelle für jugendgefährdende Medien (BPjM)
http://www.usk.de – Unterhaltungssoftware-SelbstKontrolle

195

8.2.2.7 Jugendgefährdung

Bei der Aufzählung jugendgefährdender Inhalte in § 18 JuSchG handelt es sich um einen Beispielkatalog, der durch die Spruchpraxis der Bundesprüfstelle aktualisiert werden kann. Im Einzelnen ergeben sich folgende Indizierungsschwerpunkte: Gewalt – Verherrlichung der NS-Ideologie, Rassenhass – sexualethisch desorientierende Medien.

Gewalt

Mit Gewaltdarstellungen ist die Bundesprüfstelle am häufigsten befasst. Mediale Gewaltdarstellungen wirken u. a. dann verrohend,
- *wenn Gewalt in großem Stil und in epischer Breite geschildert wird;*
- *wenn Gewalt als vorrangiges Konfliktlösungsmittel propagiert wird, wobei in diesen Fällen überwiegend auch auf die Brutalität der Gewaltdarstellung abgestellt wird;*
- *wenn die Anwendung von Gewalt im Namen des Gesetzes oder im Dienste einer angeblich guten Sache als völlig selbstverständlich und üblich dargestellt wird, die Gewalt jedoch in Wahrheit Recht und Ordnung negiert;*
- *wenn Selbstjustiz als einziges probates Mittel zur Durchsetzung der vermeintlichen Gerechtigkeit dargestellt wird;*
- *wenn Mord- und Metzelszenen selbstzweckhaft und detailliert geschildert werden.*

Die Bundesprüfstelle indiziert z. B. Computerspiele dann, wenn
- *Gewaltanwendung gegen Menschen als einzig mögliche Spielehandlung dargeboten wird;*
- *Gewalttaten gegen Menschen deutlich visualisiert bzw. akustisch untermalt werden (blutende Wunden, zerberstende Körper, Todesschreie);*
- *Gewaltanwendung (insbesondere Waffengebrauch) durch aufwändige Inszenierung ästhetisiert werden;*
- *Verletzungs- und Tötungsvorgänge zusätzlich zynisch oder vermeintlich komisch kommentiert werden;*
- *Gewalttaten gegen Menschen dargeboten werden, wobei die Gewaltanwendung „belohnt" wird (z. B. Punktegewinn, erfolgreiches*

Durchspielen des Computerspiels nur bei Anwendung von Gewalt). [...]

Verherrlichung der NS-Ideologie, Rassenhass

Die Propagierung und Verherrlichung der nationalsozialistischen Weltanschauung im so genannten „Dritten Reich" sind nicht ausdrücklich im Beispielkatalog des Jugendschutzgesetzes aufgeführt. Doch schon sehr frühzeitig hat die Rechtsprechung des Bundesverwaltungsgerichts eine Eingriffsmöglichkeit der BPjM bestätigt: Verfassungsfeindliche Medien sind sozialethisch desorientierend, d. h. also rechtsradikale ebenso wie betont neonazistische Medien.

Am häufigsten wird NS-Ideologie in Erlebnis- und Erinnerungsbüchern sowie auf CD, in Computerspielen und im Internet verbreitet. Dabei verbinden sich NS-Tendenzen mit rassistischen Tönen. Ausländerhass wird geschürt mit Hetzparolen, z. B. in dem Computerspiel „KZ-Manager", wo es darauf ankommt, ein Konzentrationslager mit Türken zu füllen und mit NS-Methoden vorzugehen.

Jugendgefährdende Propagierung der NS-Ideologie liegt vor:
- *wenn für die Idee des Nationalsozialismus, seine Rassenlehre, sein autoritäres Führerprinzip, sein Volkserziehungsprogramm, seine Kriegsbereitschaft und seine Kriegsführung geworben wird;*
- *wenn das NS-Regime durch verfälschte oder unvollständige Informationen aufgewertet und rehabilitiert werden soll, insbesondere wenn Adolf Hitler und seine Parteigenossen als Vorbilder (oder tragische Helden) hingestellt werden.*

Zum Rassenhass stachelt ein Medium an,
- *wenn das NS-Regime durch verfälschte oder unvollständige Informationen aufgewertet und rehabilitiert werden soll, insbesondere wenn Adolf Hitler und seine Parteigenossen als Vorbilder (oder tragische Helden) hingestellt werden.*

– wenn Menschen wegen ihrer Zugehörigkeit zu einer anderen Rasse, Nation, Glaubensgemeinschaft oder Ähnliches als minderwertig und verächtlich dargestellt oder diskriminiert werden. [...]

Sexualethisch desorientierende Medien

Sexualethisch desorientierend ist
– grundsätzlich jede Darstellung von Sexualität, die den Zielen gefühlsbejahender und normenkritischer Sexualerziehung – zu denen auch die Annahme von Sexualität als positive Lebensäußerung gehört – massiv zuwiderläuft;
– insbesondere eine Darstellung von Menschen, die diese auf entwürdigende Art zu sexuell willfährigen Objekten degradiert. Gleiches gilt, wenn ein Medium frauendiskriminierende Praktiken anpreist, sadistische Vorgehensweisen als luststeigernd propagiert oder es Vergewaltigung als Lusterlebnis darstellt. [...]

Schwer jugendgefährdende Medien

§ 15 Abs. 2 JuSchG bestimmt, in welchen Fällen eine schwere Jugendgefährdung für Trägermedien besteht. Diese Medien gelten kraft Gesetzes als indiziert und unterliegen, ohne dass es einer Aufnahme in die Liste und einer Bekanntmachung bedarf, den Vertriebsbeschränkungen des Jugendschutzgesetzes.

Schwer jugendgefährdende Medien sind solche, die
– Propagandamittel verfassungswidriger Organisationen verbreiten (§ 86 StGB);
– den Holocaust leugnen und in sonstiger Weise volksverhetzend sind (§ 130 StGB);
– zu schweren Straftaten anleiten (§ 130a StGB);
– Gewalt verherrlichen oder verharmlosen, und solche, die Gewalt in einer die Menschenwürde verletzenden Weise darstellen (§ 131 StGB);
– pornografisch sind (§ 184 Abs. 1 StGB): Ein Medium ist pornografisch, wenn es unter Hintansetzen aller sonstigen menschlichen Bezüge

(Bundesprüfstelle, 2004)

sexuelle Vorgänge in grob aufdringlicher Weise in den Vordergrund rückt und wenn seine objektive Gesamttendenz ausschließlich oder überwiegend auf Aufreizung des Sexualtriebes abzielt;
– pornografisch sind und die Gewalttätigkeiten oder sexuelle Handlungen von Menschen mit Tieren (§ 184a) oder den sexuellen Missbrauch von Kindern (§ 184b StGB) zum Gegenstand haben;
– den Krieg verherrlichen, wobei eine solche Kriegsverherrlichung besonders dann gegeben ist, wenn Krieg als reizvoll oder als Möglichkeit beschrieben wird, zu Anerkennung und Ruhm zu gelangen, und wenn das Geschehen einen realen Bezug hat;
– Menschen, die sterben oder schweren körperlichen oder seelischen Leiden ausgesetzt sind oder waren, in einer die Menschenwürde verletzenden Weise darstellen und ein tatsächliches Geschehen wiedergeben, ohne dass ein überwiegendes berechtigtes Interesse gerade an dieser Form der Berichterstattung vorliegt;
– Kinder oder Jugendliche in unnatürlicher, geschlechtsbetonter Körperhaltung darstellen oder
– offensichtlich geeignet sind, die Entwicklung von Kindern oder Jugendlichen oder ihre Erziehung zu einer eigenverantwortlichen und gemeinschaftsfähigen Persönlichkeit schwer zu gefährden.

Schwer jugendgefährdende Trägermedien gelten **kraft Gesetzes** als indiziert. Die Abgabe- und Verbreitungsbeschränkungen gelten also **auch ohne** Indizierung durch die Bundesprüfstelle.

Um Unklarheiten beim Handel zu vermeiden, nimmt die BPjM aber auch schwer jugendgefährdende Medien auf Antrag ausdrücklich in die Liste auf und macht bei Trägermedien die Aufnahme im Bundesanzeiger bekannt.

197

8.2.2.8 Zensur

Immer wieder stellt sich die Frage, wo der Schutz der Bevölkerung – insbesondere der von Kindern und Jugendlichen – aufhört und Zensur beginnt. In autoritären Staaten stellt sich diese Frage nicht. Verboten ist, was den Machthabern missfällt. In Demokratien dagegen gilt das Recht auf Meinungsfreiheit. Die Bundesprüfstelle beantwortet diese Frage wie folgt:

Die Pressefreiheit gehört zu den Fundamenten eines demokratischen Rechtsstaates. Deshalb ist sie auch im Grundgesetz der Bundesrepublik Deutschland fest verankert. Dort heißt es in Artikel 5:
„Jeder hat das Recht, seine Meinung in Wort, Schrift und Bild frei zu äußern und zu verbreiten und sich aus allgemein zugänglichen Quellen ungehindert zu unterrichten. Die Pressefreiheit und die Freiheit der Berichterstattung durch Rundfunk und Film werden gewährleistet. Eine Zensur findet nicht statt."

Allerdings sind auch der Meinungsfreiheit Grenzen gesetzt, und zwar immer dort, wo gleich schützenswerte Rechte durch sie beeinträchtigt werden können: So kann die Meinungsfreiheit im Widerspruch zu Artikel 2 des Grundgesetzes stehen, der das Recht auf freie Entfaltung der Persönlichkeit betont. Denn bei Kindern und Jugendlichen beinhaltet der Schutz ihrer Persönlichkeit eben auch, dass Einflüsse ferngehalten werden, die ihren Reifungsprozess negativ beeinflussen können.
Dies ist natürlich in erster Linie eine Aufgabe der Erziehungsberechtigten. Aber auch der Staat, der nach Artikel 20 des Grundgesetzes ein sozialer Rechtsstaat ist, wird zu entsprechendem Handeln aufgerufen.

Eine Indizierung ist keine Zensur!

*Die Indizierung hat **nicht** das **generelle Verbot** eines Mediums zur Folge. Sie will lediglich verhindern, dass Kinder und Jugendliche mit jugendgefährdenden Medien in Berührung kommen. Deshalb sind die Vorschriften des § 15 JuSchG nicht als absolute Verbreitungsverbote konzipiert, sondern es handelt sich um Beschränkungen der Verbreitung an Jugendliche. Während Jugendlichen also der Zugang verwehrt ist, haben Erwachsene weiterhin die Möglichkeit, indizierte Medien zu beziehen. […]*
(Bundesprüfstelle, 2004)

Beschlagnahmen und Einziehungen von Medien gehören nicht zu dem Tätigkeitsbereich der Bundesprüfstelle. Sie sind Aufgabe der Strafverfolgungsbehörden.

Die Staatsanwaltschaften sind die hierfür zuständigen Stellen. Sie müssen bei Gericht einen entsprechenden Beschlagnahme-/Einziehungsbeschluss erwirken.

*Die Fallgestaltungen der Beschlagnahmen und Einziehungen sind variationsreich. Zu den häufigsten Fällen zählt die Beschlagnahme/Einziehung von Medien, die den Straftatbestand des **§ 131 StGB** oder einen der **§§ 184a und 184b StGB** erfüllen:*

Die Vorschrift des § 131 StGB betrifft Medien, die grausame oder sonst unmenschliche Gewalttätigkeiten gegen Menschen oder menschenähnliche Wesen in einer Art schildern, die eine Verherrlichung oder Verharmlosung solcher Gewalttätigkeiten ausdrückt oder die das Grausame oder Unmenschliche des Vorgangs in einer die Menschenwürde verletzenden Weise darstellt.

§ 184a verbietet pornografische Medien, die Gewalttätigkeiten oder sexuelle Handlungen von Menschen mit Tieren zum Gegenstand haben. § 184b StGB verbietet Medien, die den sexuellen Missbrauch von Kindern zum Gegenstand haben.

*Medien, die die Straftatbestände des § 131 StGB oder der §§ 184a bzw. 184b StGB erfüllen, gelten nicht nur als jugendgefährdend, sondern sogar als sozialschädlich. Ihre Verbreitung ist deshalb **generell** untersagt. Folglich werden sie, wenn sie auf dem Markt auftauchen, beschlagnahmt bzw. eingezogen."*

Wenn Sie wissen möchten, ob bestimmte Medien (auch Online-Angebote) bereits indiziert (mit einem Jugendverbot versehen) und in die entsprechende öffentliche oder nicht öffentliche Liste aufgenommen wurden, erreichen Sie die Bundesprüfstelle per Mail über folgende Adresse: liste@bundespruefstelle.de.

8.2.2.9 Der „Arbeitsplatz"

Kinder und Jugendliche verbringen häufig viele Stunden täglich vor dem Computerbildschirm. Es ist allgemein bekannt, dass dies negative gesundheitliche Auswirkungen haben kann, die sowohl auf den damit verbundenen Bewegungsmangel als auch auf die Art des Arbeits- oder Spielplatzes zurückzuführen sind. Dennoch ist die Mehrzahl der Computerplätze im Privat- und Freizeitbereich gesundheitlich äußerst bedenklich.

Um einen Computerplatz nach gesundheitlichen Gesichtspunkten richtig einzurichten sind zu berücksichtigen:

- die Sitzgelegenheit,
- der Tisch und insbesondere die Tischhöhe,
- der Bildschirm und der Abstand zwischen Augen und Bildschirm,
- die Bildschirmeigenschaften und -einstellungen,
- die Tastatur,
- die Beleuchtung des Arbeitsplatzes, mögliche Spiegelungen,
- die Räumlichkeiten bis hin zur Zimmertemperatur.

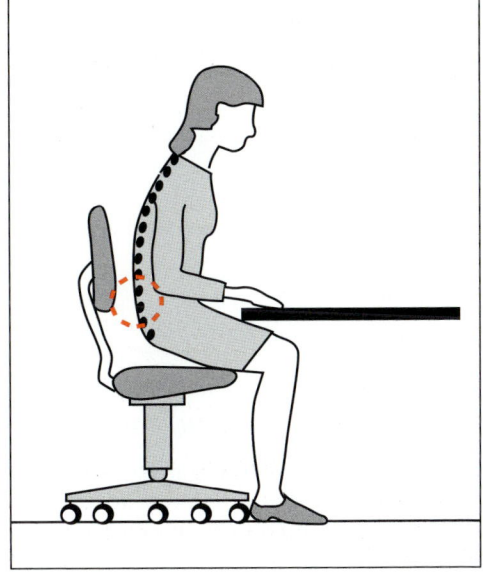

„Kinder und Jugendliche sitzen im Durchschnitt täglich vier bis fünf Zeitstunden in der Schule – einige auch mehr – und vier bis fünf Stunden zu Hause. Durch Sitzen werden Wirbelsäule und Rückenmuskulatur erheblich stärker belastet als durch Gehen oder Stehen.

Sitzen
Kopf-, Nacken- und Rückenschmerzen, Verdauungsbeschwerden, Seh- und Hörstörungen können Folgen zu häufigen und/oder falschen Sitzens sein.

Sehen Sie auch so am Schreibtisch aus?

Vor allem unsere Bandscheiben werden beim runden Rücken einseitig und damit ungünstig belastet!

Drei Schritte zur aufrechten Sitzhaltung

1. Schritt: Beckenkippung
Setzen Sich auf den vorderen Teil Ihres Stuhls, set-
zen die Füße hüftbreit auf und fassen sie mit ihren
Händen den Beckenkamm (unterhalb des Hosen-
gürtels). Kippen sie das Becken vor und zurück. Sie
spüren:
Bei nach vorne gekipptem Becken sitzen Sie auf-
rechter.
Beim Vorwärtskippen des Beckens richtet sich
automatisch der Brustkorb auf, und die Lenden-
wirbelsäule nimmt ihre physiologische Wölbung
ein (Lendenlordose).

2. Schritt: Aufrichtung des Oberkörpers
Legen Sie eine Hand auf das Brustbein, die andere
Hand auf den Bauch (unterhalb vom Bauchnabel).
Versuchen Sie, den Abstand der beiden Hände zu
verändern. Bei großem Abstand ist der Oberkörper
aufgerichtet.

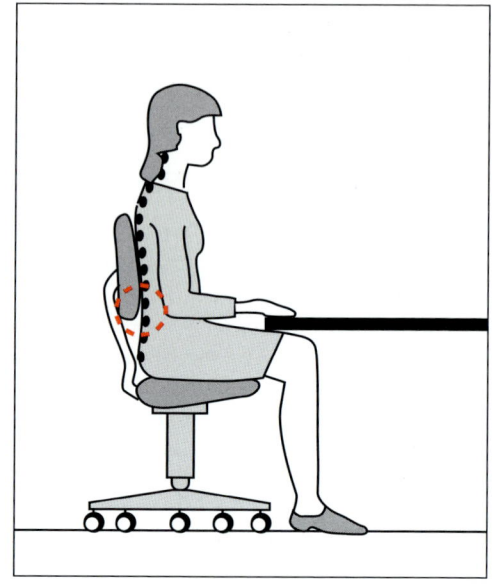

3. Schritt: Kopfhaltung
Legen Sie Zeigefinger und Daumen an das Kinn
und die Kuhle zwischen Ihren Schlüsselbeinen. Ver-
suchen Sie, den Abstand der Kontaktpunkte zu ver-
ändern. Die Kopfhaltung ist natürlich, wenn der
Abstand klein ist und Sie geradeaus schauen.
Sie spüren, dass sich im Gesichtsbereich Muskel-
anspannungen verändern.

Wichtiger Hinweis:
Es ist gut möglich, dass die aufrechte Körperhal-
tung erst einmal unangenehm ist und nach kurzer
Zeit eventuell sogar Schmerzen auftreten. Die
Muskeln sind die krumme Körperhaltung gewohnt
und müssen sich erst an die neue Haltung anpas-
sen. Darum sollten Sie bei Beschwerden wieder in
die gewohnte Sitzhaltung zurückgehen, aber ver-
suchen, immer wieder die aufrechte Haltung ein-
zunehmen.

(AOK, Fit, 2004)

Bildschirm

Längere Arbeit vor einem Bildschirm erfordert mindestens die folgenden Qualitäts-
merkmale:

- Flimmerfreiheit
- Anpassbare Helligkeit
- Anpassbarer Kontrast
- Strahlungsarmut
- Spiegelungsfreiheit bzw. -armut

Beim Kauf eines Bildschirms sollte unbedingt eine kompetente Beratung in Anspruch
genommen werden. Auch die Untersuchungen der „Stiftung Warentest" können hier
hilfreich sein. Man unterscheidet heute zwei Arten von Bildschirmen: Röhren- und Flach-
bildschirme.

Röhrenbildschirm

Mithilfe eines Elektrodenstrahls bringt eine Kathodenstrahlröhre eine phosphorisierende Schicht zum Leuchten. Ein Bild entsteht dadurch, dass der Elektronenstrahl die Bildfläche in schneller Folge Zeile für Zeile abtastet. Nur wenn die Geschwindigkeit dieses Vorganges hoch genug ist, kann man ein konstantes Bild wahrnehmen. Je langsamer die Geschwindigkeit ist – man nennt sie Bilderwiederholfrequenz – desto stärker flimmert das Bild und desto ermüdender ist die Arbeit mit diesem Bildschirm. Die Bildwiederholfrequenz sollte mindestens 85 Hertz oder besser noch 100 Hertz betragen. Je größer der Bildschirm

ist, desto höher sollte die Bildwiederholfrequenz sein. Problematisch sind die elektromagnetischen Felder, die Röntgenstrahlung und die elektrostatischen Aufladungen, die durch einen laufenden Bildschirm entstehen.

Flachbildschirme

Teurer als Röhrenbildschirme, aber ohne Röntgenstrahlung sind LCD-Flachbildschirme. LCD bedeutet: Liquid Crystal Display. Ein LCD-Flachbildschirm besteht aus zwei dünnen Glasplatten. Zwischen diesen beiden Platten befinden sich Flüssigkristalle, die durch Strom zum Leuchten gebracht werden.

Bildschirmgröße

Die Bildschirmgröße (nicht die Größe des Gerätes insgesamt) wird durch die Bildschirmdiagonale bestimmt: von unten links nach oben rechts. Die Maße werden in Zoll angegeben. Eine Bildschirmgröße von 15 Zoll sollte ein Röhrenbildschirm mindestens aufweisen. 17 oder 19 Zoll sind allerdings deutlich besser und weniger anstrengend. Bildschirme, die vorwiegend für Spiele oder andere umfangreiche Grafikprogramme genutzt werden, sollten möglichst 20 Zoll groß sein.

Die Zoll-Maße betragen in cm:
- 15 Zoll = 38 cm
- 17 Zoll = 43 cm
- 19 Zoll = 51 cm

Bei LCD-Bildschirmen ist im Unterschied zu Röhrenbildschirmen immer die gesamte Bildschirmoberfläche lesbar, sodass hier z. B. ein 15-Zoll-Bildschirm einem 17-Zoll-Bildschirm entspricht (LCD 17 Zoll = Röhrenbildschirm 19 Zoll).

Bildschirmauflösung

Das Bild auf dem Bildschirm setzt sich aus vielen einzelnen Punkten zusammen. Der Effekt, der diese Punkte zu einem Bild werden lässt, entspricht dem, was auch bei einem Zeitungsfoto geschieht. Sind die Punkte dicht genug beieinander und klein genug, dann entsteht in einem wahrnehmungspsychologischen Prozess ein ganzheitliches Bild. Ist die Anzahl der Punkte geringer, ist die Anstrengung, die für die Wahrnehmung eines ganzheitlichen Bildes aufgebracht werden muss, entsprechend höher. Die Anzahl der Punkte und die Anzahl der Zeilen, auf denen diese Punkte angeordnet sind, bestimmten die Bildschirmauflösung. Bei einem 15-Zoll-Bildschirm reichen 600 Zeilen mit je 800 Punkten, um ein gutes Bild wahrnehmen zu können. Bei einem 17-Zoll-Bildschirm sind bereits 1 024 Zeilen mit je 768 Punkten nötig. Ein 19-Zoll-Bildschirm benötigt 1 200 Zeilen mit je 1 024 Punkten.

Entspiegelung

Nicht zu unterschätzen für die Arbeit oder für das Spiel am Bildschirm sind störende Spiegeleffekte. Um diese Effekte gering zu halten, sollte der Bildschirm entsprechend der jeweiligen Lichtquellen positioniert werden. Darüber hinaus sollte er über eine entspiegelte Oberfläche verfügen und regelmäßig gereinigt werden.

Normen

Wichtige Mindestanforderungen an die Bildschirmqualität werden z. B. durch das Prüfsiegel des TÜV-Rheinland garantiert. Die GS-Plakette, die man auf vielen Geräten finden kann, gibt Sicherheit über die Einhaltung vorhandener DIN-Normen. GS bedeutet „Geprüfte Sicherheit" nach den entsprechenden Gerätesicherheitsgesetzen durch autorisierte Prüfstellen. Bildschirmarbeit kann u. a. zu den folgenden Beschwerden führen:

(Wittig-Goetz, 2004)

Besonders hilfreiche Informationen zur Problematik von Bildschirmarbeit sind z. B. bei der Bundesanstalt für Arbeitsmedizin in Berlin (http://www.baua.de) sowie beim Sozialnetz Hessen (http://www.sozialnetz-hessen.de) zu erhalten, die wichtige Broschüren und Hinweise auch im Internet veröffentlichen, wo sie zum Teil als so genannte PDF-Dateien heruntergeladen und ausgedruckt werden können. Um diese Dateien lesen zu können, benötigen Sie das Programm Acrobat Reader, das kostenlos im Internet zu erhalten ist.

Bezug zur Lebenswelt

Im Kindes- und Jugendalter sind es insbesondere Computerspiele, die zu einer häufigen und zeitintensiven Nutzung des PC führen. Computerspiele berühren – wie im Übrigen andere Spiele auch – in der Regel konkrete Interessen, Hobbys und Lebenssituationen und haben somit einen ganz speziellen Lebensbezug. Die bevorzugten Spiele geben in der Regel auch Auskunft über Lebenswelt und Lebensumstände des Spielers, was für Erzieherinnen eine bedeutende Rolle spielen kann, wenn sie etwas darüber erfahren möchten. Zusammenfassend kann man feststellen, dass Computerspieler „lebenstypische" Spiele wählen (Fußball spielende Jugendliche wählen z. B. Fußball-Computerspiele oder Ähnliches) (vgl. Ernst/Pullich, 2004, Fritz/Fehr, 1997 S. 67 ff.).

8.2.2.10 Macht und Kontrolle

Was macht nun die Faszination des Computerspiels aus, was ist verantwortlich dafür, dass Kinder, Jugendliche, aber auch Erwachsene oft Stunden hinter dem PC verbringen und alles um sich herum vergessen? Jürgen Fritz und Wolfgang Fehr sehen in der Möglichkeit der Machtausübung und aller damit verbundener Reize einen der Gründe. Sie beschreiben dies wie folgt:

Bei allen wettbewerbsorientierten Spielen, von Sportspielen, Geschicklichkeitsspielen, Kreisspielen bis zu Gesellschaftsspielen, geht es (auch) um Macht und Ohnmacht der Spieler: Habe ich die Macht, ein Tor zu schießen? Muss ich ohnmächtig zusehen, wie der Ball im Korb landet? Die eigenen Fähigkeiten werden bedeutsam in Bezug auf diese Macht: Reichen die Fähigkeiten von mir (oder meiner Mannschaft) aus, das Spiel zu „machen"? Oder sind die Fähigkeiten im Vergleich zu denen der anderen Spieler so unzureichend, dass wir gegenüber dem „machtvollen" Spiel unserer Gegner „ohnmächtig" (also ohne Macht) unserer Niederlage entgegensehen müssen? Können wir Fähigkeiten und Kräfte so bündeln und koordinieren, dass wir damit etwas „machen" können? Aus diesem „Machen" erwächst dann möglicherweise die „Macht", mit der wir das Spiel entscheiden können. Oder erweisen wir uns, in dem, was wir „machen", als „machtlos" gegenüber den „Spielmachern" der gegnerischen Mannschaft?

Die Sprache signalisiert es bereits: Bei bestimmten Spielen geht es um die Macht, das Spiel zu „machen". Im Spiel vollzieht sich ein „Ringen" mit einem Gegner, der alle seine Macht einsetzt, um zu gewinnen. Das Reizvolle und Spannende dieser Spiele liegen darin, dass vor Beginn des Spiels noch nicht feststeht, wer gewinnen, sich also als der „Machtvollere" erweisen wird. Die Spielhandlungen sind Versuche, auf die Machtbalance einzuwirken, sie zu seinen Gunsten zu verändern.

Macht und Ohnmacht im Spiel finden unmittelbare Entsprechungen im Leben aller Menschen. Jeder wird Situationen von Macht und Ohnmacht erlebt und die Erkenntnis ausgebildet haben, dass diese Erfahrungen etwas damit zu tun haben, dass mein Gegenüber mehr (oder auch weniger) Macht besitzt (oder eingesetzt hat) als ich selbst. Was „Macht" letztlich „machtvoll" „macht", hängt von vielen Faktoren ab: eigene Fähigkeiten und Kräfte, situative Bedingungen, wechselseitige Erwartun-

gen und vieles andere. Der Aspekt der „Macht" bestimmt mehr oder weniger alle menschlichen Beziehungen, sei es zu anderen Menschen, zu Gegenständen oder zur Natur. Das Überleben des einzelnen Menschen und der Menschheit schlechthin hängt davon ab, ob die eigene „Macht" (d.h. die auf die Umwelt wirkenden Fähigkeiten und Kräfte) ausreicht, sich ein Verbleiben auf dieser Welt zu sichern. Im wettbewerbsorientierten Spiel wird dieser Aspekt des „Spiels des Lebens" ausgefaltet und inszeniert. Das Gewinnen und Verlieren entscheiden über das „Bleiberecht": Welche Mannschaft hat Bestand? Welche kann ihren Platz in der Liga behaupten? Welche steigt auf, welche steigt ab?

Zum Leben aller Menschen gehören Gefühle der unzureichenden Macht: nicht „machtvoll" genug zu sein gegenüber der Macht des anderen; „ohnmächtig" sich der Macht eines anderen beugen zu müssen; Strategien entwickeln zu müssen, sich der „Macht" des Gegenübers entziehen zu können; „gewappnet" zu sein, gegenüber der sich der entwickelnden „Macht" eines anderen.

Und genau an diesem Punkt knüpfen Computerspiele an. Sie bieten vielfältige Spielräume, in denen sich auf unterschiedlichen Ebenen und zu unterschiedlichen Thematiken „Macht" entwickeln und sich gegenüber gegnerischer „Macht" behaupten muss. Wir werden nun anhand von drei typischen Beispielen zeigen, welche „Angebote" zum Umgang mit „virtueller Macht" gemacht werden und welche Bedeutung diese „Angebote" für die „Erwartungen" der Spieler haben können.

1. Machtvoll gerüstet: Sehr effektvoll in Bild und Ton führen die „Shooter-Games" vor, über welches „Waffenpotenzial" die virtuellen Welten verfügen. Ausgerüstet mit diesen Waffen „kämpft" der Spieler um sein „Bleiberecht" in der virtuellen Welt. Vom „angemessenen" Gebrauch der „machtvollen" Waffen hängt es ab, ob der Spieler „überleben" kann. Eines der sehr erfolgreichen Spiele dieser Art wollen wir jetzt vorstellen: „Turrican II".
   Handlungsträger des Spiels ist ein Kampfroboter. Mithilfe dieses „elektronischen Stellvertreters" bewegt sich der Spieler laufend, springend

und vor allen Dingen um sich schießend durch eine futuristische Welt. Er muss Berge erklimmen, sich durch Grotten kämpfen, Wasserfälle überwinden, Brücken überqueren und vieles andere. Überall wimmelt es nur so von „Feinden": andere Roboter in unterschiedlicher Gestalt, Pflanzen, Insekten, Monster, Kampffische. Diese gilt es, machtvoll zu „erledigen". Wegen der Vielfältigkeit und Gefährlichkeit der Bedrohungen sind „Extrawaffen" unverzichtbar. Nur machtvoll gerüstet kann der Spieler das Spiel „beherrschen" und die Spielabläufe „kontrollieren". Angefeuert durch „fetzige" Musik und berauscht durch die Wirkkraft seiner „mächtigen Waffen", entfaltet sich Schritt für Schritt eine „futuristische Welt". Aufmerksamkeit, Konzentrationskraft und Handlungsgeschick sind erforderlich, um darin die nächsten Minuten „überleben" zu können. [...] Das Spiel „Turrican" bietet dem Spieler eine Folie für machtvolles Handeln in gefahrvollen Umgebungen. Das Spiel selbst ist eine Metapher für unsere reale Welt, wie sie für viele Jugendliche eines bestimmten Altersabschnitts erscheint und von ihnen erlebt wird: voller Gefährdungen, Belastungen, Bedrohungen und Einschränkungen und damit voller Hindernisse für den Wunsch, im Leben voranzukommen. Das Spiel bietet auf der metaphorischen Ebene für diese Probleme nachvollziehbare und d. h. handlungsrelevante Lösungsmöglichkeiten: Man muss den vielfältigen Aufgaben Rechnung tragen und sie „erledigen". Dabei ist es wichtig, die eigenen Kräfte und Fähigkeiten zu entfalten, zu verstärken und zu lernen, bestimmte Situationen zu durchschauen, um angemessen auf sie reagieren zu können. „Turrican" bietet dem jugendlichen Spieler unendlich wiederholbare „Bewährungssituationen", in denen er sich „machtvoll" für den Lebenskampf „ausrüsten" kann. Am Ende tritt an die Stelle von Ohnmacht vor den vielfältigen Gefährdungen in der Welt das Gefühl, so viel „Macht" zu besitzen, dass man die Herausforderungen annehmen, die „Erledigungssituationen" bewältigen und auf dem „Weg des Lebens" vorankommen kann. Insofern kann das Spiel zu einer „Selbstmedikation" gegen das Gefühl werden, den

Forderungen des Lebens nicht zu genügen, weil die Macht zu ihrer Erfüllung nicht ausreicht.

2. *Dem Abgrund entronnen:* Wohl kaum einem Menschen werden im Laufe seines Lebens Gefühle erspart, vor einem „Abgrund" zu stehen, in einem „Lebensstrom" bewegt zu werden, der einen fortträgt, ohne dass man etwas dagegen tun könnte. Um diese Gefühle der Ohnmacht und um spielerische Möglichkeiten, diese Ohnmacht in machtvolles spielerisches Verhalten zu kehren, geht es in „Lemmings".

Inzwischen sind sie wohl schon jedem Computerspieler bekannt: die Lemminge, wuselige kleine Wesen, die unbeirrt durch die Gegend laufen. Dabei drohen ihnen vielfältige Gefahren, die sie von sich aus nicht abwenden können. Aber zum Glück gibt es den cleveren Computerspieler, der ein wachsames Auge auf „seine" Lemminge geworfen hat. Er muss zusehen, dass die kleinen Wesen unbehelligt ins Ziel gelangen. Wie macht er das? Er überlegt, welchen Weg die Lemminge zum Ziel gehen könnten, welche Hindernisse im Wege stehen und wie man sie beseitigen kann. Und hier beginnt der besondere Reiz des Spiels: Normalerweise ist jeder Lemming ein „Walker", ein Fußgänger ohne besondere Fähigkeiten, der einfach nur geht und umkehrt, wenn er auf ein Hindernis stößt. Je nach Spielstufe steht es dem Spieler frei, einige seiner Lemminge in „Spezialisten" zu verwandeln: z. B. in einen „Kletterer", einen „Fallschirmspringer", einen „Buddler" (jeweils für senkrechte, waagerechte und diagonale Löcher), einen „Blocker" und einen „Brückenbauer". Mithilfe dieser „Spezialisten" kann der Spieler den „Wanderweg" der Lemminge so gestalten, dass die meisten von ihnen sicher ans Ziel gelangen. Wichtig dabei ist, die richtige Eigenschaft dem richtigen Lemming zur richtigen Zeit zuzuordnen, wenn der Ausflug der Lemminge nicht im Fiasko enden soll.

Die ersten Szenarien sind (für etwas Ältere) noch recht einfach und helfen, die Handlungsmöglichkeiten im Spiel kennen zu lernen. Fehler wirken sich nicht unbedingt und sofort spiel-entscheidend aus. Die Anforderungen an den Spieler sind noch nicht so hoch, die Möglichkeiten des Scheiterns geringer. Dies ändert sich jedoch recht bald. Dann wird nicht nur die richtige Strategie spielentscheidend sein, sondern auch das präzise Timing. Der Spieler muss herausfinden, welche Spielhandlung zu welchem Zeitpunkt unabdingbar notwendig ist, um die Spielaufgabe zu erfüllen. Dazu kann es manchmal erforderlich sein, einzelne Lemminge zu „opfern", d. h. in die Luft zu sprengen, um den nachfolgenden Lemmingen den Weg freizumachen.

Das Spiel „Lemmings" hat sich als einer der Hits für das Jahr 1991 herausgestellt, sodass pünktlich zu Beginn des Jahres 1992 das Fortsetzungsspiel auf den Markt gelangt ist: „Oh, NO! More Lemmings." Was macht den besonderen Reiz dieses Spiels aus?

Ohne Frage ist „Lemmings" ein sehr gut gemachtes Spiel. Grafik und Sound sind gelungen; man kann sich gut auf dem Bildschirm orientieren und versteht rasch das Spielprinzip. Die spielerischen Herausforderungen steigen recht langsam an und bieten damit (für Kinder wie für Jugendliche und Erwachsene) gute Möglichkeiten, die eigenen Fähigkeiten kontinuierlich zu entfalten. Die Spielidee, Lemminge auf ihrem Weg zum Ziel zu unterstützen, ist im Grunde recht simpel und rasch zu verstehen. Reizvoll sind die vielfältigen Möglichkeiten, die in dieser Spielidee stecken und die durch sehr unterschiedliche Labyrinthe und Denkanstrengungen immer wieder neu und belebend wirken.

Von besonderem Reiz für jüngere wie ältere Spieler sind die gut aufeinander abgestimmten Spielaufforderungen. „Lemmings" bietet eine überaus gelungene Mischung aus Geschicklichkeit, Taktik, Reaktion und Kombination. Die Spieler müssen durchdenken, welchen Weg die Lemminge nehmen können, welche „Spezialisteneigenschaften" wann und für welche Figuren notwendig sind und wann die Eigenschaften geändert werden müssen. Dabei stehen die

Spieler in den schwierigeren Levels vor dem Problem, dass sie nur in begrenztem Umfang „Spezialisten" bestimmen können. Gleichwohl müssen sie eine vorgegebene Anzahl von Lemmingen ins Ziel bringen. Dies ist mit intensiven Denkanstrengungen verbunden. Aber nicht nur das: Der Spieler muss seine Vorstellungen schnell und häufig sehr präzise umsetzen. Er muss auch in der Lage sein, kurzfristig umzudisponieren (wenn er z. B. nicht geschickt oder schnell genug war) und andere Möglichkeiten spontan zu entwickeln. Gefordert werden Kreativität in der Entwicklung von Lösungen, vorausschauendes Denken, experimentelles Verhalten und die Fähigkeit, nach dem Muster von „Versuch und Irrtum" zu lernen. Zudem steht der Spieler bei höheren Levels unter Zeitdruck und muss mit dieser Stressbelastung klarkommen.

Der Reiz des Spiels, dem sich Kinder und Jugendliche nur schwer entziehen können, hängt auch damit zusammen, dass sich Kinder und Jugendliche mit ihren spezifischen Wünschen, Vorstellungen und Erfahrungen darin wieder finden können. „Lemmings" bietet ein recht komplexes Reizangebot mit vielfältigen Anbindungsmöglichkeiten. Die witzig animierten Figuren knüpfen an die Erfahrungen von Kindern und Jugendlichen mit lustigen Zeichentrickfilmen an. In der Hintergrundthematik vielen dieser Filme ähnlich, inszeniert auch „Lemmings" Situationen, in denen die Kleinen ohnmächtig sind und sich darum bemühen müssen, Macht zu erlangen. Zu Beginn des Spiels steht der Spieler ohnmächtig vor dem blinden Gang der Ereignisse [...]

Diese im Spiel geforderten (und geförderten) Fähigkeiten verleihen nicht nur im Spiel, sondern (bezogen auf andere Sachverhalte) auch in unserer Gesellschaft Macht: eine Handlungsmacht, die beim Werkzeuggebrauch ebenso zum Tragen kommt wie beispielsweise beim Hausbau, bei der Organisation von Arbeitsprozessen, der Planung von Forschungsvorhaben oder der Konzipierung von Werbestrategien. Entwickelt man diese Handlungsmacht

nicht, muss man sich ohnmächtig in den „Zug der Lemminge" einreihen: auf der Stelle treten oder sich auf den Abgrund zubewegen. In „Lemmings" trainiert der Spieler seine Handlungsmacht. Er erhält dazu die Macht, die Lemminge zu lenken, und die Verpflichtung, für ihre Geschicke Verantwortung zu tragen. Nicht umsonst fühlen sich manche Spieler bei „Lemmings" an ihre Rolle als „älteres Geschwisterteil" erinnert, das auf jüngere Geschwister aufzupassen, in begrenztem Umfang Verantwortung zu übernehmen und Kontrolle auszuüben hat. „Lemmings" ist der inszenierte Mythos, dass Menschen durch Denken und Geschicklichkeit ihre Geschicke werden lenken können und dass es von daher notwendig ist, bestimmte eigene Fähigkeiten auszubilden und sie gezielt zu verwenden. Diesem Grundmuster des Spiels kann man ein Geflecht von Sinnbezügen, wechselseitigen Verweisungen und Lebenserfahrungen aus unterschiedlichen Bereichen zuordnen. Ob Elternhaus, Schule oder Beruf: Überall wird man mit „machtvollen" Situationen konfrontiert, in denen man zeigen muss, dass man Handlungsmacht erworben hat. Ohnmacht entsteht immer dann, wenn man ohne die Macht, angemessen handeln zu können, dasteht: bei der Mathematik-Arbeit ebenso wie bei der Reparatur eines Rohrbruchs oder der Kontrolle eines Arbeitsablaufs.

3. Blick vom Feldherrenhügel: Macht und Ohnmacht sind beherrschende Faktoren in militärischen Auseinandersetzungen. Dort, wo Blut fließt, erweist es sich in letzter Konsequenz, wer Macht besitzt und wer die Macht des anderen ohnmächtig ertragen muss. Schlachten werden nicht geführt, wenn unter den Beteiligten klar ist, wer die entscheidende Macht hat und wer sie nicht hat. Ist dies jedoch unentschieden, kommt es zum Gefecht, bei dem jeder Beteiligter seine Macht einsetzt und erprobt, ob sie ausreicht, die Macht des Gegners zu überwinden oder nicht.

In der Rolle eines Befehlshabers wird man zu einem „Machtträger", der über Leben und Tod von Menschen und Menschengruppen entscheiden kann. Nicht Umfang und Fülle der Macht sind es, die an dieser Rolle faszinieren, sondern die Wirkung dieser Macht auf andere Menschen. Während die Machtfülle eines Top-Managers unternehmerische Entscheidungen in Milliardenhöhe bewirken kann und allenfalls indirekt auf Menschen einwirkt, hat der Angriffsbefehl eines Generals auf Hunderte und Tausende von Menschen unmittelbare tödliche Wirkung. Dass dieser Angriffsbefehl im Grunde nur eine „Machtexekution" darstellt, nicht unmittelbar eigener Machtfülle entstammt, sondern nur ein Bestandteil (neben vielen anderen) in der Machtstruktur des Staates ist, soll nicht unerwähnt bleiben. Mit anderen Worten: Über Krieg und Frieden entscheidet nicht der General; er führt lediglich aus, was bereits vorentschieden ist. Sein „handwerkliches Können" verleiht der Machtinstanz des Staates *(Fritz/Fehr, 1997b, S 182–187)*

Gewicht, Wirksamkeit und damit Macht – und zwar in dem Rahmen, als diese Machtinstanz „Handwerkszeuge des Krieges" zur Verfügung stellen kann.

Mit dieser Verwobenheit der Machtstrukturen eines Staates wird man in der Regel nicht konfrontiert, wenn man sich auf die Computersimulation einer Schlacht einlässt. Das Spiel „Gettysburg" steht exemplarisch für eine ganze Reihe ähnlicher Spiele, bei denen die Spieler die Techniken und Verfahren der „Machtexekution" anhand historischer Schlachten kennen lernen und erproben können. In ihre Hand wird es gelegt, Geschichte zu verändern: „[...] with Gettysburg you can rewrite history." Und das ist eine Form der Macht: „The power to change American history".

207

8.2.2.11 Medienanalyse und -beurteilung

Es gibt eine Reihe leicht erkennbarer Aspekte, die die Faszination eines Computerprogramms, einer Internetseite oder eines Computerspiels wahrscheinlich machen. Dies können sein:

- der Spaß, den ein Spiel verursacht,

- die Kreativität und Witzigkeit der Figuren, die dargestellt werden bzw. die aktiviert werden,

- das Anspruchsniveau bzw. der Schwierigkeitsgrad eines Spiels. (Es muss fordern, ohne zu überfordern. Hier kann man deutlich erkennen, dass und warum Kinder und Jugendliche entsprechend ihrem Bildungsniveau unterschiedliche Computerspiele gerne spielen.)

Eine wichtige Rolle spielen auch mögliche und sehr problematische Aspekte wie:

- sexuelle Stimulation durch Filme oder Computerspiele,

- Filme, Internetseiten oder Computerspiele, die zu virtuellen Gewalthandlungen führen oder auffordern (hier ist die Frage, ob solche Angebote zur Abreaktion oder zum Aufbau von Aggressionen bzw. Aggressivität führen, wissenschaftlich noch nicht geklärt),

- frauenfeindliche oder rassistische Filme, Internetseiten oder Spiele (sie haben in einschlägigen Kreisen geradezu Kultcharakter),

- politische Indoktrination.

Der Reiz dieser Angebote liegt zum Teil auch in einer – mit welchen Folgen auch immer – oft nur auf den Augenblick bezogenen Abreaktionsmöglichkeit von Frustration und Aggression. Ein psychotherapeutischer Effekt ist hier nicht zu erwarten.

Weitere Aspekte, die für die Analyse von Medien nützlich sein können, sind neben den Funktionen, die sie für den Nutzer haben, natürlich auch

- ihre Handhabbarkeit,

- die Frage, welche Zielgruppen sie erreichen,

- die Bedürfnisse und pädagogischen Notwendigkeiten, denen sie für diese Zielgruppen entsprechen,

- die Aktualisierungsmöglichkeiten, die sie aufweisen,

- die Flexibilität ihrer Einsetzbarkeit

- und ihre Wirtschaftlichkeit in Anschaffung und Unterhaltung.

8.2.2.12 Medienkonsum und Sozialentwicklung

Medien – insbesondere aber den neuen Medien – wird im Alltag eine hohe Verantwortlichkeit für viele Probleme zugesprochen, die Erwachsene bei und mit Jugendlichen wahrzunehmen meinen. Dazu gehören beispielsweise Konsumsucht, Hass und Gewalt.

Mediale Gewalt, Vorbilder, Helden, die in Konflikten allein auf gewalttätiges Handeln als Konfliktlösungsmittel setzen – der Medienkonsum beeinflusst das Verhalten und die Konfliktbewältigungsstrategien vor allem jüngerer Kinder wesentlich. Die bedeutsamste negative Auswirkung gehäufter Gewaltdarstellungen ist indirekter Art.

Sie besteht darin, dass Kinder sich an gewalttätige Handlungen gewöhnen; sie werden desensibilisiert und stumpfen ab. Durch die Rezeption von Gewaltdarstellungen entsteht bei Kindern und Jugendlichen langfristig die Einstellung, Gewalt sei im Alltag ein normales Mittel der Konfliktlösung. In der Schule wird dieser Prägung durch vielfältige medienpädagogische Maßnahmen vorgebeugt. Ihr Ziel ist, das kritische Wahrnehmungs- und Urteilsvermögen von Kindern und Jugendlichen auszubilden und zu entfalten.

Dies ist nötig, damit die Heranwachsenden sich in der Informationsgesellschaft orientieren können.

Dies ist auch nötig, um die Kinder und Jugendlichen gegen die Gewalt zu schützen, die in Videos, Computerspielen oder Hass-Audio-CDs in menschenverachtender, exzessiver Weise vorgeführt wird. Mit der integrativen Medienerziehung, der entsprechenden Aus- und Fortbildung der Lehrkräfte und flankierenden Maßnahmen wie der Einrichtung eines umfassenden Beratungsnetzes wird die Medienerziehung auch als Präventionsaufgabe umgesetzt.

Prävention durch Erziehung gelingt am ehesten dann, wenn alle betroffenen Institutionen zusammenarbeiten. Daher sind die Beziehungen der Schule zu ihrem Umfeld ein wichtiger Teil der Schulentwicklung. Das Kultusministerium hat zusammen mit dem Sozialministerium Rahmenvorgaben für eine Kooperation von Schule und Jugendhilfe geschaffen und durch die Handreichung „Gemeinsam geht's besser" konkrete Vorschläge zur Gestaltung partnerschaftlicher Zusammenarbeit gemacht.

Die Jugendhilfe unterstützt die Schule vor allem in den Bereichen: Elternarbeit durch Angebote zur Förderung der Familienerziehung, Nachmittagsbetreuung von Schülern, sinnvolle Freizeitgestal- (Wittmann, 2005)

tung, Förderung von Schülern mit Lern- und Leistungsstörungen, Verhaltensauffälligkeiten und Entwicklungsverzögerungen.

Die Rede, der dieses Zitat entnommen wurde, wurde am 7. Oktober 2002 von einem Vertreter des Bayerischen Staatsministeriums für Unterricht und Kultus anlässlich der vierten Würzburger Fachtagung „Angst, Depression und Verweigerung in Familie und Schule" zum Thema „Schule und ihre soziale Verantwortung" gehalten. Dies wie auch die folgende Einschätzung von Adalbert Metzinger drücken einen engen Zusammenhang zwischen der gesellschaftlichen Situation einerseits und dem Sozialverhalten von Kindern andererseits aus, wobei Medien und Medienkonsum ein nicht zu unterschätzendes Element dieser Situation ist.

Adalbert Metzinger malt gleichsam ein Schreckensbild der Lebensräume heutiger Kinder und Jugendlicher: Horrorspiele, Verinselung, Verplantheit, Reizüberflutung, Konsumorientiertheit und vieles mehr werden für eine beängstigende Situation von Kindern und Jugendlichen verantwortlich gemacht (vgl. Metzinger, 2002, S. 5). Mit dieser äußerst negativen Sichtweise von Kindheit und Jugend stehen die beiden Autoren sicherlich nicht allein. Insbesondere der Schluss, dass intensiver Medienkonsum – vor allem aber Computerspiele – zu einer Vereinsamung und Brutalisierung führe, ist allerdings keineswegs wissenschaftlich nachgewiesen. So wurde das Attentat von Erfurt, bei dem ein Schüler mehrere Lehrer und Mitschüler ermordete, in der Presse mit den Computerspielen in Verbindung gebracht, die dieser Jugendliche regelmäßig gespielt haben soll. Die Spiele können zwar ein Faktor gewesen sein, der zu den fürchterlichen Aggressionen dieses Jugendlichen geführt hat; er kann jedoch – aufgrund seiner Einbindung in ein umfassendes soziales Umfeld – nicht die alleinige Ursache gewesen sein.

8.2.3 Querbezüge zu anderen Bereichen der Sozialpädagogik

Die Lernsituation „Einen Internetraum für Jugendliche einrichten" weist nicht nur Aspekte der Medienerziehung auf. Hier ist eine Vielzahl von Gesichtspunkten und Fragen aus anderen Bereichen der Sozialpädagogik von Bedeutung, die in Zusammenarbeit mit verschiedenen Fachbereichen im Rahmen einer komplexen, fachunabhängigen Lernsituation bearbeitet werden könnten, z. B.:

Didaktik und Methodik der sozialpädagogischen Theorie und Praxis

- Sozialpädagogische Arbeit in Jugendzentren
- Ziele der sozialpädagogischen Arbeit in Jugendzentren
- Methoden der sozialpädagogischen Arbeit in Jugendzentren
- Entwicklung von Angeboten für Jugendliche
- Entwicklung von Angeboten im Rahmen der offenen Ganztagsschule

Erzieherische, pädagogische, psychologische und soziologische Fragen und Probleme

- Entwicklung im Jugendalter
- Außerschulische Bildung und Bildungsmöglichkeiten im Jugendalter
- Gewalt und Macht im Jugendalter

- Cliquen- und Bandenbildung im Jugendalter
- Erziehung und „Gezogen-Werden" im Jugendalter
- Sucht, Drogen und Abhängigkeiten im Jugendalter

Politische und geschichtliche Fragen

- Politische Bedeutung neuer Medien
- Politische Manipulationsprozesse und -möglichkeiten in und durch neue und alte Medien

Recht und Verwaltung

- Jugendschutzgesetze
- Jugendgefährdung
- Zensur und Indizierung
- Pornografie im Internet
- Pädophilie im Internet

Sprache

- Sprachlernprogramme im Internet
- Sprachlernsoftware
- Textverarbeitung und sprachliche Gestaltungsmöglichkeiten

Medien

- Internetcafés – Soft- und Hardware
- Einrichtung von Computerarbeitsplätzen
- Computerclubs
- Computersucht
- Rolle einer Erzieherin als Medienerzieherin
- Medienanalyse

8.2.4 Links

http://www.shell-jugendstudie.de/download.htm
    14. Shell-Jugendstudie im Internet – gibt differenziert über die aktuelle Situation der Jugend in Deutschland Auskunft; diese Studie ist eine wertvolle sozial- und entwicklungspsychologische Informationsquelle

http://www.aok.de/bund/tools/fitimbuero/rg_haltung.php
    AOK gibt gute Anregungen zur Frage der Gesundheit hinter dem PC

http://www.medienpaedagogik-online.de/mkp/00407/
    Dies ist eine informative Seite der Bundeszentrale für politische Bildung zur Medienpädagogik

http://www.buecherhallen.de
    Hier erhält man Informationen über die Hamburger Bücherhallen

http://www.bundespruefstelle.de/
    Die Bundesprüfstelle ist eine wichtige Institution, auf die man zurückgreifen kann, wenn es um die Klärung indizierter Medieninhalte geht

http://www.medienpaedagogik-online.de/mkp/00407/index.html
    Medienerziehung ist einer der Schwerpunkte der Bundeszentrale für politische Bildung; hier erscheint immer wieder wichtige Literatur zu diesem Themenschwerpunkt

http://www.learn-line.nrw.de/angebote/mksu/basiseinheit.jsp?page=3,1,2,2,1
    Bei dem vorliegenden Angebot „Medienkompetenz in Schule und Unterricht" handelt es sich um Materialien zur Zusatzqualifikation „Medien und Informationstechnologien in Erziehung, Unterricht und Bildung" als Bausteine für Internet-gestützte, selbst organisierte Fortbildung sowie für schulinterne und schulexterne Fortbildung.

http://www.usk.de/
    UnterhaltungssoftwareSelbstKontrolle

https://www.buecherhallen.de/alswww2.dll/APS_OPAC&Style=OpacB&ResponseEncoding=utf-8
    Katalog der Hamburger öffentlichen Bücherhallen

9 Mit dem Computer lernen

In diesem Lernfeld geht es darum, dass Sie lernen, Ihre medienpädagogische Kompetenz als professionelle Mitarbeiterin einer sozialpädagogischen Einrichtung sowohl nach innen ins Team als auch nach außen im Rahmen der Elternarbeit und im Rahmen der Zusammenarbeit mit dem Träger und anderen Institutionen einbringen können.

Der Einsatz von Software – auch von Lernsoftware – in die institutionelle Sozialpädagogik war früher höchst umstritten und wird heute – im Gegensatz dazu – nicht nur akzeptiert, sondern vielerorts auch gefordert.

Auch weil sowohl die Hardware (also PC oder Laptops) als auch die Software (Spiel- und Lernprogramme) in der Regel nicht kostenlos zu erhalten sind, muss die die sozialpädagogische Einrichtung betreffende Öffentlichkeit, in die Frage der Anschaffung und des Einsatzes von Computer und Internet einbezogen werden.

Wegen der Strittigkeit des Einsatzes von Computern in sozialpädagogischen Einrichtungen ist natürlich eine Zusammenarbeit mit den Eltern anzustreben.

9.1 Die Lernsituation: Spiel- und Lernsoftware in sozialpädagogischen Institutionen bewerten, auswählen und einsetzen

Die Welt der Spiel- und Lernsoftware ist inzwischen äußerst unübersichtlich geworden. Während es unter der Spielsoftware eine Fülle von problematischen Angeboten gibt, enthalten Lernprogramme wenig, was nicht mit herkömmlichen Lernmethoden genauso gut oder gar effektiver gelernt werden kann. Dennoch sollte man an vielen dieser Angebote nicht vorübergehen, ohne sie zumindest auf ihre Qualität hin überprüft zu haben.

Die berufliche Aufgabe:

Entwickeln Sie

a) Empfehlungen zu Beurteilung, Auswahl und Einsatz von Computerspielen für Kinder und Jugendliche,

b) Empfehlungen zu Beurteilung, Auswahl und Einsatz von Lernprogrammen für Kinder und Jugendliche

c) und eine Konzeption zur Beratung von
   – Kindern,
   – Jugendlichen,
   – Eltern und
   – anderen Personen und Institutionen

über den (sozial-)pädagogischen Einsatz von Computerspielen und Lernprogrammen.

Achten Sie bei der Entwicklung Ihrer Empfehlungen und Ihrer Konzeption auf folgende Aspekte:

1. Zielgruppenklärung und Situationsanalyse als Grundlage für die Entwicklung der Empfehlungen und der Konzeption
   – Kinder im „Kindergartenalter" – was sie schon können, was sie gerne tun, wie ihre Eltern den Umgang mit Computerspielen und Lernprogrammen sehen und zulassen,
   – Kinder im schulpflichtigen Alter – was sie schon können, was sie gerne tun, wie ihre Eltern den Umgang mit Computerspielen und Lernprogrammen sehen und zulassen,
   – ältere Jugendliche – was sie schon können, was sie gerne tun, wie ihre Eltern den Umgang mit Computerspielen und Lernprogrammen sehen und zulassen.

2. Klärung der pädagogischen Grundüberzeugungen, z. B.:
   – zum Recht des Kindes oder Jugendlichen, so zu sein, wie es ist,
   – zur Achtung vor der sozialen, ethnischen, religiösen und kulturellen Lebenswelt des Kindes oder Jugendlichen,
   – zum Lernen in sozialen Zusammenhängen,
   – zur Rolle der Erzieherin als Partnerin der Kinder, als Lernbegleiterin,
   – zu den Selbstbildungsprozessen von Kindern und Jugendlichen,
   – zur Rolle der Erzieherin als Gestalterin von Lernwelten
   – zur Verantwortung der Erzieherin für die soziale und emotionale Sicherheit von Kindern und Jugendlichen,
   – zur Kooperation mit den Erziehungspartnern.

3. Sozialpädagogische Ziele
   – pädagogische Ziele, die mit dem Einsatz von Computerspielen und Lernprogrammen verfolgt werden sollen,

- Kompetenzen, die Kinder und Jugendliche durch den Umgang mit Computerspielen und Lernprogrammen erweitern bzw. neu entwickeln sollen,
- Kompetenzen, die die Eltern als medienpädagogische Erziehungspartner erweitern können.

4. Räumliche und sachliche Bedingungen für den Einsatz von Computerspielen und Lernprogrammen
   - Einsatzwünsche und dafür erforderliche Hardware,
   - räumliche Möglichkeiten und Notwendigkeiten,
   - finanzielle Bedingungen,
   - mögliche Sponsoren.

5. Einzubeziehende Partner
   - das Team der Einrichtung,
   - die Eltern,
   - der Träger,
   - Sponsoren usw.

6. Kriterien zur Beurteilung und Auswahl von Computerspielen im Hinblick auf ihre sozialpädagogischen Einsatzmöglichkeiten – bezogen auf
   - Eignung für die Zielgruppe,
   - Förderung der unterschiedlichen Entwicklungsbereiche,
   - Berücksichtigung wichtiger Bildungsbereiche,
   - Entwicklung von Medienkompetenz.

7. Kriterien zur Beurteilung und Auswahl von Lernprogrammen im Hinblick auf ihre sozialpädagogischen Einsatzmöglichkeiten
   - Eignung für die Zielgruppe,
   - Förderung der unterschiedlichen Entwicklungsbereiche,
   - Berücksichtigung wichtiger Bildungsbereiche,
   - Entwicklung von Medienkompetenz.

Da sich die Welt der Medien fortwährend verändert, werden sich auch die Empfehlungen und Kriterien, die Sie entwickeln, mit der Zeit verändern müssen. Die Strategien, die für ihre Entwicklung erforderlich sind, werden jedoch Bestand haben, sodass Sie hier Kompetenzen entwickeln und erweitern können, die von dauerhaftem Nutzen sind und die auch in anderen Zusammenhängen angewendet bzw. eingesetzt werden können.

Die Entwicklung einer Konzeption zur Beratung von Kindern, Jugendlichen, Eltern und anderen Personen und Institutionen über den (sozial-)pädagogischen Einsatz von Computerspielen und Lernprogrammen sollten Sie im Rahmen einer umfassenderen Lernsituation vornehmen. Hier ist es erforderlich, über medienpädagogische Kompetenzen hinaus, professionell beraten zu lernen. Die Erzieherin als Beraterin ist natürlich auch in anderen sozialpädagogischen Aufgabenbereichen gefragt, z. B. im Rahmen der Verkehrserziehung, der Sexualerziehung, der Sprachförderung etc.

Um diese umfangreiche Aufgabe lösen zu können, wird es erforderlich sein, dass Sie

1. zunächst die Aufgabe selbst gründlich analysieren und untersuchen, welche Schwierigkeiten bzw. Hindernisse für ihre Lösung zu überwinden sind. Nicht vergessen: Dokumentation der Arbeitsergebnisse,

2. die berufliche Aufgabe so weit, wie dies erforderlich erscheint, in Teilaufgaben gliedern,

3. anschließend Ziele für diesen Arbeitsauftrag formulieren: Was wollen Sie erreichen – z. B. pädagogisch, methodisch, didaktisch, an sachlicher Ausstattung etc.

4. alternative Arbeitspläne entwickeln und sich schließlich für eine Vorgehensweise entscheiden,

5. ihrem Arbeitsplan entsprechend vorgehen und bereit sind, falls notwendig, diesen Plan gegebenenfalls zu verändern,

6. Ihr Arbeitsergebnis (das Produkt) dokumentieren und eine geeignete, verständliche Präsentation erstellen,

7. den Arbeitsprozess auf seine Qualität und das Produkt auf seine Brauchbarkeit hin überprüfen,

8. gegebenenfalls erneut in den Prozess eintreten, um ein brauchbareres Produkt zu erstellen.

9.2 Im medienpädagogischen Lernfeld handeln

9.2.1 Hintergrundfragen, Impulse und Übungen

1. Übung   **Was spielen Kinder und Jugendliche am Computer?**

Will man eine medienpädagogische Konzeption für die Arbeit mit neuen Medien entwickeln, ist es – wie im Übrigen bei anderen konzeptionellen Vorhaben auch – erforderlich, sich Gedanken über die Voraussetzungen zu machen, die die Zielgruppe mitbringt. Auf diese Voraussetzungen gilt es aufzubauen; nur so lassen sich die Kinder und Jugendlichen, für die man arbeitet, erreichen. Die folgende Zusammenstellung findet sich in einer Veröffentlichung des JFF-Instituts für Medienpädagogik (Andreas Kirchhoff, 2003a, S. 12 f.).

216

„Da sich die Zugänge von Mädchen und Jungen in verschiedenen Altersstufen sehr stark unterscheiden, ist es sinnvoll, in alters- und geschlechtshomogenen Gruppen zu arbeiten. Die Ergebnisse sollten jedoch abschließend in einer Zusammenschau miteinander verglichen und diskutiert werden.

Kinder gestalten ihre favorisierten Computerspielhelden

Methode

Mit Kindern können Sie sich spielerisch dem Thema nähern. Veranstalten Sie einen Malwettbewerb, bei dem die Kinder Lieblings-Computerspielhelden zeichnen oder eigene Figuren kreieren, die sie in Computerspielen gerne vorfinden würden. Mit Bildern von Figuren und Spielszenarien können auch Collagen auf Papier oder am PC erstellt werden.

Unter dem Stichwort ‚Spiel > Spiele-DB' finden Sie eine umfangreiche Liste von Spielen. Klicken Sie einen Spieltitel an, so erhalten Sie Informationen zum Spiel und auch einen Link zur Homepage des Spiels.

Eine weitere Möglichkeit bietet die Internet-Suchmaschine Google. Diese Suchmaschine verfügt über einen Bilder-Such-Service. Wechseln Sie also unter www.google.de auf den Menüpunkt „Bilder" und geben Sie einen Spieltitel als Suchbegriff ein. Unter den Suchergebnissen, die als kleine Vorschau-Bilder angezeigt werden, werden sich auch jede Menge Screenshots des Spiels finden.

Achten Sie unbedingt auf die Altersfreigaben der Spiele, die Sie mit den Kindern bearbeiten möchten! [...]

Auswertung

Die fertigen Kunstwerke können in einer Ausstellung präsentiert werden, die auch einen willkommenen Anlass für einen Elternabend zum Thema bietet.

Material

Bilder von Spielszenen, so genannte ‚Screenshots', finden sich zumeist auf den Homepages der einzelnen Spiele. Die Internetadressen finden sich z. B. auf der Website der Computerzeitschrift PC Games (www.pcgames.de).

Jugendliche recherchieren die Computerspielvorlieben von Gleichaltrigen	
Methode Jugendliche können ein wenig „Marktforschung" betreiben und die Computerspielvorlieben ihrer Altersgenossinnen und -genossen herausfinden. Entwickeln Sie dazu mit den Jugendlichen Fragebögen, die die Spielvorlieben und die Gründe für diese erfassen. Animieren Sie sie dazu, sich auf der Grundlage dieser Fragebögen gegenseitig zu befragen oder auch Freunde und Bekannte oder einfach Jugendliche auf der Straße zu interviewen.	**Auswertung** Werten Sie die Ergebnisse gemeinsam aus, indem Sie beispielsweise aus den Antworten Spiel-Hitlisten für männliche und weibliche, ältere und jüngere Jugendliche erstellen. Gründe, die in den Interviews für die Vorlieben genannt wurden, zusammenstellen und in Gruppen bündeln. Auf diese Auswertung können Sie bei der weiteren Beschäftigung mit dem Thema zurückgreifen […]

2. Übung   **Ist Gewalt im Spiel?**

Diese Übung ist ebenfalls dem Text des JFF-Institut für Medienpädagogik (Andreas Kirchhoff, 2003a, S. 22 f.) entnommen.

„Ist Gewalt im Spiel?
Um herauszufinden, ob Gewaltspiele auch von Kindern und Jugendlichen in der eigenen Einrichtung gespielt werden und wie solche Spiele von den Heranwachsenden wahrgenommen werden,

- muss das Gewaltverständnis der Kinder und Jugendlichen eruiert und thematisiert werden und

- müssen die Spiele, die von den Heranwachsenden gespielt werden, auf ihre Gewalthaltigkeit geprüft werden.

Aufgrund der unterschiedlichen Vorlieben und entwicklungsbedingten Interessen und Fähigkeiten sollte diese Aktivität in altershomogenen Gruppen durchgeführt werden.

Methode	Auswertung
Spielen Sie mit den Heranwachsenden mehrere Spiele durch (Altersfreigabe beachten!). Bei jeder Stelle, an der nach Ansicht der Heranwachsenden „Gewalt" vorkommt, sollen sie – die Art der Gewalt, – den Kontext und – die Rolle der Spielenden in der Gewaltszene kurz notieren.	Anschließend die Notizen in drei Spalten einer Wandzeitung übertragen. Daran können z. B. folgende Punkte diskutiert werden: – Welche Art von Gewalt steht bei den Spielen im Vordergrund? – Worin unterscheiden bzw. worin ähneln sich die Kontexte, in denen Gewalt auftaucht? – Welche Funktionen müssen die Spielenden in den Gewaltszenen übernehmen?"

3. Übung   **Kritisch und reflektiert mit Gewalt in Computerspielen umgehen**

Die folgende Übung leitet Kinder bzw. Jugendliche im Rollenspiel an, Gewaltinszenierungen in Computerspielen zu durchschauen und zu reflektieren (Andreas Kirchhoff, JFF, 2003a, S. 12 f.).

„Wie können Heranwachsende für einen kritischen und reflektierten Umgang mit Gewalt in Computerspielen sensibilisiert werden?
Die Problematik gewalthaltiger Computerspiele muss im Kontext gesellschaftlicher Norm- und Wertvorstellungen betrachtet werden. Ein Schlüssel zum Verständnis des Problems ist der sozialisatorische Zwang zu Männlichkeits-Inszenierungen, der auf Jungen lastet. Rollenspiele können wirkungsvoll zur Bearbeitung solcher Inszenierungen eingesetzt werden. Dabei bietet es sich an, das Rollenspiel zum Filmdreh zu machen und die Spielszenen mit der Videokamera festzuhalten oder – etwas weniger aufwändig – die Schlüsselszenen mit dem Fotoapparat zu dokumentieren und als Foto-Story umzusetzen. Für Kinder und Jugendliche ist es zumeist sehr reizvoll, selbst zum „Medienmacher" zu werden. Unter solchen Bedingungen sind sie viel eher gewillt, auch „heikle" Themen zu erarbeiten. Die dabei entstandenen Medienprodukte eignen sich hervorragend als Grundlage zur Reflexion der Arbeit.

Methode	Auswertung
Leiten Sie die Kinder bzw. Jugendlichen zu folgenden Spielszenen an: – Spielt in verteilten Rollen eine Situation nach, die einem gewalthaltigen Computerspiel nachempfunden ist, lasst aber z. B. die Gedanken der Figuren sicht- oder hörbar werden. – Stellt im Rollenspiel eine Gewaltsituation dar, wie sie in eurem Alltag vorkommen könnte, aber gestaltet sie nach Art der Computerspiele (Requisite, Verkleidung, Geräusche etc.). – Lasst einen Computerspielhelden in eine alltägliche Situation kommen. Wie würde z. B. Indiana Jones auf einen Verweis reagieren? – Spielt Anmach-Szenen nach. Womit wollt ihr dem Gegenüber imponieren?	Die Heranwachsenden haben in den Spielsituationen vermutlich negative, aber auch positive Erfahrungen mit den (gewalttätigen) Eigenschaften ihrer Figuren gesammelt, die eingehender Reflexion bedürfen. Wichtig ist dabei, sich auch mit fragwürdigen Verhaltensvorbildern vorurteilsfrei auseinander zu setzen. Folgende Punkte können besprochen werden: – Welche Bedürfnisse werden bei den Figuren gespielt? – Welche Anregungen zur Alltagsbewältigung bieten die Figuren? – Mit welchen Eigenschaften und Handlungsmustern wären die Situationen ebenfalls zu bewältigen gewesen?"

4. Übung   **Werden wir klüger?**

In der taz erschien am 9. Januar 2001 (S. 4) ein Interview mit dem amerikanischen Informatiker Joseph Weizenbaum. Weizenbaum gilt als Kapazität, wenn es um pädagogische Fragen im Zusammenhang mit neuen Medien geht:

taz: Herr Weizenbaum, Sie beschäftigen sich seit vielen Jahren mit ethischen Fragen des Computers. Sie sehen das Internet als Kommunikationsmöglichkeit, zugleich aber kritisieren Sie die Euphorie und Vergötterung des Mediums. Warum?

Josef Weizenbaum: Das Internet ist zu einem Massenmedium geworden. Eine Seite davon ist demokratisch. Aber wie bei allen anderen Massenmedien, Fernsehen, Radio und Zeitung, ist auch im Internet 90 Prozent Schrott. Ja, die anderen zehn Prozent, die sind sehr wertvoll, das sind Perlen. Ganz besonders für die, die wissen, was sie suchen.

Also braucht man ein Instrumentarium, um damit umzugehen. Das Medium selbst kann ja nichts dafür.

Ja, das stimmt, das Medium selbst hat keine Schuld. Ich ziehe mal eine Parallele zur Physik: Ein physikalisches Experiment ist eine Frage, die man an die Natur stellt. Die muss man erst einmal entwerfen. Es geht darum, ein Leben lang diese Tugend zu entwickeln. Man muss dafür eine bestimmte Kompetenz haben.

Deswegen wollen ja Politik und Wirtschaft bis Ende 2001 alle Schulen ans Netz bringen. Nur so seien die Schüler auf ihre Berufe gut vorbereitet. Was halten Sie von diesem Projekt?

In fünf oder zehn Jahren werden wir erkennen, dass das ein großer Fehler war. Genauso wie bei den vielen anderen Dingen, die wir eingeführt haben. Man darf nicht die Illusion haben, dass der Computer und das Internet das Lernen revolutionieren werden. Auch beim Telefonieren gibt es Tausende von Computern, die im Hintergrund wirken. Aber um zu telefonieren, um eine Verbindung mit Japan oder Argentinien herzustellen, brauchen wir uns nicht mit dem technischen System zu beschäftigen. Wir müssen nur wählen. Genauso ist es mit den Computern. Und deswegen brauchen Kinder und Jugendliche in den Schulen sich nicht allzu früh mit ihnen auseinander zu setzen.

Was bleibt denn auf der Strecke, wenn Kinder stundenlang vor Computern sitzen?

Da gibt es so viele Dinge, die in der Kindheit eine höhere Priorität haben. Ich meine emotional, psychologisch und so weiter. Man muss doch fragen, welchen Zweck Schule hat. Es wird viel geredet über Medienkompetenz. Was wir brauchen ist die Kompetenz, kritisch zu denken und kritisch zuzuhören. Und das beruht alles auf der Kompetenz der Sprache.

Man kann mit dem Computer ja auch kommunizieren. Man kann chatten.

Ja, aber was sagt denn jemand in Detroit/Michigan zu jemandem in Australien? Sie sprechen über Computer-Equipment und das Wetter.

Man hört immer wieder, die Deutschen seien nur bedingt für die Informationsgesellschaft gerüstet. Autoren wie der ehemalige Bundesgeschäftsführer der SPD, Peter Glotz, plädieren deshalb für einen Kulturwandel und eine Bildungsreform. Glauben Sie das auch?

Ich glaube, Glotz macht einen großen Fehler. Er bewundert die amerikanische Universität, ganz besonders das MIT . Man muss sich aber klar machen, dass es nur vier oder fünf Spitzenuniversitäten in Amerika gibt. Aber das MIT kostet 26.000 Dollar Studiengebühren im Jahr. Die normalen Unis in Amerika verdienen kaum ihren Namen.

Brauchen wir eine Bildungsreform in Deutschland?
Die erste Priorität für unsere Schulen ist: Wir müssen das kritische Denken unterstützen. Es geht darum, eine Art Skepsis zu lehren. Damit Kinder und Jugendliche lernen zu fragen und zu hinterfragen. Das Wort Informationsgesellschaft – what the hell does it mean? Was ist denn überhaupt Information? Was Sie in der Zeitung lesen, was im Computer so rumflackert, das sind Signale. Nur der Mensch kann Informationen herstellen. Er interpretiert diese Signale. Die Kunst zu interpretieren ist die Kunst, kritisch zu denken.

Aber die Geschwindigkeit der Signalübermittlung hat sich geändert.
Es bleibt unser Job, die Signale, die auf uns herabrieseln, zu interpretieren, und zwar kritisch zu interpretieren. Die amerikanische Regierung gibt zu, dass ein Drittel der Bevölkerung functional illiterate, also funktionale Analphabeten sind. Diese Menschen können Straßenschilder lesen und Comic-Hefte, aber sie können in der Zeitung keine Stellenanzeigen lesen. Was ist mit den Signalen, die sie empfangen? Sie interpretieren sie fehl.

Aber vielleicht könnte der Computer helfen, dass Kinder wieder Spaß am Lernen haben.
Ich glaube, es ist eine fatale Illusion, dass das Lernen Spaß machen muss. In Amerika haben wir das Wort edutainment. Alles muss edutainment sein. Und wenn es keinen Spaß macht, dann ist es zu viel für die Kinder. Das ist doch Unsinn. Lernen kann schwer sein. Und in manchen Dingen muss es so sein. Weil eben das Material so ist.

Aber man könnte sich ja vorstellen, dass der Computer fürs Kognitive da ist und der Lehrer mehr Zeit hat fürs Pädagogische.
Ja, das erinnert mich an das Argument: Der Computer übernimmt die Routinesachen und lässt dem, der an ihm sitzt, die Zeit, tiefere Sachen zu denken. Gegenbeispiel: Die Kasse bei McDonald's ist ganz einfach, da gibt es nur noch Bilder. Aber glauben Sie, die Mädchen hinter der Kasse denken deswegen an Mozart und Hölderlin?

Sie verdammen also den Computer?
*Natürlich kann der Computer bei der Bewältigung von großen gesellschaftlichen Problemen helfen. Aber viele denken, der Computer sei wertfrei - es komme nur darauf an, was man mit ihm mache. Ich aber sage, der Computer erbt die Werte der Gesellschaft, in die er eingebettet ist. Manchmal werde ich gefragt, wann wir vernünftige Schulen und Software für Computer haben werden. Und da ist meine Antwort immer: Wenn wir eine vernünftige Gesellschaft haben. In den USA aber ist der Computer überwiegend ein militärisches Instrument. Der größte Teil der Forschung am MIT und die vier oder fünf großen Universitäten, an denen Computerforschung betrieben wird, sind vom Pentagon finanziert.
...*

Welche Rolle wird der Computer in zwanzig Jahren spielen?
Das hängt davon ab, ob die Gesellschaft immer noch existiert. Erstens glaube ich, dass der Computer aus dem Bewusstsein der Menschen verschwunden sein wird. Da habe ich eine Analogie: Es gibt ein Gerät, das es vor 100 Jahren nicht gab. Es hat die ganze Welt revolutioniert. Heute gibt es davon mehr als Menschen. Sollte dieses Gerät einmal ausfallen, wird innerhalb von zwei Wochen in den Großstädten Blut fließen. Was ist das für ein Gerät? Es ist der elektrische Motor. Genauso selbstverständlich wie der elektrische Motor wird in zwanzig Jahren der Computer sein.

Und Sie beklagen diese Entwicklung?
Wenn wir abdanken, dann ja. Es gibt zum Beispiel Leute, die glauben, dass wir, nach-
dem wir das Sprachproblem gelöst haben, den Computer als Richter einsetzen könn-
ten. Es gab ein Lied in der DDR: „Die Partei hat immer Recht". Es kann leicht passieren,
dass es dann heißt: Der Computer hat immer Recht. Es ist aber noch etwas anderes, was
ich beklage. Ich bedaure den Verlust der Geschichte. Das ist tragisch, das tut mir sehr,
sehr weh. Wenn ich Studenten am MIT nach dem Koreakrieg frage, dann haben sie keine
Ahnung. Es könnte genauso gut ein Römischer Krieg gewesen sein. Sie wissen davon
nichts. Weil Geschichte entwertet ist.
Das kommt daher, dass nur das Ultramoderne zählt. Und das hat auch damit zu tun, dass
wir wissen, das Allerneueste wird in einigen Jahren veralten sein. Das Internet ist dafür
mitverantwortlich. Suchen Sie mal dort etwas über den Ersten Weltkrieg. Da finden Sie
nicht viel. Das kommt natürlich einmal daher, dass das nicht viele Leute interessiert. Das
liegt aber auch daran, dass diese Dokumente nicht digitalisiert vorliegen. Ich denke, ich
hab das schon gesagt, die höchste Priorität hat die Sprache, die Fähigkeit, sich zu arti-
kulieren. Als zweites kommt Geschichte. Man muss wissen, wer wir sind, woher wir kom-
men. Es werden heute ungeheure Summen für Computer bereitgestellt. Und inzwischen
sind die Klassen zu groß, die Lehrer überfordert und die Toiletten verschmutzt. Aber
wenn Geld da ist, wird es für Computer verschwendet.

Das Interview führten **Hanno Heidrich** und **Andreas Bauer**.

Welche sind Ihre Gedanken zu diesen Fragen und Überlegungen?

5. Übung   **Ausgleich schaffen – Hörclubs gründen**

Die Stiftung „Zuhören" unterstützt die Einrichtung und Unterhaltung von Hörclubs für
Kinder. Vielen Kindern fällt es schwer, über längere Zeit konzentriert zuzuhören. Hörclubs sollen hier Abhilfe schaffen und Kinder in die faszinierende Welt der Geräusche
führen. Stifter sind u. a. der Hessische Rundfunk, der Bayerische Rundfunk, die Bayerische Landeszentrale für neue Medien, die Hessische Landesanstalt für privaten Rundfunk, das MedienKompetenzForum Südwest (MKFS).

Rotes Ohr, Ohrwürmer oder Hörvampire nennen sich Kinder aus Hörclubs. Sie treffen
sich regelmäßig in ruhigen und gemütlich eingerichteten Räumen, um auf unterschiedlichste Klangreisen zu gehen. Oft liegen sie dabei auf dem Boden und halten die
Augen geschlossen. Entspannungsgeräusche und -musik, Naturgeräusche, das rau-
schende Meer, aber auch Hörspiele unterschiedlichster Art regen zum konzentrierten,
aktiven Hören an. Hier kann man einen Ausgleich zur Welt des Internets und Fernsehens finden.

Planen Sie die Einrichtung eines kleinen Hörclubs in einer sozialpädagogischen Einrichtung für Kinder oder Jugendliche.

9.2.2 Arbeitsmaterialien

Eine Voraussetzung für eine erfolgreiche Medienerziehung ist es, dass die Erzieherin über Grundkenntnisse zur Technik und Bedienung der Medien verfügt. Vor zehn oder 20 Jahren war dies im Hinblick auf den Computer noch eine wirkliche Herausforderung und Schwierigkeit. Moderne Computer sind so benutzerfreundlich geworden, dass inzwischen nur noch kurze Einarbeitungszeiten erforderlich sind. Dies festzustellen, ist deshalb besonders wichtig, weil es bei Erzieherinnen nach wie vor gewisse Hemmungen und Ängste im Umgang mit Computern gibt.

9.2.2.1 Vorbehalte gegenüber neuen Medien

In der Nachkriegszeit rückte die Förderung der Persönlichkeit der Kinder und Jugendlichen immer mehr in den Mittelpunkt sozialpädagogischer Praxis. Selbstvertrauen und Selbstwertgefühl, Selbstständigkeit und verantwortliches Sozialverhalten sowie differenzierte sachbezogene Fähigkeiten sollten pädagogisch angestrebt und gefördert werden. Nach Jahrzehnten oder gar Jahrhunderten der psychischen und physischen Abhängigkeit des Kindes und Jugendlichen sollte das Kind einen neuen, wichtigeren Stellenwert in der Gesellschaft erhalten.

Es ist nicht verwunderlich, dass ein Berufszweig, der so viel wissenschaftliches wie praktisches Gewicht auf Selbstständigkeit und Unabhängigkeit von Kindern und Jugendlichen legt, Vorbehalte gegenüber den neuen Medien entwickelt. Der Hauptgrund für diese Vorbehalte: Diese neuen „Wundermaschinen", die noch vor wenigen Jahrzehnten für Privatleute unbezahlbar waren, werden auch heute, nachdem sie zu allgemeinen Gebrauchs- und Konsumgegenständen geworden sind, von manchen Erzieherinnen als allmächtige, dem Menschen überlegene Kraft mystifiziert.

Es gibt genügend Beispiele aus der Computerszene, die zeigen, dass diese Gefahren, die vom Computer ausgehen, durchaus realer Natur sind. Die Befürchtung, demnächst neue psychotherapeutische Techniken für die Bewältigung der unübersehbaren Folgen der Computerkultur entwickeln zu müssen, ist keineswegs abwegig.

Die Vergangenheit hat gezeigt, dass die berechtigten Vorbehalte gegenüber neuen Medien im sozialpädagogischen Bereich häufig zu einer Art grundsätzlicher Verweigerungshaltung geführt haben. Ein inzwischen fast schon historisches, aber immer noch nicht bewältigtes Beispiel hierfür ist der Umgang mit dem Fernsehen. Die Jahrzehnte währende Diskussion über dieses sicherlich nicht unproblematische Medium hat zwar bewirkt, dass für alle Pro-, Kontra- und Kompromiss-Standpunkte wissenschaftliche Untersuchungen herangezogen werden können. Die kritische Auseinandersetzung im Alltagsleben unterblieb jedoch häufig und/oder wurde nur bruchstückhaft auf akademischer Ebene geführt.

Dadurch aber wurde die Mehrzahl der TV-Konsumenten unvorbereitet „vor die Geräte gesetzt" und wie man aus zuverlässigen Untersuchungen weiß: fernsehabhängig. Diese „Medienkrise" wiederholte sich mit der Verbreitung der Videogeräte und leicht zugänglicher Videofilme jeder – auch der schlechtesten – Qualität.

Die Konsequenz daraus kann im Prinzip nur lauten: Eine fatalistische oder missionarische Abwehrhaltung zum Computer würde vergleichbare Folgen in der Gesellschaft haben und das Alltagsleben des Einzelnen voraussichtlich noch bedingungsloser bestimmen können, als dies beim Fernsehen bereits der Fall ist.

Anstelle von Verweigerung muss daher eine bewusste und kritische Auseinandersetzung mit den neuen Technologien stattfinden. Es geht darum klarzustellen, dass nicht der Computer den Menschen, sondern der Mensch den Computer beherrscht. Selbst technisch versierte Männer reden davon, dass der Computer ihnen „etwas gesagt habe", dass man ihm etwas „mitteilen" müsse, dass er bestimmte Dinge „wolle" oder „nicht wolle" etc. Es werden Dialoge geführt, die vergessen lassen, dass es sich auch bei den ausgefeiltesten Programmen oder Spielen nur um Systeme handelt, die andere vorgedacht haben – so wie jemand auch das Funktionieren einer Kaffeemaschine vorgedacht hat, mit der selbst der begeistertste Kaffeetrinker nicht zu reden versucht.

223

9.2.2.2 Männer, Frauen und Computer

Oberflächlich betrachtet haben sich der Computer und der Umgang mit ihm zu einer Domäne der Männer entwickelt, tatsächlich arbeiten jedoch mehr Frauen an Computern als Männer. Wieso also Männerdomäne? Die Entwicklung der Technik und die Entwicklung der Software sind scheinbar fest in Männerhand. Die Nutzung des Computers ist dagegen überraschenderweise in der Hand von Frauen.

Ohne dies näher zu analysieren, soll hier aufgezeigt werden, wie eine Frau auf sachliche Weise versucht, Frauen den Zugang zur Computerwelt zu erleichtern. Dies geschieht häufig, indem sie zunächst einmal unterstellt, dass Frauen nicht weniger technisch begabt sind als Männer und die gleichen Fähigkeiten entwickeln, wenn nur auf ihre spezifischen Lerngewohnheiten eingegangen wird. „Go-Stop-Run" heißt der Titel des bekannten Frauen-Computer-Buches von Deborah L. Brecher.

Deborah L. Brechers Vorwort zur deutschen Ausgabe ihres Buches spricht in diesem Sinne für sich selbst. Sie ist der Meinung, dass es sehr unterschiedliche Lernstile gibt, die sich auch auf einen unterschiedlichen Umgang mit einem komplizierten Gerät, wie dem Computer auswirken. Der eine Lernstil ist eher regelorientiert, d. h., der Lernende folgt den Regeln ohne deren Herkunft zu verstehen. Das Verständnis stellt sich erst durch Erfahrung ein. Ein solcher Schüler lernt also meist durch zufälliges Verletzen der Regeln und die Erkenntnis der sich daraus ergebenden Folgen. Lernen geschieht in diesem Fall durch Versuch und Irrtum.

Der andere Lernstil ist ganzheitlich geprägt. Der Lernende verschafft sich in diesem Fall zuerst ein allgemeines Verständnis der Sache, bevor er sich einzelnen Regeln zuwendet. Ganzheitlich orientierte Schüler benutzen ihre allgemeinen Kenntnisse als Bezugsrahmen, in den sie die Regeln einordnen. Diese Methode verlangt, die Verhältnisse zu kennen, in denen die verschiedenen Teile des Computers zueinander stehen. Erst in einem zweiten Schritt wird die Funktion der einzelnen Teile (z. B. der Computertasten) erlernt.

Deborah L. Brecher setzt sich in ihrem Buch besonders mit der Frage nach Lernunterschieden zwischen Männern und Frauen bzw. Jungen und Mädchen auseinander. Sie glaubt, dass in Computerkursen sehr verschiedene und für Männer bzw. Frauen typische

Lernstile deutlich werden. Besonders augenfällig seien die Lernunterschiede bei Computer-Neulingen. Ein Mann, der noch nie mit einem Computer zu tun hatte, drücke auf einige Tasten und warte, was dann passiert. Eine Frau hingegen schrecke vor dem Gerät zurück. Sie habe Angst, etwas falsch zu machen.

Die meisten Männer seien relativ leicht in der Lage, ein bestimmtes Verfahren zu befolgen, selbst wenn sie es nicht verstehen. Sie seien bereit, nach dem Prinzip Versuch und Irrtum zu lernen, und überzeugt, durch Ausprobieren herauszufinden, wie und warum ein Computer funktioniert.

Frauen dagegen wollten meist zuerst verstehen, was sie am Gerät machen – und warum sie es machen –, bevor sie mit dem Computer „herumspielen". Erst wenn sie ein ganzheitliches Verständnis für die Hintergründe der Regeln erlangt haben, mache ihnen das Ausprobieren des Computers Spaß. Deborah L. Brecher ist der Auffassung, dass es nicht darum geht, ob Frauen oder Männer leichter und erfolgreicher lernen, sondern um die Feststellung, dass sie beim Lernen andere, d. h. geschlechtsspezifische Wege einschlagen.

Deborah L. Brecher verweist darauf, dass Wissenschaftlerinnen anhand von Untersuchungen des Spielverhaltens feststellten, dass die Spiele der Jungen regelorientierter (Handball, Fußball usw.) und die Spiele der Mädchen prozessorientierter sind (Puppen, Familie spielen). Sie sieht darin einen möglichen Grund dafür, dass so viele ihrer Schülerinnen nur wenig mit den Erklärungen ihrer männlichen Computerlehrer oder ihrer Ehemänner anfangen können. Den männlichen Lehrern sei nicht bewusst gewesen, dass ein Unterschied darin besteht, ob ich einer Regel folge oder ob ich sie so erkläre, dass man ihren Sinn einsieht. Letzteres sei für den Lernstil von Frauen eine wichtigere Voraussetzung als für den der Männer.

Geschlechtsspezifische Unterschiede der Lernstile werden nach Deborah L. Brechers Auffassung besonders beim Modellbau deutlich. Früher haben Jungen Flugzeuge oder Autos gebaut. Heute bauen sie hochkomplizierte Plastikroboter. Hierbei handele es sich eindeutig um Spielzeug für Jungen – Mädchen fangen damit wenig an.

Auch wenn die von Deborah L. Brecher beschriebenen Unterschiede zwischen Männern und Frauen nicht völlig zu verallgemeinern sind, zeigen sie doch, dass auch bei medienpädagogischen Fragen sozialisations- und geschlechtsspezifische Aspekte eine Rolle spielen können. Dies trifft natürlich auch auf die Auswahl und Bewertung von Computerspielen, Lernprogrammen und überhaupt auf Computerprogramme zu.

9.2.2.3 Hardware

Unter Hardware versteht man die Geräte, das sind die Computer selbst und auch Ergänzungsgeräte wie z. B.:

- Drucker,
- digitale Fotoapparate,
- digitale Filmkameras,

- Verbindungsgeräte, die man benötigt, um über einen Telefonanschluss eine Verbindung mit dem Internet herzustellen (Modems)

- Fernseh- und Radio-Karten, mit denen man am Computer fernsehen oder Radio hören kann,

- an den Computer anschließbare Zeichengeräte,

- Scanner, mit denen man Texte oder Bilder „in den Computer übertragen kann" usw.

225

9.2.2.4 Personal Computer und Laptops

Unter den Computern unterscheidet man PCs (Personal Computer). PCs sind größere Geräte, die einen festen Standort benötigen und an die man eine Tastatur und einen Bildschirm anschließen muss, um sie überhaupt bedienen zu können. Daneben gibt es – im Allgemeinen etwas teurer – so genannte Laptops, auch „Notebooks" genannt. Dies sind kleinere mobile Computer, in die Tastatur und Bildschirm integriert sind. Mit modernen Laptops kann man in der Regel fast alles machen, was auch auf PCs möglich ist. Beliebt sind sie vor allem wegen ihrer Mobilität.

Zunächst waren PCs reine Arbeitsgeräte zum Schreiben und Speichern von Texten und zur Lösung komplexer und komplizierter mathematischer Probleme. Inzwischen sind PCs multifunktionale Geräte geworden. Für die modernen Wissenschaften sind sie zu einer unentbehrlichen Hilfe geworden. Mathematik, Physik, Chemie, Biologie, Architektur, aber auch die Geisteswissenschaften können auf Computer nicht mehr verzichten. Darüber hinaus beeinflussen Computer auch das Privatleben der Menschen immer nachhaltiger. Reisen, Einkäufe, die Planung des Alltags, Privatkorrespondenz werden mit dem Computer gelöst oder bewältigt.

Die Wiedergabe von Filmen und Musik, die Möglichkeit, am PC Bilder zu bearbeiten und Videos zu schneiden, und eine Fülle von Unterhaltungsmöglichkeiten sind Ursachen für die rasante Verbreitung des Computers. Der expandierende Spielesektor ist ein weiterer Motor für die technologische Weiterentwicklung. Auch aus wirtschaftlicher Perspektive ist der Computer zu einem wichtigen Faktor der Weltwirtschaft geworden.

Den PC oder einen Laptop als Kommunikations-, Informations- und Spielplattform zu nutzen, verschafft diesen Geräten – trotz ihrer Komplexität – auch bei Kindern und Jugendlichen eine Spitzenstellung. Die Regeln des deutschen Jugendmedienschutzes sind hier kaum durchsetzbar. Ein besonderes Problem sind dabei die Tauschbörsen, die es ermöglichen, Musik und Filme, aber auch alle möglichen jugendgefährdenden Spiele illegal herunterzuladen.

Die Vernetzung vieler PCs zu einem so genannten Local Area Network (LAN) eröffnet neue Spiel- und Erlebnisräume. Statt zu Hause alleine am Computer zu spielen, kann man mit anderen Personen über große Entfernungen hinweg zusammen spielen und arbeiten (siehe Kapitel 9). Immer beliebter werden so genannte LAN-Partys, bei denen oft viele Menschen miteinander kommunizieren und spielen.

9.2.2.5 Handhelds

Handgeräte mit kleinen Bildschirmen und begrenzten Funktionen nennt man Handhelds. Besonders klein und leicht zu tragen passen sie häufig bereits in die Jackentasche. Die bekanntesten Handhelds sind die so genannten Gameboys. Man kann diese Gameboys inzwischen auch miteinander verkabeln, um z. B. zu zweit oder zu dritt mit- und gegeneinander zu spielen. „Tetris" oder „Pokémon" sind beliebte Spiele auf Gameboys.

9.2.2.6 Spielekonsolen

Spielekonsolen sind reine Spielcomputer – wie Handhelds –, aber viel größer und deshalb fest installiert. Im Vergleich zu PCs oder Laptops können sie ohne jede Computererfahrung bedient werden. Während der Computer über eine komplexe Tastatur und über eine so genannte Maus bedient wird, genügt bei einer Spielekonsole ein Gamepad. Ein Gamepad ist eine stark vereinfachte Tastatur. Spielekonsolen können darüber hinaus auch mithilfe von Steuerrädern, Joysticks oder Lichtpistolen bedient werden.

Die Spielekonsole wird einfach an ein Fernsehgerät angeschlossen. Spiele sind dazu auf speziellen Speicherkarten oder CD erhältlich.

9.2.2.7 Spielesoftware

Die Geschichte der Computerspiele begann in den 70e-Jahren. Damals gab es einen kleinen Computer, den so genannten C 64, der bereits über eine hervorragende Grafik verfügte. Die Mehrzahl der damaligen Spiele war einfache Geschicklichkeits- und Abschießspiele. Im Verlauf der Jahre hat sich dann eine Vielzahl von zum Teil sehr komplexen Spieltypen entwickelt.

Ein Ballerspiel auf etwas höherem Niveau, das eine hohe Bekanntheit erworben hat, ist das Spiel „Moorhuhn". Viel komplexer sind dagegen Wirtschaftssimulationen wie z. B. „Sim City". Generell lassen sich Computerspiele wie folgt ordnen:

Gewalthaltige Computerspiele[1]	Gewaltfreie Computerspiele
Beat them ups (Prügelspiele) („Street Fighter")	**Jump & Run** („Super Mario", „Donkey Kong")
Hier stehen sich jeweils zwei Gegner gegenüber, die sich mit Fäusten oder allen möglichen Waffen gegenseitig bekämpfen, bis einer der beiden besiegt ist. Blutige Siege oder Niederlagen, Tote und Verwundete sind dabei keineswegs die Ausnahmen.	In diesen Spielen müssen alle möglichen Hindernisse überwunden werden – mit viel Geschick und zum Teil auch mit erheblicher Geschwindigkeit und hohen Anforderungen an Feinmotorik und Reaktionsgeschwindigkeit. Viele dieser Spiele sind auf Hüpfen und Rennen begrenzt, weshalb sie schnell ihren Reiz verlieren. Um dies zu vermeiden, sind in die meisten dieser Spiele unterschiedliche Schwierigkeitsgrade eingebaut, die dann neue Anreize schaffen sollen.
Hardware: Konsole	Hardware: Konsole, Gameboy

---

[1] *Zwei Drittel aller meist verkauften Spiele im Jahre 2002 waren gewalthaltig.*

Gewalthaltige Computerspiele	Gewaltfreie Computerspiele

Action-Ego-Shooter
(„Unreal Tournament", „Quake III", „Serious Sam")

Wichtig ist hierbei die Ich-Perspektive, aus der heraus sich die Gegner gegenseitig auf oft brutalste Weise bekämpfen. In dieser Ich-Perspektive liegt die besondere Gefahr dieser Spiele: Kinder und Jugendliche, bisweilen aber auch Erwachsene, verlieren häufig völlig die Distanz zum Spielgeschehen und steigern sich möglicherweise in eine Art „Gewaltrausch", dessen Emotionalität sie dann nicht mehr beherrschen.

Hardware: PC, Konsole

Sportspiele
(„FIFA 2003", „NHL 2003")

Inzwischen gibt es eine große Vielfalt an Sportspielen: Fußball, Basketball, Tischtennis, Tennis lassen sich am Bildschirm alleine, gegen den Computer oder mit anderen Personen spielen. Viele dieser Spiele sind inzwischen zu relativ perfekten Simulationen geworden. Reizvoll werden sie insbesondere dann, wenn mehrere Spieler gegeneinander spielen. Man sollte sich allerdings fragen, ob ein echtes Sportspiel – welcher Art auch immer – nicht die bessere und vor allem gesündere Alternative ist.

Hardware: Gameboy, Konsole, PC

Taktik-Ego-Shooter
(„Counter Strike", „Hitman")

Bei diesen Spielen wird ebenfalls aus der Ich-Perspektive gespielt. Hier geht es um die Erfüllung relativ realistischer – oft militärischer – Aufträge, die ein gewisses taktisches Geschick erfordern. Waffeneinsatz ist dabei fast immer erforderlich. Eines der Hauptprobleme dabei: Die zur Problemlösung erforderlichen Kompetenzen werden „im Dienste" von Aggressionshandlungen entwickelt und eingesetzt. Im Erfolgsfall verbinden sich psychologisch die entwickelten Kompetenzen mit einem mehr oder minder ausgeprägten Aggressionspotenzial und den entsprechenden anderen dazugehörigen Emotionen.

Hardware: PC

Denk- und Geschicklichkeitsspiele
(„Tetris", „Lemmings", „Solitär")

In der Herausforderung an Denkfähigkeit, Schnelligkeit und Geschicklichkeit liegt die Stärke dieser Spiele. Eines der bekanntesten Denkspiele ist das Schachspiel. Hier kann man auf dem Computer auf unterschiedlichen Schwierigkeitsstufen Schach gegen das Programm oder gegen einen Partner spielen – unter Nutzung des Internets auch über große Entfernungen hinweg. Selbst ein Schachweltmeister hat inzwischen Schwierigkeiten, Spitzen-Schach-Programme zu besiegen.

Zu dieser Kategorie von Spielen gehören auch viele andere bekannte Brett- und Kartenspiele. Besonders populär war über lange Zeit das Spiel „Tetris", das je nach Schwierigkeitsgrad relativ hohe Anforderung an räumliches Vorstellungsvermögen und Formauffassung stellt. Fallende Quadrate, Rechtecke oder Winkel müssen dabei zu geschlossenen Flächen zusammengefügt werden.

Hardware: Gameboy, Konsole, PC

Flugzeug-/Weltraum-Militärsimulationen
(„Wing Commander", „Combat")

Die Flugzeugsimulationen sind als solche weniger problematisch. Fragwürdig werden sie erst, wenn sie – was häufig der Fall ist – in Kriegssituationen ablaufen. Dann trifft auf diese Spiele das Gleiche zu wie auf die Taktik-Ego-Shooter: Es gilt, Gegner mit großer Zerstörungsbereitschaft zu besiegen.

Hardware: PC

Adventures
(„Monkey Island", „Grim Fandango", „Indiana Jones", „Runaway")

Diese Spiele haben sehr unterschiedliche Qualitäten – je nach Abenteuergeschichte, um die es bei ihnen geht. Der Spieler oder die Spieler stehen selbst im Mittelpunkt dieser Geschichte und beeinflussen das Geschehen wesentlich mit. Dabei nehmen sie Einfluss darauf, ob das zu lösende Problem erfolgreich bewältigt wird oder nicht. Auf

Gewalthaltige Computerspiele	Gewaltfreie Computerspiele
	den verschiedenen Stationen der Abenteuergeschichte müssen sie Hindernisse überwinden, Rätsel oder Denk- und Geschicklichkeitsaufgaben bewältigen. Je nach Qualität des Spiels können diese Aufgaben ein relativ hohes Niveau im Hinblick auf Konzentration, Reaktionsgeschwindigkeit, Feinmotorik etc. sowie Allgemeinbildung, schlussfolgerndes Denken, Form-, Farben-, Raum- und Größenwahrnehmung etc. stellen. Hardware: Konsole, PC
Action-Rollenspiele („Diablo", „Gothic") Die Rollen, die in diesen Spielen eingenommen werden, sind in der Regel mit sehr viel Handlung und meist mit Gewaltausübung verbunden. Wie z. B. bei den Prügelspielen liegt auch hier die Gefahr im Verlust jeglicher Distanz durch unkritische Übernahme der Ich-Perspektive bei gleichzeitig erforderlicher Simulation von Gewalttätigkeit. Hardware: PC	**Rennspiele** („Need for Speed", „Lego Racers", „Rally Trophy", „Colin McRae") Zu den häufigsten Rennspielen gehören Auto- oder Motorrad-Rennen. Der Bildungsgehalt dieser Spiele ist gering und häufig auf Konzentrationsvermögen und psychomotorische Koordination begrenzt. Der Anreiz für solche Spiele ist allerdings – vor allem bei Jungen – recht hoch, ist mit ihnen doch z. B. der Traum vom Rennfahrer-Dasein verbunden. Hardware: Gameboy, Konsole, PC
	Systemsimulationen („Die Sims", „Sim City", „Die Siedler") Hier lassen sich Spiele – meist für ältere Kinder und Jugendliche – finden, die in ihren psychologischen und sozialen Anforderungen in hohem Maße mehrdimensional sind. Simulationsspiele bilden – mehr oder weniger differenziert – realistische Aufgaben- und Arbeitssituationen ab. So muss z. B. ein Bürgermeister die Probleme seiner Gemeinde lösen, ein Stadtplaner muss eine Stadt entwickeln etc. Hardware: PC

(vgl. JFF, 2003a)

9.2.2.8 Von der Faszination zum Tabubruch

Die Faszination freier Spiele liegt in deren Merkmalen (vgl. JFF, 2003a, S. 22 f.):

- Zweckfreiheit, Ablenkung und Unterhaltung,
- Spaß und Entspannung durch Spannung,
- Konstruktion einer neuen eigenen, inneren Wirklichkeit,
- Verlässlichkeit und Stabilität der Regeln,
- Unsicherheit über das Ergebnis des Handelns und
- die Möglichkeit die Situation zu wiederholen.

Betrachtet man die Faszination der Medien, so stellt man viele Gemeinsamkeit fest:

- Spaß und Abwechslung,
- Entspannung,
- Abbau von Stress und Frustration,
- Suche nach Erfolgserlebnissen,
- Abschied vom Alltag,
- Orientierung an Menschenbildern und Weltbildern,
- moralische und ethische Orientierungen usw.

Gerade in der Orientierungsfunktion der Medien – die aber auch herkömmliche Spiele in gewisser Weise aufweisen – liegt auch eine der Gefahren der Medien. Man denke dabei nur an die Musik-CD, die von der rechtsextremen Szene produziert werden.

Computerspiele verstärken diese Anreize noch, indem sie die Möglichkeit schaffen,

- das Spielgeschehen zu kontrollieren und
- direkt in das Geschehen einzugreifen – von den Reizen der Technik ganz abgesehen.

Faszination Technik; hier wirken vor allem

- die simulierte Bedienung von Flugzeugen, Waffen und Werkzeugen
- die Technik der Computer selbst; auch auf Filmkameras und Fotoapparate trifft dies zu

Faszination Macht

- die Beherrschung von Technik
- die Beherrschung und Kontrolle von Gegnern

Faszination Tabubruch

- Computerspiele – insbesondere mit gewalthaltigen Spielen – ermöglichen straffreien Tabubruch.
- Nicht nur Extrem-Spiele aus der rechten oder linken Gewaltszene, sondern auch z. B. sexuelle u. a. Tabubrüche üben einen nicht zu verkennenden Reiz aus.

9.2.2.9 Die Medienecke

Mit dem Computer oder Laptop erfolgreich zu lernen setzt voraus, dass dem Medium ein geeigneter Platz eingeräumt wird. Dazu gehört neben den gesundheitsbezogenen Voraussetzungen natürlich auch die bewährte Grundausstattung von Schreibwerkzeugen und Zeichengeräten. Die zu bedienenden Programme müssen einfache und aussagekräftige Icons (Bedienungszeichen) sowie eine leicht zu organisierende Dateiverwaltung aufweisen.

Eine Medienecke für mehrere Kinder oder Jugendliche sollte geeignete Sitzmöglichkeiten, Bildschirme, Tastaturen und Mäuse haben. Die Einrichtung sollte möglichst wohnlich sein und sich von den kalten und unpersönlichen Computerräumen vieler Schulen unterscheiden. Je kälter die Atmosphäre eines solchen Arbeitsplatzes, desto stärker wird der Computernutzer in seiner Wahrnehmung, seinem Erleben und Verhalten ausschließlich an das Computergeschehen gebunden sein.

In der Grundschule werden einfache Textverarbeitungsprogramme wie „Write" oder „WordPad" eingesetzt. Diese Programme sind zwar nicht für Kinder entwickelt worden, von der Handhabung her jedoch nicht zu kompliziert. Mit ihnen können Kinder Klassenzeitungen, Gedichtbände, Wandzeitungen etc. erstellen. Programme wie „Word" oder das ähnliche Programm „Open Office" (www.zdnet.de/downloads/prg/n/2/de0DN2-wc.html), das als Freeware (als freie Software, d. h. kostenlos) aus dem Internet herunterzuladen ist, können ebenso verwendet werden.

Empfehlenswert sind auch die Bildbearbeitungs- und Illustrationsprogramme sowie die 3D-Grafiksoftware, Tabellenkalkulation, Datenbank und Textverarbeitung von SoftMaker (http://www.softmaker.de). SoftMaker fördert die Initiative „Schulen ans Netz" und bietet seine Software zu einem äußerst günstigen Preis an. Die Oberfläche dieser Programme ähnelt den Programmen des Office-Paketes, ist aber insgesamt etwas einfacher und übersichtlicher zu handhaben.

Briefbögen, Postkarten, Einladungskarten, Schriftbänder, Servietten, Klappkarten, Visitenkarten, Briefumschläge, Bastelvorlagen, Kalender usw. lassen sich mit Print Artist 10 (http://www.federmappe.de/php/frm_az_sg_sw.php3?id=37&prozedur=&step=2) gestalten. Dieses Programm ist ein kleines Druckstudio, das unzählige Bildern und Cliparts (kleine Bilder oder Grafiken) enthält. Mit den vorhanden Bearbeitungsfunktionen und Werkzeugen kann man Grafiken einfügen, drehen, vergrößern und übereinander schieben.

9.2.2.10 Logo – der Klassiker der Lernprogramme

Der amerikanische Mathematiker und Pädagoge Seymour Papert entwickelte in den 60er Jahren des 20. Jahrhunderts in seinem Zentrum für Künstliche Intelligenz am Massachusetts Institute of Technology (MIT) eine Programmiersprache, die er LOGO nannte.

Papert befasste sich zu dieser Zeit intensiv mit den entwicklungspsychologischen Untersuchungen des Schweizer Psychologen Jean Piaget. Jean Piaget (1896–1980) entwickelte eine umfassende Theorie der Denk- und Intelligenzentwicklung, die 1937 zum ersten Mal veröffentlicht wurde und in deutscher Sprache unter dem Titel „Weltbild des Kindes" zuletzt im Jahr 2003 erschien. In diesem Zusammenhang untersuchte er insbesondere die Logik, der das Denken von Kindern folgt. Die Untersuchungsergebnisse Piagets regten Papert an, mit LOGO ein Computerprogramm zu entwickeln, das in seiner Logik dem Denken eines Kindes entsprach: Kinder können bis zu einem Alter von vier bis fünf Jahren die Probleme der Welt nur aus ihrer eigenen Perspektive wahrnehmen und lösen. Genau dies ist auch bei LOGO der Fall. Dieses Computerprogramm kann – entsprechend programmiert – viele Probleme lösen; es kann allerdings, wie neueste Programmiersprachen auch, niemals von selbst seine Perspektive wechseln. Was damit gemeint ist, wird von Oerter und Montada folgendermaßen beschrieben:

Wir bauen ein Modell mit drei Bergen [...], die sich deutlich unterscheiden. Wir zeigen vier Jahre alten Kindern das Modell und lassen sie dieses von allen Seiten betrachten. Wir setzen dann jedes Kind vor das Modell (in Position 1) und lassen es die Ansicht bestimmen, die es von den drei Bergen hat. Es kann dies tun, indem es aus mehreren Zeichnungen oder Fotografien diejenige auswählt, die seiner Sicht entspricht.

[...] Drei-Berge-Versuch

Wir fragen es nun, wie die Berge aus der Sicht eines Betrachters aussehen, der in Position 2 oder in Position 3 sitzt. Die Mehrzahl der Kinder wird die eigene Ansicht der drei Berge auswählen. Wir führen es daraufhin in die Position 2 bzw. Position 3 und lassen es von hier aus die Berge betrachten und die jeweilige Ansicht auswählen, eine Aufgabe, die wiederum geleistet wird. Wir führen danach das Kind zurück in die Position 1 und bitten es erneut, diejenige Ansicht auszuwählen, die ein Betrachter aus der Position 2 oder 3 hat, die es gerade vorher selbst auch bestimmt hat. Mit hoher Wahrscheinlichkeit wird es wiederum die aktuelle eigene Ansicht aus Position 1 anbieten.
(Oerter/Montada, 1982, S. 383)

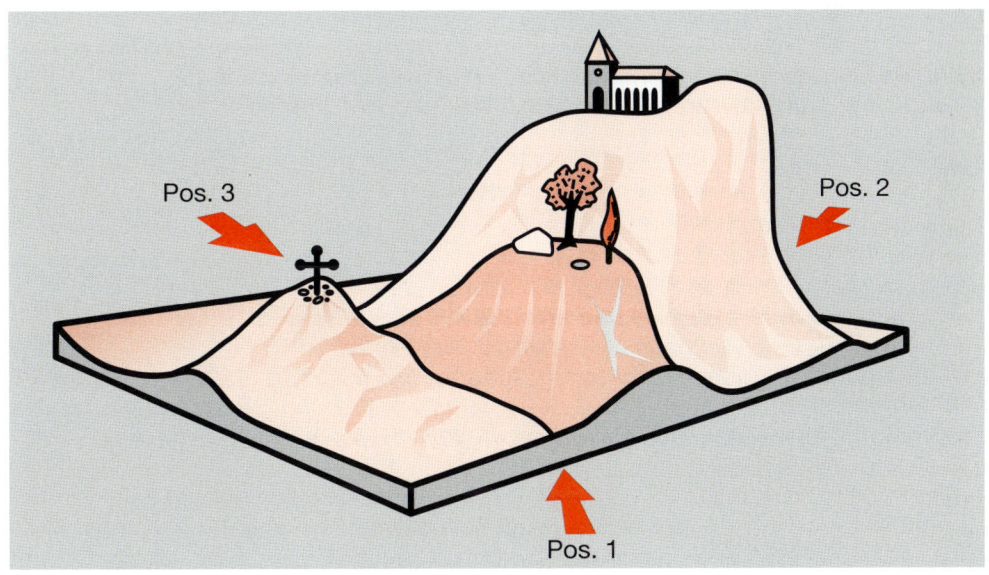

LOGO entwickelte sich in den 70er- und 80er-Jahren zu einer Programmiersprache, mit der auch komplizierte und komplexe Computerprogramme jeder Art programmiert wurden. Pädagogisch interessant ist aber vor allem die einfache Struktur dieses Programms. Es erlaubt bereits Kindern im Grundschulalter, kleine Programme und Spiele zu entwickeln, altersgemäße mathematische Aufgaben zu lösen oder Lego-Autos programmiert fernzusteuern. Das hört sich sicherlich kompliziert an, wer sich aber kurze Zeit in das Programm eingearbeitet hat, wird seine unendlichen Lernmöglichkeiten schnell entdecken.

232

Nähere Informationen finden Sie auf der Seite http://marvin.sn.schule.de/gyfloeha/~ logo/index.htm des sächsichen Bildungsservers. Da LOGO eine einfache Programmiersprache ist, können kleine lauffähige Programme ohne größeren Aufwand auf einer Homepage, z. B. eines Jugendfreizeitzentrums, veröffentlicht werden. Die folgenden Beispiele stammen von der Internetseite des Beisenkamp-Gymnasiums in Hamm (http://zope.schulnetz.hamm.de/beisenkamp/, 10.07.2004) und zeigen einige ganz einfache Möglichkeiten der Programmierung.

Dieses tolle Straßenbild wurde mit Logo erstellt. Jeder aus unserer Informatikgruppe „programmierte" eines dieser fantastisch aussehenden Häuser, die so realistisch wirken wie der Nikolaus im Adams-Kostüm! Danach fügten wir sie zu der obigen Häuserzeile zusammen. Ein „Beispielquellcode" sieht ungefähr so aus:

```
pr haus9
sa
Setfloodcolor[255 000 000]
wh 2[vw 70 re 90 vw 64 re 90] vw 70 re 45 vw 45 re 90 vw 45 sh re 135 vw 32 re 90 vw 13 sa bogen
360 10 sh li 180 vw 12 fülle vw 71 re 90 vw 20 re 90 sa
wh 2[vw 30 re 90 vw 15 re 90] sh vw 15 re 90 vw 3 sa vw 3 sh rw 6 li 90 vw 30
li 90 vw 5 re 90 sa wh 2 [vw 15 re 90 vw 22 re 90] sh re 90 vw 50 li 90 sa
wh 2 [vw 15 li 90 vw 22 li 90] sh re 180 vw 10 re 90 vw 5 sa bogen 360 4
sh rw 4 li 90 sa vw 10 re 90 vw 8sh li 90 vw 15 re 90 vw 15 re 90 sa
wh 4 [vw 10 re 90] sh vw 7 re 90 vw 2sa wh 2 [vw 6 re 90 vw 2 re 90] sh
vw 30 re 90 vw 17 re 180 sa
ende
```

(Beisenkamp-Gymnasium, 2004)

Der Schlüssel zu den Befehlen:

Befehl	Abkürzung	Bedeutung
vorwärts x	vw x	Bewegung um Schritte x
rückwärts x	rw x	Bewegung um Schritte x
rechts x	re x	Drehung um x°
links x	li x	Drehung um x°
stifthoch	sh	nicht zeichnen
stiftab	sa	zeichnen
versteckigel	vi	unsichtbarer Igel
zeigigel	zi	sichtbarer Igel
wiederhole	wh	sichtbarer Igel
mitte	–	Mittelposition
löschebild	–	löscht Grafikbildschirm
bild	–	löschen und Mittelposition

Als laufender Text heißt dies:
Programm Haus 9
Stift ab (zeichne): Farbe des Hintergrundes auf Nr 255000000 setzen und den folgenden Befehl zweimal wiederholen: vorwärts 70, rechts drehen 90 Grad, vorwärts 64, rechts drehen 90 Grad, usw.

Auf diese Weise können Sie das obige Bild auch mit der Hand nachzeichnen, um das Prinzip des Programms nachvollziehen zu können. Auf der Seite http://www.kle.nw.schule.de/gymgoch/faecher/informat/logo/projekt/exempl.htm (15.08.2004) des Bildungsservers im Kreis Kleve können Sie viele Anregungen zu diesem exemplarischen Programm erhalten. LOGO ist nicht darauf begrenzt, statische Zeichnungen zu erstellen. Es lassen sich – mit ein wenig Training – auch komplexe Animationen, z. B. ziehende Wolken, Fahrrad fahrende Menschen, spielende Kinder bis hin zu einfachen Computerspielen und Lernprogrammen erstellen.

Der pädagogische Vorteil von LOGO besteht darin, dass die Unsichtbarkeit der technischen Abläufe, die mit Computerspielen einhergeht – wer weiß schon, was hinter einem Programm steckt und wie es dazu gekommen ist, dass es so und nicht anders funktioniert und abläuft, und welche Absichten dahinter stecken? –, praktisch „enttarnt" wird. Der Computer kann – wenn man die Entstehung von Programmen durchschaut – durchaus etwas von seiner Mystik und seiner „geheimen Macht" verlieren, ohne an Faszination einzubüßen.

Nach wie vor zu empfehlen ist die Lektüre des Buches „Kinder, Computer und neues Lernen" von Seymour Papert. Es handelt sich bei diesem Buch um einen 1985 in deutscher Sprache erschienen Klassiker, in dem Papert die Chancen darstellt, die sich für das Lernen aus der Arbeit mit dem Computer ergeben können. Ein kurzer Auszug aus diesem Buch soll die lernpsychologischen Chancen veranschaulichen, die mit dem Einsatz des Programms LOGO verbunden sind:

Schildkrötengeometrie: Eine Mathematik, die fürs Lernen gemacht ist

Schildkrötengeometrie ist ein anderer Stil der Geometrie […]. Euklid konstruierte seine Geometrie aus einer Reihe grundlegender Begriffe; einer davon ist der Punkt. Ein Punkt kann definiert werden als eine Größe, die eine Lage, aber keine anderen Eigenschaften hat – er hat keine Farbe, keine Ausdehnung, keine Form. Menschen, die noch nicht in die formale Mathematik eingeweiht worden sind, die noch nicht „mathematisiert" worden sind, finden diese Vorstellung oft schwer verständlich, sogar bizarr. Sie können sie nur schwer mit etwas Bekanntem in Beziehung bringen. Auch Schildkrötengeometrie hat eine grundlegende Größe ähnlich Euklids Punkt. Aber diese Größe, „Schildkröte" genannt, kann zu bekannten Dingen in Beziehung gesetzt werden, weil sie nicht, wie Euklids Punkt, aller Eigenschaften entkleidet ist; auch ist sie nicht statisch, sondern dynamisch. Außer der Lage hat die Schildkröte eine weitere wichtige Eigenschaft: Sie hat eine „Blickrichtung". Ein Euklidischer Punkt ist an einer bestimmten Stelle – er hat eine Lage, und das ist alles, was man darüber sagen kann. Eine Schildkröte ist auch an einer bestimmten Stelle, sie hat ebenfalls eine Lage, aber sie blickt auch in eine Richtung. Darin ist die Schildkröte wie eine Person – ich bin hier und blicke nach Norden – oder wie ein Tier oder ein Boot. Und diese Ähnlichkeiten begründen die besondere Fähigkeit der Schildkröte, einem Kind als ein erster Repräsentant formaler Mathematik zu dienen. Kinder können sich mit der Schildkröte identifizieren und daher ihr Wissen über ihren eigenen Körper und ihre Bewegungen in die Arbeit mit formaler Geometrie einbringen.

Das geht, weil die Schildkröten noch eine weitere Eigenschaft haben: Sie können Befehle in der so genannten SCHILDKRÖTENSPRACHE verstehen. Der Befehl VORWÄRTS veranlasst die Schildkröte, sich in gerader Linie in der Richtung zu bewegen, in die sie „blickt" (Abb. 3).

VORWÄRTS wird gefolgt von einer Zahl, die angibt, wie weit sie gehen soll: VORWÄRTS 1 veranlasst eine kleine Bewegung, VORWÄRTS 100 eine größere. In LOGO-Umgebungen wurde vielen Kindern die Schildkrötengeometrie nahe gebracht, indem ihnen eine mechanische Schildkröte vorgestellt wurde, ein kybernetischer Roboter, der diese Befehle ausführt, wenn sie auf einer Schreibmaschinentastatur eingegeben werden. Diese „Fußbodenschildkröte" hat Räder, eine Kuppelform und einen Stift, damit sie zeichnen kann, wenn sie sich bewegt. Aber es sind ihre wesentlichen Eigenschaften – Lage, Blickrichtung und die Fähigkeit, Befehle in SCHILDKRÖTENSPRACHE zu befolgen – die für die Geometrie wichtig sind.

Das Kind trifft später dieselben drei Eigenschaften in einer anderen Form der Schildkröte wieder, der „Lichtschildkröte". Das ist ein dreieckiges Objekt auf einem Fernsehschirm. Es hat ebenfalls eine Position und eine Blickrichtung. Und es bewegt sich nach denselben Befehlen in SCHILDKRÖTENSPRACHE. Jede Art der Schildkröte hat ihre starken Seiten: Die Fußbodenschildkröte kann sowohl als Bulldozer als auch als Zeicheninstrument benutzt werden; die Lichtschildkröte zeichnet strahlend bunte Linien, schneller, als das Auge folgen kann. Keine ist besser als die andere, aber die Tatsache, dass es zwei gibt, vermittelt eine wichtige Idee: Zwei physikalisch verschiedene Dinge können mathematisch gleich […] sein.

Die Befehle VORWÄRTS und ZURÜCK veranlassen eine Schildkröte, sich in einer geraden Linie in ihre Blickrichtung zu bewegen – ihre Position verändert sich, aber ihre Blickrichtung bleibt gleich. Zwei andere Befehle verändern die Blickrichtung, ohne die Position zu beeinflussen: RECHTS und LINKS veranlassen eine Schildkröte, sich zu drehen, die Blickrichtung zu ändern, ohne sich von der Stelle zu bewegen. Wie VORWÄRTS braucht auch ein Drehbefehl eine Zahl – eine Eingabe –, die sagt, wie weit die Schildkröte sich drehen soll. Ein Erwachsener wird diese Zahlen schnell als Grade des Drehwinkels erkennen. Die meisten Kinder müssen diese Zahlen erforschen, und das ist ein aufregender und spielerischer Prozess.

Ein Quadrat kann durch folgende Befehle erzeugt werden:

VORWÄRTS 100
RECHTS 90
VORWÄRTS 100
RECHTS 90
VORWÄRTS 100
RECHTS 90
VORWÄRTS 100
RECHTS 90
VW 100 (man bemerke die Abkürzung zur Erleichterung beim Tippen)
RT100
VW 100
LÖSCHEN 1 (dies löscht das Ergebnis des vorherigen Befehls)

RT 10 (Herumspielen mit der Schildkröte auf der Suche nach dem richtigen Winkel)
LK10
LK10
VW 100
RT100 (kommt diesmal schneller dahin)
LK10
RT100
LK10
VW 100
RT40
VW 100
RT90
VW 100

Eine echte Transkription der ersten Versuche eines Kindes, ein Quadrat zu produzieren.

Die Schildkröte steuern lernen ist wie eine Sprache sprechen lernen, daher werden das kindliche Geschick und die Freude am Sprechen mobilisiert. Es ist wie das Kommandoführen, daher mobilisiert es das kindliche Geschick und die Freude am Kommandieren. Um die Schildkröte ein Quadrat zeichnen zu lassen, geht man selbst im Quadrat und beschreibt, was man tut, in SCHILDKRÖTENSPRACHE. Und so mobilisiert das Arbeiten mit der Schildkröte das kindliche Geschick und die Freude an der Bewegung. Sie stützt sich auf das bekannte Wissen des Kindes über „Körpergeometrie", um Brücken zur formalen Geometrie zu schlagen.

Das Ziel der ersten Erfahrungen von Kindern in der Schildkröten-Lernumgebung ist nicht, formale Regeln zu lernen, sondern ein Verständnis dafür zu entwickeln, wie sie sich räumlich bewegen. Dieses Verständnis wird in der SCHILDKRÖTENSPRACHE beschrieben und wird dadurch zu „Programmen" oder „Prozeduren" oder „Differentialgleichungen" für die Schildkröte. Betrachten wir genauer, wie ein Kind, das schon gelernt hat, die Schildkröte in gera-
(Papert, 1985, S. 84–87)

den Linien zu bewegen, um Quadrate, Dreiecke und Rechtecke zu zeichnen, lernen könnte, sie auf das Zeichnen eines Kreises zu programmieren.

Stellen wir uns also ein Kind vor, das fragt (wie ich es hundertmal erlebt habe): Wie kann ich die Schildkröte dazu bringen, einen Kreis zu zeichnen? In einer LOGO-Umgebung gibt der Lehrer keine Antworten auf solche Fragen, er zeigt dem Kind eine Methode, mit der es nicht nur dieses Problem, sondern viele andere ähnlicher Art lösen kann. Diese Methode wird mit dem Ausdruck „Spiel Schildkröte" zusammengefasst. Das Kind wird ermutigt, seinen Körper zu bewegen, wie sich die Schildkröte auf dem Bildschirm bewegen muss, um das erwünschte Muster zu produzieren. Bei dem Kind, das einen Kreis zeichnen will, könnte die eigene Körperbewegung etwa zu folgender Beschreibung führen: „Wenn man im Kreis geht, macht man einen kleinen Schritt vorwärts und dreht sich ein wenig. Und das macht man weiter." Von dieser Beschreibung ist es nur ein kleiner Schritt zu einem formalen Schildkrötenprogramm.

Man erkennt an diesem Beispiel, dass es durchaus möglich sein kann, Kindern einen Zugang zur Mathematik – mithilfe des Computers – zu eröffnen, der einem alten, von J. H. Pestalozzi[1] formulierten Prinzip folgt: Man lernt am leichtesten, wenn dieses Lernen mit Kopf, Herz und Hand geschehen kann.

9.2.2.11 Musik am Computer

Jugendeinrichtungen in ganz Deutschland bieten inzwischen Musik-Computerprojekte an, wie sie bereits vor mehr als zehn Jahren in Köln entstanden sind. Ein wesentliches Grundanliegen dieser Projekte ist es, die Herausforderung des Mediums Computer, seine Bedeutung und seine technischen Möglichkeiten für die Entwicklung und Förderung der Kreativität zu nutzen. Dabei geht es nicht nur um das Erlernen von Programmiertechniken unterschiedlichster Art, sondern vor allem um eine kreative Nutzung geeigneter Hard- und Software. Kinder und Jugendliche haben mithilfe des Computers neue Möglichkeiten, eigene Musikstücke zu schreiben und zu spielen.

Auch in der heutigen professionellen Musik haben Computer einen enormen Stellenwert erhalten, z. B Techno. Schlagerstars singen zu Computermusik und steuern ihr Playback computergestützt. Mancher bekannte Musiker produziert inzwischen ausschließlich auf der Grundlage digitalisierter Klänge. Damit verändern sich die Hörgewohnheiten jugendlicher Musikkonsumenten in entscheidender Weise. Konnte man vor Jahren noch sicher sein, dass ein Schlagzeuger sein Instrument tatsächlich gespielt hatte, kann es heute ebenso das „Werk" eines Drumcomputers sein. Wie die Praxis zeigt, lassen sich diese veränderten Hörgewohnheiten auch auf das selbsttätige Musizieren Jugendlicher übertragen.

Vor ca. 15 Jahren wurde im Kölner Jugendpark eine Band gegründet, die zunächst in Rock-, Gitarren- und Schlagzeugkursen wichtige Grundlagen des Musizierens erlernte. Die Musik, die gemacht wurde, war fetzig und aktuell. Ein Computer spielte bei den Überlegungen der Jugendlichen zu diesem Zeitpunkt noch keine Rolle. Nach einiger Zeit wurde – auch weil immer wieder Bandmitglieder fehlten – der Computer zum neuen, aktiven Mitglied. Verglichen mit dem heutigen Standard handelte es sich um recht „primitive" Technik: Es wurden Commodore-C64-Homecomputer mit einem passenden Musikprogramm eingesetzt. Ein so genannter Drumcomputer (Schlagzeugcomputer) konnte durch den pädagogischen Mitarbeiter in die Gruppenarbeit eingebracht werden.

Das neue Bandmitglied „Computer" konnte schnell in die Gruppenarbeit einbezogen und zu einem wichtigen Element im Prozess des Komponierens und Produzierens werden. Nur die Genauigkeit des Computers bereitete größere Schwierigkeiten. Spielfehler oder Timingprobleme der menschlichen Mitspieler wurden gnadenlos ignoriert. Die Produktionen kamen schon in der ersten Phase der Gruppenarbeit den Vorbildern aus der Popmusik recht nahe und das positive Feedback durch andere Jugendzentrumsbesucher, die bei einem Konzert und durch eine Kassettenproduktion der Gruppe hörbare Ergebnisse erhielten, ließ nicht auf sich warten. Die Einstellung zum Medium Computer war bei den Jugendlichen allerdings trotzdem recht zwiespältig. Zwar begrüßten

---

[1] *Johann Heinrich Pestalozzi (1946–1827) war einer der großen europäischen Pädagogen, deren Einflüsse bis heute bedeutsam sind. Pestalozzis großes Anliegen war es, dass die Kinder und nicht die Erzieher im Mittelpunkt des pädagogischen Handelns stehen sollten. Seine Vorstellung, dass die Erwachsenen den Kindern Gelegenheit geben sollen, mit Kopf, Herz und Hand zu lernen, ging bereits in Richtung einer ganzheitlichen Pädagogik, wie sie im 20. Jahrhundert gefordert wurde.*

sie die technischen Möglichkeiten, fühlten sich aber durch die „Maschine" auch einge-engt. Aus dieser Kritik heraus wurde dann der Computer in der Probenarbeit nicht mehr verwendet und erst in der Erstellung der Gesamtproduktion wieder eingesetzt.

9.2.2.12 Programme zum Lernen

Übungsprogramme

Der Computer ist – das muss man wissen – keine Lernmaschine. Lernen vollzieht sich immer ausschließlich im Lernenden. Der Computer und die beste Software sind kein Nürnberger Trichter! Man sollte also keine falschen Erwartungen wecken: Nichts von dem, was man mithilfe eines Computerprogramms lernen könnte, kann man nicht auch mit anderen Mitteln oder Methoden lernen.

Allerdings sind es die beschriebene Faszination des Computers und viele mögliche gra-fische und technische Arrangements, die das Lernen angenehmer machen können. Ohne Motivation, ohne Verständnis der Zusammenhänge, ohne Konzentration etc. geht auch am Computer nichts.

Der Vorteil von Übungsprogrammen liegt darin, dass das Üben alleine in Einzelarbeit geschehen kann. Dieser Vorteil ist aus anderer Perspektive möglicherweise auch ein Nachteil. Geschieht das Üben z. B. zu Hause oder in einer sozialpädagogischen Einrich-tung mit Eltern oder Erzieherinnen in angenehmer, motivierender und persönlicher Atmosphäre, dann ist das Lernen „mit anderen" natürlich vorzuziehen. Ist das Gegen-teil der Fall und geschieht das Üben mit den Erwachsenen unter Leistungs- und Zeit-druck sowie ohne Empathie, dann können Übungsprogramme eine gute Erleichterung sein.

Mit Übungsprogrammen wird nichts Neues gelernt; es geht nur darum, dass das „leidi-ge" Üben angenehmer und automatisierter ist. Falls der Lernprozess kein aktives Ver-stehen voraussetzt, sind diese Programme durchaus empfehlenswert. Dennoch müssen die tradierten Methoden des Übens dem Üben am Computer keineswegs unterlegen sein. Problematisch sind diese Programme vor allem, wenn es eigentlich darum geht, Zusammenhänge und Probleme zu verstehen und dieses Verstehen durch bloßes „Ein-pauken" verhindert wird.

Viele Übungsprogramme sind in der pädagogischen Arbeit mit größeren und kleineren Gruppen überhaupt nicht einzusetzen. Zum einen sind sie meist nur für Einzelarbeit kon-zipiert, zum anderen lenken sie häufig die Aufmerksam der Lernenden auf Nebensäch-lichkeiten, wodurch der Blick leicht vom Wesentlichen abgelenkt wird. Die zum Teil alber-nen Lob- oder Belohnungsprinzipien, die die meisten dieser Programme realisieren, begeistern oft nur im ersten Augenblick und sind nicht wirklich förderlich für das Ler-nen. Sicherlich können sie mit dem persönlichen Lob von Eltern oder Erzieherinnen nicht konkurrieren. Besonders zu überprüfen ist, ob diese Programme, was bisweilen vor-kommt, etwa sachliche Fehler aufweisen, die dann wieder mühsam „verlernt" werden müssen.

Von manchen dieser Programme ist auch deshalb abzuraten, weil sie zu kompliziert zu installieren und zu bedienen sind. Wenn z. B. ein Programm vor dem Üben ein stun-denlanges und kompliziertes Eingeben von Daten erfordert, wird die Fehlerquote zu hoch und die Motivation, das Programm zu nutzen, schnell verflogen sein. Folgende Anforderungen müssen von Übungsprogrammen unbedingt erfüllt werden:

- Einfache Bedienung

- Übersichtliche und ästhetische Oberfläche

- Verständliche Programmhilfen

- Leichte Ergebnisanalysen

- Zielgerichtetes Üben

- Lernerbezogene Rückmeldungen

- Individuelle zeitliche und methodische Gestaltungsmöglichkeiten der Lernprozesse

- Rückmeldungsmöglichkeit über längerfristige Lernerfolge

- Stärkenorientierte Rückmeldungen

Ein Beispiel für ein Programm, das viele dieser Anforderungen erfüllt, ist die so genannte „Lernwerkstatt Grundschule" (http://www.learn-line.nrw.de/angebote/neuemedien/medio/grundschule/lernwerk/lwsgs.htm). Dieses Programm lässt sich auch sinnvoll im Rahmen der Offenen Ganztagsschule, in Kinderhorten oder Jugendfreizeitzentren einsetzen. Die „Lernwerkstatt Grundschule" lässt sich gut dem individuellen Leistungsstand der Kinder anpassen. Das Programm umfasst neben Mathematik und Sprache alle Fächer von Klasse 1 bis 4. Darüber hinaus bietet es Möglichkeiten an, das logische Denkvermögen und die Wahrnehmungsfähigkeit spielerisch weiterzuentwickeln. Die Erzieherinnen können die Übungen ohne nennenswerte Schwierigkeiten erweitern und anpassen.

Lernkartei

Viele Kinder lernen bereits in den ersten Schuljahren – in der Schule oder zu Hause – mit Karteikarten. Karteikarten-Lernen ist allerdings nur dann hilfreich, wenn man in der Lage ist, sinnvolle Strukturen durch angemessene Oberbebegriffe zu finden. Wenn Karten nicht sinnvoll geordnet sind, können sie das Lernen nicht unterstützen. Dazu ist es erforderlich, Sinnzusammenhänge verstanden zu haben. Der Vorteil einer digitalisierten Lernkartei, die den gleichen Prinzipien folgt, die in einem gut sortierten und angelegten Karteikasten gelten, besteht darin, dass keinerlei „Zettelwirtschaft" entstehen kann und Korrekturen ohne Schwierigkeiten vorzunehmen sind. Der Nachteil ist allerdings, dass ein Computer vor Ort sein muss, während man mit Karteikarten deutlich mobiler ist.

Die Grundidee für die Lernkartei, die der Programmierer Armin Batzelt (http://www.batzelt.de/) erstellt hat, stammt von Sebastian Leitner. Mit diesem Programm kann man Karteikarten auf dem Computer erstellen, verändern und zum Lernen und Üben verwenden. Hier erfährt man, wie sich eine Lernkartei wirkungsvoll einsetzen lässt. Die hinzugefügte „readme-Datei" enthält darüber hinaus einige sinnvolle Hinweise, wie man sich das Lernen mit Karteikarten erleichtern kann. Für Schüler, Studenten und Lehrer ist das Programm kostenlos zu erhalten (armin@batzelt.de). Lizenzgebühr für Vollversion (mehr als 200 Karten neu erfassen) 12,50 EUR. Armin Batzelt, Evastraße 8, 51149 Köln, Mail: armin@batzelt.de Webseite: http://www.batzelt.de.

Der virtuelle Karteikasten besteht aus vier verschieden großen Fächern. In jedes Fach passt eine Karteikarte. Auf der „Vorderseite" steht eine Frage, auf der „Rückseite" die entsprechende Antwort. Man klickt eine Karte (Frage) an und versucht, sie zu beantworten. Unmittelbar nach der Antwort erhält man die Rückmeldung, ob das Ergebnis richtig war oder nicht. Eine Frage, die bereits richtig war, wird nicht ständig wiederholt, wodurch ein Überlernen, d. h. ein Zuviel, vermieden wird. Je nachdem, ob eine Frage richtig oder falsch beantwortet wurde, wird sie in entsprechende Fächer einsortiert.

Merkheft anlegen

Mit dem Programm „EasyTrain Lernsoftware" (http://www.barthelmes.de/ger/main.html), das als Freeware für Privatnutzer kostenlos aus dem Internet heruntergeladen werden kann, lässt sich ein eigenes Vokabelheft anlegen. Natürlich lässt sich daraus ebenso gut ein Heft für Fachbegriffe oder Fremdwörter etc., also ein allgemeines „Lernheft", anlegen. Einmal eingegeben lassen sich Aufgaben dann in vielfältiger Weise lösen. „EasyTrain" ist ein Programm, mit man schnell und unkompliziert ganz eigene Lerneinheiten zusammenstellen kann. Kinder können dieses einfache Programm nutzen, wenn sie erst einmal in der Lage sind, zu lesen und zu schreiben.

Digitale Sprach-Förder-Angebote

Das Institut für Sozialpädagogik, Weiterbildung und Empirische Pädagogik in Münster hat ein digitales Angebot zur Sprachförderung von Kindern mit Migrationshintergrund und für deutschsprachige Kinder mit besonderem Förderbedarf für den Elementarbereich und die ersten Jahre der Grundschule entwickelt. Ziel ist es, dass diese Kinder sprachlich so gefördert werden, dass sie nicht aus unserem Schulwesen herausfallen bzw. herausfallen müssen. Da Erzieherinnen häufig nicht über die erforderliche Qualifikation zur Sprachförderung verfügen und da Lehrerinnen dringend geeignete Unterrichts- und Fördermaterialien benötigen, um die Sprachentwicklung ihrer Schüler entsprechend begleiten und unterstützen zu können, gibt es einen hohen Bedarf an geeigneter Software. Die in Münster entwickelten Materialien sollen dabei behilflich sein, eine Integration der Sprachförderung in den normalen Kindergartenablauf und in schulbegleitende Fördermaßnahmen sicherzustellen.

Außerdem sollen sie als Angebot für die Eltern zur individuellen und gezielten Förderung genutzt werden können. Dabei wird z. B. für die Elternarbeit das parallele Einrichten besonderer Förderangebote angeregt. Wichtig ist: Es handelt sich dabei um ein Projekt der Universität Münster, das wegen der Notwendigkeit einer fortwährenden Weiterentwicklung auf Dauer in die Angebote der Hochschule verankert wurde.

Ein Browser für Kinder – der Kinderbrauser

Das Institut für Film und Bild in Wissenschaft und Unterricht stellt im Internet einen Kinderbrauser, d. h. ein Programm, mit dem Kinder ins Internet gelangen können, vor (vgl. http://wwwkinderbrauser.de/index.php). Dieser Browser ermöglicht neben dem Internet-Zugang die Möglichkeit zu E-Mail und Chat. Darüber hinaus werden vertiefende Informationen für den Umgang mit Internet, E-Mail und Chat angeboten. Empfohlen wird der Kinderbrauser für Kinder im Alter zwischen acht und zwölf Jahren. Computervorkenntnisse sind nicht erforderlich; sie werden mit der Benutzung des Programms erworben. Es sollen geschult werden: Medienkompetenz generell, Internetnutzung, World Wide Web, E-Mail, Chat und die Entwicklung einer eigenen Internetseite. Der Kinderbrauser kann sich auch für den Einsatz in Freizeiteinrichtung, in der Offenen Ganztagsschule oder in Kinderhorten eignen.

9.2.2.13 Kriterien zur Bewertung von Lernsoftware

An der Universität Kassel wurde ein Kriterienkatalog zur Beurteilung und Bewertung von Lernsoftware entwickelt, der auch im sozialpädagogischen Bereich die Auswahl von Software für Kinder und Jugendliche unterstützen kann.

Der Fragenkatalog ist als Hilfswerkzeug zur Beurteilung und Bewertung von Softwareprodukten für den (Sach-)Unterricht der Grundschule konzipiert. Im Unterschied zu vergleichbaren Bewertungsinstrumenten stehen hier die speziellen Anforderungen, die sich aus einem Einsatz im Unterricht der Grundschule ergeben, im Vordergrund. Aufgrund unserer Schwerpunktsetzung orientieren sich die Fragen an den Programminhalt speziell an den Aufgaben und Zielen des Lernbereichs Sachunterricht. Die Fragen an die Softwaregestaltung, die Programmstruktur und die pädagogisch-didaktische Gestaltung lassen sich allgemein an Software für den Grundschulbereich formulieren. Der Fragenkatalog liefert Kriterien, um Softwareprodukte vor einem unterrichtlichen Einsatz zu untersuchen.

Eine große Zahl positiv beantworteter Fragen sollte nicht zum ausschließlichen Kriterium für die Qualität des untersuchten Programms gemacht werden. Wichtiger erscheint uns eine individuelle Gewichtung der Fragen vor dem Hintergrund der jeweiligen Einsatzbedingungen.

Das Original des Fragenkatalogs bietet hinter jeder Frage vier Bewertungssymbole und eine Linie als Raum für eigene Notizen. Die Symbole +, ~ und – lassen sich mit gut, befriedigend und schlecht übersetzen.

Allgemeines zur Software
Hersteller:
Programmname:
Version:
Hardwareanforderungen:
Softwarevoraussetzungen/Betriebssystem:
Altersangabe des Herstellers:
Handbuch, Begleitmaterial:
Preis:
Kurzbeschreibung:

Fragen an den Programminhalt/Programm-thematik
– *Orientieren sich die Programminhalte an der sozialen, natürlichen und technischen Umwelt der Kinder?*
– *Sind Programminhalt und Thematik orientiert an den fachspezifischen Aufgaben und Zielen des SU [Sachunterricht] oder an den fächerübergreifenden Aufgabengebieten (curricularer Bezug)?*
– *Werden integrative Bezüge hergestellt und ergeben sich daraus weiterführende ergänzende Lernprozesse?*
– *Sind Zusammenhänge und Informationen inhaltlich korrekt, stimmig und frei von Fehlern wiedergegeben?*
– *Werden Quellen von im Programm verwendeten Dokumenten nachgewiesen (Transparenz)?*

Fragen an die Softwaregestaltung/technische Realisierung
– *Ist das Programm frei von Programmierfehlern (bugs); läuft es auch bei unsachgemäßer Bedienung stabil?*
– *Sind die verwendeten Bilder, Grafiken und Symbole korrekt dargestellt und gut erkennbar?*
– *Lässt sich die verwendete Schrift/Schriftgröße problemlos und einfach lesen?*
– *Sind softwarebedingte Lade- und Wartezeiten kurz?*
– *Erscheint die Programmoberfläche klar strukturiert und übersichtlich; ist die Bedeutung von Buttons und Symbolen intuitiv erfassbar?*
– *Läuft das Programm problemlos auf der verwendeten Hardware und dem eingesetzten Betriebssystem?*

Fragen an die Programmstruktur/Präsentation
– *Sind multimediale Elemente (Texte, Bilder, Grafiken, Töne, Filme, Animationen etc.) im Programm enthalten?*

- Besteht eine ergänzende Beziehung und ein Zusammenhang zwischen dem Einsatz multimedialer Elemente und Programmzielen und -inhalten?
- Enthält das Programm einen Hypertext, der Lernprozesse ermöglicht und fördert, ohne durch Unübersichtlichkeit zu verwirren?
- Sind Zusatzmodule (Schreiben, Malen, Zeichnen, Rechnen, Konstruieren etc.) integriert?
- Erlaubt die Programmstruktur einen naiv-spielerischen Zugang und eine intuitive Nutzung?
- Ist die Bearbeitung problemlos zu unterbrechen und zu beenden, ist eine Teilbearbeitung möglich, können die Arbeitsergebnisse gesichert werden?
- Kann in einer umfassenden Protokolldatei (Verlaufs-, Fehler-, Vergleichsprotokoll etc.) der Bearbeitungsweg gesichert werden?
- Gibt es eine Suchfunktion, um gezielt an Informationen zu gelangen?
- Ist ein hohes Maß an Interaktivität zwischen Programm und den Schülern gewährleistet?
- Sind Programmergänzungen und (kreative) Veränderungen möglich?
- Sind, nachdem Aufgaben bearbeitet wurden, selbstständige Fehlerkontrollen und -korrekturen möglich?
- Kann eine (gestufte) Hilfsfunktion aufgerufen werden?

Fragen an die pädagogisch-didaktische Gestaltung

- Orientieren sich die Inhalte an der Lebenswirklichkeit, den Interessen und Fragestellungen der Kinder?
- Wird eine kindgerechte Sprache frei von sachlichen Verzerrungen und Kindtümeleien verwendet; werden unbekannte Begriffe erklärt?
- Sind unterschiedliche Lernniveaus bei der Gestaltung berücksichtigt worden?
- Lässt sich das Programm individuell verschiedenen Bearbeitungstechniken und Lernvoraussetzungen entsprechend anpassen und konfigurieren?
- Ist das Programm durch eine breite inhaltliche Gestaltung in verschiedenen Lernsituationen und zu unterschiedlichen thematischen Schwerpunkten einsetzbar?

- Sind spontanes, eigenständiges und selbstbestimmtes Arbeiten und Lernen ohne fremde Hilfen möglich?
- Werden mehrperspektivische Betrachtungen durch enthaltene Informationen angeregt?
- Motivieren die Programminhalte an sich, oder werden zusätzliche Gestaltungselemente (Leitmotive) und Effekte benötigt?
- Stehen die zusätzlichen Gestaltungselemente und Effekte in einem angemessenen Verhältnis zu den Programmzielen und -inhalten?
- Kann gemeinschaftlich, kooperativ (in Kleingruppen) gearbeitet werden, werden Anregungen dazu gegeben?
- Werden Kommunikationsprozesse initiiert?
- Ist das Programm frei von stereotypen, gewaltverherrlichenden oder rassistischen Inhalten, wird auf ein geschlechtsspezifisches oder altersbestimmtes Rollenverständnis verzichtet?
- Führen Dokumente aus dem Programm heraus und veranlassen zu handelnder Auseinandersetzung mit der Alltagswelt und zum Sammeln authentischer realer Erfahrungen?
- Werden lange passiv-rezeptive Phasen vermieden?
- Werden Anregungen zum Nachdenken, eigenständigen Deuten und Erklären von Zusammenhängen gegeben?

Gesamtbeurteilung
Programminhalt/Programmthematik:
Softwaregestaltung/technische Realisierung:
Programmstruktur/Präsentation:
Pädagogisch-didaktische Gestaltung:
Bemerkungen:

Erklärungen
Multimedia:
In das Programm bzw. in Programmdokumente sind Texte, Grafiken, Bilder, Tonsequenzen, Bildfolgen, Filme, Simulationen integriert. Auch Kombinationen verschiedener Elemente sind möglich.

Hypertext:
Einzelne Programmdokumente sind miteinander verbunden. So lassen sich innerhalb der Einzeldokumente vielfältige Verbindungen herstellen. Eine Netzstruktur entsteht, die Basis für den Hypertext.

241

Der Hypertext ist zunächst unsichtbar. Erst durch das Bewegen und Navigieren innerhalb der Netzstruktur wird der Hypertext lesbar, und es lassen sich zusätzliche Informationen vermitteln. Der Hypertext liegt auf einer der Programmstruktur übergeordneten Ebene. (Nicht gemeint sind Hypertextsysteme, die in der Informatik als Programmiersysteme Verwendung finden.)

(Zolg, 2005)

Interaktivität:
Ein hoher Grad an Interaktivität ist gleichbedeutend mit größtmöglichen Einflussmöglichkeiten, die einem Anwender auf Programmablauf und -struktur eingeräumt werden. Wichtig sind vielfältige Programmverzweigungen und ein direkter wahlfreier Zugriff auf Informationen und Dokumente.

Auch die Humboldt-Universität in Berlin hat einen Kriterienkatalog zur Beurteilung von Lernsoftware im Internet veröffentlicht. Dieser Katalog kann sich – entsprechend überarbeitet – ebenfalls für den sozialpädagogischen Bereich eignen. Besonders empfehlenswert ist auch die Interseite, auf der die Humboldt-Universität Hilfen für den Erwerb von Computer-Fertigkeiten anbietet:

	Erwerb von Fertigkeiten/Anwendung im Studium	Anwendung in der schulischen Praxis	Hintergrundkenntnisse/Reflexion
Grundkenntnisse am PC	Anfangsübungen am Rechner	Computer im Unterricht	Computer in der Grundschule
Textverarbeitung	eigene Texte schreiben	Textverarbeitung im Unterricht	Evolution der Informations-Verarbeitung und -speicherung
Literatur-Recherche	Recherche in Literatur-Datenbanken	Literaturrecherche für den Unterricht	freier Zugang zu Informationen/Bildung als Grundrecht?
eigene Datenbank	eigene Datenbank zusammenstellen/vorhandene nutzen	Verwaltung eigener Literatur/Unterrichtsmaterialien	Datenbanken und Datenschutz
Recherche im WWW	gezielt nach Themen und Materialien suchen	Suche nach Unterrichtsmaterialien und Projekten DBS, SchulWeb, ZUM	Aufbau und Geschichte des Internets
Kommunikation im Internet	E-Mail, Mailinglisten, Newsgruppen, Chats	E-Mail-Projekte und Schulnetze (ODS, SAN, SchulWeb)	Internet für Kinder?
Webseite und Hypertext	Hypertexte strukturieren/Webseiten erstellen	Schüler-Webseiten/Schul-Webseiten	Webdesign: Kriterien für gute Hypertexte
Lernsoftware	verschiedene Arten von Lernsoftware	Einsatz von Lernsoftware im Unterricht	Computerspiele? – Hilfen zur Einschätzung
Tabellenkalkulation	Rechnen mit einem Tabellenkalkulationsprogramm	Tabellenkalkulation im Unterricht	Glossar?

(vgl. Humboldt-Universität-Berlin, 2005)

9.2.3 Querbezüge zu anderen Bereichen der Sozialpädagogik

Auch diese Lernsituation weist viele Bezüge zu anderen Bereichen der Sozialpädagogik auf, z. B.:

Didaktik und Methodik der sozialpädagogischen Theorie und Praxis

- Einsatz (Methoden, Medien, Inhalte und Ziele) von Lernprogrammen in Freizeiteinrichtungen für ältere Kinder und Jugendliche
- Auswahl und Beurteilung von Lernsoftware

Erzieherische, pädagogische, psychologische und soziologische Fragen und Probleme

- Lernen, Lerntheorien und Bezüge zum Lernen mit Computerprogrammen
- Förderung und Unterstützung der Lernkompetenz durch Lernsoftware
- Lernen ohne Lernsoftware
- Wahrnehmungs- und Denktraining mithilfe von Lernprogrammen

Sprache

- Sprachlernprogramme
- Sprachlernsoftware
- Textverarbeitung und sprachliche Gestaltungsmöglichkeiten

Medien

- Einrichtung von Computerarbeitsplätzen
- Lernen in Computerclubs
- Rolle einer Erzieherin als Medienerzieherin
- Medienanalyse

9.2.4 Links

http://www.educat.hu-berlin.de/mv/baustein.html
> Ein Modellversuch der Humboldt-Universität Berlin gibt eine Vielzahl von Informationen für die computergestützte Arbeit mit Kindern und Jugendlichen; die Seite ist in erster Linie für angehende Lehrerinnen gedacht, enthält aber auch Nützliches für Erzieherinnen

http://dbs.schule.de/qsuche.html
> Der Deutsche Bildungsserver bietet Informationen für Erzieherinnen sowie für Lehrerinnen (u. a. auch über Lernsoftware)

http://www.be.schule.de/bics/cif/.
> In den meisten öffentlichen Bibliotheken kann man Lernsoftware ausleihen oder ausprobieren. Dies gilt auch für die verschiedenen Landesbildstellen, hier das Beispiel der Landesbildstelle Berlin

http://www.learn-line.nrw.de/angebote/neuemedien/medio/listen/downl01.htm
> Kostenlose Programme zum Herunterladen auf den eigenen Computer findet man bei Learn-Line. Learn-Line ist die Internetseite des Landesinstituts für Schule des Landes Nordrhein-Westfalen in Soest

http://www.sodis.de
> Eine umfassende Sammlung bewerteter Lernsoftware gibt es auf der „SODIS"-CD-ROM, im Web vertreten unter der nebenstehenden Internet-Adresse. SODIS ist ein gemeinsames Angebot der deutschen Länder und Österreichs. SODIS ist Teil der Datenbank Bildungsmedien

http://www.bildungsserver.de/verlage.html
> Hinweise über Lernsoftware-Verlage und -Vertriebe finden Sie auf der nebenstehenden Internetseite des Deutschen Bildungsservers

http://www.sms-kidware.com/homepage.htm.
> Beispiele für Kinder-Lernsoftware (mit Verlagsadressen und zusätzlichen Anregungen) finden Sie mit der nebenstehenden Adresse

10 Zeitgemäß vor Medien schützen

10.1 Die Lernsituation: Zeitgemäß vor Medien schützen und das Urheberrecht wahren

Kollegin Sandra (38) kommt empört in die Einrichtung: „Also irgendwann ist wirklich mal Schluss – so kann es doch nicht weitergehen. Ich wundere mich bald gar nicht mehr, dass unsere Jugend manchmal so schräg drauf ist." „Was ist denn passiert?", möchte Yvonne (21) aus der Bärengruppe wissen. „Setz dich mal hin, ich werde es dir in Ruhe erzählen. Als ich gestern Abend im Internet war, fiel mir auf der Homepage meines Providers (Internet-Anbieter) ein Artikel besonders ins Auge: Sex im Container. Was war passiert: Zwei Bewohner des „Big-Brother"-Containers haben vor laufender Kamera Sex gehabt, nicht ‚normal', sondern durch das Gitter, das beide Gruppen trennt. Man hat sich vielleicht ja schon daran gewöhnt, das solche Dinge im Fernsehen ausgestrahlt werden, aber es kommt noch besser: Diesen Live-Mitschnitt durch das Gitter konnte man sich für 99 Cent downloaden!!! Da hört bei mir der Spaß auf. Wenn mir schon mein Provider auf seiner Homepage, wo sich täglich Millionen einloggen, so etwas anbietet, was können sich dann Kinder und Jugendliche noch alles aus dem Internet auf andern, unseriösen Seiten herunterladen? Überhaupt, wenn ich etwas zu sagen hätte, gäbe es viel weniger Sex und Gewalt in den Medien, glaube es mir, das verdirbt nur unsere Jugend. Da müsste doch wirklich mal etwas geschehen."

„Sandra, man kann aber auch nicht alles verbieten. Das wäre doch Zensur!", entgegnet Yvonne.

„Ich will ja auch nicht alles verbieten, aber zumindest das, was für die Entwicklung unserer Jugend auf keinen Fall gut ist!", betont Sandra. „Wer will denn schon genau wissen, was für unsere Jugend heute gut ist", gibt Karin (25), die inzwischen dazugekommen ist, zu bedenken. „Es ist mit Sicherheit richtig, wirklich verwerfliche und jugendgefährdende Dinge zu verbieten!", verteidigt Sandra ihren Standpunkt. „Ich habe eine Idee – wir sollten uns mal schlau machen, welche gesetzlichen Regelungen und Bestimmungen es überhaupt zum Thema Jugendmedienschutz gibt. Dann könnte man mal fundiert weiterdiskutieren", schlägt Karin vor. „Die Idee finde ich hervorragend, und wenn wir uns gut informiert haben, dann machen wir auch einen Elternabend zu diesem Thema", stimmt Sandra zu. Auch Yvonne ist einverstanden.

Die berufliche Aufgabe:

Dieses Beispiel aus der Praxis zeigt, wie notwendig es für Erzieherinnen ist, über Kenntnisse aus dem Bereich des Kinder- und Jugendschutzes zu verfügen.

Als Erzieherin müssen Sie immer wieder neu entscheiden, mit welchen Medien bzw. Medieninhalten Kinder oder Jugendliche pädagogisch, psychologisch und rechtlich umgehen können bzw. dürfen.

Die folgenden Fragen und Impulse unterstützen Sie bei der Bearbeitung der Lernsituation in diesem Kapitel. Dabei können Sie auch erfahren, wie sich das ethische Bewusstsein und der Umgang mit „kritischen" Medien-produkten in den letzten 20 bis 30 Jahren geändert hat und wie die Rechtsprechung sich diesen Änderungen anpassen musste.

1. Was ist erlaubt, was nicht, an wen kann man sich wenden, wenn man Probleme mit bestimmten Medienprodukten hat?

2. Wer bestimmt eigentlich, ab wann Kinder einen Film schauen dürfen?

3. Welche Institutionen befassen sich mit Jugendmedienschutz?

4. Informieren Sie sich umfassend über gesetzliche Grundlagen.

5. Ist es mit einem Verbot von bedenklichen oder eindeutig negativen Medien, wie Gewalt- und Horrorvideos, getan?

6. Wo müsste präventiv gehandelt werden, auf welchen Ebenen könn-te sinnvoll vorgebeugt werden und wie?

Angeregt durch die Diskussion über jugendgefährdende Medien fällt Karin wieder folgendes Gespräch zwischen dem zehnjährigen Kevin und dem elf-jährigen Jonas ein: „Hör mal, Kevin, wenn du willst, kann ich dir alle Compu-terspiele, die du so kennst, besorgen – mein Bruder kopiert die einfach auf CD, das ist total cool. Ich kann dir auch sogar deine Lieblingsmusik auf CD besor-gen, wie findest du das?" „Das ist geil, aber woher habt ihr denn so viele Com-puterspiele, die kosten doch Geld, sagt mir jedenfalls meine Mama, wenn ich so etwas haben möchte", entgegnet Kevin. „Das kostet uns doch gar nichts, mein Bruder lädt sich alles, was wir brauchen, aus dem Internet herunter: Com-puterspiele, Programme, die neuesten Hits aus den Charts, die neuesten Film-Hits – hör mal, den ‚Nemo', den hatten wir schon, da lief der noch gar nicht im Kino! Kannst du alles von uns haben, du musst mir die CD-Rohlinge dafür geben

– ist doch okay oder!" Kevin, leicht verunsichert: „Ich möchte ja schon, aber ich weiß nicht, mein Papa sagt ja immer, man darf das eigentlich gar nicht, mit dem runterladen." „Hast du etwa Schiss, das machen doch alle, oder zumindest ganz viele – na ja, wenn du nicht willst ..."

Das ist ja auch eine interessante Frage, die man als Thema bei einem Elternabend nehmen könnte, denkt Karin. Aber wie ist das eigentlich. Darf man Spiele, Programme und Musik einfach so kopieren oder nicht? Naja, machen ja eigentlich alle, oder?

Die berufliche Aufgabe:

Dieses Beispiel zeigt einen Trend, der sich in den nächsten Jahren noch verstärken wird. Der sorglose und unbedarfte Umgang mit illegalen Kopien von Musik- und Filmdateien spielt sich häufig in den Einrichtungen oder im näheren Umfeld (der Schulhof als Tauschbörse) ab, wo Sie auch zukünftig arbeiten werden. Nicht zuletzt deshalb sollten Sie sich diesem Thema und den damit verbundenen Fragestellungen widmen, damit Sie für die sich daraus entstehenden Konfliktsituationen besser gewappnet sind.

Eine wichtige Aufgabe für Erzieherinnen besteht darin, sich in Fragen des Urheberrechtes auszukennen, um z. B. selber rechtmäßig Medienprodukte nutzen zu können:

1. Informieren Sie sich umfassend über das neue Urheberrecht.

2. Überdenken Sie Ihr eigenes Rechtsempfinden in dieser Frage – tauschen Sie sich hierüber mit Ihren Kolleginnen aus oder diskutieren Sie in Ihrem Bekanntenkreis über diese Problematik.

3. Dürfen Sie z. B. kopierte Filme oder selbst gebrannte CD in der Einrichtung nutzen?

4. Können auch Kinder oder Eltern in Konflikt mit dem neuen Urheberrecht kommen? Wenn ja, mit welchen Medien oder Medieninhalten insbesondere?

10.2 Im medienpädagogischen Lernfeld handeln

10.2.1 Hintergrundfragen, Impulse und Übungen

1. Übung   **Medien und Ethik**

1. Fragen Sie Ihre Eltern, Großeltern oder Ihre Lehrer, ob sie sich Reaktionen des Fernsehpublikums von vor 30 oder 40 Jahren vorstellen könnten, wenn man ihnen zu dieser Zeit Sendungen wie „Big Brother", „Ich bin ein Star – hol mich hier raus", „Die Alm" oder „Notruf" oder eine der schillernden Nachmittags-Talkshows auf den privaten Sendern gezeigt hätte.

2. Haben Sie sich schon an bestimmte Sendeformen oder Berichterstattungen (Bilder aus dem Irak oder dem Sudan) gewöhnt, die Sie früher eher abgelehnt haben bzw. die Sie früher viel stärker emotional berührt haben?

3. Überlegen Sie, wie sich in diesem Zusammenhang Ihre persönlichen Toleranzgrenzen schon verschoben haben.

4. Diskutieren Sie die folgenden widersprüchlichen Thesen: Senden die TV-Anstalten jetzt endlich das, was der Zuschauer schon immer einmal sehen wollte, oder sieht der Fernsehzuschauer jetzt das, was die TV-Anbieter ihm schon lange zeigen wollten: ein Animationsmenü mit den Hauptspeisen Werbung, Filme, Action.

5. Sammeln Sie Argumente:

Was spricht Ihrer Ansicht nach für mehr Zensur, Verbote oder Auflagen im täglichen Fernsehprogrammangebot?	Was spricht Ihrer Ansicht nach gegen Zensur, Verbote oder Auflagen im täglichen Fernsehprogrammangebot?
Jugendgefährdung	Meinungsfreiheit

6. Erstellen Sie eine Negativliste von Fernsehsendungen, die Sie für besonders bedenklich, fragwürdig, gefährlich, widerlich oder sogar abstoßend halten.

Name der Sendung	Grund der Ablehnung	Denkbare Gefahren für Kinder und Jugendliche
Big Brother	zu oberflächlich	

2. Übung   Jugendmedienschutz

1. Interpretieren Sie folgende Aussagen: Praktizierter Jugendmedienschutz ist nicht wertfrei! und Wer schützt die Kinder vor den Beschützern?
2. Listen Sie auf, welche gesetzlichen Bestimmungen Ihnen auf Anhieb einfallen, wenn Sie an Jugendmedienschutz denken.
3. Erörtern Sie mit in der Kinder- und Jugendarbeit erfahrenen Pädagogen, ob eine Indizierung (eingeschränktes Verbot, Werbeverbot) von jugendgefährdenden Filmen ein geeignetes Mittel des Jugendmedienschutzes darstellt.
4. Welche Rollen spielen Ihrer Ansicht nach die Eltern oder andere Familienmitglieder, die durch ihre Vorbildfunktion Einfluss auf die Medienpräferenzen ihrer Kinder haben? Welche Chancen haben Eltern heute noch angesichts übermächtiger Medienwirkung, positiv auf den Medienkonsum ihrer Kinder einzuwirken?

3. Übung   Wie ist das eigentlich mit dem Urheberrecht?

1. Wie verhalten Sie sich in der auf S. 246 geschilderten Situation, unabhängig davon, ob die beiden Jungen anschließend registrieren, dass sie den Gesprächsinhalt mitbekommen haben? Sollten Sie mit beiden reden? Liegt hier eventuell ein Gesetzesverstoß vor, zumindest von Jonas viel älterem Bruder Mark (17 Jahre)? Sollten Sie Ihre Kolleginnen informieren, die Leitung mit einbeziehen? Messen Sie dem Ganzen eventuell wenig Bedeutung bei, weil Kinder in dem Alter vielleicht auch nur angeben, um sich wichtig zu machen?
2. Was würde sich an der Sachlage ändern und wie wäre die rechtliche Situation zu bewerten, wenn Jonas von Kevin für jede gebrannte CD 1,50 EUR verlangen würde?
3. Was wissen Sie über das neue Urheberrecht? Wann macht man sich strafbar und was ist noch erlaubt? Informieren Sie sich über die neuen gesetzlichen Bestimmungen.
4. Diskutieren Sie in Ihrer Klasse über die Problematik Verletzung von Urheberrechten durch Raubkopien und illegale Nutzung von Internettauschbörsen. Diskussionsaspekte oder Thesen hierbei könnten sein:
   - Ist es in Ordnung, sich für den eigenen, ausschließlich privaten Gebrauch Musik aus dem Internet zu beschaffen?
   - Mache ich mich schon strafbar, wenn ich mir von meinen Original CD Kopien anfertige, weil ich nur diese mit auf eine Urlaubsreise mitnehmen möchte?
   - Was müsste Ihrer Ansicht nach verändert werden, damit nicht doch noch so viele Nutzer Raubkopien erstellen, verkaufen, nutzen oder sich illegaler Internet-Tauschbörsen bedienen?
   - Versuchen Sie einzuschätzen, welcher wirtschaftliche Schaden für die Künstler durch diese Problematik bisher in Deutschland, europa- und weltweit entstanden ist. Muss die Musik- und Filmbranche wirklich um ihre Zukunft fürchten? Informieren Sie sich danach über die tatsächlichen Zahlen.
   - Was halten Sie von der Behauptung „Die Künstler sollen doch froh sein, wenn ihre Hits im Internet getauscht werden, das steigert doch ihre Popularität außerordentlich und damit profitieren sie ja doch im Endeffekt vom normalen Verkauf"?
   - Wie wird es sich eventuell auf das noch zu entwickelnde Rechtsbewusstsein von Kindern auswirken, wenn ältere Geschwister oder Eltern sich urheberrechtlich geschützte Medienprodukte über das Internet „besorgen"?

10.2.2 Arbeitsmaterialien

10.2.2.1 Rechtliches und ethisches Bewusstsein und Verhalten in einer sich wandelnden Medienwelt

Die Medienwelt zeichnet sich heute durch eine unglaubliche Dynamik aus. Was heute als „letzter Schrei" und „letzter Kick" noch unsere verwöhnten und überforderten Wahrnehmungskanäle stimuliert, ist in drei oder vier Monaten schon wieder im neusprachlichen Sinne „mega-out". Die permanente Berieselung mit Superlativen, Filmnächten, Welturaufführungen, Exklusivberichten, Serieneinerlei und den dazugehörigen Pilotfilmen, der Suche nach Superstars, Gewaltdarstellungen im Fernsehen und Sexdarstellungen unterschiedlichster Ausprägung fast rund um die Uhr führt zur Veränderung von Sehgewohnheiten, zur Abstumpfung und zur Abschwächung der Merkfähigkeit. Wie schnell ist z. B. der Ruhm der Bewohner der ersten „Big Brother"-Staffel oder der Stars der ersten DSDS-Reihe („Deutschland sucht den Superstar") verblichen. Wer erinnert sich denn heute noch an Free-TV-Premieren irgendwelcher beliebiger austauschbarer Blockbuster-Filme, die zum Zeitpunkt der Ausstrahlung als „Mega-Event" oder Jahrzehnt-Filmereignis angepriesen wurden? Dem Fernsehzuschauer müssen immer neue Reize geboten werden, dabei werden die Grenzen des guten Geschmacks ständig herausgefordert. Inwieweit sich hierdurch auch das ethische Bewusstsein verändert hat, soll nun näher betrachtet werden.

Bilder des Fernsehens bleiben nicht ohne Wirkung

Die Wirkungslosigkeit des Fernsehens ist ein Märchen. Aus eigener Erfahrung kann jeder Fernsehzuschauer bestätigen, dass er sich gerne mit spannenden und humorvollen Sendungen unterhalten lässt, und hierbei mit konzentrierter Anspannung oder entspanntem Lachen reagiert. Als weitere Überlegung lässt sich das Verhalten der Werbewirtschaft, die riesige Summen für die Ausstrahlung von Werbespots im Leitmedium Fernsehen ausgibt, heranziehen. Die Wirtschaft wird angesichts dieser Summen keinen Zweifel an der Wirkung der vermittelten Werbebotschaften haben (vgl. Scholz/Joseph, 1993, S. 165).

Veränderte Sehgewohnheiten

Durch die neue Programmvielfalt sind Filme, Krimis und Serien zur inflationären Massenware geworden. Aus der Psychologie weiß man, dass die Intensität eines Reizes mit der Häufigkeit seines Auftretens nachlässt. Der Zuschauer, längst an gängige Gewaltdarstellungen gewöhnt, braucht immer stärkere Stimuli. Im Kampf um die Werbeeinnahmen und Einschaltquoten müssen die Zuschauer, die sich nur zufällig dazugeschaltet haben, an das Programm und an den Sender gebunden werden. Der „Actionfan", der ständig mit der Fernbedienung auf der Suche nach „Highlights" ist, muss durch außergewöhnliche Action- und Spannungsmomente fasziniert werden, sonst schaltet er um. Das Angebot an gewaltbeladenen Filmen und die veränderten Sehgewohnheiten drehen sich in einem Wechselwirkungsprozess spiralförmig nach oben und erzeugen auf Dauer einen Habitualisierungseffekt (Gewöhnung) beim Rezipienten und erwecken somit Wünsche nach härteren, extremeren Filmen.

Der Einzug von Sexfilmen und Softpornos in das heimische Kino hat den Ruf nach „härteren Drogen" (Pornos und Hardcore-Pornos) laut werden lassen. In verschlüsselter Form via Satellit wurde dies realisiert (Hardcore-Pornos mittels Pay-TV in kodierter Form – Adult Channel). Nach Expertenmeinung ist durch die Ausstrahlung der Sex- und Softpornofilme ein neuer Markt entstanden: das Geschäft mit Kinderpornos.

10.2.2.2 Ethisches Bewusstsein im Wandel

> *Ethik wird definiert: 1. als die Lehre vom sittlichen Wollen und Handeln des Menschen in verschiedenen Lebenssituationen und 2. als allgemein gültige Normen und Maximen der Lebensführung, die sich aus der Verantwortung gegenüber anderen herleiten*

Ethisches Bewusstsein ist somit veränderlich und steht im Zusammenhang mit aktuellen sozialen und gesellschaftlichen Bedingungen. Unser Ethikbegriff heute unterscheidet sich somit von dem vor 30 Jahren.

In Bezug auf die Entwicklung der Massenmedien hat dies nicht nur etwas Positives. Normen und Werte unserer Gesellschaft stehen durch die veränderte Medienwelt auf dem Prüfstand. Hier lässt sich eine sehr schmale Gratwanderung beobachten: Einerseits bringen uns die neuen Medien durch das riesige Angebot vielfältige Unterhaltungs-, Bildungs- und Informationsmöglichkeiten, andererseits werden bisher gültige Normen und Werte in Frage gestellt. Dass die Einstellung zu Gewalt und der Umgang mit Gewalt in unserer Gesellschaft sich verändert haben, registrieren nicht nur besorgte Medienschützer. Neue Freiheiten, die uns die neuen Medien ohne Zweifel gebracht haben, tasten unser soziales, kulturelles und ethisches Wirkungsgefüge an. In den Medien propagierte sexuelle Freiheiten haben einerseits etwas Befreiendes, könnten aber andererseits manche Menschen zu sexueller Bindungs- und Verantwortungslosigkeit verleiten.

Doch eine einseitige Schuldzuweisung ist mit Vorsicht zu genießen, nicht alle Fehlentwicklungen unserer Gesellschaft sind auf die Wirkung der Massenmedien zurückzuführen. Hier gilt es nun, das rechte Maß zu finden: Falsch wäre es, in einem überängstlichen und konservativen Sinne die neuen Freiheiten und Großzügigkeiten zu verdammen und

zu verbieten. Es wäre aber genauso falsch, zu glauben, die neue Medienwelt hinter-
ließe keine negativen Spuren bei Kindern, Jugendlichen und Erwachsenen. Alle in
der pädagogisch verantwortlichen Arbeit stehenden Personen sind hier mit ihrem Engagement gefordert, diese Auseinandersetzung zu führen. Für Erzieherinnen bedeutet
das, sich Kenntnisse über Jugendmedienschutz und dessen rechtliche Grundlagen anzu-
eignen.

10.2.2.3 Jugendmedienschutz

Wenn man bedenkt, dass ein nicht geringer Anteil von Kindern und Jugendlichen heute
nicht nur über eigene Medien wie Fernseher und Videorekorder verfügt, sondern auch
selbstständig über deren Nutzung entscheiden darf, dann fällt es schwer, an einen wirksamen Jugendmedienschutz zu glauben. Zu viele Wege und Möglichkeiten ergeben sich
heute für Kinder und Jugendliche, an verbotene Filme und Computerspiele zu kommen
(ältere Geschwister oder Freunde, geheimer Markt auf Schulhöfen). Es ist sogar zu
befürchten, dass ein Verbot (Indizierung) von Filmen oder Computerspielen Kinder überhaupt erst auf diese Produkte aufmerksam macht und somit Begehrlichkeiten weckt und
fördert.

Wirksamer Jugendschutz sollte nicht so verstanden werden, im Sinne einer Bewahr- oder
beschützenden Pädagogik die Kinder von allen „gefährlichen" Medien fernzuhalten,
um sie auf keinen Fall den schädigenden Wirkungen der Medien auszusetzen. Jugendschutz mit diesen pädagogischen Absichten stellt eine Bevormundung dar, ist in der Regel
von einer Ideologie oder von sehr konservativen Gedanken geleitet und setzt sich nicht
ernsthaft mit den Bedürfnissen von Kindern und Jugendlichen auseinander.

Ein zeitgemäßer und progressiver Jugendmedienschutz, der von Erzieherinnen, Sozial-
pädagoginnen und Lehrerinnen getragen werden könnte, sollte folgende Elemente
beinhalten:

- Prävention: weniger verbieten, sondern verstärkt aufklären.

- Intensives Ergründen der Medienwelt von Kindern und Jugendlichen: Welche Filme
  sehen Kinder? Warum sehen sie diese Filme? Welche Vorlieben gibt es bei Computerspielen und warum?

- Kinder sollten in ihren medialen Bedürfnissen ernst genommen werden und ihre
  Bedürfnisse sollten im dazugehörigen sozialen Kontext verstanden werden.

- Kinder sollen befähigt werden, kritisch und selbstbewusst mit den Medien umzugehen. Dies kann nur mithilfe und Einsatz von Medien geschehen.

- Durchführung von Projekten: Kinderkino, Videofilmgruppen, Produktion von Hör-
  spielen, Erstellen von Zeitungen.

- Aufklärung über Filme, Machart von Filmen und Ideologie von Filmen.

Durch die Beachtung dieser wichtigen Prinzipien könnte eine kritische und handlungsorientierte Medienerziehung einen sinnvollen Beitrag zum Jugendmedienschutz leisten und die Bestimmungen des Gesetzgebers sinnvoll unterstützen. Bestehende gesetzliche Bestimmungen reichen im Prinzip aus, um Kinder und Jugendliche sinnvoll zu schützen; eine Verschärfung dieser Gesetze könnte eine Bevormundung beinhalten und medienpädagogische Ansätze und Bemühungen unterlaufen.

253

Hinweis
Vergessen wir hierbei nicht die Rolle der Eltern, denn Jugendmedienschutz beginnt in der Familie. Medienpräferenzen der Eltern oder allein erziehender Elternteile beeinflussen in ihrer Vorbildwirkung die Mediengewohnheiten ihrer Kinder in den ersten zehn Lebensjahren erheblich.

10.2.2.4 Jugendmedienschutz und der Begriff Jugendgefährdung

Nicht zuletzt durch die Ereignisse des Erfurter Amoklaufs, bei dem ein 19-jähriger ehemaliger Schüler im April 2002 am Gutenberg-Gymnasium ein Blutbad anrichtete, wurde ein Handlungsbedarf zur Schaffung nach heuen bundeseinheitlichen Jugend- und Jugendmedienschutzgesetzen überdeutlich. Zum 1. April 2003 wurde deshalb der Jugend- und Jugendmedienschutz auf eine neue gesetzliche Grundlage gestellt. Die alten Regelungen des Gesetzes über die Verbreitung jugendgefährdender Schriften (GjSM), des Gesetzes zum Schutz der Jugend in der Öffentlichkeit (JÖSchG) und die einschlägigen Jugendschutzbestimmungen des Rundfunkstaatsvertrages (RStV) und des Mediendienststaatsvertrages (MDStV) traten damit außer Kraft.

Die Bundesprüfstelle für jugendgefährdende Medien (BPjM) hat in einer Broschüre mit dem Titel „Info zum Jugendmedienschutz" (2. Auflage 2004) folgende Kriterien veröffentlicht, um den Begriff *jugendgefährdend* zu konkretisieren:

> *„Träger- und Telemedien, die geeignet sind, die Entwicklung von Kindern oder Jugendlichen oder ihre Erziehung zu einer eigenverantwortlichen und gemeinschaftsfähigen Persönlichkeit zu gefährden, sind von der BPJM in die Liste jugendgefährdender Medien aufzunehmen. Dazu zählen vor allem unsittliche, verrohend wirkende, zu Gewalttätigkeit, Verbrechen oder Rassenhass anreizende Medien."*

Mediale Gewaltdarstellungen wirken unter anderem dann verrohend,

- wenn Gewalt in großem Stil und in epischer Breite geschildert wird;
- wenn Gewalt als vorrangiges Konfliktlösungsmittel oder als erfolgreiches Mittel der Durchsetzung der eigenen Interessen propagiert wird, wobei überwiegend auch auf die Brutalität der Gewaltdarstellung abgestellt wird;
- wenn die Anwendung von Gewalt im Namen des Gesetzes oder im Dienste einer angeblich guten Sache als selbstverständlich und üblich dargestellt wird, die Gewaltanwendung jedoch in Wahrheit Recht und Ordnung negiert;

- wenn Selbstjustiz als einziges probates Mittel zur Durchsetzung der vermeintlichen Gerechtigkeit dargestellt wird;

- wenn Mord- und Metzelszenen selbstzweckhaft und detailliert geschildert werden;

- wenn kontextlose Darstellung von Gewaltanwendung den wesentlichen Inhalt ausmacht;

254

- wenn Gewalttaten gegen Menschen deutlich visualisiert bzw. akustisch untermalt werden (blutende Wunden, zerberstende Körper, Todesschreie);

- wenn Gewaltanwendung (insbesondere Waffengebrauch) durch aufwändige Inszenierung ästhetisiert wird;

- wenn Verletzungs- und Tötungsvorgänge zusätzlich zynisch oder vermeintlich komisch kommentiert werden.

Zum Rassenhass stachelt ein Medium an, wenn Menschen wegen ihrer Zugehörigkeit zu einer anderen Rasse, Nation, Glaubensgemeinschaft o. a. als minderwertig und verächtlich dargestellt oder diskriminiert werden.

Die Propagierung und Verherrlichung der nationalsozialistischen Weltanschauung im so genannten „Dritten Reich" ist nicht ausdrücklich im Beispielkatalog des Jugendschutzgesetzes aufgeführt. Sie wurde jedoch durch die Spruchpraxis der BPjM, bestätigt durch höchstrichterliche Rechtsprechung als ebenso jugendgefährdend eingestuft. Jugendgefährdende Propagierung der NS-Ideologie liegt vor,

- wenn für die Idee des Nationalsozialismus, seine Rassenlehre, sein autoritäres Führerprinzip, sein Volkserziehungsprogramm, seine Kriegsbereitschaft und seine Kriegsführung geworben wird;

- wenn das NS-Regime durch verfälschte oder unvollständige Informationen aufgewertet und rehabilitiert werden soll, insbesondere wenn Adolf Hitler und seine Parteigenossen als Vorbilder (oder tragische Helden) hingestellt werden.

Sexualethisch desorientierend ist

- grundsätzlich jede Darstellung von Sexualität, die den Zielen gefühlsbejahender und normenkritischer Sexualerziehung – zu denen auch die Annahme von Sexualität als positive Lebensäußerung gehört – massiv zuwiderläuft;

- insbesondere eine Darstellung von Menschen, die diese auf entwürdigende Art zu sexuell willfährigen Objekten degradiert. Gleiches gilt, wenn ein Medium Frauen diskriminierende Praktiken anpreist, sadistische Vorgehensweisen als luststeigernd propagiert oder Vergewaltigung als Lusterlebnis darstellt.

Schwer jugendgefährdende Medien (§ 15 Abs. 2 JuSchG) sind solche, die

- Propagandamittel verfassungswidriger Organisationen verbreiten (§ 86 StGB);

- den Holocaust leugnen und in sonstiger Weise volksverhetzend sind (§ 130 StGB);

- zu schweren Straftaten anleiten (§ 130a StGB);

- Gewalt verherrlichen oder verharmlosen, und solche, die Gewalt in einer die Menschenwürde verletzenden Weise darstellen (§ 131 StGB);

- pornografisch sind (§ 184 Abs. 1 StGB): Ein Medium ist pornografisch, wenn es unter Zurückstellung aller sonstigen menschlichen Bezüge sexuelle Vorgänge in grob aufdringlicher Weise in den Vordergrund rückt und wenn seine objektive Gesamttendenz ausschließlich oder überwiegend auf Aufreizung des Sexualtriebes abzielt;

- pornografisch sind und die Gewalttätigkeiten oder sexuelle Handlungen von Menschen mit Tieren (§ 184a StGB) oder den sexuellen Missbrauch von Kindern (§ 184b StGB) zum Gegenstand haben;

- den Krieg verherrlichen, wobei eine Kriegsverherrlichung besonders dann gegeben ist, wenn Krieg als reizvoll oder als Möglichkeit beschrieben wird, zu Anerkennung und Ruhm zu gelangen, und wenn das Geschehen einen realen Bezug hat;

- Menschen, die sterben oder schweren körperlichen oder seelischen Leiden ausgesetzt sind oder waren, in einer die Menschenwürde verletzenden Weise darstellen und ein tatsächliches Geschehen wiedergeben, ohne dass ein überwiegendes berechtigtes Interesse gerade an dieser Form der Berichterstattung vorliegt;

- Kinder oder Jugendliche in unnatürlicher, geschlechtsbetonter Körperhaltung darstellen oder

- offensichtlich geeignet sind, die Entwicklung von Kindern oder Jugendlichen oder ihre Erziehung zu einer eigenverantwortlichen und gemeinschaftsfähigen Persönlichkeit schwer zu gefährden.

10.2.2.5 Jugendmedienschutz und Indizierung

> *Indizierung bedeutet, dass für dieses Medium nicht mehr auf dem üblichen Weg geworben werden darf, damit Kinder und Jugendliche nicht auf dieses Medium aufmerksam werden. Indizierte Medien dürfen also nur unter der Ladentheke an Erwachsene verkauft werden. Indizierung ist also kein generelles Verbot eines Mediums und stellt somit auch keine Zensur dar.*

Um ein Medium indizieren zu können, ist ein Antrag erforderlich. Antragsberechtigt sind: Jugendämter, Landesjugendämter, Oberste Landesjugendbehörden, das Bundesministerium für Familie, Senioren, Frauen und Jugend, die Kommission für Jugendmedienschutz. Privatpersonen, denen ein Medium jugendgefährdend erscheint, können sich nur an eine dieser Institutionen wenden und nicht direkt an die BPJM.

Die Beisitzer, die über die Indizierung entscheiden, kommen aus den gesellschaftlichen Gruppen:

- Kunst,
- Literatur,
- Buchhandel und Verlegerschaft,
- Anbieter von Bildträgern und von Telemedien,
- Träger der freien Jugendhilfe,
- Träger der öffentlichen Jugendhilfe,

- Lehrerschaft und

- Kirchen, jüdische Kultusgemeinde und andere Religionsgemeinschaften, die Körperschaften des öffentlichen Rechts sind.

Die Vorsitzende und die Beisitzer sind in ihren Entscheidungen an keine Weisungen gebunden und nur dem Gesetz unterworfen.

256

Antrag/Anregung
(siehe Abschnitt Antrags-/Anregungsberechtigte)

Bundesprüfstelle für jugendgefährdende Medien

BPjM

12er-Gemium	**3er-Gremium**
Vorsitzende 8 GruppenbeisitzerInnen 3 LänderbeisitzerInnen	Vorsitzende 2 BeisitzerInnen (bei offensichtlicher Jugendgefährdung)

Entscheidungsmöglichkeiten

– Indizierung – Indizierung abgelehnt – von der Indizierung wegen geringer Bedeutung abgesehen (§ 18 Abs. 4 JuSchG) – Dauerindizierung von periodischen Medien (Dauer drei bis zwölf Monate), wenn innerhalb von zwölf Monaten mehr als zwei ihrer Folgen/Angebote indiziert werden bzw. wurden. – 2/3-Mehrheit erforderlich (außer bei Ablehnung der Indizierung)	– Indizierung wenn keine einstimmige Entscheidung zustande kommt, Überleitung des Verfahrens an das 12er-Gremium

Eintragung in die gesetzlich vorgeschriebenen Listenteile

Trägermedien	**Telemedien**
– Bekanntmachung der Eintragung im Bundesanzeiger – Veröffentlichung im „BPjM-Aktuell", Amtliches Mitteilungsblatt der BPjM	– keine Bekanntmachung/keine Veröffentlichung – Mitteilung an KJM bzw. an durch diese anerkannte Einrichtungen der Selbstkontrolle

Konkrete Folgen der Indizierung

Mit Bekanntmachung der Indizierung im Bundesanzeiger treten die Regelungen des § 15 JuSchG in Kraft, die verkürzt als Abgabe-, Präsentations-, Verbreitungs- oder Werbebeschränkungen bezeichnet werden können.

Soweit Gewerbetreibende auch mit indizierten Medien handeln, dürfen sie diese nicht an Orten ausstellen oder anbieten, die Kindern und Jugendlichen zugänglich sind oder von ihnen eingesehen werden können (§ 15 Abs. 1 Nr. 2 JuSchG).

Werden indizierte Medien gewerblich vermietet (z. B. Videoverleih), dürfen sie nur in Ladengeschäften angeboten werden, die Minderjährigen unzugänglich sind und von ihnen nicht eingesehen werden können (§ 15 Abs. 1 Nr. 4 JuSchG).

Darüber hinaus dürfen indizierte Medien nicht angeboten oder überlassen werden (§ 15 Abs. 1 Nr. 3 JuSchG):

- außerhalb von Geschäftsräumen;

- in Kiosken;

- im Versandhandel; Versandhandel im Sinne des § 1 Abs. 4 JuSchG ist jedes entgeltliche Geschäft, das im Wege der Bestellung und Übersendung einer Ware durch Postversand oder elektronischen Versand ohne persönlichen Kontakt zwischen Lieferant und Besteller oder ohne dass durch technische oder sonstige Vorkehrungen sichergestellt ist, dass kein Versand an Kinder oder Jugendliche erfolgt, vollzogen wird;

- in gewerblichen Leihbüchereien oder Lesezirkeln.

Für indizierte Medien gelten Werbeverbote: Es darf nicht damit geworben werden, dass ein Indizierungsverfahren gegen das Medium anhängig ist oder war (§ 15 Abs. 5 JuSchG).

Ein indiziertes Medium darf nur an Orten beworben werden, die Kindern oder Jugendlichen unzugänglich sind und von ihnen nicht eingesehen werden können (§ 15 Abs. 1 JuSchG).

Die Liste der jugendgefährdenden Medien darf nicht zum Zwecke der geschäftlichen Werbung abgedruckt oder veröffentlicht werden (§ 15 Abs. 4 JuSchG).

Wer gegen diese Beschränkungen verstößt, macht sich strafbar.

Regelungen zu Telemedien, die in die Liste jugendgefährdender Medien nach § 18 JuSchG aufgenommen sind, finden sich im Jugendmedienschutz-Staatsvertrag (JMStV) der Länder, der den Jugendschutz in Rundfunk und Telemedien regelt.

Die Verbreitung von indizierten Medien ist in Rundfunk und Telemedien unzulässig. In Telemedien sind „einfach" pornografische und „einfach" jugendgefährdende Inhalte ausnahmsweise zulässig, wenn von Seiten des Anbieters sichergestellt ist, dass sie nur Erwachsenen zugänglich gemacht werden (so genannte „geschlossene Benutzergruppen", § 4 Abs. 2, Satz 2 JMStV). Werbung für diese Angebote ist nach denselben Voraussetzungen zulässig.

Die Liste der jugendgefährdenden Medien darf generell nicht zum Zwecke der Werbung verbreitet oder zugänglich gemacht werden (§ 6 Abs. 1 Satz 2 JMStV). Dies gilt auch dann, wenn durch technische Vorkehrungen sichergestellt werden könnte, dass sie ausschließlich in die Hände von Erwachsenen gelangt.

258 10.2.2.6 Institutionalisierter Jugendschutz

Verschiedene Gesetze und Institutionen widmen sich seit dem 1. April 2003 gemeinsam dem Jugendschutz. Dazu gehören:

- Jugendschutzgesetz (JuSchG)
- Jugendmedienschutz-Staatsvertrag (JMStV)
- Bundesprüfstelle für jugendgefährdende Medien (BPjM)
- Kommission für Jugendmedienschutz (KJM)

	Aufgaben/Zuständigkeit/Inhalte
Jugendschutzgesetz (JuSchG)	Die den Jugendschutzbestimmungen des JuSchG unterfallenden Trägermedien sind nach der gesetzlichen Definition „alle gegenständlichen Medienträger, die zur Weitergabe geeignet, zur unmittelbaren Wahrnehmung bestimmt oder in einem Vorführ- oder Spielgerät eingebaut sind". Dazu gehören vor allem Druckschriften, Plakate, Filmrollen, Videokassetten, DVDs, CD-ROMs oder Tonträger. Dagegen können lokale Datenspeicher (Festplatten, Server-Rechner) nicht ohne weiteres den Trägermedien zugeordnet werden. Festplatten in PC-Rechner sind im Regelfall weder zur Weitergabe geeignet noch zur unmittelbaren Wahrnehmung bestimmt. Schließlich sind sie normalerweise auch nicht in ein Vorführ- oder Spielgerät, sondern vielmehr in einen der Daten- bzw. Textverarbeitung dienenden Rechner eingebaut. Werden Daten von einer Festplatte aus elektronisch versandt, liegt vielmehr ein so genanntes Telemedium vor.
Jugendmedienschutz-Staatsvertrag (JMStV)	Der Regelungsbereich des Jugendschutzes im Rundfunk und bei so genannten Telemedien ist im Wesentlichen den Bundesländern vorbehalten, welche in Form des JMStV bundeseinheitlich geltende Bestimmungen verabschiedet haben. Während der Begriff des Rundfunks wie bisher Angebote des Hörfunks und Fernsehens umfasst, ist der neue Begriff der Telemedien ohne Vorbild und bedarf der näheren Erklärung. Gemeint sind damit alle Datenangebote von Texten, sonstigen Zeichen, Bildern oder Tönen, welche mittels Telekommunikation elektronisch übermittelt werden. Ob ein Datenangebot an die Allgemeinheit gerichtet ist (z. B. redaktionell gestaltete Inhalte einer Homepage im Internet) oder ob die individuelle Nutzung im Vordergrund steht (z. B. E-Mail, online abrufbare Datenbanken), ist für die Einordnung als Telemedium unerheblich. Ebenso wenig ist von Belang, dass die elektronisch übermittelten Dateninhalte in bestimmten Datenspeichern (Festplatte, Server-Rechner) bereitgehalten werden. Telemedien sind z. B. – alle Online-Angebote, die im Internet abrufbar sind (insbesondere WWW-Angebote), – Angebote zur Nutzung anderer Netze (z. B. Intranet, sonstige geschlossene Benutzergruppen),

	– Angebote im Bereich der Individualkommunikation (Telebanking, E-Mail-Datenaustausch mit Ausnahme der elektronisch versandten Trägermedien), – Angebote von Waren und Dienstleistungen in Abrufdiensten (so genanntes Teleshopping) oder in elektronisch abrufbaren Datenbanken (z. B. Video on Demand, so genanntes Video-Streaming), – Angebote zur Nutzung von Telespielen (Online-Computerspiele), – Verteildienste in Form von Fernsehtext (Videotext), Radiotext und vergleichbaren Textdiensten.
Bundesprüfstelle für jugendgefährdende Medien (BPjM)	Zuständigkeit: – Printmedien (mit Ausnahme von Tageszeitungen und politischen Zeitungen) – Tonträger – Telemedien (Internet-Angebote) – Spiele – Videofilme, soweit sie von der Freiwilligen Selbstkontrolle der Filmwirtschaft (FSK) nicht gekennzeichnet worden sind – Computerspiele, soweit sie von der Unterhaltungssoftware-Selbstkontrolle (USK) nicht gekennzeichnet worden sind – Ausgenommen sind TV- und Hörfunksendungen, die als eigene Kategorie nicht unter den Begriff der Telemedien fallen
Kommission für Jugendmedienschutz (KJM)	Die Kommission für Jugendmedienschutz (bestehend aus zwölf Sachverständigen) übt eine gemeinsame Aufsicht für Rundfunk und Telemedien aus. Dadurch soll verhindert werden, dass gleiche Inhalte in verschiedenen Medien unterschiedlichen Gesetzen und Bewertungen unterliegen. Die KJM sorgt für die Umsetzung des Jugendmedienschutz-Staatsvertrages (JMStV) im privaten Rundfunk und in Telemedien.

(vgl. Liesching, 2003)

Weitere wirksame Instrumente des Jugendmedienschutzes sind die Freiwillige Selbstkontrolle der Filmwirtschaft (FSK), Unterhaltungssoftware-Selbstkontrolle (USK) und die FSF (Freiwillige Selbstkontrolle Fernsehen).

10.2.2.7 Freiwillige Selbstkontrolle der Filmwirtschaft (FSK)

§ 1 Freiwillige Selbstkontrolle der Filmwirtschaft
(1) Die in der Spitzenorganisation der Filmwirtschaft e. V. (SPIO) zusammengefassten Verbände der Filmhersteller, Filmverleiher und Filmtheaterbesitzer und die Vereinigung der Videoprogrammanbieter Deutschlands (BVV Bundesverband audiovisuelle Medien e. V.) führen im Wege der Selbstverwaltung eine freiwillige Prüfung der in der Bundesrepublik Deutschland für die öffentliche Vorführung vorgesehenen Filme, der Programme der öffentlich zugänglichen Videokassetten und anderer zur Weitergabe geeigneter, für die Wiedergabe auf oder das Spiel an Bildschirmgerä-
ten mit Filmen oder Spielen programmierte Datenträger (Bildträger) sowie Programme für Bildschirmspielgeräte ohne Gewinnmöglichkeit durch (im Folgenden Filme und andere Trägermedien genannt). Die Prüfung erfolgt durch die FSK Freiwillige Selbstkontrolle der Filmwirtschaft GmbH, im Folgenden FSK genannt, mit dem Sitz in Wiesbaden. Sie erstreckt sich auf die
1. Prüfung auf Einhaltung der in § 2 der Grundsätze gesetzten Grenzen
2. Prüfung auf Freigabe für Kinder und Jugendliche
3. Prüfung auf Freigabe für die stillen Feiertage
4. Prüfung der Titel und Filmwerbeunterlagen

(2) Die Mitglieder der in der SPIO zusammenge-schlossenen Verbände übernehmen folgende Ver-pflichtungen:

1. Die Filmhersteller und die Filmverleiher geben nur solche Filme zwecks öffentlicher Vorführung weiter, die nach der vorliegenden FSK-Entschei-dung öffentlich vorgeführt werden können, und zwar in der Fassung, die der jeweiligen Entschei-dung der FSK entspricht.

2. Die Filmtheaterbesitzer führen nur solche Filme öffentlich vor, die eine gültige FSK-Freigabe haben.

3. Für die öffentliche Werbung werden nur Werbe-unterlagen verwendet, die von der FSK freigege-ben und dementsprechend gekennzeichnet sind. Entsprechendes gilt für Filmtitel. Die Tatsache, dass ein Prüfgegenstand von einem Ausschuss der FSK nicht oder nur mit Einschränkungen frei-gegeben war oder ist, darf nicht zur Werbung benutzt werden; das gilt insbesondere für nega-tive Jugendentscheidungen.

4. Die Regelungen des § 27 sind zu beachten.

(3) Bei einer Verletzung der gemäß Absatz 2 und im Prüfantrag übernommenen Verpflichtungen wird ein Überwachungsverfahren nach Maßgabe der Grundsätze des Überwachungsverfahrens der SPIO durchgeführt.

§ 2 Richtlinien für die Prüfung der Filme und ande-ren Trägermedien

(1) Die FSK hat die im Grundgesetz geschützten Werte, im Besonderen die verfassungsmäßige Ord-nung und das Sittengesetz (Art. 2, Abs. 1 GG) sowie die in Art. 5 GG eingeräumte Freiheit zu beachten. Gesetzliche Grundlage für die Arbeit der FSK ist das Jugendschutzgesetz in der jeweils geltenden Form.

(2) Durch die plurale Zusammensetzung der Aus-schüsse mit Vertretern der Film- und Videowirt-schaft, der öffentlichen Hand und der obersten Lan-desjugendbehörden soll ein möglichst breites Bewertungsspektrum für die zu treffenden Ent-scheidungen erreicht werden. Grundlage der Ent-scheidungen soll die auf Fachwissen und Urteilsver-mögen, Erfahrungen im Umgang mit Kindern und Jugendlichen, Erkenntnissen der Entwicklungspsy-chologie und Medienwirkungsforschung beruhen-de Überzeugung der Ausschussmitglieder sein.

(3) Maßgeblich für die Beurteilung ist die Wirkung des gesamten Films oder Trägermediums oder deren einzelner Teile. Bei einzelnen Teilen ist auch die Gesamtwirkung zu berücksichtigen. Die Prüfung eines Films oder Trägermediums darf nicht unter Gesichtspunkten des Geschmacks oder der persön-lichen Anschauung erfolgen; auch dürfen aus die-sen Gründen keine Änderungen verlangt werden.

(4) Die Prüfausschüsse sind in ihrer Prüftätigkeit im Rahmen der gesetzlichen Vorschriften und FSK-Bestimmungen unabhängig. Die Mitglieder der Prüfausschüsse sowie die FSK und deren Geschäftsführer können für die Prüfentscheidun-gen und deren Auswirkungen – außer bei Vorsatz – nicht haftbar gemacht werden.

§ 3 Zusammenwirken in der FSK, Ständiger Vertreter

(1) Im Rahmen der FSK-Grundsätze wirken im Hin-blick auf die Prüfung der Filme und anderen Trä-germedien für Kinder und Jugendliche und die stil-len Feiertage sowie der Titel und Filmwerbeunter-lagen mit der Filmwirtschaft und der Videowirt-schaft zusammen:

1. das in der Bundesregierung zuständige Ressort für Kultur und Medien,

2. das Bundesministerium für Familie, Senioren, Frauen und Jugend,

3. die Obersten Landesjugendbehörden,

4. die Kultusministerien der Länder,

5. die evangelische und die katholische Kirche sowie die jüdische Religionsgemeinschaft,

6. der Bundesjugendring.

(2) Zur Mitwirkung in allen Fragen des Jugend-schutzes bestellen die Obersten Landesjugendbe-hörden im Benehmen mit der Filmwirtschaft und der Videowirtschaft einen Ständigen Vertreter oder eine Ständige Vertreterin der Obersten Landesju-gendbehörden bei der FSK. Für den Fall der Verhin-derung des Ständigen Vertreters regelt die für den Jugendschutz federführende oberste Landesju-gendbehörde die Stellvertretung.

(Quelle: www.fsk.de in der Fassung vom 9.12.2004)

10.2.2.8 Unterhaltungssoftware-Selbstkontrolle (USK)

[...]
(1) Die USK nimmt insbesondere folgende Aufgaben wahr:

1. *Die Prüfung und Vorbereitung der Kennzeichnung von zur Weitergabe geeigneten und für das Spiel an Bildschirmgeräten programmierten Datenträgern im Sinne des § 12 JuSchG (nachstehend „Bildträger" genannt) durch die Obersten Landesjugendbehörden.*
2. *Die Prüfung von Informations-, Instruktions- und Lehrprogrammen im Hinblick darauf, ob deren Inhalte die Entwicklung und Erziehung von Kindern und Jugendlichen offensichtlich nicht beeinträchtigen (§ 14 Abs. 7 JuSchG)*

(Quelle: www.usk.de)

3. *Die Beratung von Anbietern von Softwareprodukten aus den Bereichen Entertainment, Infotainment und Edutainment in Bezug auf Aspekte des (gesetzlichen) Jugendschutzes sowie die gesellschaftliche Akzeptanz der Inhalte dieser Produkte.*
4. *Die Information und Aufklärung der Öffentlichkeit im Hinblick auf die Chancen und Risiken für Kinder und Jugendliche durch die Nutzung von Unterhaltungssoftware und interaktiven Medien. [...]*

10.2.2.9 Freiwillige Selbstkontrolle Fernsehen (FSF)

Jugendschutz im Fernsehen
Seit April 1994 lassen die Vereinsmitglieder ihre Programme bei der FSF prüfen, seit August 2003 arbeitet die FSF als anerkannte Selbstkontrolle im Rahmen des JMStV.

Die Prüfausschüsse der FSF bestehen aus unabhängigen Fachleuten, die im Bereich der (Medien-)Pädagogik, der Psychologie oder der Jugendhilfe arbeiten und ehrenamtlich in den Ausschüssen tätig sind. Die Prüferinnen und Prüfer entscheiden vor der Ausstrahlung von Fernsehprogrammen über die sachgerechte Programmierung. Ob und zu welcher Zeit Programme unter Jugendschutzgesichtspunkten gesendet werden dürfen, hängt insbesondere von einem vertretbaren Maß an Gewalt- und Sexualdarstellungen ab.

(Quelle: www.fsf.de)

Programmprüfung
Die Programmprüfung ist der wesentliche Aufgabenbereich der FSF. Geprüft wird das Fernsehprogramm insbesondere hinsichtlich des Gehalts an Gewalthandlungen und sexuellen Darstellungen, von dem die zulässige Sendezeit im Tages-, Abend-, Spätabend- oder Nachtprogramm abhängt.

„Ziel der Prüfungen ist der Schutz von Kindern und Jugendlichen vor Sendungen, die geeignet sind, ihre Entwicklung oder Erziehung zu eigenverantwortlichen und gemeinschaftsfähigen Persönlichkeiten zu beeinträchtigen oder zu gefährden, sowie der Schutz vor solchen Sendungen, die die Menschenwürde oder sonstige durch das Strafgesetzbuch geschützte Rechtsgüter verletzen" (§ 28 Prüfordnung-FSF).

10.2.2.10 Das neue Urheberrecht

Urheberrechte sind keine neue Erfindung, den Begriff *Copyright* kennt eigentlich jeder. Copyright bedeutet z. B. einen Schutz für den Verfasser eines Buches gegen missbräuchliche Verwendung und/oder Veröffentlichung seines Werkes. Somit ist die Verwertung des Produktes in seinem Sinne gewährleistet. Wer das gesamte Werk oder Teile daraus verwenden möchte, muss den Verfasser vorher um Erlaubnis fragen.

Durch die sich sehr schnell entwickelnde Unterhaltungselektronik und die damit einhergehende fast explosionsartige Entwicklung und Ausbreitung moderner Kommunikationstechniken und -mittel, durch Internetnutzung, digitale Audio- und Videoaufzeichnung sowie das Aufkommen neuer digitaler Trägermedien wie CD- und DVD-Rohlinge, Mini-DV geriet die bis dahin gültige Urheberrechtsregelung in Zugzwang, da es nun möglich war, Eins-zu-Eins-Kopien von einem Medium herzustellen, d. h., die Kopie war von der Qualität her vollkommen identisch mit dem Original.

Die neuen technischen Möglichkeiten, z.B.:

- Kopieren von Audio-CD,

- Kopieren von Film-DVD,

- Kopieren jeglicher Software (PC-Spiele, Programme, Betriebssysteme ...)

- Downloads von Musikdateien im MP3-Format aus dem Internet über so genannte Tauschbörsen (MP3 ist ein komprimiertes Audio-Dateiformat – die dadurch geringere Datenmenge verkürzt die Downloadzeit auf etwa ein Zehntel),

- Downloads von Videodateien im Mpeg1- und Mpeg2-Format (komprimiertes Video-Dateiformat) ebenfalls aus dem Internet ermöglichte den ungehinderten Zugang zu neuesten Kino-Hits, die zum Teil noch gar nicht im Kino zu sehen waren,

die im Prinzip jeder nutzen konnte, der über einen PC und einen Internetanschluss verfügte, wurden für die gesamte Film- und Musikbranche und deren Künstler immer mehr zu einem Problem. Über Jahre wurden quasi in einer rechtlichen Grauzone alle möglichen Dateien kopiert und weiterverschenkt, von einer weltweit millionenstarken Fangemeinde relativ unbekümmert und mit mehr oder weniger starkem Unrechtsbewusstsein Musik und Filme aus dem Internet geladen. Der Schaden wird weltweit auf etliche Millionen Euro wegen entgangener Verwertungsrechte beziffert.

Was hat sich durch das neue Urheberrecht geändert?

Am 13. September 2003 ist das Urheberrechtsgesetz (UrhG) im Zuge der Umsetzung einer entsprechenden EU-Richtlinie durch das „Gesetz zur Regelung des Urheberrechts in der Informationsgesellschaft" in zahlreichen Punkten geändert worden. Hierdurch soll der Schutz des geistigen Eigentums im digitalen Zeitalter gestärkt werden. Anlass für diese Gesetzesänderung waren vor allem die in letzter Zeit immer vehementer geführten Diskussionen um einen wirkungsvollen juristischen Schutz vor digitalen Raubkopien. [...]

Vor allem der Bereich der Privatkopie wurde durch die Novelle umfangreich neu geregelt. Nach § 53

UrhG sind einzelne Vervielfältigungen eines Werkes zum privaten Gebrauch auch weiterhin zulässig. Diese dürfen wie nach der alten Rechtslage auch weder mittelbar noch unmittelbar zu Erwerbszwecken dienen. Ausdrücklich gesetzlich geregelt wurde in § 53 Abs. 1 UrhG jedoch, dass es untersagt ist, zur Vervielfältigung eine offensichtlich rechtswidrig hergestellte Vorlage zu verwenden.

Gerade dieser Punkt war nach der alten Rechtslage im Zusammenhang mit Online-Tauschbörsen wie Kazaa oder Morpheus juristisch höchst umstritten, da nicht klar war, ob das Recht der Privatkopie auch für offensichtlich rechtswidrig erlangte Vorlagen galt. Nun ist geregelt, dass der Download von Musikdateien oder Filmen in Tauschbörsen rechtlich unzulässig ist, wenn die Vorlage nicht rechtmäßig, also unter Zustimmung der Rechteinhaber oder -verwerter eingestellt wurde. Dies gilt unabhängig davon, ob die Vervielfältigung zu privaten oder gewerblichen Zwecken geschieht.

Umgehen von Kopierschutzmechanismen: Ein weiterer wesentlicher Punkt der Neuregelung betrifft das Verbot der Umgehung von Kopierschutzmechanismen, die auf CDs oder DVDs angebracht sind. Das Gesetz spricht nun in § 95a UrhG von wirksamen technischen Maßnahmen zum Schutz eines nach dem Urheberrechtsgesetz geschützten Werkes, die ohne Zustimmung des Rechteinhabers nicht umgangen werden dürfen. Dies betrifft die Mehrzahl der sich auf dem Markt befindlichen Kopierschutzmechanismen für CDs und DVDs.

Von dem Verbot der Umgehung dieser Kopierschutzmechanismen gibt es eine Ausnahme in § 95b Abs. 1 Nr. 6a UrhG. Diese Ausnahme betrifft Vervielfältigungen zum privaten und sonstigen eigenen Gebrauch, soweit es sich um Vervielfältigungen auf Papier oder einem ähnlichen Träger mittels beliebiger fotomechanischer Verfahren oder anderer Verfahren mit ähnlicher Wirkung hergestellten Vervielfältigung handelt. Für Kopien in digitaler Form gilt diese Ausnahme also nicht. Weitere Ausnahmen bestehen nach § 95b UrhG beispielsweise für die Rechtspflege und für Unterricht und Forschung.

Für Software gilt das Umgehungsverbot hingegen nicht. Nach § 69a Abs. 5 UrhG ist Software vom Umgehungsverbot ausgeschlossen, sodass es weiterhin rechtmäßig ist, eine Sicherungskopie durch den berechtigten Besitzer zu erstellen. Keine Aussage trifft das Gesetz für den Fall, dass sich sowohl Software als auch urheberrechtlich geschützte Musik auf einer CD befinden, etwa bei Computerspielen.

Das Umgehen von Kopierschutzmechanismen zieht im Bereich der Privatkopie, also der Kopien für den eigenen privaten Gebrauch oder für den engsten Familien- und Freundeskreis, keine strafrechtlichen Folgen nach sich. Es drohen jedoch zivilrechtliche Unterlassungs- und Schadenersatzforderungen der betroffenen Rechteinhaber und -verwerter in beträchtlicher Höhe. Handelt der Täter hingegen gewerbsmäßig, kann die Tat nach § 108b Abs. 1 UrhG mit Freiheitsstrafe bis zu einem Jahr oder mit Geldstrafe bestraft werden. Hier treten zivilrechtliche Unterlassungs- und Schadenersatzansprüche neben die strafrechtlichen Folgen.

Programme zum Umgehen von technischen Schutzmaßnahmen
Nach § 95a Abs. 3 UrhG ist es verboten, Vorrichtungen, Erzeugnisse sowie Dienstleistungen anzubieten, die die Umgehung von wirksamen technischen Schutzmaßnahmen im Sinne dieses Gesetzes zum Ziel haben. Auch die Herstellung, Einfuhr, der gewerblichen Zwecken dienende Besitz oder die Werbung für derartige Produkte und Dienstleistungen ist untersagt. Dies betrifft hauptsächlich Software, die dazu gedacht ist, Kopierschutzmechanismen auf Datenträgern zu umgehen. Dieses Verbot gilt nach dem Gesetzeswortlaut nur für wirksame technische Schutzmaßnahmen. Nun kann früher oder später aber jeder Kopierschutz umgangen werden. Nach der Gesetzesbegründung ist dies jedoch kein Argument dafür, dass es sich dann nicht um eine wirksame Schutzmaßnahme handelt und das Umgehen der leicht zu knackenden Schutzmaßnahmen damit legal wäre. [...]

Einschätzung: Große Teile der Änderungen des Urheberrechtes sind bedingt durch die millionenfach begangenen Rechtsverletzungen im Bereich Musik und Film, etwa durch Internettauschbörsen oder das illegale Kopieren von CDs und DVDs. Niemand kann mehr die Augen davor verschließen, dass es für viele Künstler zu einem ernsthaften Problem geworden ist, wenn 10.000 Nutzer das neue Album einer Band auf die Festplatte geladen haben, aber nur 3.000 Leute bereit sind, dafür im Laden zu bezahlen. Letztendlich ist es die Entscheidung der Rechteinhaber und Rechteverwerter, in welcher Form und gegen welche Vergütung ihre Arbeit verbreitet wird. Klar ist auch, dass vor allem die Musikindustrie diese Misere zum großen

Teil durch den Umstieg auf preiswerte digitale Medien und fehlende legale Alternativen selber zu verantworten hat und nun versucht, durch massi- *(Siebert, 2005)*

ve Lobbyarbeit auf gesetzlichem Wege Schadensbegrenzung zu betreiben.

Kopieren: Ja oder Nein?

Fragen und Antworten – Was darf man noch kopieren?

Darf ich überhaupt noch irgend etwas kopieren?

Wie im alten Urheberrechtsgesetz besteht das Recht auf Privatkopie noch immer. Das bedeutet: Für sich selbst, die eigene Familie und Freunde dürfen Kopien erstellt werden, für Kollegen schon nicht mehr. Als Faustregel gilt: Nicht mehr als sieben Kopien anfertigen. Und auf keinen Fall Geld für die Kopien verlangen! Das massenhafte Herstellen von Kopien und deren Verbreitung sind und waren schon immer verboten.
ABER:
Und nun kommt die Einschränkung: Privatkopien dürfen ausschließlich von Datenträgern gezogen werden, die nicht kopiergeschützt sind. Das Umgehen des Kopierschutzes ist trotz des Rechts auf Privatkopie verboten. Übrigens war laut Auskunft des Phonoverbandes in den vergangenen zwei Jahren nur jede zehnte verkaufte Audio-CD mit einem Kopierschutz versehen.

Was ist mit Sicherheitskopien von Software-CDs?

Es ist immer noch erlaubt, von einem Original-Datenträger genau eine Sicherheitskopie zu erstellen, sogar unter Umgehung des Kopierschutzes. Das neue Urheberrecht macht hier eine explizite Ausnahme. Die Sicherheitskopie darf nicht verliehen, verschenkt oder verkauft werden. Und man muss das Original auch besitzen.

Interessant ist, was die Zukunft bringen wird: Es ist vorstellbar, dass es irgendwann keine Software

mehr zu kaufen gibt, die den Kopierschutz von Software-CDs umgehen kann, weil man mit diesen Programmen auch kopiergeschützte Musik-CDs vervielfältigen könnte, was verboten ist.

Muss ich meine alten Kopien vernichten?

Nein, alte Kopien dürfen Sie behalten. Das Gesetz bezieht sich nicht auf die Vergangenheit.
Wenn diese alten Kopien keinen Kopierschutz mehr enthalten, dürfen sie sogar weiterkopiert werden. Natürlich nur im Rahmen des privaten Gebrauchs.

Was droht bei Verstößen gegen das Gesetz?

Das Umgehen von Kopierschutzverfahren sowie das Herstellen und Verbreiten von Hilfsmitteln (ob Soft- oder Hardware) zum Umgehen des Kopierschutzes kann Geldstrafen bis 100.000,00 EUR und Freiheitsstrafen bis zu einem Jahr nach sich ziehen. Wer Raubkopieen gewerblich vertreibt, kann sogar bis zu fünf Jahre in den Knast wandern.

Ausnahme: Privatkopien

Wer gegen das Gesetz verstößt, um Kopien für den privaten Gebrauch zu erstellen, braucht sich nicht vor dem Staatsanwalt fürchten und wird straffrei bleiben. Schadenersatzklagen von Urheberrechtsinhabern drohen aber dennoch und können sehr, sehr teuer werden.

Wie erkenne ich kopiergeschützte CDs und DVDs?
Das neue Gesetz verpflichtet Hersteller, deutlich zu kennzeichnen, ob und mit welchem Verfahren ein Produkt kopiergeschützt ist.
(Quelle: http://www.stern.de/computer-technik/technik/?id=513240 (Stand: April 2005))

10.2.3 Links

http://www.usk.de/
Unterhaltungssoftware-Selbstkontrolle

http://www.artikel-5.de/gesetze/jmstv.html
Jugendmedienschutz-Staatsvertrag – JMStV

http://www.bundespruefstelle.de/
Bundesprüfstelle für jugendgefährdende Medien (BPjM)

http://www.aufenanger.de/Publikationen/Texte/BasisJugendmedienschutz_Internetver-
antwortung.htm
Jugendmedienschutz

http://www.mpfs.de/studien/einzelstudien/jugend_und_jugendmedienschutz.html
Jugend und Jugendmedienschutz

http://www.allesklar.de/l.php?cat_path=100-2909-1957-2211-22862
Links zum Thema „Jugendmedienschutz"

11 Medienpädagogisch mit Eltern arbeiten

11.1 Die Lernsituation: Medienpädagogisch mit Eltern arbeiten

In der Einrichtung „Die Rasselbande" läuft es seit einigen Wochen nicht mehr so rund und keiner weiß so recht warum. Die Kinder sind lauter und aggressiver als sonst, sind schlechter ansprechbar und weniger ausgeglichen, die Erzieherinnen reagieren gereizter als sonst. Warum das so ist, bleibt zunächst im Dunkeln, dafür werden aber viele Vermutungen geäußert. Auf der obligatorischen Teamsitzung kommt diese Problematik deshalb als Hauptpunkt auf die Tagesordnung.

„Ich habe jetzt schon des Öfteren einige Mütter beim Abholen der Kinder gefragt, ob sie wüssten, was mit den Kindern los ist, ob etwas Besonderes passiert ist", berichtet Erzieherin Sandra, „aber viel herumgekommen ist dabei auch nicht. Entweder war den Müttern das bei ihren Kindern gar nicht so bewusst aufgefallen, oder zum Teil hatte ich den Eindruck, dass sie auf diese Frage leicht ausgewichen sind – ich meine, ich kann mich natürlich auch täuschen." „Mir ist es ziemlich ähnlich ergangen", bestätigt Kollegin Sabrina, „teilweises Ausweichen auf die Frage oder auch große Ahnungslosigkeit bei den Müttern und auch bei einem Vater."

Großes Kopfschütteln bei allen Beteiligten, denn die Probleme traten inzwischen in drei Gruppen mehr oder weniger stark auf. „Also, mir hat eine Mutter gesagt, dass wohl viele Kinder auf eine neue Zeichentrick-Actionserie voll abfahren, mit viel Power und Action und wohl auch Gewalt. Ich weiß jetzt nicht mehr, auf welchem Sender die läuft und wie die Serie heißt, aber das könnte man ja herausbekommen", kann die Leiterin Petra berichten. „Das könnte ja eventuell einige Verhaltensweisen unserer Kinder erklären, manche müssen ja jeden Mist nachahmen."

Mit sichtbarer Erleichterung im Gremium wurde dieser Aspekt dankbar von allen angenommen. Im weiteren Austausch ergab sich auch tatsächlich ein genaueres Bild – viele der rohen und überdrehten Verhaltensweisen der Kinder ließen sich ohne weiteres auch mit dem Konsum von bedenklichen Fernsehsendungen im Zusammenhang bringen. „Wenn das wirklich so ist, dann sollten wir doch sehr bald mal einen Elternabend mit Thema ‚Fernsehen und Gewalt in den Medien' auf die Beine stellen", schlägt Sandra vor.

Der Vorschlag von Sandra wird einstimmig angenommen. Schon bei den ersten Vorüberlegungen zur Planung eines Elternabends wird den Mitarbeiterinnen, jedoch bewusst, wie komplex und umfangreich die Planung und Durchführung eines Elternabends zu diesem Thema sind. „Da müssen wir uns wohl auch ein bisschen mit Medientheorien befassen!" Es kommen Vorschläge, vielleicht andere Möglichkeiten der medienpädagogischen Elternarbeit in Erwägung zu ziehen, um auch Alternativen zu haben. Es wird verabredet, dass sich drei Erzieherinnen in Abstimmung mit der Leiterin auf diesen Abend vorbereiten.

Die berufliche Aufgabe:

Sie sehen an diesem Fallbeispiel: Es gibt immer wieder Gründe, die alltägliche Arbeit in sozialpädagogischen Einrichtungen durch Reflexionen, Analyse von Situationen, Schärfung des Problembewusstseins, Konfliktaufarbeitung und -bewältigung, Auffrischung von theoretischen Kenntnissen, Aufnahme neuer pädagogischer Ideen usw. zu verbessern. Der enorme gesellschaftliche Wandel verlangt eine ständige Bereitschaft, Neuerungen und Veränderungen aufgeschlossen gegenüberzustehen. Allein die Veränderungen in der Familie während der letzten 20 Jahre verlangen heutigen Erzieherinnen ein hohes Maß an unterschiedlichen

Kompetenzen ab. Nur durch die Bereitschaft, im Dialog mit allen an der Erziehung Beteiligten konstruktiv nach Lösungen und neuen Wegen zu suchen, kann der Weg in eine zufrieden stellende und zukunftsweisende Pädagogik gefunden werden.

Es wird Ihre Aufgabe sein, medienpädagogische Wege gemeinsam mit den Eltern der Kinder und Jugendlichen, für die Sie arbeiten, zu entwickeln. Im Mittelpunkt Ihrer medienpädagogischen Elternarbeit muss die Entwicklung eines möglichst stimmigen und überaus übereinstimmenden Umgangs mit Medien und Medieninhalten in Elternhaus und sozialpädagogischer Einrichtung stehen. Dabei sind folgende Aspekte von Bedeutung:

1. Welchen wichtigen Beitrag kann medienpädagogische Elternarbeit in diesem Zusammenhang leisten?

2. Aus welchen Elementen besteht medienpädagogische Elternarbeit? Welche Formen sind Ihnen bekannt?

3. Warum kommt, insbesondere der Planung und Durchführung eines Elternabends, eine zentrale Bedeutung zu?

4. Überprüfen Sie die Richtigkeit der folgenden These:

Mit der Planung und Durchführung eines Elternabends setzen Erzieherinnen direkt an der pädagogischen Basis an, sie erfahren viel über die Situationen in den Familien und erhalten hierdurch regulative Eingriffsmöglichkeiten (wenn auch nur gering). Darüber hinaus werden durch die Auseinandersetzung mit einem medienpädagogischen Thema vorhandene Kenntnisse erweitert und vertieft. Durch diesen gesamten Prozess und Wirkungszusammenhang eröffnen sich in der Regel neue Perspektiven für die zukünftige Arbeit.

In diesem Kapitel erhalten Sie Informationen zur Planung, Vorbereitung und Durchführung eines medienpädagogischen Elternabends sowie über weitere Methoden und Formen der medienpädagogischen Elternarbeit.

11.2 Im medienpädagogischen Lernfeld handeln

11.2.1 Hintergrundfragen, Impulse und Übungen

1. Übung   **Vorüberlegungen, Planung und Durchführung eines Elternabends**

1. Welche Überlegungen müssten Sie generell anstellen, um einen Elternabend zum Thema „Kinder und Gewalt im Fernsehen" planen, gestalten und durchführen zu können? Entwickeln Sie hierzu eine Mind-Map.

2. Was hat ein Elternabend zu diesem Thema mit Ihrer eigenen Medienbiografie und Ihrem persönlichen Mediennutzungsverhalten zu tun?

3. Situation in der Familie
   – Welche Rolle spielt hierbei das Einzugsgebiet der Einrichtung?
   – Wie ist die Situation in den Familien, wie sind die Wohn- und Arbeitsbedingungen der Eltern?
   – Wie sind die Spielmöglichkeiten für die Kinder und die Freizeitmöglichkeiten für die Familie in der näheren Umgebung?

4. Erforderliche theoretische Kenntnisse
   – Welche Rolle spielen in diesem Zusammenhang medienpädagogische Ansätze?
   – Wie viel Aneignung von theoretischem Hintergrundwissen wird erforderlich sein, um gut vorbereitet in den Elternabend zu gehen?

5. Zuspruch der Elternschaft
   – Wie erreichen Sie am ehesten eine hohe Beteiligung der Eltern an diesem Abend?
   – Wie können Sie auch die Eltern motivieren, die bisher Elternabende gemieden haben?
   – Wie könnte es Ihnen gelingen, auch die Eltern einzuladen, die bei Ihnen schon durch fahrlässigen Umgang mit Medien aufgefallen sind?

6. Wie würden Sie die Einladung zum Elternabend gestalten? Beziehen Sie hier mehrere Möglichkeiten ein und entwickeln Sie Alternativen.

7. Inhalt des Elternabends
   – Wie würden Sie diesen Abend inhaltlich vorbereiten?
   – Skizzieren Sie einen kurzen Ablauf des Elternabends.
   – Welche Themen sollen angesprochen werden, welche eher nicht?
   – Welche Ziele verfolgen Sie?
   – Was soll auf jeden Fall erreicht werden?
   – Mit welchen Ergebnissen und Perspektiven sollte der Elternabend enden?

8. Methoden – Arbeitsformen – Atmosphäre
   – Welche Medien werden Sie einsetzen?
   – Wie werden Sie den Raum gestalten?
   – Welche Ideen haben Sie zur Sitzordnung?
   – Für welche Arbeitsformen (Plenum – Arbeitsgruppen) werden Sie sich entscheiden?
   – Wie können Sie Elternbeiträge sinnvoll einbeziehen?

9. Mit welchen Problemen müssen Sie bei der Durchführung rechnen? Wie sind Sie für so einen negativen Verlauf gewappnet?

10. Stellen Sie die Vor- und Nachteile gegenüber, wenn Sie für Ihren Elternabend einen Experten als Referenten einladen würden.

Pro	Kontra
Für die Teilnahme eines Medienexperten am Elternabend sprechen folgende Gründe	Gegen die Teilnahme eines Medienexperten am Elternabend sprechen folgende Gründe
neuestes Fachwissen	Thema wird zu ausführlich behandelt

11. Entwickeln Sie einen genauen Ablaufplan für einen fiktiven Elternabend zum Thema „Kinder und Gewalt im Fernsehen".

2. Übung   Elemente der medienpädagogischen Elternarbeit

1. Erstellen Sie einen Entwurf für einen Medienbrief, der an die Eltern einer dreigruppigen Einrichtung gerichtet ist. Themenschwerpunkt des Briefes soll der Fernsehkonsum von Kindern in Abhängigkeit vom Alter sein.

2. Wie könnte man im Zeitalter neuer Medien das Internet für die medienpädagogische Elternarbeit nutzen?

3. Welche kommunikativen Vorteile haben Elternstammtische und so genannte Tür-und-Angel-Gespräche eventuell gegenüber einem Elternabend?

4. Beratungsgespräche sind ein wichtiger Bestandteil medienpädagogischer Elternarbeit, warum?

5. Schlagen Sie geeignete Medienprojekte vor, an denen Eltern auf verschiedenen Ebenen mitwirken können.

11.2.2 Arbeitsmaterialien

11.2.2.1 Planung und Gestaltung eines Elternabends

Vorüberlegungen

Bei der Vorbereitung des Elternabends zum Thema „Kinder und Gewalt im Fernsehen" sollten Sie sich zunächst Erkundungsaufgaben stellen, um etwas über die wichtigsten Sozialisationsfaktoren und die sozialen und kulturellen Bedingungen im näheren und weiteren Umfeld, also in dem Einzugsbereich der Einrichtung, zu erfahren. Sie können davon ausgehen, dass das alltägliche Medienverhalten der einzelnen Familien viel mit ihren sozialen und individuellen Bedingungen zu tun hat, es kann also nicht losgelöst davon betrachtet werden.

Erkundungsaufgaben

- *Welche Elternschaft hat unser Kindergarten, unser Hort oder unsere Schule?*
- *Wie sieht das Einzugsgebiet aus?*
- *Sind die Wohn- und Arbeitsbedingungen der Eltern günstig oder weniger günstig?*
- *Sind bei den Familien beide Eltern berufstätig?*
- *Gibt es viele allein erziehende Eltern?*
- *Welche Spielmöglichkeiten oder -beschränkungen haben Kinder in ihrer näheren Umgebung?*
- *Gibt es Freizeitangebote für Familien in der Nähe oder am Ort?*

(Ernst, Tilman, in: BpB, 1990, S. 13)

So kann z. B. im Voraus festgestellt werden, ob es viel oder wenig freie Spielmöglichkeiten für Kinder gibt (ländliche Wohngegend, Klein- oder Großstadt), ob Familien daher eher auf den Fernseh- oder Videoknopf drücken (weil Kinder eben keine Möglichkeiten haben, draußen zu spielen) oder ob es für Kinder ein großes Angebot an Sendungen gibt (Kabel-, Satellitenfernsehen), das sie erfahrungsgemäß dazu verleitet, mehr zu sehen. Vielleicht treffen Sie aber auch auf Familien, die ihre Kinder mit einem Überangebot an Aktivitäten bestürmen.

Durch diese Vorgehensweise erhalten Sie wertvolle Information über die soziokulturellen Besonderheiten des Einzugsgebietes sowie wertvolle Hintergrundinformationen über die Lebens-, Arbeits- und Freizeitbedingungen der Familien, deren Kinder Sie betreuen. So ergibt sich für Sie ein viel klareres Bild, Sie können Medienpräferenzen dieser Familien viel deutlicher im Kontext mit deren sozialen und individuellen Bedingungen sehen.

Bedeutung der eigenen Medienbiografie

Von großer Bedeutung für die Planung und Durchführung eines Elternabends sind natürlich die eigene Einstellung und Haltung zu Medien. Diese Einstellungen haben Sie sich im Laufe Ihrer eigenen Sozialisation erworben. Reflektieren Sie deshalb unbedingt vorher auch Ihre eigene Medienbiografie, denn Ihre eigenen Präferenzen werden auch den Verlauf und die Richtung des Elternabends beeinflussen und zum Teil auch mitbestimmen.

Mit diesen Fragen könnten Sie sich Ihrer eigenen Medienbiografie nähern (vgl. auch Kapitel 2):

- *Wie und wann bin ich mit Büchern, Comics, Zeitschriften, Radio, Kassetten, Platten, Fernsehen in Berührung gekommen?*
- *In welchen Situationen habe ich diese Medien genutzt?*
- *Was hat mir dabei viel bedeutet? (z. B. Idole im Fernsehen, in Büchern; bestimmte Bücher, Serien; eine bestimmte Atmosphäre beim Fernsehen usw.)*
- *Was haben meine Eltern erlaubt, was verboten? (Medienerziehung)*

(Ernst, Tilman, in: BpB, 1990, S. 14)

- *Was fand ich gut/schlecht am Medienumgang und an der Medienerziehung in unserer Familie?*
- *Was habe ich beibehalten im Medienumgang, was verändert?*
- *Was hat bei mir einen Umschwung bewirkt?*
- *Was war mir das Wichtigste?*
- *Was hatten oder wollten meine Freundinnen und Freunde (in Bezug auf Medien)?*

(Dieser Fragenkatalog ist noch beliebig weiterzuführen und zu ergänzen.)

Mit folgenden Fragen reflektieren Sie Ihre derzeitigen Medienpräferenzen:

- Welche Medien nutze ich täglich?
- Wie viele Stunden am Tag nutze ich Medienangebote aus dem Fernsehen und/oder dem Radio – nutze ich diese Medien am Wochenende mehr?
- Wie viel Zeit verbringe ich mit Lesen?
- Welche Film-Genres bevorzuge ich, welche lehne ich eher ab?
- Wie oft gehe ich ins Kino?
- Bin ich aufgeschlossen gegenüber neuen Medien wie Internet und neuen technischen Errungenschaften wie digitaler Fotografie, digitaler Filmaufzeichnung auf DVD?

Die Beantwortung dieser Fragen hilft Ihnen neben der Reflektion eigener Medienvorlieben auch dabei, ein tieferes Verständnis für die Mediennutzung in den verschiedenen Familien zu gewinnen. Sie werden Gemeinsamkeiten und auch Unterschiede entdecken. Hieraus lassen sich Gewinn bringende Erkenntnisse für die Durchführung des Elternabends ableiten und eventuell Ansatzpunkte für Veränderungen finden.

Erwartungshaltung der Eltern
Ergründen Sie, was Eltern von einem Elternabend erwarten. Mögliche Fragestellungen hierzu könnten sein:

- *Welche Fragen haben Eltern sich selbst schon einmal zu den Bereichen Fernsehen, Buch, Kassette, Telespiele usw. gestellt?*
- *Sehen Eltern dort Probleme? Welcher Art?*
- *Haben Eltern an diesen Themen schon einmal Interesse geäußert?*
- *Wurden bereits von Eltern Ratschläge eingeholt für den Umgang mit Video, Fernsehen?*

(Ernst, Tilman, in: BpB, 1990, S. 15)

Und auch:
- *Welche Eltern würden uns bei der Planung des Elternabends unterstützen?*
- *Welche Eltern können Alternativen zu Medienkonsum bieten?*

Folgende typischen Medienthemen werden von Eltern immer wieder gewünscht:

– *Stereotypes Geschlechtsrollenverhalten in den Medien*
– *Wahrnehmung, Wirkung und Verarbeitung von Filmen im Vorschul- und Grundschulalter*
– *Gewalt im Fernsehen: Auswirkungen und Umgangsweisen*
– *Werbung und Konsum: Wertevermittlung in der Familie*

– *Umgang mit Medien in der Familie*
– *Qualitätskriterien von Filmen, PC-Spielen oder Kinderbüchern*
– *Schutz der Kinder beim Surfen im Internet*
– *Suchtgefahren durch Medien (Video, PC-Spiele, Fernsehen)*

(BpB, 2003, S. 76)

Themenwahl

Hier sollten Sie besondere Sorgfalt walten lassen. Das in der Regel vom Team festgelegte Thema des Abends sollte

- sich auf ein momentanes und real existierendes Problem beziehen und sich auf Beobachtungen in der Gruppe stützen,

- geeignet sein, die medienpädagogische Zusammenarbeit mit den Eltern zu verbessern,

- überschaubar vom Umfang her bleiben, um zu befriedigenden Ergebnissen zu kommen,

- die Eltern nicht durch unglückliche Formulierungen abschrecken, also nicht zu akademisch klingen oder gar den Eindruck der Kontrolle erwecken,

- die Eltern motivieren, zu kommen und sich einzubringen.

Beschaffung geeigneter Informationen

Informieren Sie sich zum festgelegten Thema umfassend. Je gründlicher Sie recherchiert haben, umso sicherer werden Sie diese Veranstaltung durchführen können, umso souveräner können Sie auftreten und damit auch am ehesten Ihre pädagogischen Zielsetzungen erreichen. Der inhaltlichen Vorbereitung kommt hier eine besondere Bedeutung zu. Gehen Sie davon aus, dass einige Eltern von Ihnen auch Tipps und Anregungen erwarten. Darauf sollten Sie vorbereitet sein.

Wenn Sie einen Elternabend zum Thema „Gewalt im Fernsehen" durchführen wollen, brauchen Sie z. B. Zahlenmaterial über die Häufigkeit von Gewaltdarstellungen im täglichen Fernsehprogramm, Sie benötigen Kenntnisse über Wirkungsforschung, was also mediale Gewaltdarstellung bei Kindern und Jugendlichen auslöst und Sie sollten die Inhalte der jeweils aktuellen gewaltträchtigen Sendungen kennen. Zur professionellen Arbeit gehört auch, das gesammelte Material zu archivieren. Legen Sie z. B. Ordner an, in denen Sie das gesamte Material zu diesem Thema abheften können. Wenn in zwei Jahren ein ähnliches Projekt gestartet wird, ist bereits eine gute Grundlage vorhanden.

Einladung

Mit der Qualität der Einladung steht und fällt die Resonanz der Eltern, deshalb sollte dieser Aspekt entsprechend Berücksichtigung finden. Form und Inhalt sollten gut aufeinander abgestimmt sein.

Um Eltern auf den kommenden Elternabend aufmerksam zu machen, können Sie folgende Informationsgelegenheiten nutzen:

- Wichtig ist auf jeden Fall eine schriftliche Einladung mit Abrisszettel, um den Rücklauf kontrollieren zu können;

- Plakate in der Einrichtung an wichtigen Stellen platzieren, z. B. am schwarzen Brett;

- Abholsituationen nutzen, um insbesondere noch einmal die Eltern anzusprechen, die man gerne dabei hätte, weil hier ein unkritischer oder gar fahrlässiger Umgang mit Medien in der Familie vermutet wird;

- Rundschreiben per E-Mail.

Die Plakate und die Rundschreiben oder Einladungen sollten so gestaltet werden, dass sie für die Eltern einen hohen Aufforderungscharakter haben, zum Kommen motivieren und ihnen das Gefühl vermitteln, dass sie in netter und entspannter Atmosphäre Neues über ein medienpädagogisches Thema erfahren, schließlich opfern die Eltern ja ihren wohlverdienten Feierabend. Vermeiden Sie deshalb „brisante" Formulierungen in den Einladungen, damit die Eltern nicht argwöhnen, die Erzieherinnen wollten „Medienpolizei" spielen, die Mediengewohnheiten ausspionieren und den Medienkonsum in der Familie kritisieren.

Ziele und Standpunkte

Klären Sie im Team vorher ab, welche gemeinsamen Ziele und Absichten Sie verfolgen, damit Sie während des Abends keine Überraschungen erleben, an einem gemeinsamen Argumentationsstrang ziehen und somit homogen und glaubwürdig nach außen wirken. Allgemein verbindliche Ziele können an dieser Stelle nicht genannt werden, es hängt im Einzelfall davon ab, was Sie erreichen können und wollen.

Wenn bisher wenig Eltern zu Elternabenden gekommen sind, könnte es ein vorrangiges Ziel sein, die Resonanz zu steigern. Wenn Sie Familien dabei haben, die durch exzessiven Fernsehkonsum auffallen, werden Sie froh sein, wenn diese überhaupt dem Elternabend beiwohnen. Ein wichtiges Ziel ist auf jeden Fall, den Eltern Informationen zu vermitteln und gegebenenfalls Hilfe und Beratung anzubieten. Hauptgrund, aus dem Eltern zu diesem Abend kommen, ist meistens die Suche nach Information und Hilfestellung. Natürlich kommen auch oft die „falschen" Eltern, die in der Regel schon einen sehr kritischen Umgang mit Medien pflegen und hier oft nur Bestätigung haben wollen.

Räumlichkeiten – Wie sollte das Ambiente beschaffen sein?

Der Abend wird in der Regel in einem der Gruppenräume stattfinden, der dafür entsprechend präpariert wird. Schaffen Sie eine gemütliche Atmosphäre, versuchen Sie, die Stühle und Tische so anzuordnen, dass keiner das Gefühl hat, auf dem „Präsentierteller" zu sitzen. Schmücken Sie die Wände eventuell mit von den Kindern zum Thema angefertigten Bildern oder Collagen. Platzieren Sie die benötigten Medien wie Fernseher, Notebook oder Beamer möglichst so, dass bei deren Einsatz die Atmosphäre erhalten bleibt und keiner seinen Platz wechseln muss. Wenn Sie Gruppenarbeit planen, sollten Sie in den entsprechenden Räumen auch vorbereitende Maßnahmen treffen.

Einsatz von Medien und Materialien

Hierzu gehören optional die Medien Fernseher, Videorekorder, DVD-Player, Overheadprojektor, Notebook, Beamer, Dia-Projektor, Tafel, Flip-Chart.

Im Folgenden finden Sie einige Gedanken und Anregungen zum Einsatz von Medien an diesem Abend, denn zu einem Themenabend über Medien setzen Sie ja selber Medien ein. Dies sollte deshalb gezielt und sehr bewusst geschehen. Alles sollte dem Ereignis angemessen sein und nicht zum Selbstzweck ausarten.

Hüten Sie sich vor einem übermäßigen medientechnischen Feuerwerk, es könnte mit einem Desaster enden. Wenn Sie z. B. mithilfe eines Videorekorders Filmausschnitte als Einstieg zeigen, danach Folien über Wirkung von Gewalt auf den Overheadprojektor legen, im Anschluss daran über einen Beamer eine DVD mit gewaltverherrlichenden Szenen vorführen, dann kann das schon sehr beeindruckend sein. Andererseits besteht jedoch eher die Gefahr, dass die Eltern durch die Überfrachtung mit Informationen eher abschalten und Sie damit Schwierigkeiten bekommen, Ihre gesteckten Ziele zu erreichen. Also auch hier gilt: Weniger ist mehr!

Lohnenswert ist sicherlich der Einsatz neuer Medien. Falls Ihre Einrichtung über einen Beamer verfügt, zusätzlich ein Notebook oder ein normaler Desktop-PC zur Verfügung steht, könnten Sie z. B. mit einer Computer-Präsentation zum Thema des Abends besondere Aufmerksamkeit erzielen. Mit ein wenig Geschick und Kenntnis im Umgang mit der entsprechend geeigneten Software lassen sich abwechslungsreiche Präsentationen durch die Kombination von Text, Animationen, Grafiken mit und ohne Musikuntermalung erstellen. Die Präsentation ist eine genaue und vorher festgelegte Abfolge von einzelnen Folien, Grafiken, Bildern, Karikaturen usw.

Die Vorteile bei einer vom Computer generierten Präsentation sind:

- Ansprechendes, professionelles Aussehen
- Konzentration auf ein Medium
- Sie brauchen weniger vorzutragen und können dafür ergänzende Worte finden oder auf Fragen der Eltern eingehen
- Die Präsentation ist quasi Ihr roter Faden für den Abend, die Inhalte werden ansprechend vermittelt und die Ziele leichter erreicht
- Je nach Situation kann die Präsentation auch unterbrochen werden

Beispiel

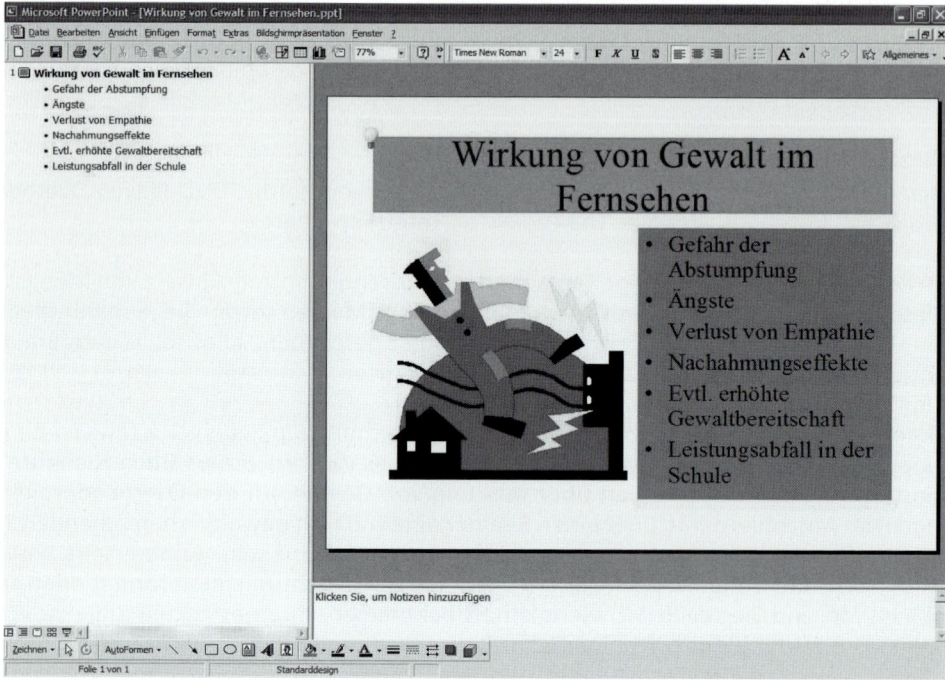

Um während des Elternabends mit den Eltern gemeinsam das Thema zu erarbeiten, benötigen Sie eventuell noch folgende Materialien: festes Papier im DIN-A2-Format oder Papier von der Rolle, Stifte, Folien, Folienstifte, Klebeband, Schere etc.

Einstieg
Hier gibt es keinen Königsweg, aber viele Möglichkeiten. Denkbar sind mehrere Einstiegsvarianten. Das hängt u. a. davon ab, ob Sie für den Elternabend einen Experten gewinnen konnten, der Sie in wesentlichen Phasen unterstützt.

Nach der Begrüßung der Teilnehmer und Einstimmung auf das Thema durch die Leitung wären als Einstieg z. B. denkbar:

- **Filmbeispiele:** Vorführung von selbst zusammengeschnittenen Fernsehsequenzen, die auf das Thema hinführen sollen, z. B. Szenen mit viel Gewaltanwendungen;

- **Themenbegründung:** Bericht über Vorfälle in der Einrichtung oder über die Probleme mit bestimmten Kindern, deren Namen aber hier nicht genannt werden, um die Dringlichkeit des Themas noch einmal hervorzuheben;

- **Überblick:** Man bietet eine Auswahl von verschiedenen Themen an, aus denen die Eltern dann auswählen können;

- **Aufhänger:** Eine geeignete Karikatur zum Thema, projiziert mit einem Overhead-projektor oder mithilfe eines Beamers;

- **Kartenabfrage:** Hier bitten Sie die Eltern, jeweils ein Stichwort oder einen Begriff zum Thema auf eine Karte zu schreiben. Die Anzahl der Karten sollte auf drei bis fünf begrenzt werden;

- **Zuordnung:** Sie legen auf den Boden oder auf einen Tisch Bilder, die die Kinder in der Einrichtung zum Thema „Fernsehen" gemalt haben. Die Eltern müssen nun das Bild ihres Kindes finden und das Bild interpretieren.

- Rollenspiele

Alle Möglichkeiten sind geeignet, mit den Eltern ins Gespräch zu kommen. Schaffen Sie hierbei eine offene und entspannte Atmosphäre. Hier ist Sensibilität gefragt – geben Sie den Eltern immer das Gefühl, dass ihre Beiträge und Fragen zum Thema wichtig sind und somit zum Gelingen des Abends beitragen. Vermeiden Sie im Gegensatz dazu Bemerkungen oder Einwände, die eher dazu führen, dass Eltern sich zurückziehen und sich nicht mehr trauen, Fragen zu stellen. Hüten Sie sich vor Pauschalurteilen wie: „Ich finde auch, im Fernsehen läuft nur Mist!"

Hinweis
Verteufeln Sie niemals das Medium Fernsehen an sich – erwähnen Sie auf jeden Fall auch die positiven Seiten des Fernsehens und richten Sie stattdessen den Fokus auf bedenkliche und ungeeignete Sendungen für Kinder und Jugendliche!

Arbeitsformen

Es ist durchaus möglich, den ganzen Abend im Gesamtplenum durchzuführen. Ist die Teilnehmerzahl jedoch sehr groß (im Vorfeld abklären), empfiehlt sich eher, Kleingruppenarbeit vorzusehen. Hierdurch haben auch die Eltern eine Chance, sich einzubringen, die sich in der Gesamtgruppe eher schüchtern zurückhalten. Für die Kleingruppenarbeit muss gegebenenfalls Informationsmaterial bereitgehalten werden. Das bedeutet für Sie in der Regel Mehraufwand, da Sie für mehrere Gruppen Material bereitstellen müssen. Die Ergebnisse der Gruppenarbeit sollten dann so aufbereitet werden, dass diese anschließend im Plenum gut präsentiert werden können, z. B. auf einem großen Plakat.

Inhalte

Überfrachten Sie die Eltern nicht mit Informationen, auch hier gilt: Weniger ist mehr! Versuchen Sie eher, die Eltern durch geschickt gesetzte Impulse zum Nachdenken anzuregen. Fördern Sie durch diesen Abend lieber die Fähigkeit der Eltern, Medien kritischer und mit Distanz zu betrachten als mit sinnlosen Patentrezepten aufzuwarten. Für die Eltern ist die Möglichkeit, über Mediengewohnheiten in ungezwungener Atmosphäre frei reden zu können, ohne Sanktionen fürchten zu müssen, ein erster Schritt in die richtige Richtung.

Medienexperten

Die Einladung eines Medienexperten zu Ihrem Elternabend bietet eine gute Möglichkeit, sich selbst etwas zu entlasten und gleichzeitig den Eltern mit kompetenten Informationen dienen zu können. Die Entlastung bezieht sich aber nur auf den Abend selber, da Sie nicht den gesamten Verlauf bestreiten müssen. In der Vorbereitungsphase sollten Sie sich mit dem Experten zusammensetzen und ein gemeinsames Konzept, gemeinsame Ziele und Methoden auswählen, damit es später keine Überraschungen gibt. Der Experte sollte Ihnen eher zuarbeiten, er soll mit seinem Beitrag Ihre Arbeit, Ihr Anliegen unterstützen, denn Sie verfolgen bestimmte, konkrete Ziele mit diesem Abend. Außerdem arbeiten Sie später weiter in der Einrichtung und müssen sich immer wieder mit medienpädagogischen Fragen auseinander setzen. Ungünstig wäre es, wenn der Experte nur einen standardisierten Vortrag hält, sein Honorar bekommt und Sie mit vielen Fragen alleine lässt.

Damit Sie und die Eltern gleichermaßen von dem Experten profitieren, empfiehlt es sich, ihm einen begrenzten Fragenkatalog vorzulegen, auf dessen Beantwortung er sich vorbereiten kann. Wenn Sie beim Einladungsschreiben für die Eltern den Besuch eines Experten ankündigen, könnten die Eltern über den Rückmeldezettel schon Wünsche oder Fragen für den Abend äußern.

Hinweis

Ein Medienexperte bringt für Sie argumentative Entlastung an diesem Abend. Er verfügt in der Regel über das Detailwissen und die Kompetenz, um Ihre Aussagen wirkungsvoll zu unterstützen. Somit wirken manche Erkenntnisse viel nachhaltiger und zeitigen somit eine wesentlich größere Wirkung.

Zusammenfassung, Ergebnisse und Abschluss

Wichtig ist hier die inhaltliche Zusammenfassung des Abends, nichts sollte vergessen werden, das Wesentliche in kompakter Form auf einem großen Plakat erscheinen (bei Gruppenarbeit sind auch mehrere kleine Plakate nebeneinander möglich). Die Kunst besteht in dieser Phase darin, nicht noch einmal alles zu wiederholen, was erarbeitet wurde, sondern das Wesentliche aus dem Abend zu extrahieren, um

- klare Ergebnisse formulieren zu können,
- für die Eltern neue gewonnene Erkenntnisse und Informationen noch einmal zu benennen,
- offen gebliebene Fragen zu notieren.

Den Eltern könnte zum Abschluss eine kleine selbst erstellte Broschüre zum Thema des Abends „Kinder und Gewalt im Fernsehen" überreicht werden, damit zu Hause noch einmal die Möglichkeit besteht, Wichtiges nachzulesen. Diese Broschüre stellt wenig Mehrarbeit für Sie dar, weil sie eher ein Nebenbeiprodukt Ihrer Vorbereitung ist.

Verabschieden Sie die Eltern mit einem Dankeschön für die konstruktive Mitarbeit und der Aussicht, liegen gebliebene Themen auf jeden Fall bei einem der nächsten Elternabende oder Elternstammtische noch einmal aufzugreifen. So sehen die Eltern, dass auch nicht behandelte Themen oder Fragestellungen ernst genommen werden.

Auswertung des Elternabends – Evaluierung

Um zukünftige Elternabende zu medienpädagogischen Fragestellungen noch effektiver zu gestalten, werten Sie den Abend in der nächsten Teamsitzung anhand folgender Kriterien aus.

- Was lief gut, was nicht?
- Wo waren Schwächen?
- Was war nahezu perfekt?
- Wie zufrieden waren die Eltern?
- Gab es auch unzufriedene Gesichter, wenn ja, warum?

Gehen Sie Ihre Vorbereitungsliste systematisch durch und vergleichen Sie Ihre Ziele mit dem Erreichten.

Hinweis
Wenn Sie bei der Planung für den nächsten Elternabend direkt Kriterien festlegen, wann ein Ziel oder ein Vorhaben als umgesetzt und erreicht gilt, haben Sie Instrumente an der Hand, mit denen Sie anschließend erfolgreich evaluieren können.

Entwickeln Sie aus den Fragestellungen, die nicht an dem Abend behandelt werden konnten, neue Themen für einen sich anschließenden Elternabend.

11.2.2.2 Medienpädagogischer Elternbrief

Der medienpädagogische Elternbrief bietet die Möglichkeit, auch die Eltern zu erreichen, die aus unterschiedlichen Gründen einer Einladung zum Elternabend nicht folgen konnten oder wollten. Da in vielen Einrichtungen schon Erfahrungen mit dem Erstellen von Eltern- oder Kinderzeitungen bestehen, kann auf dieses „Know-how" zurückgegriffen werden. Zudem erleichtert ein Computer, der heute doch in den meisten Einrichtungen vorhanden ist, die Arbeit enorm. Es besteht sogar die Möglichkeit – vorausgesetzt, man hat einen guten und gepflegten Datenbestand auf der Festplatte –, auf schon vorhandene Dokumente zurückzugreifen. So könnte ein zwei Jahre alter Elternbrief als Grundlage für einen neuen genutzt werden. Wertvolle Zeit, die für das Layout und die Formatierung anzusetzen sind, wird hierdurch gespart.

Bei der Gestaltung des Elternbriefes sollten Sie Folgendes beachten:

- Wählen Sie ein Thema aus, das entweder brisant und aktuell ist oder von dem Sie nach Rücksprache mit dem Team überzeugt sind, dass es viele Eltern anspricht.

- Verwenden Sie eine klaren Sprachstil, der die Eltern nicht überfordert.

- Das Thema sollte nicht zu theoretisch sein.

- Überfrachten Sie den Elternbrief nicht, indem Sie hier alles aufführen, was Ihnen am Herzen liegt.

- Reduzieren Sie den Umfang des Schreibens so, dass Sie sicher sind, dass es auch gelesen wird.

- Sinnvoll ergänzt wird der Elternbrief durch Literaturhinweise oder durch die Angabe von Web-Adressen, durch die sich interessierte Eltern weiter informieren können.

11.2.2.3 Medieninfos auf der Homepage der Einrichtung

Wenn Ihre Einrichtung bereits über eine eigene Homepage verfügt, kann das Internet hervorragend für Medieninfos genutzt werden. So könnten Sie z. B. den Medienbrief, den Sie sonst auf traditionelle Weise verschicken würden, stattdessen ins Internet stellen.

Die Möglichkeit, viele Tätigkeiten online zu erledigen, wird besonders auch von Eltern oder Alleinerziehenden genutzt, die berufstätig sind. Um auch diesen Eltern die Chance zu bieten, in ständigem Kontakt zu den Erzieherinnen zu stehen, könnte eine Online-Beratung und -Information eingerichtet werden. Diese Form der Kommunikation soll nicht die Face-to-Face-Kommunikation ersetzen, bietet aber neue Wege, auch berufstätige Elternpaare oder Alleinerziehende besser und beständiger zu erreichen. Dies kann durch einen E-Mail-Service geschehen, in dem Eltern eine feste E-Mail-Adresse haben, über die sie eine gerade verantwortliche Erzieherin erreichen. Im wöchentlichen Wechsel kann immer eine Erzieherin für diesen Service verantwortlich sein. Dafür wird beim Provider oder E-Mail-Dienstleister immer wechselnd eine E-Mail-Weiterleitung auf die E-Mail-Adresse der gerade verantwortlichen Erzieherin aktiviert.
Darüber hinaus kann ein regelmäßiger Newsletter
(Kobbeloer, 2002, S. 232)

nur an die Eltern versandt werden, in dem für sie wichtige und aktuelle Informationen enthalten sind. Ein solcher Newsletter bietet sich eventuell auch an, um Eltern von neuen Kindern, die in die Einrichtung kommen sollen, Informationen zur Einrichtung und den Formalitäten zu geben. Als Anhang können Antrags- und andere Formalitäten mitgesandt werden, die die Eltern dann ausdrucken, ausfüllen und mit der altbekannten Post oder per Fax zurücksenden können.
Darüber hinaus können den Eltern pädagogische Rundbriefe gesandt werden, in denen Eltern und Alleinerziehende für pädagogische Themen sensibilisiert werden und Links zu aktuellen Elternseiten oder allgemeinen pädagogischen Diskussionen finden. Viele Eltern, die sich sonst oft nicht trauen, pädagogische Hilfestellungen zu erbitten, haben hier die Möglichkeit, anonym Informationen zu erhalten. Dies kann auch zur Arbeitserleichterung für Erzieherinnen führen.

Voraussetzung ist, dass eine Mitarbeiterin Ihrer Einrichtung in der Lage ist, den Elternbrief ins Internet zu stellen, also die Homepage mit neuen Inhalten zu erweitern, oder die Eltern mit medienpädagogischen Newslettern zu versorgen.

Beispiel

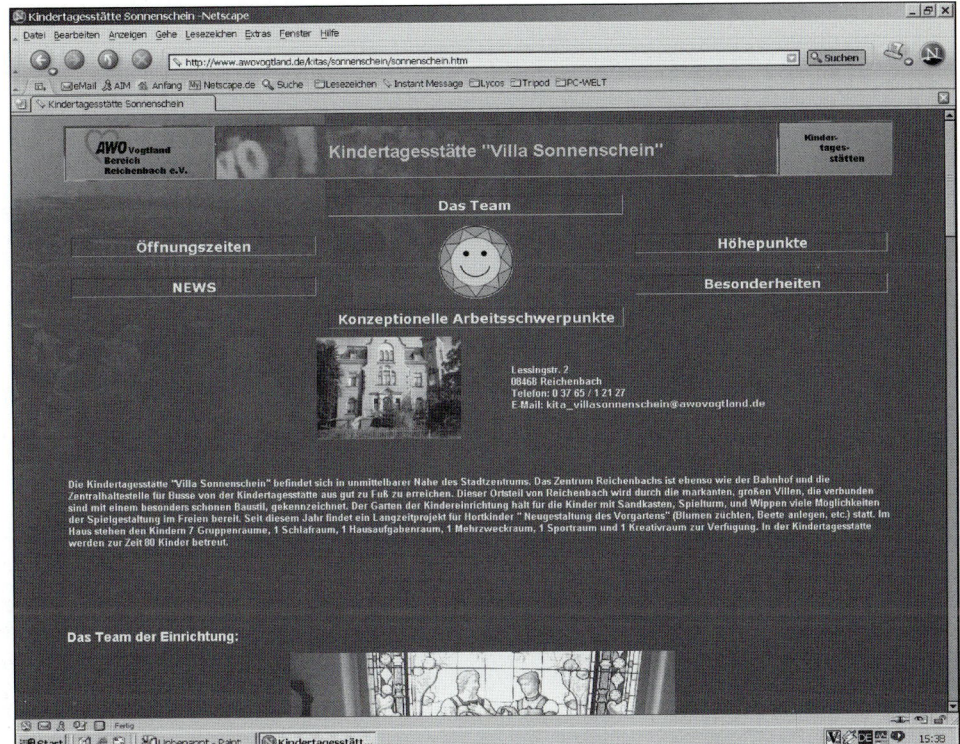

Medieninfos auf Ihrer Homepage bereitzustellen bzw. die generelle Möglichkeit, sich über Ihre Einrichtung im Internet informieren zu können, ist nicht nur eine moderne Form der medienpädagogischen Elternarbeit, sondern zugleich ein Stück Öffentlichkeitsarbeit. Der Internetauftritt Ihrer Einrichtung ist immer brandaktuell und damit auch einer breiteren und interessierteren Öffentlichkeit zugänglich, sodass sich folgende positiven Aspekte ergeben:

- Die Homepage Ihrer Einrichtung ist dynamisch, sie „lebt", weil hier viele Themen angesprochen und ständig aktualisiert werden.

- Beruflich stark beanspruchte Eltern können sich zu jeder Tages- und Nachtzeit über Neuigkeiten in der Einrichtung informieren und damit ihr eventuell vorhandenes Informationsdefizit ausgleichen.

- Für Ihre Einrichtung ergibt sich hierdurch eine positive Außenwirkung, es entsteht für Außenstehende das Bild einer Einrichtung mit engagierten und kompetenten Mitarbeiterinnen.

11.2.2.4 Elternstammtisch

Hier bietet sich die Möglichkeit, meist in einem Rahmen außerhalb der Einrichtung mit Eltern in einem gemütlichen Beisammensein vertiefende Gespräche zu verschiedenen Themen zu führen. Ein Elternstammtisch könnte auch mehr Väter anlocken als ein Elternabend.

Der zwanglose Rahmen schafft eine lockere Gesprächsatmosphäre; dies bietet für eher zurückhaltende Eltern eine gute Möglichkeit, sich einzubringen. Durch den informellen Charakter ergeben sich förderliche Kommunikationsbeziehungen. Freie und authentische Äußerungen von Eltern und Erzieherinnen sind hier eher möglich als in der Einrichtung.

Auch hier besteht durchaus die Möglichkeit, einen Experten zum Thema zu gewinnen, um dem Abend noch mehr inhaltliche Qualität zu verleihen.

11.2.2.5 Beratungsgespräche

Diese Gespräche sind in der Regel Einzelgespräche mit betroffenen Familien, meist ohne Beisein der Kinder. Beratungsbedarf entsteht durch

- pädagogische Hilfestellung für die Eltern, die sich in medienbezogenen Themen und Problemen („wie lange darf mein Kind am Tag fernsehen?") überfordert fühlen und konkrete Hilfen und Anregungen erwarten;

- in der Einrichtung auffällig gewordene und kommunikationsgestörte Kinder, deren Verhaltensweisen eventuell in einem ursächlichen Zusammenhang mit ungebremstem Medienkonsum stehen;

- Familien, deren Mediennutzungsverhalten konträr zu den pädagogischen Zielen der Einrichtung steht, deren Kinder z. B. ungehindert im Beisein oder mit Billigung der Eltern Gewaltvideos konsumieren dürfen.

Beratungsgespräche sollten in einer vertrauensvollen und offenen Atmosphäre unter gegenseitiger Achtung und Respektsbezeugung geführt werden, auch wenn Eltern durch offensichtliche Fehlleistungen aufgefallen sind. Probleme sollten nach einem ganzheitlichen Ansatz gelöst werden, einseitige Schuldzuweisungen helfen ebenso wenig weiter wie Rezepte mit Kurzzeitwirkung oder gar der erhobene Zeigefinger. Konstruktive Dialog- und Problemlösungsbereitschaft auf beiden Seiten trägt hier mehr zum Gelingen bei. Dazu gehört aber auch, dass Erzieherinnen den Mut haben sollten, über „heiße Eisen" offen mit den Eltern zu reden und nicht aus einer Angst vor einem Streit Probleme lieber verschweigen.

11.2.2.6 Tür-und-Angel-Gespräche

Hiermit sind Gespräche auf informeller Ebene gemeint, ohne offiziellen Rahmen und Einladung, eben zwischen Tür und Angel. Durch diese vielleicht bewusst herbeigeführte oder sich oftmals zufällig ergebene Situation kann sich eine wertvolle Gesprächssituation ergeben. Eltern sind in dieser Einzelkontaktsituation oftmals offener und zugäng-

licher für die Anliegen der Erzieherinnen. Durch das Fehlen des offiziellen Rahmens treten die typischen Rollen und Rollenerwartungen etwas in den Hintergrund, es ergibt sich eher ein Gespräch von „Mensch zu Mensch". Deshalb haben Gespräche auf dieser Ebene, auch wenn sie nur von kurzer Dauer sein mögen, einen vertrauensbildenden Effekt.
Eltern, die in dieser Situation mit der notwendigen Sensibilität und gebotenen Zurückhaltung z. B. auf das Mediennutzungsverhalten in ihrer Familie angesprochen werden, können hier leichter zu ihren Schwächen stehen, da sie nicht einer Gruppe gegenüberstehen und sich nicht der Einrichtung, dem Team oder der Leitung gegenüber verantworten müssen.

Tür-und-Angel-Gespräche, z. B. während der Abholsituation, können Problemen in der Einrichtung schon in der Entstehung den Wind aus den Segeln nehmen: Statt über die Eltern zu reden, redet man mit ihnen. Diese Art von Einzelkontakt hilft auch, aufkommende Probleme schneller zu erkennen, und trägt zu ihrer schnelleren Bewältigung oder Abschwächung bei.

11.2.2.7 Medienprojekte und Mediennutzung der Eltern

Medienprojekte gehören zur aktiven Medienarbeit. Sie sind mit verschiedenen Medien wie Video, Fotokamera, Computer etc. durchführbar. Aktive Medienarbeit ist in der Regel ohne Mithilfe der Eltern nicht möglich. Eltern sind hier Materialbeschaffer, Helfende und Unterstützende bei größeren Projekten und auch willkommene Zuschauer.

Wenn Medienprojekte in einer Einrichtung durchgeführt werden, die entstandenen Produkte anschließend an einem gemeinsamen Eltern-Kind-Nachmittag oder an einem Elternabend vorgeführt werden, erleben Eltern auch vorteilhafte Aspekte der Medien: aktives Nutzen der Medien anstelle einseitigen Konsumierens.

So gesehen kann ein Medienprojekt (siehe auch Kapitel 7) nicht nur den Blickwinkel für die Kinder verändern, sondern auch dazu beitragen, dass Eltern über ihr eigenes Mediennutzungsverhalten nachdenken.

11.2.2.8 Ziele medienpädagogischer Elternarbeit

Im Folgenden finden Sie eine Auswahl möglicher Ziele medienpädagogischer Elternarbeit:

- Eltern, die sich in medienpädagogischen Fragen überfordert fühlen, kurz- und langfristig helfen.

- Die Wahrnehmung der Eltern schärfen, um besser das Mediennutzungsverhalten in der eigenen Familie reflektieren zu können.

- Die Eltern über die Vor- und Nachteile von Medien informieren.

- Auf die Bedenklichkeit und Gefährlichkeit von Gewaltvideos oder gewaltverherrlichenden Computerspielen hinweisen.

- Eltern grundlegende Kriterien vermitteln, um geeignete Medienprodukte (gute Filme, sinnvolle Computerspiele, Lernmedien etc.) für ihre Kinder aussuchen zu können.

- Eltern für die medialen Bedürfnisse ihrer Kinder sensibilisieren.

- Alternativen zum Medienkonsum anbieten.

- Eltern mit pädagogisch wertvollen Medienprodukten bekannt machen.

- Eltern als Partner für gemeinsame medienpädagogische Ziele gewinnen.

- Durch Elternabende und Elternnachmittage oder -stammtische die medienpädagogische Elternarbeit institutionalisieren, d. h., in einer wiederkehrenden, mehr oder weniger festen Form anbieten.

11.2.3 Links

http://www.ajs-bw.de/00000029.html
        Landesnetzwerk Medienpädagogische Elternarbeit

http://www.medienpaedagogik-online.de/mk/00390/
        Medienpädagogische Elternarbeit

http://www2.lmz-bw.de/lmz/inhalte/paedagogik/fortbildungpaedagogischetage/eltern-arbeitzumth_78.htm
        Elternarbeit zum Thema „Medien": Tipps und Tricks

Verzeichnis der Übungen

Verzeichnis der Arbeitsmaterialien

14. Shell Jugendstudie, unter: http://www.shell-jugendstudie.de/download.htm (26.04. 2005).

Achatz, M.: Herausragende Filme beim Berlinale-Kinderfilmfest, in: Medien und Erziehung, Heft 2, München, Kopäd Verlag, 2002.

Anfang, Günther/Demmler, Kathrin/Lutz, Klaus (Hrsg.): Mit Kamera, Maus und Mikro. Medienarbeit mit Kindern, München, Kopaed Verlag, 2003.

Antons, Klaus: Praxis der Gruppendynamik. Übungen und Techniken, Göttingen, Hogrefe, 2000.

AOK: Fit im Büro, unter: http://www.aok.de/bund/tools/fitimbuero/rg_haltung.php (26.04.2005).

Baacke, Dieter/Lauffer, Jürgen: Kinder- und Jugendsendungen im Fernsehen. Übersicht und Empfehlungen, Bielefeld, GMK, 1993.

Baacke, Dieter/Sander, Uwe/Vollbrecht, Ralf: Medienwelten Jugendlicher, Bd. 2, Opladen, Leske + Budrich, 1990.

Bachmeier, Ben: Das Konzept des Forschungsprojekts „Jährliche Bestandsaufnahme zum Kinderfernsehen. Qualitative und quantitative Fernsehprogrammanalyse in der Sicht der Kinder", unter: http://www.kinderfernsehforschung.de (26.04.2005).

Barthelmes, Jürgen/Herzberg, Irene/Nissen, Ursula: Kind und Fernsehen. Medienpädagogische Materialien, München, Bardtenschlager, 1983.

Barthelmes, Jürgen: Fernsehen und Computern in der Familie. Für einen kreativen Umgang mit Medien, München, Kösel, 1999.

Basic, Natascha/Palme, H.-J.: Xtrakt – das virtuelle Freizeitheim, in: Landesarbeitsgemeinschaft SpuK Infodienst (Hrsg.): Kulturelle Jugendbildung, Kinder- und Jugendkultur, Spiel, Heft 1, 1998.

Basic, Natascha: xTrakt – Das erste virtuelle Freizeitheim, unter: http://www.medienpaedagogik-online.de/mkp/00407/index.html (26.04.2005).

Biebel, Martin: Bildkomposition I in Filmwerkstatt, in: Zeitschrift Video – Aktiv, Heft 2, Stuttgart, 1993.

Böcher, Hartmut/Koch, Roland: Medienerziehung. Theorie und Praxis, Stam, Köln, 1998.

BPjM: Info zum Jugendmedienschutz, 2. Auflage, 2004.

Brecher, Deborah L.: Go – Stop – Run. Das Frauen-Computer-Lehrbuch, übersetzt von Christina Callori-Gehlsen und Andreas Schulz, Berlin, Orlanda-Frauenverlag, 1988.

Brockschnieder, Franz-Josef/Ulrich, Wolfgang: Praxisfeld Erziehung, Köln, Stam, 1997.

Bücherhalle Mümmelmannsberg, unter: http://www.buecherhallen.de (26.04.2005).

Bundesprüfstelle, unter: http://www.bundespruefstelle.de (26.04.2005).

Bundesprüfstelle, unter: http://www.bundespruefstelle.de/Texte/m2_Dc_txt.htm (26.04. 2005).

Bundesvereinigung Kulturelle Jugendbildung e. V. (Hrsg.): Vom kreativen Umgang mit Computern. Möglichkeiten und Grenzen in der Jugendkulturarbeit, Remscheid, 1988.

Bundeszentrale für politische Bildung (BpB) (Hrsg.): Über Medien reden. Informationen für pädagogische Fachkräfte in Kindergarten, Hort und Grundschule, Heft 8, Bonn, 2003.

Bürer, Margrit/Nigg, Heinz: Video. Praktische Videoarbeit mit Kindern und Jugendlichen, Zürich, Pro Juventute, 1990.

Charlton, Michael: Medien und die Entwicklung des Kindes: 10 Antworten, unter: http://www.mpfs.de/materialien/infoset/entwick.html (26.04.2005).

Dichanz, Horst (Hrsg.): Medienforschung. Konzepte, Themen, Ergebnisse, Bundeszentrale für politische Bildung, Bonn, 1998.

Eggert, Susanne/Theunert, Helga: Mediale und reale Gewalt. Grenzen und Übergänge, hrsg. v. JFF – Institut für Medienpädagogik in Forschung und Praxis, München, Koepaed, 2003.

Eggert, Susanne/Theunert, Helga: Multimedial und käuflich: Action auf dem Medien- und Konsummarkt, hrsg. v. JFF – Institut für Medienpädagogik in Forschung und Praxis, München, Koepaed, 2003.

Eggert, Susanne/Theunert, Helga: Regulative und Netze. Wo und wie greift der Jugendmedienschutz?, hrsg. v. JFF – Institut für Medienpädagogik in Forschung und Praxis, München, Koepaed, 2003.

Ernst, Annette/Pullich, Leif: Software- und netzbasierte Computerspiele, unter: http://www.learn-line.nrw.de/angebote/mksu/basiseinheit.jsp?page=3,1,2,2,1 (26.04.2005).

Ernst, Tilmann/Bundeszentrale für politische Bildung (BpB) (Hrsg.): Neue Medien und Familie. Broschüre für Erzieherinnen und Erzieher, Nr. 67/68, Bonn, 1990.

Europäisches Segel-Informationssystem: Das Internationale Flaggenalphabet, http://www.esys.org/esys/flagalph.html (26.04.2005).

Fehr, Wolfgang/Kempf, Tobias/Kirschner, Bernd/Koch, Birger/Koelick, Christoph/Leyendecker, Mo/Pohlmann, Horst/Tiemann, Jan: Spiel- und Lernsoftware pädagogisch beurteilt, Band 13, Köln, 2003/2004.

Felsmann, Klaus-Dieter: „Über Film und Jugend zu reden, ist modern geworden..." Erziehung zu mehr Filmkompetenz, in: Medien und Erziehung, Heft 2, München, Kopäd Verlag, 2004.

Förster, Hans-Peter: Video – mein Hobby, München, Humboldt-Taschenbuchverlag, 1982.

Fragen und Antworten: Was darf man noch kopieren? unter: http://www.stern.de/computer-technik/technik/?id=513240 (26.04.2005).

Franken, Raimund/Riekenberg, Dagmar (Hrsg.): Kino zum Anfassen. Handbuch der nichtgewerblichen Filmarbeit, Frankfurt am Main, Extrabuch, 1985.

Fraunhofer-Institut ISI: Presseinformation, 15, 1998.

291

Fritz, Jürgen/Fehr, Wolfgang (Hrsg.): Handbuch Medien: Computerspiele, Bonn, Bundeszentrale für politische Bildung, 1997c.

Fritz, Jürgen/Fehr, Wolfgang: Computerspieler wählen lebenstypisch, in: Fritz, Jürgen/Fehr, Wolfgang (Hrsg.): Handbuch Medien: Computerspiele, Bonn, Bundeszentrale für politische Bildung, 1997a.

Fritz, Jürgen/Fehr, Wolfgang: Macht, Herrschaft und Kontrolle im Computerspiel, in: Fritz, Jürgen/Fehr, Wolfgang (Hrsg.): Handbuch Medien: Computerspiele, Bonn, Bundeszentrale für politische Bildung, 1997b.

Fritz-Boehle-Schule: Bau eines Morseapparates, unter: http://www.fbs.em.schule-bw.de/technik/morsen/morsen1.htm (26.04.2005).

Geo-Wissen: Chaos und Kreativität, Nr. 2, 1990.

Geo-Wissen: Denken, Lernen, Schule, Nr. 1, 1999 (mit Beilage: Lernsoftware im Geo-Test).

Geo-Wissen: Mensch und Kommunikation, Nr. 27, 2001.

Götter, Elke/Waldschmidt, Anja/Neuß, Norbert: „Unser Haus der Träume". Medienpädagogische Bearbeitungsformen von Pippi Langstrumpf, in: Eder, Sabine/Neuß, Norbert/Zipf, Jürgen: Medienprojekte in Kindergarten und Hort, Berlin, Vistas, 1999.

Groebel, Jo: Gewaltdarstellungen im Fernsehen. Analyse und Empfehlung, Duisburg, Ministerium für Arbeit, Gesundheit und Soziales des Landes NRW, 1994.

Gudjons, Herbert/Pieper, Marianne/Wagener, Birgit: Auf meinen Spuren. Das Entdecken der eigenen Lebensgeschichte, 5. Auflage, Hamburg, Bergmann + Helbig, 1999.

Gudjons, Herbert: Praxis der Interaktionserziehung. 180 Übungen und Spiele zum Gruppentraining in Schule, Jugendarbeit und Erwachsenenbildung, Bad Heilbrunn/Obb., Klinkhardt, 1978.

Habian, Erich: Geschichte der Fotografie, unter: http://www.wu-wien.ac.at/usr/h99a/h9950236/fotografie/foto1.htm (26.04.2005).

Hahn, Maria/Janssen, Rolf: Erziehungswissenschaft, Band 1 und 2, Köln, Stam, 1997.

Handywerte, unter: www.handywerte.de (26.04.2005).

Heidrich, Hanno/Bauer, Andreas: Lernen kann ruhig schwer sein. Interview mit Joseph Weizenbaum, in: taz, Nr. 6341 vom 9. Januar 2001, S. 4.

Hentig, Hartmut von: Das allmähliche Verschwinden der Wirklichkeit, 3. Auflage, München, Hanser, 1987.

Hobmair, Hermann (Hrsg.): Pädagogik, 2. Auflage, Köln, Stam, 2002.

Humboldt-Universität-Berlin: http://www.educat.hu-berlin.de/mv/baustein.html (26.04.2005).

Institut für Demoskopie Allensbach: Mediennutzung 2002, AWA, 2002.

JFF – Institut für Medienpädagogik in Forschung und Praxis (Hrsg.): Aufwachsen in Actionwelten. Materialpaket zu gewalthaltigen Spielwelten und Medienverbünden, München, Koepaed, 2003.

Kämpfer, Horst-Dieter: Recht und Verwaltung, Köln, Stam, 1996.

Kindergarten St. Josef, unter: http://www.geseke.de/Stadtinfos/KG St. Josef 3.htm (26.04.2005).

Kirchhoff, Andreas: Von Pokémon zum Ego-Shooter. Computerspiele als Spaßfaktor oder Gewalttraining?, hrsg. v. JFF – Institut für Medienpädagogik in Forschung und Praxis, München, Koepaed, 2003a.

Kleine-Katthöfer, Günter: Grundbausteine Sozialpädagogik, Köln, Stam, 2001.

Kobbeloer, Michael: Internethandbuch für Erzieherinnen und Erzieher. Einstieg, Ausbildung und berufliche Praxis, Berlin, Cornelsen, 2002.

Krauch, Franziska (Hrsg.): Mädchen. Das Aufklärungsbuch, München, Antje Kunstmann Verlag, 1996.

Krebs, Dagmar: Verführung oder Therapie? Pornographie und Gewalt in den Medien, in: Funkkolleg Medien und Kommunikation, Studienbrief 10, Weinheim/Basel, 1991.

Krippendorf, Klaus: Der verschwundene Bote. Metaphern und Modelle der Kommunikation, in: Deutsches Institut für Fernstudien an der Universität Tübingen (Hrsg.): Medien und Kommunikation. Konstruktion von Wirklichkeit, Weinheim/Basel, 1990.

Lauterbach, Guido: Computersucht, unter: www.wdr.de/tv/service/familie/inhalt/20020925/b_1.phtml (26.04.2005).

Liesching, Marc: Das neue Jugendschutzrecht, unter: http://www.lehrer-online.de/url/jugendschutzrecht (26.04.2005).

Maturana, Humberto R.: Erkennen. Die Organisation und Verkörperung von Wirklichkeit, 2. Auflage, übersetzt von Wolfram K. Köck, Braunschweig/Wiesbaden, Vieweg, 1985.

Medienpädagogischer Forschungsverbund Südwest (Hrsg.): JIM-Studie 2003: Jugend, Information, (Multi-)Media. Basisstudie zum Medienumgang 12- bis 19-Jähriger in Deutschland, Baden-Baden, 2003.

Medienpädagogischer Forschungsverbund Südwest (Hrsg.): JIM-Studie 2003, unter: http://www.mpfs.de/studien/jim/jim03.pdf (26.04.2004).

Medienpädagogischer Forschungsverbund Südwest (Hrsg.): KIM-Studie 2003: Kinder und Medien, Computer und Internet. Basisuntersuchung zum Medienumgang 6- bis 13-Jähriger in Deutschland, Baden-Baden, 2003.

Merten, Klaus: Allmacht oder Ohnmacht der Medien? Erklärungsmuster der Medienentwicklungsforschung, in: Funkkolleg Medien und Kommunikation, Studienbrief 9, Weinheim/Basel, 1991.

Mester, Eva-Maria/dpa: Erster Internet-Kindergarten eröffnet, unter: http://www.heise.de/newsticker/meldung/12889 (26.04.2005).

Metzinger, Adalbert: Kindsein heute. Zwischen zuviel und zuwenig, München, Mering/Hampp, 2002.

Militzer, Renate/Demandewitz, Helga/Solbach, Regina: Tausend Situationen und mehr! Die Tageseinrichtung – ein Lebens- und Erfahrungsraum für Kinder, Münster, Votum, 1999.

293

Ministerium für Arbeit, Gesundheit und Soziales des Landes Nordrhein-Westfalen (Hrsg.): Jugendgefährdung durch gewaltdarstellende Video-Filme, Düsseldorf, 1985.

MPFS Medienpädagogischer Forschungsverbund Südwest (Hrsg.): Medien und die Entwicklung des Kindes, Baden-Baden, ohne Jahr.

Müntefering, Gert K., in: Schmidbauer, Michael (Hrsg.): Die Geschichte des Kinderfernsehens in der Bundesrepublik Deutschland, München, Saur, 1987.

Neumann-Braun, Klaus: Kinder im Mediennetz!? Aspekte der Medienrezeption im Kindesalter, in: Aufenanger, Stefan (Hrsg.): Neue Medien – neue Pädagogik? Ein Lese- und Arbeitsbuch zur Medienerziehung in Kindergarten und Grundschule, Bonn, Bundeszentrale für politische Bildung, 1991.

Oerter, Rolf/Montada, Leo E.: Entwicklungspsychologie, München, Urban & Schwarzenberg, 1982.

Papert, Seymour: Kinder, Computer und neues Lernen, 2. Auflage, übersetzt von Gabriela Steinke, Basel, Birkhäuser 1985.

Paus-Haase, Ingrid/Höltershinken, Dieter/Tietze, Wolfgang: Alte und Neue Medien im Alltag von jungen Kindern. Orientierungshilfen für Eltern und Kinder, Freiburg, Lambertus, 1990.

Piaget, Jean: Das Weltbild des Kindes, 7. Auflage, übersetzt von Hans Aebli, München, Deutscher Taschenbuch Verlag, 2003.

Postman, Neil: Das Verschwinden der Kindheit, übersetzt von Reinhard Kaiser, Frankfurt am Main, S. Fischer, 1983.

Rat, Riothe: Internetcafes und Jugendschutz, unter: http://www.netz-id.de/sep-Internetcafes+und+Jugendschutz-sep1860.html (26.04.2005).

Rogge, Jan-Uwe: Kinder können fernsehen. Vom Umgang mit der Flimmerkiste, 2. Auflage, S. Fischer, Frankfurt am Main, 2001.

Rogge, Jan-Uwe: Qualität zwischen Belanglosigkeit und Kommerz. Über Versuche, gehaltvolles Fernsehen für Kinder zu machen, in: Medien und Erziehung, Heft 6, Leverkusen, Leske und Budrich, 1993.

Sander, Uwe/Vollbrecht, Ralf: Kinder und Jugendliche im Medienzeitalter. Annahmen, Daten und Ergebnisse der Forschung, Opladen, Leske + Budrich, 1987.

Schäfer, Gerd E.: Bildung beginnt vor der Schule. Fachpolitischer Diskurs – Köln, Maternushaus 14.02.2002, unter: http://www.uni-koeln.de/ew-fak/paedagogik/fruehekindheit/texte/fata_schae.pdf (26.04.2005).

Scheffler, Bernd: Die soziale Konstruktion von Wirklichkeit im Individuum, in: Funkkolleg Medien und Kommunikation, Studienbrief 2, Weinheim/Basel 1991.

Schmidt, Udo: Digitale Fotopraxis, Franzis, Poing, 2003.

Schmitt, Bertram: Buchdruck I, http://www.werkstatt-hauptschule.de/drucken.htm, (26.04.2005)

Schmitt, Bertram: Werkstatt Hauptschule. Anders lernen mit HauptschülerInnen, Worms, 2002. (zu beziehen durch Bertram.Sch@t-online.de)

294

Scholz, Rainer/Joseph, Peter: Gewalt- und Sexdarstellungen im Fernsehen. Systematischer Problemaufriss mit Rechtsgrundlagen und Materialien, Bonn, Forum-Verlag Godesberg, 1993.

Siebert, Sören: Das neue Urheberrecht, unter: http://www.e-recht24.de/artikel/urheberrecht/71.html (26.04.2005).

Suchmaschine für Kinder: Ägypten, unter http://www.blinde-kuh.de/egypten/hieroglyphen.html (26.04.2005).

Thiesen, Peter: Kreatives Spiel mit Kindern, Jugendlichen und Erwachsenen. Praxisbuch, Köln, Stam, 1995.

Van Eimeren, Birgit/Gerhard, Heinz/Frees, Beate: Entwicklung der Onlinenutzung in Deutschland: Mehr Routine, weniger Entdeckerfreude, in: Media Perspektiven, Heft 8, 2002, S. 346–348.

Vom Wege, Brigitte/Wessel, Mechthild: Praxisbuch Kinderliteratur, Köln, Stam, 1999.

Weden, Thomas, in: Hahn, Maria/Janssen, Rolf: Erziehungswissenschaft, Band 1, Stam, 1995, S. 222–223.

Weizenbaum, Joseph: Kinder, Schule und Computer, Soest, Soester Verlagskontor, 1989.

Wittig-Goetz, Ulla: Gefährdungsanalyse, Belastungen und Beanspruchungen, unter: http://www.sozialnetz-hessen.de (07.07.2004).

Wittmann, Helmut: Mediale Gewalt, unter: http://www.stmuk.bayern.de/km/asps/archiv/07_10_soziale_verantwortung.pdf (26.04.2005).

Zeitschrift für Jugendschutz und Erziehung: Alles was Recht ist, Heft 3, 2003.

Zeitschrift für Jugendschutz und Erziehung: Eine starke Idee, Heft 4, 2003.

Zimbardo, Philip, G.: Psychologie, übersetzt von Wilhelm F. Angermeier, Berlin u. a., Springer, 1982.

Zoche, Peter: Die Entwicklung der Mediennutzung in Zukunft, unter: http://www.isi.fhg.de/iuk/iuk_dateien/medienzukunft.htm (26.04.2005).

Zolg, Monika: Software für den Sachunterricht, unter: http://www.nat.uni-kassel.de/studium/sachunt/lernsoft.htm (26.04.2005).

Zubayr, Camille/Gerhard, Heinz: Tendenzen im Zuschauerverhalten. Fernsehgewohnheiten und Fernsehreichweiten im Jahr 2004, in: Media Perspektiven, Heft 3, 2005, S. 94–104.

Bildquellenverzeichnis

Stichwortverzeichnis

299

301

Inhaltsverzeichnis der CD